ALICE A. BAILEY - MADRE DE LA NUEVA ERA: VIDA Y LEGADO

ISOBEL BLACKTHORN

Traducido por
CELESTE MAYORGA

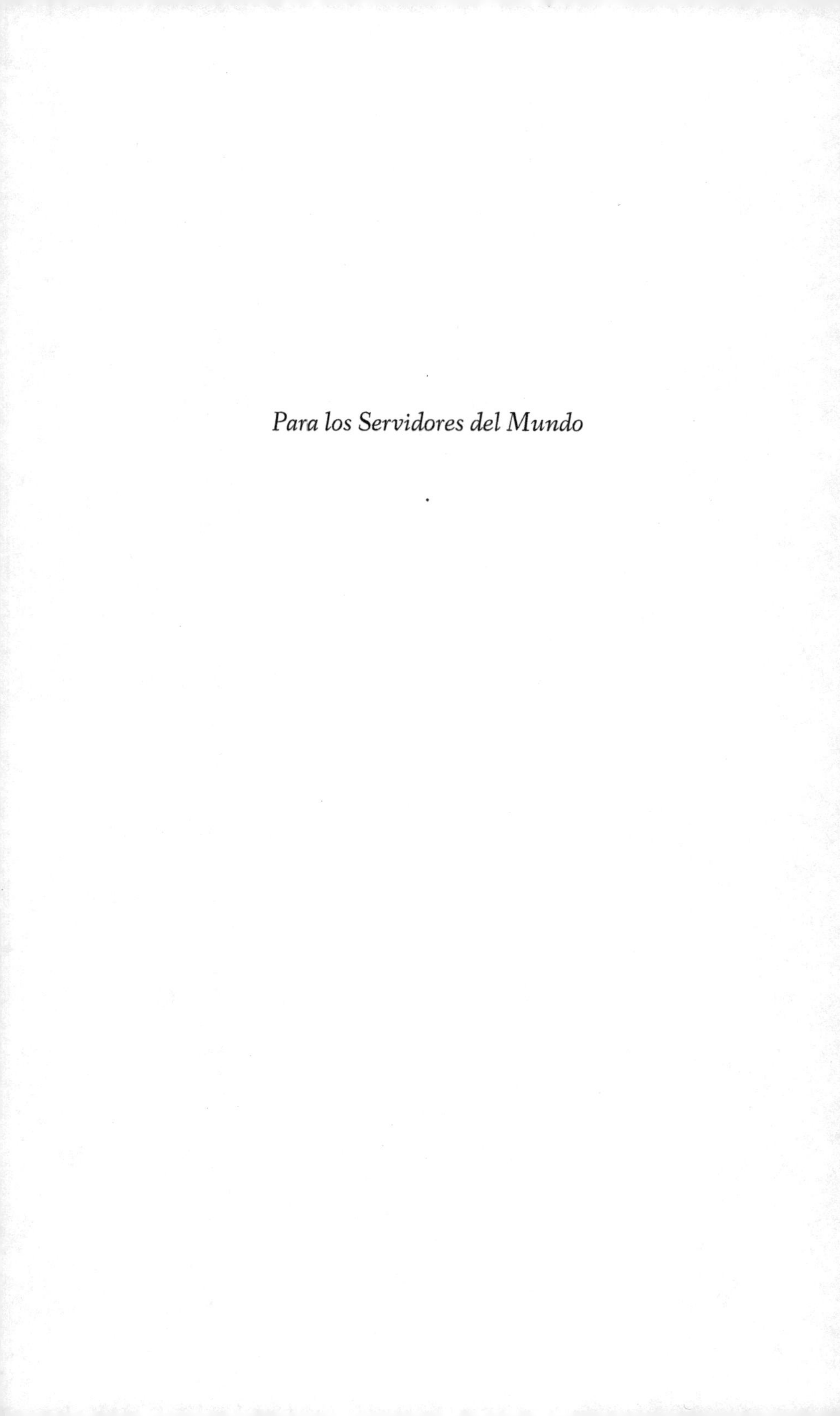

Para los Servidores del Mundo

NOTA DE LA AUTORA

Lo primero que me llamó la atención cuando me topé con la escritura de Alice Bailey fue el aspecto austero y formal de los propios libros, sin el nombre de la autora en la portada. En cambio, todas las portadas presentan un curioso símbolo triangular que contiene una serie de líneas que luego supe que eran las iniciales L U X: latín para luz. Luego estaba el tono eduardiano de las enseñanzas y, por supuesto, la mujer misma; presentada en las pocas fotografías que existen de ella en el dominio público como modesta, benévola y amable. Sucumbí a una confianza inmediata.

Sin embargo, ¿cómo podía confiar tan plenamente y de inmediato en alguien a quien nunca había conocido, que había muerto en 1949, trece años antes de mi nacimiento, una mujer a la que solo podía ver en una vieja fotografía? Estaba haciendo un juicio basado en una impresión rápida. Tal vez mal fundado, aunque en ese momento estaba segura de que no lo era. ¿Podría ese rostro bondadoso desmentir las fuerzas del mal absoluto, como pretenden los fundamentalistas cristianos? ¿Podrían los pensamientos escritos por esta figura acogedora proporcionar la base para un nuevo orden mundial distópico, como afirman los teóricos de la conspiración? ¿Era ella una inconformista, una impostora que plagiaba obras preexistentes, como argumentan algunos teósofos? ¿O era simplemente una chiflada engañada, una opinión albergada por los eruditos? Estas eran preguntas lejos de mi mente cuando miré el rostro de Alice Bailey en 1994, lista para leer su autobiografía inconclusa.

Alice Bailey entró en mi vida de una manera curiosamente ceremonial. Yo vivía en Perth, Australia Occidental, como astróloga practicante y estudiaba para obtener un diploma en Orientación Transpersonal, y estaba enamorada de un joven bastante bueno que recientemente había dejado su vida en Adelaida, empacó sus cosas y condujo la larga distancia a través de la llanura desértica de Nullarbor. No había mucho espacio en su automóvil y había dejado muchas pertenencias, pero se sintió obligado a llevar consigo un libro que no le interesaba en particular. Lo había encontrado en una librería de segunda mano y se llamaba Astrología Esotérica. Un día, mientras lo visitaba en su nuevo hogar, me pidió que esperara mientras buscaba algo en su dormitorio y reapareció con el libro en las palmas de sus manos. «Antes de que nos conociéramos, no tenía idea de por qué empaqué este libro», dijo, todo formal y sombrío, «pero ahora lo sé. Es para ti».

Tomé el libro, un tomo grueso y pesado, y le di las gracias. Pronto devoré ese libro y con el tiempo compré todos los demás libros que había escrito Alice Bailey. No tenía muy claro qué iba a hacer con ellos, pero cada vez que me mudaba de casa, y me mudaba mucho en ese momento, los guardaba en cajas y me los llevaba.

Fue en 2001, justo después de la caída de las torres gemelas, cuando ocurrió otra serie de hechos que me llevaron a emprender un estudio serio de los textos de Alice Bailey. En ese momento yo estaba trabajando como profesora de preparatoria de historia y estudios religiosos. Mi trabajo me completaba inmensamente, sin embargo comencé a hacer consultas para realizar un doctorado. Al principio, mis ideas eran vagas y La Universidad Abierta, que mejor se adaptaba a mi necesidad de educación a distancia, seguía perdiendo mis correos electrónicos.

En enero de 2002, llevé a un grupo de estudiantes de preparatoria a un campus universitario para investigar su ensayo de cursos de Nivel A. Todos habían decidido estudiar la Nueva Era. Cuando salíamos del campus, encontré un libro de texto en la librería de la universidad que parecía proporcionar a mis alumnos todo lo que necesitaban para completar sus ensayos. Compré el libro y me lo llevé a casa. Allí, leí la introducción editorial de la Dra. Marion Bowman de la Universidad de Bath. No pensé nada sobre eso. Más tarde ese mismo día, revisé mi correo electrónico. Para mi sorpresa, una Dra. Marion Bowman, la misma Marion Bowman que ahora trabajaba para la Universidad Abierta, ¡había respondido a mi consulta de doctorado! Me pedía que volviera a enviar mi correo electrónico porque de alguna manera se perdió el contenido original. Lo hice, y esta vez, a modo de posdata que consideré más como una línea desechable, mencioné a Alice Bailey. La Dra. Bowman respondió al instante y siguió momentos después con una llamada telefónica.

Las circunstancias personales significaron que no estudié a Alice Bailey con la Dra. Bowman. En cambio, obtuve supervisión en la Escuela de Ecología Social de la Universidad de Western Sydney. Con sus valores holísticos, ecológicos y comunitarios y su énfasis en la psicología transpersonal, la Ecología Social demostró ser un hogar apropiado para una tesis sobre Alice Bailey.

Recuerdo mi primera residencia de investigación en el campus, el centenar de estudiantes que cursaban la licenciatura y la maestría, y las expresiones de asombro impreso en los rostros de los investigadores cuando descubrieron lo que yo estaba a punto de emprender.

Recibí mi doctorado en 2006. En ese momento, por lo que pude averiguar, yo era la única académica del mundo de Alice Bailey, un asunto que encontré desconcertante para mí, ya que ella parecía haber contribuido mucho al pensamiento mundial.

Pasaron diez años y otra serie de direcciones antes de que Alice Bailey volviera a entrar en mi vida por tercera vez. Compré un bungalow de la década de 1970 y la cocina necesitaba urgentemente una renovación. Cuando la pantalla de tiempo electrónica del viejo horno de pared mostró «AYUDA» en verde digital (una característica del modelo que descubrí desde entonces, pero no lo sabía en ese momento), sentí que tenía que actuar. Después de que se completaron las renovaciones, descubrí que tenía un estante alto en un lugar destacado al final de un armario de la cocina. Desde ese alcance, podías inspeccionar todas las áreas de estar. Saqué el polvo de mi vieja fotocopia del retrato de Alice Bailey que aparece en su autobiografía, que había puesto en un marco. No tenía idea de por qué puse su retrato en ese estante alto, pero percibí, vagamente, el significado.

Ella me sonreía.

Un mes después, y de forma completamente inesperada, estaba escribiendo su biografía.

Utilicé la versión original (que me pareció incompleta e insustancial debido a la escasez de material de investigación), para componer *The Unlikely Occultist*: una novela biográfica de Alice A. Bailey, que complementa esta versión de no ficción y cuenta la historia conocida de Alice. Gracias a la respuesta positiva de la comunidad de Bailey a esa novela, reanudé el trabajo en la biografía.

No podría haber escrito esta biografía sin Steven Chernikeeff, cuyo apoyo, aliento y orientación incondicionales me permitieron comprender la historia desconocida de Alice y la historia de la comunidad de Bailey. Estoy en deuda con Stephen Pugh, quien me habló a través de un período complejo y difícil de esa historia y me brindó acceso abierto al Polaris Project. Un cordial agradecimiento a Lynda Vugler, Cynthia Ohlman, M. Temple Richmond y Geoffrey Logie, quienes respondieron a mis preguntas y brindaron mucha claridad. Mi agradecimiento a Rose Bates por su disposición a hablar conmigo extensamente y brindarme algunos recursos y fotografías clave, y a Patrick Chouinard, Murray Stentiford, Kenneth Sørensen y Håkan Blomqvist por sus valiosos comentarios. Agradezco a Gvido Trepsa de la Sociedad Agni Yoga, quien me ayudó con una investigación vital. Mi más sincero agradecimiento a Gail Jolley de la Escuela de Estudios Esotéricos por proporcionarme un importante alijo de material inédito. Y a Christine Morgan y Steve Nation de Lucis Trust, quienes se adentraron en sus pequeños archivos para proporcionarme fotos y recursos útiles. Finalmente, un cordial agradecimiento a Mindy Burge y Veronica Schwarz por mirar con ojos críticos el manuscrito y hacerlo brillar.

Nota: he roto con la convención y he elegido el nombre completo de Alice Bailey cuando me refiero a la figura pública, y Alice cuando presento su vida.

INTRODUCCIÓN

Podría ser útil saber cómo una trabajadora cristiana ortodoxa y fanática podría convertirse en una conocida maestra de ocultismo.

[y]

Una de las cosas que busco resaltar en esta historia es el hecho de esta dirección interna de los asuntos mundiales y familiarizar a más personas con el hecho paralelo de la existencia de Aquellos Quienes son responsables (entre bastidores) de la guía espiritual de humanidad, y para la tarea de sacar a la humanidad de las tinieblas hacia la Luz, de lo irreal a lo Real y de la muerte a la Inmortalidad. [1]

Si hubiera una sola palabra para resumir el carácter de Alice Bailey sería devoción. Devoción en mantenerse firme y actuar con habilidad y fuerza cuando más allá de su edificio de enseñanzas espirituales y organizaciones, los atacantes y detractores estaban armados y listos. No es de extrañar que una mujer y un cuerpo de obra fundamentalmente espiritual sean objeto de todo un siglo de denigración, escarnio, condenación y desestimación. Lo que Alice Bailey se propuso lograr fue una transformación global completa de la conciencia, una transformación de la forma en que pensamos y actuamos en el mundo. Entonces, no es de extrañar que la gente quiera resistirse y lo haga.

Alice Bailey fue una destacada ocultista del siglo XX, muy conocida y muy respetada en los círculos de librepensadores durante su vida, aunque la controversia la rodeó incluso entonces. En el momento en que comenzó a escribir su corpus, soportó acusaciones de plagio y fraude, los puristas en el medio teosófico la consideraban una teósofa de tercera generación, una neo-teósofa o, peor aún, una pseudo-teósofa. Estos primeros ataques fueron presagios de las vertiginosas condenas que su trabajo recibiría más tarde.

Después de su muerte, Alice Bailey cayó en la oscuridad, conocida más allá de su propio entorno solo entre los teósofos, algunos seguidores de la Nueva Era, los cristianos fundamentalistas extraños y, más recientemente, los teóricos de la conspiración. En la comunidad académica, los historiadores de la religión la han pasado por alto, si es que no la han despreciado por completo. [2] Como resultado, fuera de su esfera de influencia, sus enseñanzas son en gran medida desconocidas, mal entendidas o tergiversadas. Sin embargo, su cuerpo de trabajo continúa de varias maneras para influir en los buscadores de todo el mundo. El álbum completo de Van Morrison, *Beautiful Vision*, es una celebración de las enseñanzas de Bailey, especialmente *Glamour: A World Problem*. Se dice que la canción de The Velvet Underground, «White Light White Heat», se inspiró en *Tratado Sobre Magia Blanca*. Y el álbum *Initiation* del instrumentista de rock progresivo Todd Rundgren es un homenaje a *Tratado Sobre*

Fuego Cósmico. El segundo lado del álbum lleva el mismo título. No se sabe cuántos artistas, escritores, poetas y otros pensadores creativos y críticos han aprendido, inspirado y aplicado las enseñanzas de Bailey en sus propios campos. Muchos prefieren guardar sus creencias esotéricas para ellos mismos.

En su autobiografía, Alice Bailey se describe a sí misma como una mujer tímida e intensamente reservada que odiaba la publicidad. Sin embargo, era una excelente oradora pública, habiendo perfeccionado sus habilidades a los veinte años dirigiendo reuniones evangélicas. Procedía de la aristocracia británica. Como niña y joven adulta, soportó inmensas pérdidas y dificultades. Alrededor de los treinta y cinco años, descubrió que la Teosofía era para ella una epifanía, una que despertaba un compromiso inigualable. Ella abrazó su nueva sabiduría tal como lo había hecho con sus antiguas creencias cristianas. Escribió todos los días durante más de treinta años como amanuense para el tibetano, o Djwhal Khul, un Maestro en la Jerarquía Espiritual de la Teosofía, un grupo de Maestros de Sabiduría que supervisan la evolución de la conciencia de la humanidad. El resultado es una efusión extraordinariamente detallada y completa de la Sabiduría Eterna.

Se cree que las enseñanzas de Bailey son la segunda de tres torrentes, la primera de la fundadora de la Sociedad Teosófica Helena Blavatsky. La versión de Alice Bailey sirve para guiar a los aspirantes y discípulos del camino espiritual hacia el siglo XXI. Se predice un tercer torrente alrededor de 2025 junto con la exteriorización o aparición en el plano físico de la Jerarquía de alguna forma, junto con la muy esperada reaparición del Maestro del Mundo.

En los últimos meses de su vida, después de mucho engatusamiento, Alice Bailey comenzó a escribir su autobiografía. Nunca la terminó. Poco se ha escrito sobre su vida desde entonces. *The Unfinished Autobiography* de Alice Bailey sigue siendo la fuente central de información y comprensión de su vida. Es una obra inspiradora y describe honestamente las tragedias y los triunfos de una mujer dedicada al servicio mundial.

Alice Bailey fue contemporánea de las figuras esotéricas influyentes Rudolph Steiner, George Gurdjieff y P. D. Ouspensky quienes, junto con una serie de figuras notables como Indra Devi y Carl Gustav Jung, hicieron contribuciones significativas al desarrollo de la Nueva Era, un término del que Alice Bailey se apropió y lo hizo suyo. Su contribución al movimiento es sobresaliente. Había llegado a la mitad de su vida cuando aceptó el desafío y se embarcó en treinta años de trabajo, por lo que ha sido descrita como «la madre de la Nueva Era».[3] Sus escritos, traducidos a muchos idiomas y leídos en todo el mundo, siguen impresos. Entre sus organizaciones, fundó: La Escuela Arcana, una escuela esotérica que brinda capacitación por correspondencia para discípulos en el camino espiritual; World Goodwill, una organización que organiza seminarios y conferencias regulares con el objetivo de difundir la comprensión amorosa y el bienestar para todos; la red mundial de meditación Triangles; la revista Beacon; y su editorial, Lucis Trust. Todos siguen activos hoy. [4]

Una de las dificultades del cuerpo de trabajo de Alice Bailey es su inaccesibilidad. El conocimiento esotérico puro es difícil de comprender para el lector no esotérico e incluso aquellos con inclinaciones esotéricas son conocidos por encontrar partes de su trabajo desafiantes. La otra es que Alice Bailey afirma haber escrito la mayor parte de su producción en relación telepática con el tibetano Djwhal Khul, un arreglo difícil de aceptar para los escépticos.

Los textos de Bailey están destinados a servir como consejos y enseñanzas para los aspirantes y discípulos del camino espiritual. El canon es vasto, asciende a alrededor de once mil páginas de texto, suficiente para llenar una estantería, e incluye volúmenes delgados a tomos pesados como el *Tratado sobre fuego cósmico*, una obra de puro esoterismo que es imposible de comprender a menos que el lector tenga un apetito por ello.

Antes de viajar junto con la vida y obra de Alice Bailey, vale la pena hacer una pausa para poner las enseñanzas en contexto y obtener una comprensión parcial del terreno. Los siguientes conceptos proporcionan un marco a través del cual ver el contenido de los siguientes capítulos.

El sentido esotérico

El esoterismo abre una puerta a una realidad interior que se encuentra detrás del mundo que podemos ver, oír y sentir. Su objetivo principal es la creación de una unidad entre nuestra realidad interior o subjetiva y el mundo exterior en el que nos encontramos (realidad extramental). Para lograr esto, los practicantes esotéricos cultivan dentro de sí mismos una forma intuitiva de conocimiento denominada sentido esotérico: la capacidad de reconocer y comprender una realidad metafísica que solo puede conocerse o verse subjetivamente. Hasta cierto punto, esta nueva realidad desplaza la vida interior ordinaria y preexistente, remodelando la visión del mundo del practicante. A través del entrenamiento esotérico, los pensamientos y las acciones comienzan a ser coherentes con este reino metafísico. Un astrólogo, por ejemplo, a través de muchos años de inmersión, entrenamiento y aplicación, evoca en su imaginación toda una cosmología de planetas y signos del zodíaco y sus complejas interacciones. El astrólogo ve dentro y a través de esta cosmología, extrae significado de ella y comunica lo que encuentra en forma de narración. La cosmología ve en imágenes simbólicas los rasgos de personalidad y debilidades, talentos y atributos, dificultades y desafíos de otra persona. Incluso puede predecir una o dos cosas. Es a través de estos procesos de inmersión, absorción e interacción que se transfiere el conocimiento oculto.

El propósito principal del entrenamiento que ofrece Alice Bailey en su escuela espiritual, la Escuela Arcana, y en la mayor parte de su trabajo, es el desarrollo del sentido esotérico, o «el poder de vivir y funcionar subjetivamente, de poseer un constante contacto interior con el alma y el mundo en el que se encuentra».[5] Cultivar el sentido esotérico implica meditación continua y orientación espiritual hasta que el individuo viva en el asiento del observador, el alma. Es similar a la práctica budista de atención plena pero a un nivel mucho más avanzado.

Se requiere una conciencia activa, abierta y receptiva para interactuar de manera sintética con las realidades metafísicas. En el proceso de interacción, el esoterista está practicando la gnosis. El destacado erudito del esoterismo occidental, Wouter Hanegraaff, forma parte de un pequeño grupo de intelectuales que concentran sus esfuerzos en desmitificar el esoterismo y dotar al campo de estudio de cierta posición académica. Hanegraaff se basa en la definición de gnosis del teólogo holandés Gilles Quispel como una tercera orientación hacia el significado y la realidad. Mientras que la fe encuentra la verdad en la revelación tal como se encuentra en las Sagradas Escrituras, y la razón en lo que se puede conocer racionalmente y lo que se puede descubrir a través de la ciencia, la gnosis se basa en experiencias personales internas, a menudo expresadas en imágenes, y está orientada «hacia el conocimiento secreto de la coherencia oculta del universo».[6]

El gnóstico típico es un intelectual y un radical. Las figuras de orientación gnóstica incluyen: el artista abstracto Wassily Kandinsky; diseñador de Canberra Walter Burley Griffin; poeta W. B. Yeats; los filósofos Gottfried Leibniz y Francis Bacon; los compositores Erik Satie y Claude Debussy; el autor y dramaturgo Johann Goethe; el médico Robert Fludd; y el matemático y físico Isaac Newton. La forma en que sus formas gnósticas individuales de conocimiento y enfoques del conocimiento influyeron en sus ideas y creatividad formaría una discusión interesante.

El objetivo de Alice Bailey no era solo fomentar el sentido esotérico (un contacto interno con el alma) en aquellos con una disposición gnóstica, sino también convertir a los entusiastas de los sillones en activistas esotéricos, para alejar a sus estudiantes del encanto del esoterismo como una forma del conocimiento per se, y hacia la práctica esotérica en formación grupal orientada al mejoramiento de la humanidad.

Esoterismo Occidental

La nota clave del esoterismo es la inaccesibilidad. El esoterismo se esfuerza por *no* ser entendido. El conocimiento se mantiene en secreto, solo para los pocos preparados para someterse a una formación especializada.[7] El Esoterismo Occidental se refiere a aquellas variantes que surgen en el Occidente, incluyendo la Astrología, el Gnosticismo, la Cábala, la Alquimia, los Rosacruces, el Iluminismo y la Masonería. Cada variante tiene su propio estilo único, pero comparte puntos de vista similares sobre la existencia de realidades invisibles o metafísicas habitadas por energías, fuerzas y entidades espirituales. Todas las variantes implican: la práctica de la correspondencia, basada en la creencia de que todo en el universo está interconectado; creencia en la existencia del alma y su viaje evolutivo de regreso a la Fuente; un compromiso con la transformación personal; transmisión de una sabiduría Eterna; y el uso de la imaginación como punto de entrada al esoterismo.

El esoterismo reside en los márgenes de la cultura y la sociedad dominantes y esto se refleja en el tipo de personalidad atraída hacia la práctica esotérica. Sin embargo, la marginalidad no denota impotencia. El esoterismo está lejos de ser ineficaz. Es un poderoso jugador en la sombra, es más probable que influya en tipos particulares de individuos intelectualmente dotados ubicados en el centro de la sociedad y la cultura. Un buen ejemplo de tal influencia se puede encontrar en *Hitler's Priestess* de Nicholas Goodrick-Clarke, que explora la influencia del pensamiento oculto sobre Adolfo Hitler. Se pueden encontrar ejemplos más edificantes en el arte, la literatura, la música, la ciencia y la psicología, como se señaló anteriormente. Dentro del círculo de influencia de Bailey se encuentran: la prominente precursora de la Nueva Era Vera Stanley Alder; el secretario general adjunto de las Naciones Unidas durante cuarenta años, Robert Muller; y el eminente psiquiatra, Roberto Assagioli.

La Teosofía y la Sociedad Teosófica

Los escritos de Alice Bailey pertenecen a la variante del Esoterismo Occidental conocida como Teosofía. El concepto de «teosofía» precede al siglo XV, el término utilizado por primera vez por el neoplatónico Porfirio (234-305 E.C.) para describir una combinación de las capacidades del filósofo, el artista y el sacerdote. El término fue adoptado más tarde a fines del siglo XVI y XVII por el místico y teólogo cristiano Jacob Boehme, quien creó una teosofía arraigada en el judeocristianismo, inspirada en los escritos de Paracelso (1493-1541 E.C.). [8]

La Teosofía volvió a surgir a finales del siglo XIX en el mundo de habla inglesa, especialmente entre los librepensadores. El período fue testigo de un creciente desencanto con la doctrina cristiana, con sus estructuras institucionalizadas e interpretaciones fundamentalistas. Hubo una necesidad concomitante de responder a una nueva ola de descubrimientos científicos, particularmente la teoría evolutiva de Darwin, que no solo socavó la historia de la creación cristiana, sino que también amenazó los cimientos mismos de cualquier fe en una realidad no material. Esto llevó a muchos buscadores a perseguir intereses esotéricos como una nueva espiritualidad. O, en palabras del autor y erudito Peter Washington, «no se cuestionaba la espiritualidad en sí misma, sino una fuente segura de autoridad espiritual... la búsqueda de una clave única que resolvería los misterios del universo». [9]

La ciencia occidental se limita a comprender el universo físico. La ciencia oriental tiene un alcance más amplio, poniendo a su alcance la religión, la historia, la filosofía y la psicología. Descubrir las leyes de la naturaleza es una cosa. Aprender a vivir en armonía con esas leyes es otra. Basarse en las nociones místicas orientales del karma y la reencarnación permitió a los teósofos proponer su propia teoría evolutiva, en contraste tanto con el Génesis bíblico del cristianismo como con la teoría científica darwiniana. Los teósofos afirmaban que su sistema de creencias trascendía la división entre la ciencia y la religión a través de su retorno a una Sabiduría Eterna. Los misterios del universo fueron explicados en la teosofía a través de una cosmología elaborada, que tenía el potencial de convertirse en la autoridad espiritual buscada por individuos distanciados del cristianismo.

La Sociedad Teosófica fue fundada en Nueva York en 1875 por la ocultista y aristócrata rusa Madame Helena Petrovna Blavatsky (1831-91), junto con el abogado y periodista Coronel Henry Steel Olcott (1832-1907) y el místico angloirlandés William Quan Judge (1851-96). El trío compartía un interés previo en el espiritualismo, con su creencia en la vida después de la muerte y la capacidad, a través del papel de un médium, de contactar y recibir mensajes del mundo de los espíritus.

Blavatsky dedicó su vida a la búsqueda del conocimiento esotérico. Eventualmente, ella respondió a lo que sintió que era el llamado de los Maestros de la Sabiduría, muchos de los cuales estaban ubicados en la región fronteriza de la India y el Tíbet, cerca de Darjeeling, para servir como transmisores de la Sabiduría Eterna a un mundo en extrema necesidad de eso. El resultado fue *Isis Unveiled* (Isis sin velo), seguida una década más tarde por su obra más conocida, *The Secret Doctrine* (La doctrina secreta).

Blavatsky y Olcott viajaron mucho por la India en los primeros años de la sociedad, y su visión fue bien recibida entre las comunidades inglesa e india. Fue mientras estaban en la India que Emma y Alexis Coulomb instigaron acusaciones de fraude, con el apoyo incondicional de algunos misioneros cristianos, después de su despido del centro en Adyar, Bombay, en lo que se conoce como el asunto Coulomb.[10] Estas alegaciones se referían a la afirmación de Blavatsky de que sus escritos le fueron transmitidos por un Maestro en la Jerarquía Espiritual. A partir de ese momento, la Sociedad Teosófica fue objeto de críticas, tanto desde dentro, confirmadas en luchas de poder internas y acusaciones de fraude y engaño, como desde fuera, la dependencia de las ideas místicas orientales despertó la molestia de los adherentes a las corrientes esotéricas más centradas en Occidente de esos días. [11]

La controversia continuó en la segunda generación de la Sociedad Teosófica, involucrando escándalos, cismas y crisis de autoridad sobre las afirmaciones hechas por líderes prominentes de que estaban operando bajo la guía directa de maestros espirituales. [12] Alice Bailey no escapó del embrollo.

La existencia de los Maestros de la Sabiduría ha resultado polémica. El lector debe considerar que la Jerarquía Espiritual es «una "sociedad de mentes organizadas e iluminadas", iluminada por el amor y la comprensión, por una profunda compasión e inclusión, iluminada por el conocimiento...»[13]

También vale la pena señalar que el énfasis de los Maestros siempre está en la humanidad como un todo y en el servicio mundial, y nunca se preocupan por los maestros individuales y sus grupos. Siempre y por encima de todo, no es la supuesta conexión de un solo individuo con este o aquel Maestro, sino más bien cómo ellos mismos son Servidores del Mundo, orientados hacia el mejoramiento humano y planetario, y no hacia ninguna forma de auto-engrandecimiento, sin importar cuán sutil pueda ser.

Esta biografía comienza con las tragedias de la infancia de Alice Bailey como huérfana aristocrática desplazada por las casas señoriales de sus tías y termina con el legado de una maestra del mundo y su obra que inauguraría, no tanto una nueva era, sino más bien el movimiento de la Nueva Era. Es la historia del viaje de fe de una mujer, desde los comienzos del cristianismo ortodoxo, a través de una crisis espiritual prolongada, hasta una nueva creencia en la Teosofía. Es la historia de una mística y una buscadora, y la vida que llegó a llevar como fundadora de una serie de organizaciones globales que continúan hasta el día de hoy llevando a cabo su trabajo. También es la historia de la lucha de una mujer para superar la adversidad, defenderse de sus adversarios y encontrar la realización en su servicio a la humanidad.

A lo largo de la narración se encuentra la notable historia de su producción. La cosmología de Alice Bailey en *Tratado sobre fuego cósmico* puede considerarse una teoría esotérica del todo, repleta de planos de existencia, rayos cósmicos, esferas radiantes y fuegos solares. Numerosos volúmenes contienen instrucciones para los aspirantes y discípulos del camino espiritual, con descripciones perspicaces de los eventos iniciáticos a lo largo del camino. Eventualmente, el buscador se enfrenta al Morador en el Umbral, la suma total de todo lo que se interpone en el camino del avance espiritual, y Alice Bailey proporciona los medios necesarios para disiparlo.

Después de su muerte, su esposo, Foster Bailey, tomó el control total de la organización. Las tensiones crecieron cuando otros se sintieron con derecho a ciertas responsabilidades. Una compañera de trabajo se separó para formar un grupo disidente, llevándose un pequeño grupo con ella. Unos años más tarde, se produjo otra escisión en pleno corazón de la sede de Nueva York. Ambas divisiones dejaron cicatrices en la comunidad de Alice Bailey, creando desunión donde debería haber habido unión.

Figuras clave fomentaron las enseñanzas de Bailey. El psiquiatra italiano pionero y fundador de la Psicosíntesis, Roberto Assagioli, fue fundamental en la formación de la Psicología Transpersonal y dirigió su propio grupo de meditación global a lo largo de las líneas de la Sabiduría Eterna.

La devota estudiante Vera Stanley Alder escribió una serie de libros que hicieron que las enseñanzas fueran más accesibles, libros que inspiraron a los futuros practicantes de la curación esotérica de la Nueva Era. Con la ayuda de tales estudiantes, Alice Bailey dejó un notable legado como madre del movimiento de la Nueva Era. Desde el entusiasta defensor Benjamin Crème hasta el pionero David Spangler, el trabajo de Alice Bailey ha influido en una gran cantidad de pensadores y sus organizaciones. Sus seguidores continúan presentando visiones alternativas, y tal vez utópicas, de un despertar espiritual global con la esperanza de fomentar un cambio de paradigma. Las enseñanzas sustentan la visión, la aspiración y la esperanza de un mundo mejor.

Las enseñanzas han inspirado actividades en psicología esotérica, o la psicología de los Siete Rayos, y la astrología esotérica estrechamente relacionada, ya que los estudiantes se esfuerzan por comprender y desarrollar las ideas y ponerlas en práctica. Individuos y grupos pequeños y grandes repartidos por todo el mundo continúan estudiando, siguiendo, practicando y aplicando la Sabiduría Eterna. Es a través de todos estos grupos que la Sabiduría Eterna se mantiene viva e inspirará a muchas generaciones a seguir.

Algunas notas sobre la autobiografía inconclusa

The Unfinished Autobiography (La autobiografía inconclusa) de Alice Bailey ha sido la fuente principal para aquellos interesados en saber algo de la vida de la figura ocultista. Los primeros capítulos del trabajo actual se basan en gran medida en las propias palabras de Bailey y las embellecen sustancialmente siempre que sea posible. La falta de fuentes complementarias en forma de cartas u otros materiales corroborantes es problemática. Todas las autobiografías son propensas al sesgo, incluidas las omisiones, los énfasis y las modificaciones de la verdad, y deben considerarse más como expresiones de sentimientos y recuerdos en forma de viñetas que como demostraciones de hechos históricos.

Alice Bailey tenía una premisa particular en mente cuando puso la pluma sobre el papel en 1949 en los últimos meses de su vida, una agenda, las cosas que quería decir y otras cosas que decidió omitir. Se habla muy poco de la familia de su madre. Quizás había poco que contar, Alice Bailey ignorante de su herencia materna. El dolor que sintió por el rechazo de su única hermana hacia ella es evidente a través de la falta de mención de su nombre, Lydia, como si Alice Bailey hubiera optado por negar sutilmente su plena existencia entre las portadas. Alice Bailey optó por ser evasiva cuando se trataba de su relación con Foster, sin molestarse en acallar los rumores que probablemente había escuchado de que su matrimonio no estaba consumado. Tampoco hay ningún detalle de la familia de Foster. Se mencionan algunos amigos, pero muchos otros no. Tiene los labios apretados cuando se trata de su separación de la Sociedad Teosófica y de la perturbadora situación con Olga Fröbe. No menciona a Helena Roerich ni a Rudolph Steiner, a ninguno de los cuales tenía un respeto especial.

Alice Bailey está naturalmente ansiosa por mostrarse bien, y lo hace con humildad e ingenio, proporcionando decenas de viñetas entretenidas. Sin embargo, también está a la defensiva cuando se trata de afirmar la integridad de sus hijas y su relación con el Tibetano. Principalmente, detrás de las palabras, hay una aguda intención de retratarse a sí misma con dignidad como una auténtica discípula mundial, y distinguirse de los chiflados y médiums que operan en el nivel psíquico inferior que abundaron en su vida.

Nota final: es mi sincero deseo que este libro estimule tanto como informe y entretenga, y que al final, los lectores elijan hacer mucho más que maravillarse ante los misterios del universo y considerar actuar para promover el mejoramiento de la humanidad y el planeta. Parafraseando a Alice Bailey, permanecer mentalmente inactivo frente a la vida es un desastre.

UNA EVANGELISTA EMERGENTE

La niña que se convertiría en la controvertida figura ocultista Alice A. Bailey, comenzó su vida como Alice Ann La Trobe-Bateman en Manchester, Inglaterra, el 16 de junio de 1880. Nació bajo el signo zodiacal de Géminis, el signo de los gemelos, uno mortal, el otro divino. Es el hogar zodiacal del planeta Mercurio quien, en su papel de psicopompo, es el conductor de las almas entre este mundo y el próximo. Para algunos, Géminis es el símbolo de la dualidad de la sombra y el yo. El regente esotérico, Venus, el aspecto más elevado de la mente, une estos pares de opuestos y ofrece una relación con la hermandad divina. Todo lo cual proporciona, en términos astrológicos, un eco simbólico de una especie de conciencia dual que iba a ser el sello distintivo de una vida extraordinaria.

Alice nació en la Gran Bretaña de finales de la época victoriana, en un momento en que la nobleza terrateniente atravesaba un período de ajuste considerable a las nuevas condiciones económicas que surgían en la Gran Bretaña posterior a la Revolución Industrial. Una disminución de los ingresos agrícolas en las grandes haciendas, en parte debido a las importaciones baratas de cereales de los Estados Unidos de América, hizo que muchos vendieran parcelas de sus tierras. Otros comenzaron a interesarse por los asuntos de los negocios y el comercio. Fue una época de grandes inversiones en obras públicas e ingeniería civil, sobre todo para los ingenieros pioneros de la familia La Trobe-Bateman, en la construcción de puentes y el suministro de agua.

En su autobiografía, Alice Bailey da mucha importancia al lado de la familia de su padre, con una gran cantidad de nombres y lugares mencionados. Creció entre los pliegues de la aristocracia británica y confiesa haber sido una presumida absoluta. De niña, y nuevamente en su vida posterior, se movía en círculos privilegiados. Su posición social influyó mucho en la forma en que formó sus organizaciones, las personas con las que se asoció y el legado que dejó a la humanidad. Su culto linaje moldeó la forma en que veía el mundo, las actitudes y creencias que apreciaba y, sobre todo, su moralidad eduardiana. Sin embargo, este ilustre linaje representa solo la mitad de la herencia de Alice Bailey y la otra, la línea de su madre, cuenta una historia diferente.

En su autobiografía, Alice Bailey escribe mal el apellido de soltera de su madre. Por parte de su madre, Alice se refiere a sí misma como Holinshed. Ella afirma que los miembros de su familia eran descendientes de Raphael Holinshed, el notable cronista que inspiró a Shakespeare. Ella no hace otra mención de su herencia materna que no sea el afirmar:

> Que yo sepa, ninguno de mis antepasados [maternos]
> hizo nada particularmente interesante. Eran dignos,
> pero aparentemente aburridos. Como dijo una vez mi

hermana, «se sentaron entre sus repollos durante siglos». Era un ganado bueno, limpio y culto, pero ninguna de las personas alcanzó ninguna notoriedad famosa o infame. [1]

La impresión que da Alice Bailey es la de una nobleza terrateniente perezosa que vive de la riqueza de la tierra.

La madre de Alice La Trobe-Bateman fue Alice Harriet Hollinshead (6 de agosto de 1856 - 3 de octubre de 1886), hija de William Hollinshead y Jane Hollinshead (Wrathmell), en Birkby, Huddersfield.[2] La familia aparece, menos Alice Harriet, en el censo de 1861 en Brushfield, una aldea de tres granjas en Peak District en lo que ahora es Derbyshire.[3] La región es conocida por su belleza bucólica (verdes colinas, ríos caudalosos y pueblos pintorescos) y por sus molinos de agua que primero molían maíz y luego, durante la Revolución Industrial, algodón. Algunas fábricas, incluida Bamford Mill, mantenían sus propias fábricas de gas y William Hollinshead era en ese momento un inventor y fundidor de hierro. Habría sido a los efectos del empleo de William, que la familia vivía en Brushfield.

William procedía de padres de clase media, era el tercero más joven de ocho hijos. Sus padres, los bisabuelos de Alice, eran Joseph Hollinshead y Elizabeth Hollinshead (Swetmore), quienes procedían y se casaron en la región alfarera de Staffordshire, conocida desde 1910 como Stoke-on-Trent. Joseph era un pañero de lino o comerciante de productos secos. Entre los hermanos de William había un maestro de escuela, una institutriz, un fabricante de gorros y un empleado de ferrocarril. El propio William comenzó como contador antes de dedicarse a la ingeniería de gas. [4]

Alice Harriet era la segunda mayor de diez hijos. Después de una infancia temprana en Brushfield, la familia se mudó a la ciudad comercial de St Neots en Cambridgeshire (entonces Huntingdonshire) en algún momento entre 1860 y 1863, donde nacieron cuatro de los hermanos de Alice Harriet. St Neots era para entonces una ciudad industrial próspera, que contenía cervecerías, la fábrica de papel Paxton y una fábrica de gas. Aquí, William continuó trabajando como ingeniero e inventor de gas. El industrial y desarrollador de aparatos de gas George Bower acababa de establecer Vulcan Iron Works en la ciudad, una fundición que fabricaba equipos y aparatos de gas y maquinaria agrícola. William fue empleado para inventar «mejoras en aparatos para la producción y transmisión de gas u otros fluidos», y dos de sus inventos recibieron patentes con George Bower, uno en 1863 y el otro en 1868. [5]

El traslado a St Neots no resultó del todo exitoso. Bower no era conocido por su sabia práctica comercial y fue declarado en bancarrota en 1887. Tal vez su imprudencia se contagió de William, quien se declaró en bancarrota en Londres doce años antes, el 21 de junio de 1865, presumiblemente después de obtener una inversión para una patente sin éxito. [6] Independientemente de lo que haya ocurrido, William continuó trabajando para Bower. La familia permaneció en St Neots, pero en algún momento antes de 1871 también se establecieron en Hill Street, Peckham, donde nació la hermana menor de Alice Harriet, Louise. [7]

Alice Harriet disfrutó de sus vínculos con sus tías y tíos. En 1871, a los catorce años, visitó a los hermanos de su padre, Ann, Hannah y Joseph, para pasar Pascua en la casa familiar en George Street, Huddersfield. Ann tenía entonces cincuenta y dos años y trabajaba como institutriz. Ella había asumido el papel de jefa de familia, ya que los abuelos de Alice Harriet habían muerto.[8] Alice Harriet también pudo haber disfrutado de un vínculo cercano con su padre. Cinco años más tarde, cuando solo tenía diecinueve años, ella estaba junto a su cama en St Neots cuando él falleció. [9] William murió de tisis (tuberculosis), a la edad de cuarenta y seis años.

Por esta época, la suerte de Alice Harriet sufrió un cambio radical. En dos años, se casó con Frederic Foster La Trobe-Bateman (1853-1889) en la iglesia de St Margaret, Westminster, en lo que solo puede describirse como un salto significativo en la posición social desde sus orígenes de clase media hasta el seno de la nobleza británica. [10]

No fue una boda ordinaria. Fundada por monjes benedictinos en el siglo XII, reconstruida y luego restaurada y renovada en el siglo XVII cuando fue revestida con piedra de Portland, St Margaret's se encuentra en los terrenos de la Abadía de Westminster y sirve como iglesia parroquial del Palacio de Westminster. Las bodas notables incluyen las de Winston Churchill, Lord Louis Mountbatten y miembros de la familia real británica extendida. Era el tipo de iglesia propia de Frederic Foster y no de Alice Harriet.

Es probable que la pareja se conociera a través de redes comerciales. George Bower, un hombre ambicioso, tenía interés en Buenos Aires en los años previos a 1876, cuando fue contratado para alumbrar la ciudad con gas, contrato que lo llevó a la quiebra.[11] Trabajando en el negocio de su padre y demostrando su valía como ingeniero, Frederic estaba en ese momento instalando drenaje y suministro de agua en la misma ciudad. Quizás Frederic y William se conocieron en Buenos Aires y William, ansioso por encontrar pareja para su hija mayor, ideó una presentación.

Es posible que Frederic no haya obtenido la aprobación inmediata de sus padres para casarse con una mujer joven de la clase media, aunque fuera hija de un inventor e ingeniero modestamente exitoso. Sin duda fue una pequeña decepción para sus padres cuando descubrieron que su segundo hijo había elegido a Alice Harriet como esposa. Quizás cuando su padre reconoció que su propio padre y fabricante, John Bateman, también fue un inventor sin éxito y, por lo tanto, sin una eminencia particular, despertó su simpatía por William Hollinshead y, por extensión, por su hija Alice Harriet, y le concedió el permiso. Lo más probable es que Frederic Foster, un hombre ardiente y apasionado, desgastara a su padre.

El padre de Frederic, John Frederic La Trobe-Bateman (1810-1889), fue el primer hijo de John Frederic Bateman (1772-1861) y Mary Agnes La Trobe (1773-1848). La unión de los Bateman con los La Trobe solo puede describirse como fortuita para el esposo fabricante, Mary proveniente de una familia de grandes triunfadores.

Los La Trobe eran de origen hugonote y se habían mudado a Irlanda algunos siglos antes cuando Henri Bonneval La Trobe salió de Francia en 1688 para unirse al ejército de Guillermo de Orange, llegando a Dublín después de ser herido en batalla. [12] El padre de Mary, el reverendo Benjamin Bonneval La Trobe, fue un destacado ministro moravo, y los hermanos de Mary incluían al consumado compositor, músico y líder moravo Christian Ignatius La Trobe, padre de Charles La Trobe, primer gobernador de Victoria, Australia. Otro hermano fue Benjamin Henry La Trobe, el renombrado arquitecto que se hizo famoso después de emigrar a los Estados Unidos.

La tendencia continuó en la siguiente generación. El hermano menor de John Frederic y tío abuelo de Alice era Edward La

Trobe-Bateman, el renombrado acuarelista e iluminador de libros.[13] John Frederic fomentó los logros de su familia ganando eminencia en su profesión elegida de ingeniería hidráulica, construyendo embalses, obras hidráulicas y diseñando sistemas de suministro de agua para numerosas ciudades británicas y otras en todo el mundo. En Gran Bretaña, fue presidente del prestigioso Instituto de Ingenieros Civiles en 1878 y 1879, y estuvo muy cerca del poder gobernante de la época. [14]

Siguiendo los pasos de su padre, John Frederic se casó a su favor, siendo su esposa Anne Fairbairn (1817-1894) la única hija del distinguido ingeniero y científico escocés Sir William Fairbairn.[15] Fairbairn fue pionero en la construcción de puentes, barcos y locomotoras de ferrocarril. En 1844 inventó la caldera de Lancashire. Cuando aún tenía veintitantos años, el ambicioso John Frederic trabajó con Fairbairn en la construcción de embalses en Irlanda, una asociación que condujo al éxito del joven. Ambos hombres eran muy respetados en la comunidad de la ciencia y la ingeniería, y ambos fueron elegidos sin votación para el Athenaeum Club, un club de miembros privados para aquellos que se han distinguido en su campo. [16]

A la luz de tantos logros, los padres de Frederic Foster habrían tenido grandes aspiraciones para su hijo. Sus hermanas mayores se habían casado ventajosamente y parece que Frederic se opuso a la tendencia. ¿Fue Frederic, el segundo hermano menor, un joven impulsivo y obsesionado? ¿Impulsivo, tal vez? ¿Testarudo? ¿O simplemente perdidamente enamorado? En su autobiografía, Alice Bailey insinúa que él podría haber sido todas esas cosas.

Cuando era niño, Frederic no había disfrutado de buena salud y fue sacado de Westminster College y recibió tutoría en casa.

Su salud no le impidió buscar alcanzar ciertos logros en el campo de la ingeniería. Después de trabajar en el negocio de su padre en proyectos de ingeniería hidráulica en Manchester y Buenos Aires, se convirtió en socio comercial en 1880 y supervisó la construcción de grandes ampliaciones para obras hidráulicas en los alrededores de Manchester. Su esposa, Alice Harriet, se había casado en circunstancias familiares con respecto a la profesión de su esposo, si no a su riqueza y posición social, y dio a luz a una hija dentro de un año.

Alice Ann La Trobe-Bateman nació en Holly House, Hollins Lane, Greenfield, Saddleworth, en las afueras rurales de Manchester. [17] Greenfield es una zona próspera situada en el extremo sur de los Peninos del Sur, justo debajo del páramo de Saddleworth. Las antiguas granjas de piedra repartidas por los alrededores datan del siglo XVII, muchas de ellas catalogadas como de grado II. Holly House es una hermosa mansión en un encantador entorno rural en Hollins Lane, que disfruta de vistas panorámicas del amplio valle que se encuentra debajo. Un lugar bucólico, seguro, tradicional, sano y hogareño.

En esos primeros meses de su vida, Alice se benefició del contacto con al menos una de sus tías maternas. A los nueve meses, la bebé Alice se quedó en casa con la hermana de su madre, Sarah Hollinshead, de diecisiete años, junto con una enfermera y varios sirvientes, mientras sus padres visitaban a los padres de Frederic en la casa familiar de Londres en Great George Street, Westminster.[18] En sus memorias, *Memories of Grave and Gay*, el hermano mayor de Frederic, William Fairbairn La Trobe-Bateman, habla cálidamente de la casa en la esquina de Great George Street, con su gran jardín delantero y su terraza con vista al puente de Westminster y las Casas del Parlamento. [19]

La familia La Trobe-Bateman disfrutó de una considerable ventaja social. Cuando nació Alice, su abuelo John Frederic se encontraba en la cima de su campo y se movía en los niveles superiores de la sociedad británica. Solo es posible imaginar lo que Alice Harriet hizo con su nuevo privilegio, pero fue una indulgencia que iba a ser de corta duración. Frederic se llevó rápidamente a su pequeña familia a Montreal en el otoño de 1881, donde redactó los planos para una ampliación del Puente Victoria sobre el río St Lawrence.[20] Su informe, fechado el 18 de enero de 1882, se presentó a las autoridades locales, pero no salió nada de su diseño. El puente Jacques Cartier se encuentra en su lugar. No está claro si Frederic persistió con sus planes para la extensión del Puente Victoria durante su estadía en Montreal, pero presumiblemente lo hizo porque la familia permaneció en la ciudad y la hermana de Alice, Lydia, nació allí, también alrededor de 1882.[21]

Era un momento emocionante para estar en Montreal. Mark Twain lo visitó el mismo año y se celebró un banquete especial en su honor. Gracias al Puente Victoria, la ciudad se estaba convirtiendo rápidamente en el centro industrial y ferroviario de Canadá, y la década de 1880 fue testigo de una fase de rápida expansión. Alrededor de la mitad de la población en ese momento era francesa. Para celebrar su próspera economía, la ciudad tuvo su primer carnaval de invierno en 1883. Alice tendría alrededor de tres años y medio. Quizás fue. Alice Bailey tenía pocos recuerdos de este período de su vida, aparte de meterse en serios problemas por encerrarse a Lydia y a sí misma en un baúl lleno de juguetes y casi asfixiarlas a ambas.[22]

Al igual que otros de su categoría, los La Trobe-Bateman se beneficiaron de las florecientes redes ferroviarias y de barcos de vapor de la época, y los viajes se convirtieron en una nota clave en la infancia de Alice, imbuyéndola de un amor y un aprecio de por vida. Sin embargo, a pesar de las aventuras de una nueva tierra, reflexionando sobre esos primeros años de la infancia, Alice Bailey recuerda solo una sensación sensiblera que crecía dentro de ella de que «las cosas eran inútiles» y que la vida apenas valía la pena vivirla. Incluso a esa temprana edad, no le gustaba la «sensación» de la vida. «No apreciaba lo que el mundo parecía ser o lo que tenía para ofrecer».[23] Ella atribuía sus estados episódicos de miseria como evidencia de una disposición mística, una visión ciertamente confirmada por sus experiencias posteriores.

La infelicidad de sus años formativos en Canadá empeoró dramáticamente cuando su padre los apresuró a regresar a Gran Bretaña. No fue hasta que la familia regresó que Alice, de cinco años, descubrió por qué se habían ido de Montreal; su madre se había enfermado gravemente de tuberculosis. La familia fue primero a Suiza al renombrado sanatorio de Davos, donde se creía que la gran altura afectaría la curación. Un momento confuso y perturbador para una niña lo suficientemente grande como para entender que su madre estaba enferma, y demasiado joven para entenderlo. Permanecieron en Davos durante varios meses, pero el tratamiento resultó inútil y regresaron a Inglaterra. Su madre falleció poco después. Tenía treinta años. Fue enterrada en Torquay, Devon, donde residía la tía paterna de Alice, Mary Dorothy La Trobe-Bateman, con su esposo, el almirante Sir Brian Barttelot, y sus cuatro hijos.[24]

Debido a la temprana muerte de su madre, es dudoso que Alice Bailey supiera mucho sobre su herencia materna. Nunca menciona a sus tías y tíos maternos, y es probable que nunca volviera a ver a ninguno de ellos. Todo lo que recuerda de su madre en su autobiografía es su cabello dorado.[25]

Perder a una madre a una edad temprana es traumático y se sabe que tiene consecuencias persistentes. No está claro cómo la joven Alice manejó su pérdida. No hay indicios en su autobiografía de que fuera especialmente unida con su madre. Es como si la hubiera excluido por completo de su vida, no porque no le tuviera afecto, sino porque, al momento de escribir, cuando su propia vida casi había pasado, la pérdida fue quizás demasiado lejana y posiblemente algo dolorosa. Hay mucho contenido en ese recuerdo sentimental del cabello dorado de su madre. También podría darse el caso de que ella no supiera nada sobre su madre o de la familia de su madre porque los La Trobe-Bateman nunca le contaron lo poco o lo mucho que sabían. Los humildes Hollinshead fueron descartados, aunque sin duda se le hizo creer a Alice que eran de buen linaje social. [26]

Después de la muerte de su esposa, Frederic llevó a sus hijas a vivir con sus padres en Moor Park, su residencia de campo en Farnham, Surrey. Iba a ser una vida muy diferente a la que Alice habría llevado si hubiera pasado a manos de las hermanas de su madre.

Construido en el siglo XIV como Compton Hall, Moor Park fue rediseñado en la década de 1680 por el diplomático y ensayista Sir William Temple, y renombrado en honor a su otra mansión Moor Park en Hertfordshire. Temple dispuso cinco acres de magníficos jardines formales en la propiedad. John Frederic había comprado la propiedad en 1859 e inmediatamente estableció un spa de hidroterapia, dirigido por el médico e hidroterapeuta Dr. Edward Lane. Entre los asistentes regulares estaba Charles Darwin, quien cumplió cincuenta años en Moor Park y terminó de trabajar en *El origen de las especies* durante este período. El texto fundamental se publicó el 24 de noviembre de 1859. [27]

El lujoso entorno no escapó de la atención de Alice. «Recuerdo vívidamente... la belleza del campo y los caminos floridos y los muchos bosques a través de los cuales mi hermana y yo condujimos nuestro pequeño cochecito de pony».[28]

La vida de Alice durante este período estaba lejos de ser feliz. A pesar del lujo evidente, la rutina diaria en Moor Park para las niñas La Trobe-Bateman era agotadora y Alice Bailey recuerda cada detalle. Las niñas se vieron obligadas a adherirse a una rigurosa rutina diaria bajo el estricto control de la institutriz, la enfermera y la criada. La disciplina y la obediencia estaban a la orden del día, como era propio de la época y condición social, aunque quizás algo más austero en la casa de Moor Park. «Puedo ver el gráfico colgado en la pared de nuestro salón de clases, que indica el próximo deber. Qué bien recuerdo haberlo repasado y haberme preguntado: "¿Y ahora qué?"».[29]

No era de extrañar: Levantarse a las seis, una hora de balanzas y un desayuno escolar a las ocho seguido de oraciones familiares, lecciones hasta el mediodía, un paseo seguido de un almuerzo en el comedor, luego una hora tumbadas en una tabla inclinada mientras su institutriz leía en voz alta, otro paseo y lecciones hasta las cinco. Luego, las niñas eran vestidas con seda y fajas y conducidas al salón donde los invitados de la casa estaban sentados para tomar el té. Allí, las niñas hacían una reverencia y se quedaban de pie mientras los demás observaban, hasta que se las llevaban para una cena en el salón de clases seguida de más lecciones hasta las ocho, luego se iban a la cama.[30]

Esta reglamentación se repetía en el culto diario de la casa. Todas las mañanas toda la casa, incluidos los sirvientes, se reunían alrededor del abuelo de Alice, quien dirigía las oraciones desde la cabecera de la mesa del comedor. De esta manera, los La Trobe-Bateman llevaban adelante una fe austera y comprometida con el deber. La denominación de esta fe no está clara. La aristocracia de la Gran Bretaña victoriana observaba la Alta Iglesia de Inglaterra, y no hay indicios de que la familia La Trobe-Bateman fuera diferente. Aunque como nieto del reverendo Benjamin La Trobe, John Frederic se crió en un asentamiento de Moravia y asistió a escuelas de Moravia, y esta educación poco convencional seguramente influyó en sus creencias y prácticas religiosas.

Fundada en Moravia, Europa Central, a principios del siglo XV por el sacerdote católico separatista Jan Hus, la denominación se considera la más antigua de todas las religiones protestantes. La fe se centra en una creencia profunda en Jesucristo y pone un fuerte énfasis en los valores de amor y respeto por los demás en lugar del compromiso con la doctrina religiosa. Los moravos son conocidos por la vida comunitaria y el trabajo misionero. En la biografía del primo de John Frederick, el erudito John Barnes identifica las influencias de la fe en las elecciones y decisiones que tomó Charles La Trobe como primer gobernador de Victoria. [31] ¿Los sermones domésticos de John Frederic nacieron de su educación morava? Ciertamente, esta fe toca una nota distante en el propio sistema de creencias de Alice Bailey, particularmente su compromiso con el valor del amor y las buenas obras sobre la doctrina. [32]

En Moor Park, a Alice y Lydia se les enseñó a cuidar de los pobres y los enfermos. Varias veces a la semana, «tenían que ir a la habitación del ama de llaves por jaleas y sopa para alguna persona enferma en la propiedad, por ropa de bebé para el bebé recién nacido en uno de los albergues, por libros para alguien que estaba confinado en la casa».[33] Tales actos están en consonancia con la fe morava con su fuerte sentido del deber y la comunidad. Fue el resultado de tales actos que la joven Alice quedó imbuida de un sentido de la responsabilidad y el deber hacia los demás, típico del paternalismo de su clase social, aunque tal vez más intensamente expresado en Moor Park. Esta dedicación a servir a los demás, inculcada en la niña impresionable que era, se convirtió en una nota clave en el cuerpo de trabajo de Alice Bailey, no solo dando forma a su noción de buena voluntad sino convirtiéndose en la principal fuerza motivadora para el mejoramiento humano y planetario, para ser inculcado en la mente y el corazón de cada discípulo espiritual en forma de servicio mundial.

Una sombra de enfermedad se cernía sobre la casa de Moor Park cuando se hizo evidente que el propio Frederic había sucumbido a la misma enfermedad que su esposa. En esta atmósfera de duelo y enfermedad, Alice tuvo que pasar unos años difíciles. En su autobiografía, afirma que a su padre nunca le había caído bien y parecía culpar a su existencia por la muerte de su esposa.[34] Era impactante que se lo dijeran a una niña, y uno tiene que preguntarse por el carácter de un hombre dado a una actitud tan cruel. Quizá el dolor y la enfermedad habían afectado sus modales. Cualquiera que fuera la razón, la angustia que Alice debe haber estado sintiendo por la pérdida de su madre se agravó, grabada a fuego en su memoria por esta brutal condena. Fue un presagio de otro rechazo punitivo que Alice Bailey sufriría más tarde por parte de su hermana.

Cuando era una niña pequeña e impresionable, Alice podría haber interiorizado la actitud de su padre y culparse a sí misma en privado por la muerte de su madre, una culpa infundada que tal vez fue la raíz de una fuerte sensación que tuvo a lo largo de su vida de que había defraudado a alguien y necesitaba compensarlo. Fue la culpa que culminó en un miedo a veces paralizante al fracaso.

A lo largo de su infancia, Alice padeció una melancolía generalizada. En sus autorreflexiones de esa época, Alice Bailey es dura consigo misma y atribuye su «infelicidad bastante incipiente» a su posición entre los La Trobe-Bateman. «Yo era la más sencilla de una familia sumamente atractiva y no soy sencilla. Siempre me consideraron bastante estúpida cuando estaba en el aula y como la menos inteligente de una familia inteligente».[35] Tales comentarios aluden a la sensiblera autocompasión que tenía a Alice en sus garras, producto de una intensa soledad y una profunda falta de pertenencia.

Solitaria y miserable, Alice vio el declive de su padre. En 1888, su estado se deterioró y se decidió que el clima inglés estaba perjudicando su salud. En un intento desesperado por mejorar sus síntomas, la familia arregló que él y las niñas se mudaran a Pau en los Pirineos franceses, un lugar anunciado por el conocido Dr. Alexander Taylor por tener un clima y aguas curativas. Al no encontrar a Pau de ayuda poco después de su llegada, y en un intento final por sobrevivir, las niñas fueron devueltas a Moor Park mientras su padre se embarcaba en un viaje a Nueva Zelanda en compañía de una enfermera. Murió cerca de Hobart, Tasmania, el 5 de febrero de 1889. [36] Para entonces, Alice tenía ocho años y medio.

Después de la muerte de su padre, Alice y Lydia se quedaron con sus abuelos paternos en Moor Park hasta que también murió su abuelo. Falleció cuatro meses después de la muerte de su hijo el 10 de junio de 1889, seis días antes del noveno cumpleaños de su nieta Alice. Luego se vendió Moor Park y las niñas se mudaron a Londres para residir con su abuela, que era tan estricta que una vez hizo que Alice se sentara durante todo un almuerzo en el comedor con los codos en platillos, como castigo por mirar por la ventana con los codos en la mesa. [37]

Las niñas permanecieron con su abuela en Londres de forma intermitente, ya que también fueron entregadas a varias tías paternas. Si hubieran sido niños, las habrían enviado a un internado. La abuela de Alice murió en mayo de 1894, cuando Alice casi había cumplido los catorce años. Escribe poco de esos cinco años, aparte de que recuerda que la vida con su abuela era «tan aburrida y monótona».[38] Ella se refiere aquí solo a la actitud de una niña en su adolescencia. No cabe duda de que llevaba una gran cercanía y cariño por sus dos abuelos.

Tras la muerte de su abuela, las niñas quedaron bajo la tutela conjunta de las hermanas mayores de su padre, la tía Dora (Mary Dorothy Barttelot) en Torquay, y la tía Agnes Elizabeth Parsons, cuyo marido, el «duro y severo tío Clere», era el hijo del renombrado astrónomo angloirlandés William Parsons, tercer conde de Rosse, famoso por emprender la construcción del telescopio más grande del mundo. Los Parsons tuvieron seis hijos propios, una casualidad de mayor importancia para la hermana de Alice, Lydia, quien se casó con uno de esos muchachos, el destacado eclesiástico de la Iglesia de Inglaterra Lawrence Edmund Parsons (1883-1972), ex comisario del arzobispo de Ciudad del Cabo, Sudáfrica. [39] Alice y Lydia también se quedaron con su tía Margaret Maxwell en Escocia.

A pesar de la gran agitación que supuso el traslado de las adolescentes de la región de Galloway de la frontera escocesa a Devon, Suiza y la Riviera francesa, entre las diversas casas de sus tutores y otros miembros de la familia, estos fueron innegablemente años pasados en la mayor comodidad y lujo de la aristocracia británica. Alice estaba rodeada, dice ella, de mucha belleza y mucha gente interesante. No necesitaba nada y, sin embargo, seguía hosca y miserable.

Reflexionando sobre su vida, Alice Bailey admite que no tiene una buena causa para su miseria, pero hay mucho en sus circunstancias que la hace infeliz. Nadie puede afirmar no verse afectado por la pérdida de ambos padres a una edad temprana y de ambos abuelos poco tiempo después, y es bien sabido que la estabilidad y la continuidad en la infancia fomentan el sentido de pertenencia. Alice, la hija mayor, habría soportado la mayor carga. Lydia podría al menos mirar a su hermana mayor en busca de consuelo. ¿A quién tuvo que recurrir Alice?

De todas las influencias de varios miembros de la familia, fueron los veranos pasados en Escocia con Margaret Maxwell los que más influyeron en la vida de Alice. Viuda antes de que Alice naciera, Margaret Maxwell era la esposa de David Maxwell, quien murió en 1874. David era el hijo mayor y heredero de Sir William Maxwell, sexto baronet de Cardoness Castle, Kirkcudbrightshire. Habiendo muerto David prematuramente, su padre mantuvo a la viuda Sra. Maxwell, que residía en Castramont House, una elegante mansión encaramada en una loma a orillas del río Fleet al norte de Gatehouse of Fleet, en las ondulantes tierras bajas boscosas del suroeste de Escocia.

No fue el entorno idílico aunque aislado o la posición social de su tía lo que impresionó a Alice. La Sra. Maxwell fue una destacada filántropa, presidenta del brazo escocés de la Asociación Cristiana de Mujeres Jóvenes (YWCA, por sus siglas en inglés) y fundadora de su propio hospital rural, logros que causaron una impresión profunda y duradera en su joven cargo. Un gran cariño creció entre ellas. «Ella me dio una nota clave para vivir, de modo que hasta el día de hoy siento que cualquier logro que haya tenido se remonta a su profunda influencia espiritual».[40]

Otra figura influyente en su vida en ese momento fue su "Tío Billie", o Sir William Gordon, sexto baronet de Earlston, conocido por ser uno de los líderes de la carga de la brigada ligera en Balaklava, Ucrania, durante la Guerra de Crimea. De acuerdo con el espíritu del hombre, animó a Alice a seguir su propio camino en la vida y no ceder ante los deseos y restricciones de su clase social. Ella dice que él siempre la defendió, diciéndole: «Confío en ti, Alice. Ve por tu propio camino. Te irá bien».[41] Con esas palabras, el tío Billie ayudó a darle a Alice el respaldo para ser diferente, un respaldo que ella necesitaba desesperadamente a la luz de las expectativas de conformidad que sin duda provenían de los demás.

La mayor influencia estabilizadora en su vida en ese momento vino a través de su institutriz, la señorita Godby. Alice Bailey la recuerda como «simple, bastante común en el fondo y el equipo, pero sólida y dulce».[42] La señorita Godby amó y creyó en Alice desde el principio. Viajaría con Alice y Lydia de una propiedad familiar a otra en Escocia, pasando los otoños en Devonshire y los inviernos, debido a la salud menos que robusta de las niñas, en la Riviera francesa. La presencia de la señorita Godby otorgó a Alice sentimientos de continuidad, pertenencia y confianza. «Ella era la única persona a la que me sentía "anclada"».[43] Alice Bailey permanecería en contacto con la señorita Godby hasta su muerte alrededor de 1934.

A pesar de su humor oscuro e introspectivo, Alice Bailey admite que era una adolescente especialmente temperamental. Una vez, furiosa por algo que había hecho la señorita Godby, tomó todas sus joyas y las arrojó al inodoro. En ese momento, Alice había comenzado a colarse en la habitación de su institutriz para leer su diario, en el que la señorita Godby escribía sus reflexiones sobre su propio comportamiento a lo largo del día en forma de autoexamen. En los días que siguieron, Alice leyó allí que la señorita Godby sabía lo que Alice había hecho con sus joyas. Cuando la presión de la fechoría se volvió insoportable y Alice le confió todo, la reacción de la señorita Godby la asombró. No fue la pérdida material lo que hirió a su institutriz, sino la traición a la confianza. La reacción de la señorita Godby causó una impresión duradera. Reflexionando a través de la lente de sus propias creencias, Alice Bailey lo ve como una lección muy significativa sobre la importancia de los valores espirituales sobre los materiales.

Como tantos niños, a lo largo de su infancia, Alice tenía la costumbre de compararse desfavorablemente con su hermana, aunque como hermana mayor, esto es una inversión de la tendencia habitual; tales resentimientos son más comunes entre los niños más pequeños. Ella describe a Lydia como «una de las chicas más hermosas que he visto y su cerebro es superlativo».[44] Un simple comentario de admiración que desmiente los celos adolescentes latentes que sintió en ese momento. Quizás Lydia se robó la atención y el afecto de la familia extendida. Ella pudo haber sido sociable, confiada y popular, una niña extrovertida con mucho encanto, ganando la aprobación de todos. Sin duda, era una niña inteligente y ambiciosa que obedecería las expectativas de su clase social en al menos un aspecto, al casarse con su primo. Una fiel seguidora de las costumbres sociales, Lydia también siguió siendo una cristiana ortodoxa toda su vida.

Arrojada en la sombra de su hermana, quizás creada por ella misma, Alice estaba convencida de que nadie la quería mucho, por lo que odiaba a casi todos como resultado. Se describe a sí misma como una niña enfermiza y extremadamente ensimismada, llena de celos y autocompasión. Desde el exterior, parece que ella era sensible, herida y perdida, separada de la mayor parte de su familia incluso cuando formaba parte de ella.

Esos sentimientos estaban profundamente arraigados. Hizo tres intentos de quitarse la vida antes de cumplir los quince años, uno cuando tenía cinco y se arrojó por un tramo de escalones de piedra; otra cuando tenía once años y trató de asfixiarse con arena, solo para descubrir que «la arena en la boca, la nariz y los ojos no es cómoda y decidí posponer el día feliz»; y la última cuando intentó ahogarse en un río escocés. [45]

Alice Bailey sería la primera en admitir que no estamos aquí en este planeta para estar cómodos. No hay movimiento sin fricción, ni cambio ni crecimiento sin sufrimiento. Quizás una psique como la de Alice Bailey debería entenderse en sus propios términos. Como muestra su testimonio, la disposición mística es propensa a extremos cambios de humor, introspección casi patológica y una especie de agitación interior que requiere mucha paciencia y ciertamente no es para los pusilánimes.

El cristianismo había sido inculcado en Alice desde una edad temprana y a los quince años, era nada menos que una fanática. Vio el mundo en blanco y negro, como siempre suelen hacer los jóvenes, la humanidad dividida en dos grupos: salvadores de almas y paganos. Quizás su fundamentalismo proporcionó un ancla muy necesaria, una constante en una vida en continuo cambio y un reemplazo para los seres queridos perdidos. Creer hizo más fácil la alienación. Atrajo a Dios hacia ella para consolarla, una especie de muleta existencial. Sin embargo, ¿cuánto del carácter de una persona es innato, remanente de una vida pasada, si eso es lo que eliges creer, y cuánto se formó a través del condicionamiento? Sea como fuere, en su corazón, Alice Bailey llevó hasta su muerte una forma de fervor misionero. Aunque su mentalidad religiosa en su forma cristiana actual estaba a punto de recibir un golpe suave pero firme.

El domingo 30 de junio de 1895, durante una de sus estancias con Márgaret Maxwell en Castramont, mientras el resto de la casa asistía a la iglesia, Alice tuvo una visita extraña. Estaba sola en el salón, leyendo, cuando un hombre alto vestido con ropa europea, con el cabello oculto bajo un turbante, entró en la habitación y se sentó a su lado. Aterrorizada al ver a este hombre con un turbante, no habló. El hombre tenía mucho que decir. Él le dijo que le esperaba un trabajo importante, el trabajo de su vida, trabajo que la llevaría a muchos países, pero que no se le daría este trabajo si no cambiaba drásticamente sus malos modales. Necesitaba ejercitar el autocontrol y aprender a ser agradable, y necesitaba hacer este cambio de inmediato. Fue enfático al respecto. Continuó diciéndole que estaría en contacto cada pocos años y luego salió de la habitación, deteniéndose en la puerta para mirarla, «que hasta el día de hoy recuerdo muy claramente».[46]

Una vez que el terror inicial se disipó, las dudas la inundaron. Alice pensó que podría haber estado soñando o volviéndose loca. Estos pensamientos pronto dieron paso a sentimientos de autosatisfacción. Había un trabajo especial por delante para ella. Había sido señalada. Todo lo que necesitaba hacer era cambiar su actitud. Por una vez, no estaba a la sombra de su hermana.

La visita fue un acontecimiento extraordinario y una que Alice Bailey imbuye con un significado particular. En su autobiografía, insiste en que no había estado dormida y soñado el encuentro. Que no era ningún tipo de visión. Fue un evento real. Un hombre entró en el salón, le habló directamente y luego se fue.

Hay explicaciones alternativas. Algunos podrían argumentar que estaba teniendo un sueño lúcido, uno en el que sinceramente creía que estaba completamente despierta. Ella pudo haber estado mal ese día. Después de todo, ¿por qué no estaba con los demás en la iglesia? Es posible que se haya quedado dormida en medio de la lectura de su libro, soñó la escena y se despertó, todavía soñando, justo cuando el hombre extraño salía de la habitación. En su estado desorientado, habría pensado que había estado despierta todo el tiempo. O tal vez su testimonio sea exacto. Ese hombre realmente entró con su mensaje. Para comprometerse con las enseñanzas ofrecidas al mundo a través de Alice Bailey, el estudiante debe aceptar este punto de vista o suspender el juicio. [47] El hombre en el salón era Koot Hoomi, un Maestro Espiritual de alto rango en la Jerarquía Espiritual que supervisa la evolución de la humanidad. Esa visita fue una señal temprana para Alice Bailey de que ella era una discípula llamada para el Servicio Mundial.

Alrededor de la época de esta visita y reforzando la visión que más tarde desarrollaría de que una Jerarquía Espiritual ciertamente guía la evolución de la humanidad, tuvo dos experiencias visionarias idénticas que describe como sueños despiertos. En cada ocasión, se encontró participando en una ceremonia en el Himalaya en el momento de la luna llena de mayo:

> Me encontré (mientras estaba completamente despierta) en este valle y formando parte de una gran multitud ordenada, en su mayoría oriental pero con una gran cantidad de personas occidentales. Sabía

exactamente dónde estaba parada en esa multitud y me di cuenta de que era mi lugar correcto e indicaba mi estado espiritual.

El valle era grande y de forma ovalada, rocoso y con altas montañas a ambos lados. El pueblo, amontonado en el valle, miraba hacia el Este y hacia un estrecho pasaje con cuello de botella al final. Justo antes de este pasaje en forma de embudo, había una roca inmensa que se elevaba del suelo del valle como una gran mesa, y encima de la roca había un cuenco de cristal que parecía tener un metro de ancho. [48]

De pie frente a la roca había tres figuras en forma de triángulo. El que estaba en el vértice del triángulo lo conocía como el Cristo. La multitud estaba en movimiento, formando primero un símbolo y luego otro: una Cruz, un círculo con un punto en el centro y una estrella de cinco puntas. Ella describe todo el proceso como una danza rítmica solemne, a la vez digna y silenciosa. Las tres figuras extendieron sus manos hacia el cielo y la multitud se congeló. Una figura apareció en el cielo por encima del cuello de botella y se acercó a la roca. Sabía que la figura era el Buda. La visión en su totalidad la tomó retrospectivamente como una ceremonia de la unidad de todas las cosas, materiales y espirituales, orientales y occidentales. [49]

En ese momento, Alice no sabía qué hacer con sus experiencias místicas. Su teología limitada fue desafiada a la luz de este nuevo entendimiento. Ante ella, un nuevo mundo subjetivo de significado parpadeó, un reino espiritual interno que apenas podía entender. Pasarían otros veinte años antes de que encontrara una explicación satisfactoria, una que formara la esencia de su visión esotérica del mundo.

No es sin cierta cautela que la madura Alice Bailey brinda su testimonio. «Se dice que las experiencias espirituales más profundas e íntimas de uno nunca deben ser discutidas o relatadas».[50] Ella reconoce que ese testimonio a menudo se desacredita. En su día, se le conocía, al menos en sus propios círculos, como una mujer cuerda, inteligente y de buena posición, y en su autobiografía decidió agregar para que conste su «cierto conocimiento y convicción al testimonio de muchos otros a lo largo de los siglos».[51]

Esas visiones, junto con su extraño visitante con turbante, tuvieron un efecto profundo. Alice, de quince años, se incorporó e hizo un esfuerzo decidido por cambiar. La transformación precipitó una búsqueda de sentido y respuestas a sus penas. Su viaje de superación personal fue un proceso de intensa purificación, e inicialmente, el resultado quizás no fue lo que el Maestro tenía en mente. Alice había pasado de ser una adolescente ensimismada, malhumorada y, a veces, volátil, a una joven asombrosamente virtuosa. En una ocasión, su tía Margaret se le acercó y le dijo: «Dios mío, Alice, pierde los estribos».[52]

Fue una transformación que propició una reorientación. Ya no absorbida por su miseria, comenzó a extender la mano hacia el mundo que la rodeaba. Se unió a su tía Margaret haciendo buenas obras para la YWCA. Irónicamente, este cambio de orientación trajo consigo un deseo demasiado entusiasta de convertir a otros como ella misma se había convertido, en una cristiana auténticamente buena. Lo hizo indiscriminadamente.

Al final de su adolescencia, pasaba mucho tiempo asistiendo a fiestas en casas grandes, esforzándose por salvar las almas de todos los que encontraba.

Mientras tanto, dice que dio largos paseos o se acostaba en un campo en Escocia, el sur de Francia, o junto al lago de Ginebra, y que «trataba de escuchar el silencio» y «escuchar la Voz»:

> Sabía que detrás de todo lo que podía ver y tocar había Algo que no podía verse pero que podía sentirse y que era más real y verdaderamente esencial que lo tangible. Me habían educado para creer en un Dios Trascendente, fuera de su mundo creado, inescrutable, impredecible, a menudo cruel... amando solo a aquellos que lo reconocían y lo aceptaban... Innatamente critiqué esta presentación de un Dios amoroso, pero automáticamente la acepté. Pero Él estaba lejos, distante e inaccesible.

> Sin embargo, todo el tiempo, algo dentro de mí, incipiente e indefinible, buscaba a un Dios Inmanente, a un Dios detrás de todas las formas, que podía ser encontrado en todas partes y tocado y realmente conocido, que verdaderamente amaba a todos los seres...[53]

Esta división en sus puntos de vista religiosos no se resolvería hasta dentro de dos décadas.

Manteniendo su fe firme dentro de ella, Alice terminó la escuela y luego, después de que terminaron los términos de la tutela, residió con su hermana y una acompañante en una casa alquilada cerca de St Albans. Era una chica de sociedad de habla francesa muy viajada con una buena educación clásica.

Era conocida por ser muy atractiva y con buen gusto en la ropa. El problema era que ella tenía un profundo conocimiento de la Biblia y no sabía absolutamente nada acerca de los hechos de la vida. Se describía a sí misma como una fanática religiosa del tipo ingenuo y serio. La suya era la clase de santidad superior que no prestaba favores cuando se trataba de encontrar aceptación en su medio social. Ciertamente eso no le encontraría marido.

Cuando Lydia cumplió la mayoría de edad, eligió obtener un título de doctora en la Universidad de Edimburgo, una oportunidad impresionante en ese momento y para la cual recibió «algunos meses de entrenamiento».[54] La medicina era un camino raro para una mujer a principios del siglo XX. A pocas se les permitía estudiar la disciplina. En 1900, solo había doscientas mujeres doctoras en Gran Bretaña. Lydia se convirtió en una de las primeras en ganar una distinción universitaria. Se convirtió en doctora. Continuó escribiendo *Life, How it Comes: A Child's Book of Elementary Biology* (La vida, cómo llega: un libro infantil de biología elemental) y luego se dedicó a la investigación del cáncer. También fue poeta y escribió bajo el seudónimo de Stephen Reid-Heyman. *A Vagabond's Wallet* (La billetera de un vagabundo) se publicó en 1916. Su poema de setenta y dos páginas, *A Vision of Immortality* (Una visión de la inmortalidad), publicado en 1917, se volvió a publicar en 2011 y los académicos lo consideraron de importancia cultural. [55] Cuando tenía alrededor de treinta años, Lydia tuvo una hija, Mary Alice Parsons (1912-), nacida el mismo año que la hija del medio de Alice, Mildred. [56] No hay indicios de que Alice Bailey haya conocido a su sobrina, pero ciertamente sabía de su existencia, a pesar de que no menciona esto en su autobiografía.

De vuelta en St Albans, Alice necesitaba encontrar su propio camino en la vida y no tenía apetito por la educación terciaria. [57] Ella recibía una pequeña asignación del patrimonio familiar, al igual que su hermana, suficiente para brindarle una medida de independencia financiera. Todo lo que necesitaba era una dirección.

Pasaría gran parte de las dos primeras décadas de su edad adulta aprendiendo muchas lecciones duras, lecciones de humildad y buena voluntad común, deshaciendo las actitudes snobs que le inculcaron los La Trobe-Bateman y tal vez recuperando parte del carácter de su herencia materna Hollinshead en el camino.

2

CASA DE LOS SOLDADOS DE ELISE SANDES

A LA EDAD DE VEINTIDÓS AÑOS, ALICE LA TROBE-Bateman estaba lista para romper con los lazos de su familia, rehuir a su estilo de vida de chica de sociedad y salir al mundo con «el toque seguro de la inexperiencia total».[1] Si tan solo pudiera averiguar cómo. Nunca había estado sola antes, sin embargo, cualquier temor e incertidumbre que tenía fueron eclipsados por una determinación inquebrantable. Tenía en la mira una vida dedicada a salvar almas, llevada a cabo de una manera acorde con su posición social. Fue una elección que debe haber sido una gran decepción para su familia. A sus ojos habría parecido una extremista, una extremista condenada a pagar un alto precio. A pesar de tres temporadas, no había podido encontrar marido. Era incapaz de interactuar socialmente con sus contemporáneos amantes de las fiestas, su templanza recta y su piedad eran demasiado desagradables para el medio. Nadie en la escena de la sociedad aristocrática estaba interesado en ser salvado. Peor aún, los La Trobe-Bateman defendían el protestantismo de su clase y Alice había desarrollado fuertes inclinaciones evangélicas, más comúnmente asociadas con las clases bajas. O, en sus propias palabras, se había convertido en una «fundamentalista empedernida», aunque «con una mente extremadamente estrecha y con mucha conciencia de clase».[2]

Era el año 1902 cuando Alice buscó el rumbo de su vida. El rey Eduardo VII había subido al trono tras el fallecimiento de la reina Victoria y la sociedad estaba cambiando, la expansión imperial y el decoro moral daban paso a una nueva era de paz, flexibilidad social y prosperidad. La filantropía continuó prosperando a medida que las clases altas protestantes, como los La Trobe-Bateman, vieron como su deber ayudar a los pobres y desfavorecidos. El evangelismo también se había expandido mucho durante el siglo XIX, con su énfasis en el servicio sobre la doctrina. La situación de la mujer empezó a mejorar. Se consideraba respetable que las mujeres de clase media y alta se dedicaran al trabajo social. Los roles caritativos permitieron a las mujeres encontrar la realización más allá de los límites de la vida doméstica y la maternidad, mientras se veían como una extensión de lo mismo. Damas de buena reputación participaban en esta oleada de caridad y filantropía a través de la recaudación de fondos: organizando cenas, banquetes y fiestas. [3] Ninguno de estos roles atrajo a Alice. Si bien admitió tener talento para la costura, tenía poco interés o consideración por las actividades femeninas.

Tampoco le interesaba el feminismo. Mientras Alice buscaba un papel satisfactorio en la vida, las mujeres en Gran Bretaña todavía carecían del derecho al voto. El movimiento sufragista, que había estado haciendo campaña durante décadas en todo el mundo y que Emmeline y Christabel Pankhurst habían retomado en Gran Bretaña en ese momento, estaba en pleno apogeo. [4] Alice Bailey habría estado muy al tanto de las sufragistas, pero no menciona el movimiento en su autobiografía, aparte de describirse a sí misma como no feminista.[5] Su silencio sobre el feminismo es notable a la luz de sus fuertes opiniones sobre cuestiones de raza, igualdad y derechos humanos salpicadas en todo el cuerpo de la obra. Quizás estas mujeres estridentes eran una afrenta a su sensibilidad. Quizás encontró a los activistas políticos tan desagradables como a los evangelistas «gritando y despotricando en las plataformas»:

> Los evangelistas que había conocido (y eran muchos) no
> me habían impresionado mucho. Parecían un puñado
> de gente mal educada; vestían ropas baratas y mal
> cortadas y su cabello parecía necesitar un cepillado;
> eran demasiado buenos para estar bien arreglados. [6]

Surgió una oportunidad para cambiar la dirección de su vida cuando le sugirieron que visitara las Casas de los Soldados de Elise Sandes, ubicadas en las ciudades de plaza de toda Irlanda. A Alice le gustó la idea, y una vez que instaló a su hermana en la universidad de Edimburgo, tomó todos los talentos que tenía, con la esperanza de hacer buenos trabajos en el campo.

Gran Bretaña había estado en guerra en varios países de África y Asia a lo largo del siglo XIX, con la Segunda Guerra de los Bóers (1899-1902) que vio la fuerza más grande que Gran Bretaña había enviado al extranjero, ascendiendo a alrededor de medio millón de soldados. Lejos del campo de batalla, esos soldados estaban acorralados en plazas como las que había en Irlanda. Para una cristiana íntegra como Elise Sandes, el resultado fue un desastre social y moral. Aburridos e inquietos, los soldados buscaron entretenimiento en pubs y burdeles; y la bebida, el juego y el sexo ilícito eran vicios que seguramente los llevarían directamente al infierno. Evangelista y filántropa de

Tralee, en el suroeste de Irlanda, Elise Sandes fue una compañera de juegos de la infancia de Lord Kitchener. En 1868, Sandes respondió a una solicitud para hacerse amiga de un solo soldado. De esa amistad surgió el trabajo de toda una vida. Sandes estableció su primer hogar para soldados en Cork en 1887, y se abrieron otros en Belfast, Dublín, Dundalk, Queenstown y Curragh. En 1913 había veintidós hogares adjuntos a los cuarteles en Irlanda y otros nueve en la India. Los hogares proporcionaron recreación y promovieron el bienestar de los jóvenes soldados del ejército británico. «Ella introdujo el elemento de la vida hogareña en el campamento para muchos miles de soldados».[7]

Cada hogar contenía un gran dormitorio para pasar la noche, una cafetería con comida servida a bajo costo y una sala de recreación para escribir cartas, juegos y áreas para sentarse y leer. Se asignaron dos damas a cada hogar, alojadas en cuartos separados. Su función era principalmente hablar con los solitarios, hartos y nostálgicos. Cada hogar también tenía una sala del Evangelio, completa con armonio, libros de himnos, Biblias y sillas, y «alguien que pudiera exponer las Escrituras y suplicar a los hombres por la salvación de sus almas».[8]

Era un trabajo que correspondía a una mujer con el pasado de Alice. Elise Sandes buscó damas de refinamiento y buena posición para trabajar en sus hogares, la separación de clases pensó que proporcionaba suficiente distancia para evitar la incorrección. Al conocerla por primera vez, Alice descubrió que la señorita Sandes era «una mujer muy exquisita, encantadora y culta».[9] Fue una impresión que debió ser a la vez un alivio y un deleite para una joven tímida y esnob ansiosa por hacer el bien.

Alice se instaló en la casa de Belfast. Encajó muy bien, rápidamente hizo amigos y adquirió las habilidades necesarias para el trabajo. Parte de su función consistía en circular mesas en la sala de recreo y la cafetería, cada una de las cuales a menudo estaba llena de cientos de soldados. «Había habitaciones donde podían escribir cartas, jugar, sentarse alrededor del fuego y leer los periódicos, jugar al ajedrez y a las damas y hablar con nosotros si se sentían solos, hartos y nostálgicos».[10] Se esperaba que ella se mantuviera reservada. Fue un trabajo duro y a Alice «le encantó cada parte». De repente había encontrado una salida maravillosa para salvar almas.

En su propio relato, Alice Bailey desea enfatizar la lucha que enfrentó durante sus primeras reuniones del Evangelio. No era de extrañar, dada la ingenuidad y la arrogancia juvenil de su enfoque inicial. Ella podría no haber tenido idea de cuán desafiante sería su primer evento serio de hablar en público. En ese momento pensó que tenía el equipo para el trabajo. Después de todo, ella había dirigido estudios bíblicos y hablado en reuniones de oración en el pasado. Pero esto era diferente. Esto era de pie frente a unos pocos cientos de soldados, no exactamente una audiencia comprensiva de simpatizantes y devotos religiosos.

Las reuniones se hacían los domingos. Cuando fue su turno, fue y se paró en la plataforma llena de una seguridad en sí misma equivocada. No se adentró mucho en su discurso. Mientras se enfrentaba a ese mar de rostros expectantes, el pánico se apoderó de ella y su mente se vació. Huyó de la plataforma llorando. Unas semanas más tarde, hizo un segundo intento. Esta vez, con la esperanza de evitar otra catástrofe, había memorizado asiduamente su discurso. Aproximadamente a la mitad, mientras intentaba recitar un poema, sufrió un repentino lapso de memoria. Una vez más, salió disparada del escenario.

Alice no se daría por vencida, pero le tomó algunos intentos más y una cantidad excesiva de ansiedad antes de ganar confianza. Mirando hacia atrás, Alice Bailey comenta que no fue hasta que se dio cuenta de que la raíz de su problema era el egocentrismo, que estaba capaz de olvidarse de sí misma y centrar su atención en el grupo.[11] Fue una lección importante y muy necesaria que serviría a Alice Bailey como oradora pública.

Se corrió la voz de que Alice era buena en su trabajo. Impresionada, Elise Sandes la invitó al campo de práctica de artillería en Kildare, en el centro de Irlanda. Alice Bailey escribe favorablemente sobre esta época, sobre cómo compartió un dormitorio con la señorita Sandes en «la casita divertida» en la que vivían. Todavía vulnerable y algo a la deriva en su edad adulta temprana, Alice adoraba a la señorita Sandes. «La amaba por su belleza, su fortaleza mental, por su conocimiento de la Biblia, por su comprensión de la humanidad y también por su sentido del humor ondulante. La amaba más, creo, porque descubrí que ella realmente me amaba».[12]

Era un sentimiento poderoso, que sugiere que Alice había encontrado en la señorita Sandes una figura materna, junto con el respaldo y la aprobación que anhelaba. Ella admite que su tiempo en Irlanda, aunque breve, fue uno de los períodos más felices de su vida. En Elise Sandes, Alice había encontrado no solo una amiga y un modelo a seguir, sino también un profundo sentido de pertenencia. Treinta años mayor que ella, Sandes le ofreció la orientación y la dirección que tanto necesitaba. Su influencia comenzó a ampliar la versión estrecha y absolutista del cristianismo de Alice, suavizando su convicción de que *su* camino a la salvación era el único camino y que era su deber salvar el alma de cada persona que encontraba.

En su capítulo sobre las casas de los soldados, Alice Bailey reflexiona sobre cómo fue a través de sus relaciones con los hombres que comenzó a moderar sus modales rectos. Al aprender a ser objeto de burlas y bromas amables, también aprendió una lección de humildad, aunque conservaría cierta mojigatería a lo largo de su vida y sería siempre una mujer de opiniones morales rectas.

Luego pasó un tiempo en casas en Dublín y Curragh, donde había cinco mil soldados estacionados. Trabajadora dedicada, llevaba cuentas, escribía cartas para los soldados y asistía a interminables reuniones evangélicas y de oración.

Su tiempo en Irlanda llegó a un final abrupto cuando llegó una carta para Elise Sandes de la señorita Theodora Schofield en India, anunciando que no se encontraba bien. El duro clima y la gran carga de trabajo habían hecho mella en su salud. Una mujer de gran carácter y fortaleza, Theodora Schofield había tomado el relevo de la pionera Anna Ashe y había estado a cargo de los hogares en la India durante algunos años. [13] La señorita Sandes se enfrentó a un dilema. No había nadie disponible en ese momento para reemplazar a la señorita Schofield. Decidió que Alice tendría que hacerlo y le dijo: «incluso si no eres muy buena, probablemente serías mejor que nadie».[14]

Los fondos se materializaron días después en forma de una carta anónima que contenía quinientas libras. Luego, Alice obtuvo el permiso de su tía Agnes Parsons quien, junto con Lydia, despidió a Alice en Tilbury Docks.

Alice no tenía idea de en qué se estaba metiendo cuando desembarcó en Bombay. Habría parecido a los demás tal como era, una mujer eduardiana joven, atractiva y especialmente inexperta, vulnerable e ingenua, sola en la India: una tonta en todos los sentidos de la palabra.

India estaba en ese momento atravesando una fase de expansión industrial mientras Gran Bretaña buscaba mantener su posición manufacturera frente a los avances en Estados Unidos y Alemania. La inversión en infraestructura fue considerable. En 1900, el Raj británico contaba con el sistema de riego más grande del mundo, y todo estaba lejos de ser pacífico. Las reformas de Lord Kitchener, que comenzaron en 1903, concentraron al ejército británico en el norte del subcontinente, principalmente para defender la frontera del noroeste. Bajo Kitchener, las divisiones de combate se organizaron a lo largo del eje Lucknow-Peshawar-Khyber y el eje Bombay-Mhow-Quetta.[15] Los hogares de los soldados se concentraron a lo largo de estas líneas.

Alice inicialmente iba a pasar dos años en la casa de Quetta, situada en un valle elevado de unos mil quinientos metros y conocido por su belleza excepcional, a unos ochenta kilómetros de la frontera afgana en lo que ahora es Pakistán. [16] Desde allí, haría el largo viaje de regreso a través del desierto de Thar y luego a través del norte de la India para llegar a las otras casas esparcidas por el norte de Delhi hasta Lucknow.

India causó una poderosa impresión; Alice Bailey dice que estaba «aturdida por el Oriente»:

Todo era tan nuevo, tan extraño, tan completamente
diferente a todo lo que había imaginado. Color,
hermosos edificios, suciedad y degradación, palmeras y

> bambúes, hermosos niños y mujeres (en aquellos días)
> que llevaban cántaros sobre la cabeza; búfalos de agua y
> carruajes extraños, como gharries y ekkas... bazares
> abarrotados y calles de tiendas nativas, platería y
> hermosas alfombras, nativos de pies silenciosos,
> musulmanes, hindúes, sikhs, rajputs, gurkhas, soldados
> y policías nativos, un elefante ocasional con su mahout,
> olores extraños, lenguaje desconocido y siempre el sol,
> excepto durante el monzón, siempre y para siempre el
> calor... Me encantaba la India. [17]

En el momento en que Alice llegó a la casa en Quetta y se enfrentó a tener que domar a los soldados fuera de control que se volvían locos en la cantina, se dio cuenta de que era demasiado joven y estaba mal equipada para sus nuevas responsabilidades. Se las arregló para sofocar los altercados, que resultó ser solo uno en todo tipo de desafíos.

Fue en Quetta donde desarrolló un miedo a la oscuridad de por vida. Su compañero de trabajo se enfermó de fiebre tifoidea y fue trasladado a un hospital. Alice permaneció sola en sus aposentos. Por la noche, antes de acostarse, los administradores de la casa revisaban sus habitaciones para asegurarse de que estuvieran vacías y luego cerraban todas las puertas. La lucha en la frontera era feroz, y era una época del año en la que se duplicaba la guardia ya que se permitía a los miembros de las tribus de las montañas bajar al acantonamiento. A las dos de la mañana, se despertó y descubrió que la manija de la puerta de la sala de estar «estaba torcida y girada». Sabía que la caja fuerte en la sala de estar contenía muchos cientos de rupias y que si quienquiera que fuera lograba entrar, recibiría un cuchillo en el corazón porque «era un gran poder matar a una mujer blanca». Aterrorizada, se sentó en el borde de la cama y miró la manija de la puerta. Pasaron cuarenta y cinco minutos. «Entonces descubrí que el miedo llega a un punto en el que estás tan desesperado que corres cualquier riesgo». Cruzó la habitación y abrió la puerta de la sala de estar. No tenía idea de quién estaba detrás de esa puerta y anticipaba lo peor. En cambio, allí estaban sus dos gerentes. [18]

Hubo muchos logros y pequeños triunfos durante su tiempo en la India, pero en general, Alice Bailey describe su tiempo allí como exigente:

> Iba de una Casa a otra, atendiendo las cuentas, entrevistando a los gerentes, haciendo interminables reuniones evangélicas, hablando a los soldados sobre sus almas y sus familias, visitando los hospitales militares y lidiando con los muchos problemas que surgen naturalmente cuando cientos de los hombres están instalados fuera de casa y se enfrentan a los problemas de la vida en un clima cálido y una civilización extraña. [19]

Ignorando su propio bienestar y las limitaciones de su constitución, que no era robusta, fue mucho más allá de los deberes que se le exigían. No solo entretenía a los hombres jugando a las damas, sino que también se sentaba al piano y tocaba las canciones favoritas del día, o tomaba el armonio y cantaba himnos. Tenía una «muy buena voz de mezzo soprano con un amplio rango y extremadamente bien entrenada».[20] Nadie había visto algo así, al menos, no de una evangelista predicadora del Evangelio. En una ocasión, cuando estaba a punto de lanzarse al himno «Shall We Gather at the River», entró un general, junto con su ayudante y su estado mayor. Se enfrentaron a «una joven algo religiosamente frívola con un vestido blanco y una faja azul que no se parecía a ningún evangelista que hubieran imaginado».[21]

Era sorprendentemente diferente, tal vez un toque de vodevil en una piel tensa fundamentalista, pero sus canciones eran muy apreciadas tanto por los soldados como por los oficiales, y la saludaban repetidamente mientras se ocupaba de sus asuntos. La estaba pasando de maravilla. Era muy conocida y muy querida por todos. Los soldados la llamaban «abuela», o «anciana benévola» o «madre», nombres que se les daban a todas las damas en las casas, pero un regimiento tenía un nombre especial para ella. La llamaban «China». En su propio relato, este apellido la desconcertó. Era una abreviatura de la jerga de rima cockney. Un «plato de porcelana» (*china plate*, por su palabra original en inglés) es un «mate».

El cariño era recíproco. Disfrutaba de la compañía de los hombres. Sin embargo, todas esas actuaciones musicales se sumaban a una fatiga creciente. Las presiones de un horario de trabajo sobrecargado estaban aumentando. Las casas alimentaban a quinientos o seiscientos hombres cada noche en las cafeterías. «Me pusieron a cargo de seis casas de soldados. Tuve que hacer el *catering* para estas seis casas, con 600 hombres en cada una, todos los días de la semana. Dirigí quince reuniones de oración y reuniones de evangelio a la semana... Asistí a cuarenta regimientos británicos. Tenía una clase bíblica dominical de 600 hombres cada domingo: recibí miles de cartas. Todos fueron elogiosos».[22] La llamaban para que se sentara «constantemente» con los hombres que se estaban muriendo. Ella sufría de migrañas que la incapacitaban por días, pero aun así continuó cumpliendo con sus deberes. Para agravar la tensión de su apretada agenda, las decisiones gerenciales que tomaba a menudo la llenaban de dudas y auto-recriminaciones. Para colmo, descubrió que tenía que lidiar con los colapsos mentales de los miembros del personal que habían «sucumbido al clima, a la soledad, a la incomodidad general de la vida en la India en esos días».[23]

Este flujo interminable de problemas y responsabilidades pesadas y su incapacidad para autorregularse tuvieron un efecto nefasto en su salud. Sus migrañas empeoraron. Estaba al borde del agotamiento físico, emocional y mental. Exacerbando una situación ya precaria, mientras aumentaban las presiones laborales, también sufrió un colapso espiritual, resultado de un despliegue de duda existencial en lo más profundo de ella. La experiencia de la vida iba a liberar a Alice de su fundamentalismo demasiado entusiasta, solo que fue tan intensamente sentida y psicológicamente devastadora, que la dejaría conmocionada durante una década.

Las semillas del colapso de su edificio religioso interno se plantaron cuando era adolescente y vivía con su tía en Escocia. Ella había hablado en una reunión evangélica en su iglesia local y, a su regreso, su cocinera Jessie Duncan, una aliada en ese momento, entró en la habitación, tomó a Alice por los hombros y dijo: «¿Alguna vez aprenderá, señorita Alice, que hay doce puertas en la Ciudad Santa y todos en el mundo entrarán por una u otra de ellas? Todos se reunirán en la plaza del mercado, pero no todos entrarán por tu puerta».[24]

Reveladora fue la alusión de Duncan a un hábito, los actos indiscriminados de salvación de Alice mientras buscaba convertir el alma de cada persona que encontraba. En ese momento, no tenía idea de lo que quería decir Duncan, pero las palabras de su cocinera causaron una impresión duradera y se contarían a miles en las conferencias públicas de Alice Bailey. [25]

Dos experiencias en India agravaron la censura inicial de Jessie Duncan. La primera fue cuando Alice llegó a Ambala, en las estribaciones del Himalaya, para abrir una nueva casa para soldados. La acompañaba su portador personal Bugaloo. Estaban de pie en la terraza del complejo, mirando hacia el camino más allá, un camino lleno de transeúntes, «innumerables hordas y multitudes de indios». Bugaloo se le acercó, le puso una mano en el brazo y le dijo: «Señorita Baba, escuche. Millones de personas aquí. Millones, todo el tiempo mucho antes de que llegara usted inglesa. El mismo Dios me ama como la ama a usted».[26]

Fue algo valiente y asertivo de decir. Después de todo, Bugaloo era su sirviente. Por qué se sintió obligado a decirle esto a Alice, y de una manera que sugería que ella realmente necesitaba escucharlo, probablemente fue en respuesta a los incesantes cuidados y opiniones expresadas de su parte. El comentario de Bugaloo llevó una nota de desafío a la imposición de cualquier forma de cristianismo a los de la fe hindú. Él quería que ella entendiera una nota clave de todas las religiones: la universalidad de Dios.

Su comentario se precipitó en su mente, penetrando la esencia de su fe. Empezó a preguntarse qué había hecho Dios con los millones de personas en el planeta antes de que Cristo viniera. ¿Cómo se salvaron todas esas personas? ¿Se salvaron? ¿O se habían ido todos al infierno? Simplemente no podía comprender cómo Dios, incluso su Dios vengativo y castigador, podría haber condenado a toda la humanidad a la condenación durante tanto tiempo.

La tercera experiencia que relata Alicia fue deshacer el dogmatismo religioso de su corazón. Se alojaba en Quetta y tenía en mente dar su primera conferencia sobre el infierno.

Como cristiana salva y, por lo tanto, destinada al cielo, no sabía mucho sobre el lugar donde Dios depositaba a los indeseables. Durante un mes entero:

> Me saturé con la idea del infierno y, rebosante de información y olvidando que nunca nadie había regresado del infierno para decirnos si algo de eso era cierto o no, me puse de pie esa tarde en la plataforma ante quinientos hombres preparada para aterrorizarlos a los atrios del cielo. [27]

Dio su conferencia en «una sala inmensa, con largas ventanas francesas que se abrían al jardín de rosas». Las rosas estaban en pleno florecimiento. Un escenario bonito, y en un sentido simbólico, que no podía estar más lejos de las palabras que iba a pronunciar. Mientras «declamaba a gritos», perdida en sí misma como una verdadera pastora de fuego y azufre, no se dio cuenta de que uno por uno su público se levantaba y se iba. Al final, solo vio a un pequeño grupo de soldados religiosos que permanecían en sus asientos. Uno de ellos la llevó a un lado y le dijo: «Ahora, señorita, mientras diga la verdad, nos sentaremos y escucharemos todo lo que tenga que decir, lo sabe, pero en el momento en que comience a decir mentiras, la mayor parte nos levantaremos y nos iremos. Y lo hicimos».[28]

Fue una «lección drástica y violenta» y le tomó algún tiempo entender. Sin embargo, escuchar la sinceridad de la explicación del soldado y haber sufrido la humillación devastadora de no solo perder a toda una audiencia sino de no darse cuenta hasta que fue demasiado tarde para cambiar de rumbo, hizo que se cuestionara la veracidad de los cimientos de sus creencias:

> Yo creía que la Biblia enseñaba el hecho del infierno y

todos mis valores estaban siendo sacudidos. Si enseñar
sobre el infierno era falso, ¿qué más era falso?... Sabía
que había mucha gente buena que no pensaba como yo
y hasta ahora solo había sentido lástima por ellos...
Había comenzado una pequeña fermentación que fue
básica en sus resultados y agonizante en su aplicación.
Estaba completamente preocupada y comencé a dormir
mal. No podía pensar con claridad y no me atrevía a
preguntarle a nadie al respecto. [29]

En 1906, unos tres años después de su estadía en la India, Alice
estaba «agotada hasta el cansancio». Sus migrañas aumentaron
tanto en frecuencia como en intensidad. Migrañas que harían
que cualquier paciente fuera incapaz de levantar la cabeza de
la almohada, pero aún así se arrastraba para cumplir con sus
tareas. Luego, agravando la tensión y el sufrimiento, se enamoró
de un soldado del regimiento de húsares: Walter Evans. Fue
este amor el que finalmente sería su perdición.

Alice Bailey describe a Walter Evans como «extremadamente
guapo» y «muy educado». Tenía una «mente brillante» y a
través de sus servicios en las casas de los soldados se convirtió
«profundamente».[30] Ella también lo llama un «caballero de
rango», un término generalmente reservado para aquellos que,
por desgracia o desventura, no logran obtener un rango de
oficial comisionado o han sido despojados de él. Su formación
de clase no era adecuada para la clase de oficial, por lo que
presumiblemente, fue su educación lo que mereció tal rango.
Nada de esto le importaba a Alice en ese momento. Su amor
por él era ardiente y, sin embargo, era un amor prohibido. Las
damas que trabajaban en las casas de los soldados procedían de
entornos aristocráticos para garantizar muchos grados de
separación entre ellas y los soldados. El matrimonio, por lo que

Alice sabía, estaba prohibido. Creyendo esto, se volvió «completamente frenética». En ese momento estaba tan exhausta física y mentalmente que no era de extrañar que fuera incapaz de un solo pensamiento racional. Su corazón tiraba de ella en una dirección, su cabeza, llena como estaba de reglas que no debían romperse, en otra.

Fue mientras estaba en este estado febril que recibió otro mensaje de su Maestro Koot Hoomi. Se alojaba en la casa de los soldados en Lucknow. Era una noche calurosa y ella no podía dormir:

> Caminé de un lado a otro de mi habitación y me sentí completamente desolado. Salí a la amplia terraza cubierta de buganvillas en flor (sic) pero no encontré nada más que mosquitos. Regresé a mi habitación y me quedé junto a mi tocador por un minuto. De repente, un amplio haz de luz golpeó mi habitación y la voz del Maestro que había venido a mí cuando tenía quince años me habló... Me dijo que las cosas estaban planeadas y que el trabajo de la vida que me había esbozado anteriormente comenzaría, pero de una forma que yo no reconocería. [31]

Para entonces, la señorita Schofield había regresado a la India. Escapando del monzón, Alice se unió a ella en el largo viaje hasta Ranikhet en Uttarakhand, la ubicación de una estación de montaña y un hospital militar y la sede del prestigioso Regimiento de Kumaon, el regimiento de infantería más condecorado del ejército indio. Las damas viajaron allí para abrir una nueva casa.

Con una elevación de más de mil ochocientos metros, Ranikhet también fue utilizado por el ejército británico como estación de retiro durante el calor del verano, lo que explica por qué Walter Evans llegó con su regimiento al mismo tiempo. Era discreto acerca de sus afectos, pero cuando él, junto con algunos otros, se ofreció a ayudar a Alice a mejorar sus habilidades de equitación, cualquier esperanza que tenía de que su amor se mantuviera alejado de la señorita Schofield se desvaneció.

Pasaron los meses y al final del monzón, la señorita Schofield le indicó a Alice que se ocupara del cierre de la casa y se fue antes que ella. Esta decisión llevó la relación amorosa ilícita a un punto crítico. Walter Evans todavía estaba en la estación de la colina y Alice estaba sola en la casa. Quizás fue esta extraordinaria confianza que la señorita Schofield había depositado en su joven colega, dejándola sola con su conciencia, lo que hizo que Alice terminara la relación y cortara todos los lazos con Walter. Con todo el melodrama alterado, se comprometió a sí misma «a una vida de solterona y trató de continuar con el trabajo».[32]

Para entonces, la salud de Alice se había deteriorado dramáticamente. Sus migrañas se volvieron severas y constantes. Se puso tan mal que la señorita Schofield se las arregló para llevarla de vuelta a Irlanda. Estaba demasiado enferma para protestar. «Había llegado al punto en que no me importaba si vivía o moría».[33]

Cuando salió de Ranikhet, la llevaron directamente a Bombay para tomar el pasaje de regreso a casa. Sus recuerdos de ese pasaje revelan el alcance de su malestar. Alice Bailey recuerda haber dormido durante diecisiete horas completas mientras esperaban para abordar el barco, para gran alarma de sus cuidadores, y luego lloró durante todo el viaje a casa, tres semanas completas de lágrimas.

Lo que sucedió cuando finalmente pasó tiempo con Elise Sandes fue tan inesperado que Alice no pudo evitar sentirse atrapada por eso. En lugar de validación y aprobación por el inmenso sacrificio personal que había hecho, se enfrentó a una señorita Sandes muy decepcionada y ansiosa. Alice se había esforzado hasta el fondo, yendo mucho más allá de lo que se esperaba de ella y, como resultado, las esperanzas de la señorita Sandes de que siguiera trabajando para los hogares durante muchos años más estaban en peligro. Incluso había querido nombrar a Alice administradora de su trabajo.

Mirando hacia atrás, era inevitable algún tipo de colapso dada la psicología de Alice Bailey. Tenía un miedo arraigado al fracaso y tenía un «profundo complejo de inferioridad», ambas cualidades la impulsaban a sobresalir, llevándola al borde del fracaso que estaba tratando de evitar desesperadamente.

Alice también se dio cuenta de que había decepcionado a la señorita Sandes de otra manera, y que su «sacrificio valiente» de su amado Walter Evans había sido innecesario. La señorita Sandes dejó en claro que Alice era libre de casarse con él si así lo deseaba. De una forma u otra, se podrían hacer arreglos. «Ella me quería, me mimaba y me decía que no me preocupara. Estaba demasiado cansada para preocuparme mucho en cualquier caso... Estaba horrorizada... Me sentí defraudada. Me enfrenté a un gran anticlímax... Me sentí una tonta o una idiota».[34]

Escarmentada y llena de renovada aunque cautelosa esperanza, Alice salió disparada hacia Edimburgo para discutir el asunto con su tía Margaret, que se encontraba allí en ese momento. Alice estuvo allí solo una semana. En esos siete días recibió ofertas de matrimonio de otros dos hombres, uno por correo de un oficial del ejército, y otro de uno de los médicos que la habían atendido cuando contrajo sarampión estando en una de las casas de los soldados, «un hombre muy encantador y agradable» que la había seguido «desde la India».[35] Alice no mencionó ninguna propuesta a su solícita tía y se concentró en explicar su situación.

La respuesta de su tía resultó inadecuada, por lo que Alice buscó el consejo de su «tía Alice», la líder de las diaconisas de la Iglesia de Escocia y la hermana del suegro de Margaret Maxwell, Sir William Maxwell. «La adoraba porque no había estrechez ni estupidez en ella».[36]

Su confesión aterrizó en oídos comprensivos.

Walter Henry Evans (1880-1935) nació en Brotton, un pueblo minero de piedra de hierro en el condado de Redcar, Yorkshire, en una familia de clase baja sin sirvientes.[37] Estaba a punto de ser dado de baja del ejército. La tía Alice hizo los arreglos para que él viajara a los Estados Unidos y tomara un curso de teología. Iba a convertirse en clérigo de la iglesia episcopal, convirtiéndolo en una pareja aceptable para Alice a los ojos de su familia, y colocando a la pareja lo suficientemente lejos de la atención de su grupo social, para quienes el matrimonio habría sido visto como un escándalo, sometiendo a la familia al chisme.

Igualmente enamorado, Walter era agradable. Mientras él se sometía a su formación, Alice regresó a la India. Primero fue a Umballa para pasar el invierno y luego a Chakrata en las estribaciones del Himalaya durante el monzón. Todavía exhausta, no pasó mucho tiempo antes de que su salud empeorara de nuevo y, finalmente, se enfermó tanto que no pudo funcionar. Fue solo con la ayuda de dos coroneles que logró regresar a Bombay y luego a Inglaterra, poniendo fin de manera repentina y dramática a una etapa importante de su vida.

En los seis años que Alice había trabajado para la señorita Sandes, adquirió habilidades esenciales en la gestión y ejecución de proyectos, desde la gestión del personal hasta el manejo de la correspondencia y la contabilidad. Se acostumbró a dirigirse a grandes audiencias. Todo lo cual ella pondría en uso más adelante en la vida, y sin lo cual no habría estado equipada para realizar el trabajo esotérico que estaba por venir. Una mujer de pasión y empuje, Alice Bailey nunca aprendió de esas fallas para adaptarse a las debilidades de su constitución y reducir la velocidad.

3

TIEMPOS OSCUROS COMO LA SRA. EVANS

Durante los primeros veintiocho años de su vida, la señorita Alice La Trobe Bateman no se había movido más allá de los límites de su clase social. A pesar de todo su trabajo con los muchos miles de soldados del ejército británico, se mantuvo apartada. Sus tratos personales fueron con varios hombres de la clase oficial, con sus compañeros de trabajo y con damas de entornos aristocráticos, incluidas sus amigas cercanas Edith Arbuthnot-Holmes y Catherine Rowan-Hamilton, y la sucesora de Elise Sandes después de 1934, Eva Maguire. [1] Era una existencia estrecha y resguardada, a pesar de los encuentros diarios con los soldados. Sus lecciones de vida fueron personales, centradas en sus diversas fortalezas y debilidades, particularmente en su salud física. Había disfrutado de su trabajo, viajado de un lado a otro de la India con un billete de tren de primera clase y sin preocupaciones financieras. [2] Había soportado una crisis de fe, pero aislada como estaba del entorno más modesto de su familia materna, aún tenía que abrazar los valores centrales que formarían la base moral de su visión del mundo: humanidad común, la idea de una pertenencia compartida a una sola familia humana, que significa que todos somos iguales y dignos.

Alice convaleció durante seis meses en Castramont House. Cuando no estaba en la cama o paseando por los pequeños campos y bosques de la finca, dedicaba mucho tiempo a la costura. Sus actividades no hicieron nada para curar el tenaz anhelo de su corazón. Walter Evans mantuvo la llama encendida con sus cartas, que llegaban cada pocos días.

Cuando estuvo bien, su «tía Alice», que la apoyaba, hizo los arreglos y pagó para que Walter viniera a Escocia para que pudieran casarse. A diferencia de la ilustre boda de sus padres en St Margaret's of Westminster, Alice Bailey describe su boda como una pequeña ceremonia celebrada en una capilla privada en la casa de un amigo. Los casó el obispo de Ripon, el reverendo William Boyd Carpenter, y el hermano mayor de su padre, William, la llevó al altar. [3]

Todos, excepto la pareja en cuestión, podían ver que no coincidían. No fueron solo los antecedentes de Walter los que despertaron las dudas de los La Trobe-Bateman, aunque eso por sí solo habría sido lo suficientemente impactante; parecían ver algo en Walter que Alice no veía. Incluso los sirvientes estaban preocupados. El anciano cochero Potter, que llevó a los recién casados a la estación, se paró con su librea, tomó su mano y dijo: «Señorita Alice, él no me cae bien y no me gusta decirle esto, pero si él no la trata bien, vuelva con nosotros». [4]

Decidida a ignorar la desaprobación y seguir su corazón, Alice partió hacia Cincinnati llena de optimismo por su nuevo futuro.

El Seminario Teológico Lane estaba situado en Cincinnati, en el barrio de Walnut Hills, a un kilómetro del río Ohio y al noreste del centro de la ciudad. Organizado según líneas presbiterianas, el seminario se estableció alrededor de 1829, llamado así en honor a los donantes Ebenezer y William Lane y más conocido por una controversia sobre el abolicionismo de 1834, en la que la junta directiva de la escuela trató de prohibir a los estudiantes apoyar la abolición de la esclavitud. Muchos estudiantes se fueron como resultado. [5]

El campus del seminario era grande y comprendía varios edificios impresionantes. El último fue demolido en 1956 para dar paso a la construcción de viviendas. Hoy en el sitio se encuentra un depósito de automóviles. Lo que queda es una hilera de viviendas de dos pisos con tablones de madera en Seminary Place, una calle angosta que corre detrás de los terrenos del antiguo seminario. Todos podrían haber sido construidos a fines del siglo XIX. Los Evans pueden haberse alojado en cualquiera de esas casas, tomando una habitación en el último piso. [6]

Alice llegó a Cincinnati en un momento vibrante de su historia. Anteriormente era una ciudad fronteriza entre los estados esclavistas del sur y el norte, en 1908 Cincinnati era un bullicioso centro industrial y cultural emergente con una especialidad, gracias a su gran población alemana, en la elaboración de cerveza, con treinta y seis cervecerías en ese momento. [7] No fue la cerveza ni los edificios lo que dejó su huella en Alice. Le impresionó la atmósfera multicultural de la ciudad y el persistente racismo que enfrentó entre los blancos que conoció. En su autobiografía, es en los pasajes relacionados con su tiempo en Cincinnati donde se esfuerza por enfatizar sus puntos de vista sobre la raza, su creencia en la igualdad de oportunidades y en la necesidad de los derechos civiles. Ella dice que estaba horrorizada por el racismo que encontró en Estados Unidos. «Me ha sorprendido, asombrado y asustado la actitud de muchos estadounidenses hacia sus compatriotas, la minoría negra».[8]

Estas palabras no encajan cómodamente con pasajes sobre cuestiones de raza que se encuentran en otros lugares de sus escritos. La inclusión de comentarios sobre raza y racismo en su autobiografía es un movimiento defensivo diseñado para exonerarse de tales acusaciones.

La Teosofía ha sido acusada durante mucho tiempo de racismo. El libro de Trevor Ravenscroft, *The Spear of Destiny: The Occult Power Behind the Spear which pierced the side of Christ* (La lanza del destino: El poder oculto detrás de la lanza que atravesó el costado de Cristo), publicado en 1973 y conocido por su pobre erudición, afirma que el esquema de la raza raíz de Blavatsky le dio a los nazis su razón fundamental para exterminar a los judíos. [9] Erudición dudosa o no, Ravenscroft expresa un concepto erróneo popular y profundamente arraigado de las razas raíz.

En Teosofía, la evolución ocurre en vastos esquemas, informados por los grandes ciclos de constante renovación que se encuentran en el hinduismo. En palabras de Alice Bailey, en estos vastos esquemas «una raza tras otra de seres humanos habían aparecido y desaparecido en nuestro planeta y cada civilización y cultura había visto a la humanidad avanzar un poco más en el camino del regreso».[10] Hay siete razas raíz en total: la primera se conoce como polariana, la segunda hiperbórea y la tercera lemuriana. La cuarta raza raíz atlante comenzó hace más de cuatro mil millones de años en África. Actualmente, se dice que la humanidad en su conjunto es la quinta raza raíz o aria, que se dice que surgió de la raza raíz atlante hace unos cien mil años en la Atlántida.

Para algunos, el uso de Blavatsky de la palabra «aria» no pretendía referirse a una raza real de personas, sino a una noción macrocósmica que denotaba una cierta etapa en la evolución de la conciencia, el término «raza» se refería solo a un «estado de pensamiento». [11] Sin embargo, no se puede escapar del sabor pro-indoeuropeo de la palabra, que la ha hecho vulnerable al abuso por parte de los esoteristas nazis y de derecha. [12]

Cualquier idea se puede torcer para adaptarse a los objetivos de otro grupo. Es una lógica espuria, retrógrada, lógica inherente al presentismo, argumentar que, dado que los nazis adoptaron la idea de raza raíz aria de Blavatsky, la idea original debe ser en sí misma racista. Las ideas teosóficas pueden ser difíciles de entender; necesitan ser consideradas dentro del argumento general, entendidas desde una perspectiva esotérica y situadas en el contexto de la época en que fueron escritas. El presentismo, y de hecho los antagonistas de extrema derecha de entonces y ahora, harían bien en tomar nota de esto.

Sin embargo, cuando Blavatsky afirma que los indígenas australianos, los «australoides», junto con varios pueblos africanos y otros, son descendientes de la raza raíz semianimal lemuriana, el argumento metafórico o del «estado de pensamiento» se socava y se vuelve difícil para los teósofos el defender las acusaciones de racismo. [13] Aunque esto es una gran simplificación y para los teósofos, las razas raíz son tanto una expresión de la evolución física como un estado de pensamiento, formando parte de una macrocosmología elaborada. Cada raza raíz se compone de siete subrazas, lo que agrega mayor complejidad. Somos la quinta subraza de la quinta raza raíz, conocida como Teutónica. Crucialmente, se dice que la sexta subraza se encarnará en el siglo XXI y será conocida por tener glándulas pineales altamente desarrolladas, otorgando mayores habilidades psíquicas y una capacidad desarrollada para el conocimiento intuitivo o la percepción holística. [14] Dejando a un lado las cuestiones de raza, el esquema de la raza raíz es uno de avance, de evolución de la conciencia. El mayor desafío en todos estos modelos es evitar la tendencia a crear jerarquías de superioridad.

Las acusaciones de racismo van un paso más allá de las razas raíz en las enseñanzas de Bailey. En *Problems of Humanity* (Problemas de la humanidad), una colección de panfletos que Alice Bailey escribió bajo su propio nombre durante la Segunda Guerra Mundial entre octubre de 1944 y diciembre de 1946, hay uno titulado «El problema de las minorías raciales». En este panfleto, Alice Bailey se esfuerza por explicar el problema de los «negros» desde el punto de vista de la evolución humana y la tendencia de la personalidad a separarse de los demás. Adoptando la idea de evolución humana de Blavatsky, Alice Bailey afirma que aquellas naciones que han avanzado en la industria, la tecnología y la complejidad social, cultural y económica son ejemplos de progreso evolutivo, mientras que las naciones que dependen predominantemente de las prácticas tradicionales tienen, en efecto, un tiempo evolutivo marcado. En consecuencia, describe a los africanos como tribales, primitivos, belicosos y en constante lucha entre ellos.[15] Tales comentarios son los que tenían muchos de su clase social en ese momento. Pasarían otros treinta años antes de que esta actitud, nacida del imperio, comenzara a dar paso al pensamiento progresista evidente en los círculos académicos en nuevas disciplinas como los Estudios del Desarrollo. A su favor, Alice Bailey también ve entre los sistemas de creencias africanos un «misticismo puro y fundamental... y una comprensión esotérica que algún día puede hacer de África la sede de la forma más pura de enseñanza y vida oculta».[16] El comentario no aplacaría a quienes están empeñados en condenarla por sus opiniones.

Alice Bailey es una especie de paradoja. Defendió, quizás tácitamente, quizás no, los valores y actitudes centrales de su clase y, al mismo tiempo, propuso ideas progresistas que socavarían esos valores y actitudes si se llevaran a cabo. En el mismo panfleto, reconoce las complejidades involucradas en el tratamiento de los problemas de discriminación racial y la necesidad de serenidad por parte de todos los involucrados en abordar el asunto. Habla de la necesidad de autogobierno y autonomía, y de la necesidad de acabar con la discriminación. Habla de acabar con las divisiones y promover un espíritu de buena voluntad. Su tono es a veces ineludiblemente superior, pero la trayectoria de su argumento es de buena voluntad. Ella busca persuadir a sus lectores para que se capaciten para convertirse en solucionadores de problemas, mediadores, negociadores y pacificadores, no adversarios. Ella viene de un espacio de amor, no de odio.

No iba a haber paz para Alice en Cincinnati, pero había buena voluntad. Su primera amistad en Estados Unidos fue con la Sra. Snyder, una mujer afroamericana que dirigía la pensión donde se alojaban los Evans. Sin duda, la Sra. Snyder vio en Alice a una mujer inglesa vulnerable, algo delicada y culta, y la tomó de inmediato, convirtiéndose rápidamente en su aliada incondicional.

Alicia la necesitaba.

Las dificultades en el matrimonio se presentaron temprano y se confirmaron en el campo de batalla de las dificultades financieras. Alice usó su pequeño ingreso del patrimonio familiar para pagar todos sus gastos semanales en Estados Unidos. Walter recibió un pequeño estipendio del seminario que, al parecer, despilfarró. Rápidamente se hizo evidente que la pareja no tenía nada en común aparte de sus puntos de vista religiosos, y eso solo era así porque era ella quien lo había convertido. Su entusiasmo e impulso naturales también deben haber sido un desafío para el ego de Walter. No contenta con el papel tradicional de esposa, aprovechó la oportunidad para dedicarse a su propio interés en la teología. «Inmediatamente me instalé y tomé sus diversos cursos con él».[17] Su asistencia sin duda habría amenazado el orgullo intelectual de él, pero eso no excusa la forma en que él eligió responder. Hombre aparentemente dotado física, mental y espiritualmente, reaccionó con la forma más vil de afirmación masculina: la violencia.

Al principio, su temperamento explotó en diatribas de palabras. Afortunadamente para Alice, la Sra. Snyder le brindó cierta protección. La Sra. Snyder detestaba a Walter Evans, «y se complacía en decírselo».[18] Cuando Alice quedó embarazada, fue la Sra. Snyder quien la cuidó. Incluso arregló que su propio médico atendiera el parto cuando Dorothy Margaret Matilda Evans vino al mundo el 24 de febrero de 1910.[19]

La amistad de Alice con la señora Snyder duró poco. Unos meses después del nacimiento de Dorothy, la joven familia se mudó a un pequeño apartamento. Fue aquí donde Alice tuvo su primer contacto con el cuidado de niños y ama de casa. Tenía una bebé pequeña y nunca había hecho un trabajo doméstico en su vida. A pesar de todos esos años en las casas de los soldados, no sabía cómo hervir un huevo o incluso preparar una taza de té. El lavado semanal era su «Waterloo». No tenía ni idea de cómo lavar ropa delicada y se las arregló para arruinar toda la ropa de bebé que había traído de Gran Bretaña. Después de presenciar los malos intentos de Alice, la Sra. Schubert, una sirvienta inglesa en el piso de abajo, se ofreció a ayudar y dijo: «No puedo soportarlo más... te enseñaré a lavar la ropa».[20] Y así lo hizo.

En su autobiografía, Alice Bailey se enfoca en estos actos básicos de bondad que encontró de parte de extraños a lo largo de su desastroso matrimonio. A través de tales viñetas, demuestra su convicción de toda la vida de que la buena voluntad básica es la salvación de la humanidad. En gran medida, minimiza los horrores que estaba viviendo y, en cambio, se enfoca en su propio cuestionamiento y crecimiento internos. Adoptar esta postura es parte integral del camino del alma: trascender, perdonar y dejar ir. Sin embargo, la violencia de Walter Evan fue tan cruel que, desde la perspectiva de Alice Bailey, la mujer y figura histórica, vale la pena hacer una pausa para profundizar en lo que pasó y las ramificaciones resultantes que deben haber influido en las decisiones y elecciones de vida futuras.

El abuso doméstico que soportó Alice ocurrió en un momento de la historia cuando había poca conciencia de los efectos dañinos de la violencia familiar en las víctimas, y no había provisión en la sociedad para las esposas maltratadas. La expresión «barrer debajo de la alfombra» describe mejor la respuesta de muchas mujeres que se encontraban en la situación de Alice, y las víctimas comúnmente experimentaron una enorme vergüenza asociada con los gritos y las golpizas. Las familias hacían la vista gorda y los vecinos, aunque tal vez preocupados, a menudo se abstenían de participar por temor a las repercusiones. A principios del siglo XX, el hombre era la cabeza de familia y la mujer debía conocer su lugar. La policía intervendría, pero los arrestos eran raros y los tribunales generalmente no estaban interesados, la violencia ocurría en la esfera privada. [21]

En la reclusión de su apartamento, Walter frecuentemente desataba su ira. Detrás de sus diatribas verbales estaba la amenaza de ataques físicos. Aterrorizada, Alice corría y se refugiaba en el pequeño apartamento de la señora Schubert.

El respiro llegó cuando, dejando a Walter para que terminara su formación y se ordenara, Alice llevó a Dorothy a Gran Bretaña para visitar a la familia. No fue una época feliz. Durante su estadía y presumiblemente por qué fueron, el 22 de julio de 1911, Lydia se casó con su primo Lawrence Parsons en la Iglesia de Todos los Santos en Ascot, Windsor, Berkshire.[22] Ver a su hermana menor casarse dentro de su posición debe haber exacerbado la angustia de Alice, pero ella no lo divulgaría, ni a su hermana ni a la madre de Lawrence, la tía Agnes, ni siquiera a su tía favorita, Margaret Maxwell. Simplemente no se atrevía a hablar del temperamento aterrador de su esposo. «Mi orgullo no me lo permitió, pero sin duda lo adivinaron aunque no hicieron preguntas».[23]

Por razones de casualidad, ella no iba a regresar a Gran Bretaña por otros veinte años y pasó dos décadas sin el beneficio, o sin el juicio, de su familia extendida. Indicativo de sus circunstancias reducidas, viajó de regreso a Boston con un boleto de Cook's Tourist en «un bote pequeño y sucio, cuatro en una cabina, y comidas en mesas largas donde los hombres se dejaban el sombrero puesto».[24]

Cuando llegó a Nueva York, se sentía «cansada, enferma, miserable y nostálgica». Fue a almorzar al hotel Gotham en la Quinta Avenida y se sentó en el salón «sintiéndose muy triste y deprimida». Para entretenerse, tomó una revista. La abrió al azar y allí, para su asombro, estaba un retrato de su abuela Anne Fairbairn, su abuelo John Frederic La Trobe-Bateman y su bisabuelo Sir William Fairbairn, todos mirándola. Estaba tan abrumada que lloró. [25] Debe haber sido un momento de castigo al darse cuenta de que, a través de su matrimonio, había creado una gran distancia con su familia. Sería una que nunca se resolvió. En sus dos décadas de ausencia de Gran Bretaña, perdió a su tía Dora en 1899, a su tía Agnes y a su tío Clere en 1923, y a su muy querida Margaret Maxwell, también en 1923.

Mientras estaba en Gran Bretaña, Walter Evans fue enviado a trabajar como rector bajo el obispo de San Joaquín en Reedley, California central. Cansada y deprimida, Alice atravesó Estados Unidos en tren con una inquieta Dorothy en su regazo y llegó a un pueblo, sin nombre en su autobiografía, que en ese momento tenía una población de unos mil quinientos habitantes. En 1910, Reedley tenía «tiendas con fachadas falsas, postes de amarre donde amarraban carros y calesas (porque los automóviles todavía escaseaban) y la oficina de correos del pueblo de donde emanaban todos los chismes y conversaciones».[26]

Claramente, la Sra. Alice Evans no estaba impresionada.

Las fotos de Reedley que datan de esa época transmiten una impresión diferente, la de un pequeño pueblo próspero con algunas casas grandes para los residentes más ricos. Una gran colonia menonita alemana había construido una excelente iglesia allí en 1906 para defender a la igualmente excelente iglesia católica, y las iglesias Bautista y de los Hermanos Unidos también eran grandiosas. No así la iglesia metodista-episcopal a la que habían enviado a Walter, un edificio de tablones de madera más bien sencillo rematado con un techo sencillo en forma de A, que se asemejaba a un ayuntamiento. A su lado, se encontraba la rectoría donde presumiblemente vivían los Evans. [27] No es de extrañar que Alice se sintiera desmoralizada.

Fue allí donde Alice aprendió a ser la esposa de un clérigo. Tuvo que lidiar con el «aspecto estrictamente femenino de las congregaciones». «Tenía que hacer Reuniones de Madres y siempre tenía que ir a la iglesia y, sin cesar y constantemente, tenía que escuchar los sermones de Walter».[28]

No encontró satisfacción en nada de eso. La ciudad de Reedley podría haber sido respetuosa de Dios, con sus once iglesias de varias denominaciones, aunque con pequeñas congregaciones según Alice Bailey, pero entre todos esos adoradores, Alice se sintió «completamente aislada, cultural, mental y espiritualmente». Sus únicos amigos en ese momento eran el obispo y su esposa, Ellison. Las preocupaciones de los lugareños eran por sus hijos y sus cultivos. «Durante meses levanté mi pequeña nariz presumida y decidí que no había nadie lo suficientemente bueno para mí con quien asociarme».[29] Alice no lo sabía entonces, que entre los lugareños (comerciantes, trabajadores del ferrocarril, recolectores de frutas y maestros de escuela) había una oleada de buenos vecinos.

La única experiencia positiva de Alice fue la clase bíblica, que pronto superó en número a la congregación de los domingos por la mañana de su esposo, un asunto que a Walter no le hubiera gustado. A través de ello, el error que la pareja había cometido al elegirse el uno al otro se hizo evidente. Alice no se ajustaba al estereotipo de la esposa devota contenta con un papel de apoyo en la vida de su marido. Nunca tuvo apetito por los deberes o actividades femeninas, aparte de la costura. Era una triunfadora, una mujer lo suficientemente valiente como para partir sola hacia la India, capaz de administrar las casas de los soldados, una mujer apasionada e inteligente, lo suficientemente educada como para ser una predicadora por derecho propio. Había una misión dentro de ella, incipiente pero profundamente sentida, una que apenas podía contener. Era una mujer de poco más de treinta años, de voluntad fuerte y dominante, aunque no de una manera autoritaria, y lo suficientemente mayor como para saber lo que pensaba. Para entonces habría sabido que se había enredado en un amor romántico obsesivo y que su propio deseo, por obstinado que fuera, se había aferrado a Walter con toda la tenacidad de la desesperación. Tal vez se había aferrado a él durante su convalecencia porque en el fondo no podía tolerar la pérdida de su amor, que habría agravado las pérdidas anteriores de sus padres y abuelos. Quizás estaba cegada, a pesar de todos sus bienes de belleza y una educación culta, por su baja autoestima, fruto de una infancia vivida a la sombra de su hermana menor. Tal vez estaba siguiendo los pasos de su padre al casarse por debajo de ella.

Walter se había casado muy por encima de su posición. Siendo guapo, inteligente y «dotado espiritualmente», habría tenido mucho que demostrar. En privado, su esposa pudo haber sido para él una amarga decepción. Ella no era el trofeo que él esperaba. Alice estaba atrapada. Walter también estaba atrapado. Atrapado en un matrimonio infeliz con una pareja incompatible, pero la forma en que seguía eligiendo responder a la situación era abominable.

En privado, Alice sufría un terror gemelo. Terror por el temperamento de su esposo y un «terror constante de que los miembros de la congregación lo descubran y que pierda su puesto». [30] No estaba dispuesta a afrontar la humillación y la miseria que eso habría supuesto. En su propio relato, Alice Bailey tiene cuidado de elogiar los atributos de Walter. «Como clérigo, era muy apreciado y era una figura impresionante en su sobrepelliz y estola. Era un muy buen predicador». [31] Ella no se culpa a sí misma directamente, aunque reconoce que su misma estrategia de afrontamiento, su «intento de paciencia», como ella lo llamaba, puede haberlo irritado. «Sin embargo, nada de lo que pudiera hacer lo complacería y después de destruir todas las fotografías y libros que pensó que yo podría valorar, comenzó a golpearme». [32] Era un patrón típico de escalada.

Nunca lastimó a Dorothy directamente, y Alice Bailey afirma que «siempre fue encantador con los niños», pero como ahora es bien sabido, los niños que viven en un campo de batalla doméstico, uno en el que su madre recibe una paliza negra y azul, no tienden a salir de ello intactos. Tal vez por eso Dorothy nunca tuvo hijos propios.

La mayor parte del tiempo que Alice soportaba las palizas, estaba embarazada. Su segunda hija, Mildred Kathleen, nació el 3 de agosto de 1912. [33] Fue un parto difícil, «Mildred tenía diez días de retraso; la temperatura era de 112 grados en mi porche; los doce niños de al lado eran terriblemente ruidosos; estuve muy enferma durante días; y luego se cayó el pozo negro».[34] Dorothy tenía solo dos años y medio en ese momento, y Alice temía que pudiera caerse. Walter había desaparecido «por sus deberes parroquiales», y el médico llegaba tarde. Alice solo tenía una enfermera atendiendo, una enfermera cada vez más asustada. Lo siguiente que supo Alice fue que la esposa del tabernero entró y se hizo cargo. Rodeó al médico, se puso a Dorothy bajo el brazo y desapareció. Alice no volvió a ver a Dorothy durante dos días.

Mildred era «un bebé instrumento», y Alice sufrió dos hemorragias como resultado. Casi muere. La noticia de su situación se difundió rápidamente y la comunidad se unió. «Pasteles, tartas, vino de oporto, fruta fresca vertida». Las mujeres se turnaban para limpiar la casa, lavar la ropa, coser y remendar. Se despidieron de la enfermera y durante días se ocuparon de todas las necesidades de Alice. La bondad aterrizó en su mente como una revelación. «De repente me di cuenta de que el mundo estaba lleno de gente encantadora y que había estado ciega toda mi vida».[35]

Diez días después, sin ninguna ayuda, estaba levantada y lavando ropa. La esposa del guardián de la iglesia la descubrió y «buscó a Walter Evans y le leyó el acta de disturbios». Después de eso, la gente se mostró suspicaz y vigilante. Para entonces, «el temperamento de él estaba adquiriendo proporciones serias». Alice se sintió en peligro por su vida. Sin embargo, no pudo encontrar ninguna explicación para su comportamiento, ningún motivo. Él no tenía vicios. No bebía, jugaba ni maldecía. A medida que la violencia empeoró, se volvió «bastante imposible vivir con él y eventualmente se volvió peligroso estar en la misma casa con él».[36]

En una ocasión, la esposa del guardián de la iglesia entró y encontró el rostro de Alice gravemente magullado. Se sentía tan mal que reveló que él le había arrojado una libra de queso y le había dado de lleno en la cara. La esposa del guardián de la iglesia se comunicó de inmediato con el obispo, cuya solución fue trasladar a Walter Evans y su familia a Fowler.

Alice estaba feliz con la mudanza. Estaba en una comunidad más grande y más cercana a su buena amiga y esposa del obispo, Ellison Sanford. Su salud comenzó a mejorar y ganó fuerza.

En 1913, Alice volvió a quedar embarazada y en el otoño de ese año, cuando estaba a punto de dar a luz, su salud volvió a empeorar. El temperamento de Walter declinó junto con ello. Un día, en un salvaje ataque de ira, arrojó por las escaleras a su esposa en avanzado estado de gestación.

Ellison nació el 24 de enero de 1914 con una válvula cardíaca con fugas. [37] Alice Bailey atribuye el defecto al trauma que sufrió Ellison antes de nacer.

Después del nacimiento de Ellison, la violencia continuó. Los gritos y los golpes deben haber sido intensos porque toda la comunidad lo sabía. Una vez más, la gente se unió. Una chica «muy agradable» se ofreció a mudarse como invitada de pago para que Alice tuviera a alguien en la casa. La chica pronto se asustó de estar allí, pero se quedó donde estaba. Un grupo de granjeros se turnaba para arar el campo junto a la casa todos los días, de modo que Alice tuviera «alguien al alcance de la mano». Las mujeres de la central telefónica empezaron a llamar a la casa a intervalos para comprobar que se encontraba bien. El médico que atendió el parto de Ellison le hizo prometer a Alice que «todas las noches escondería el cuchillo de trinchar y el hacha» debajo del colchón. La gente incluso comenzó a cuestionar la cordura de Walter. Además de los moretones y el campo de batalla constante que era su vida doméstica, Alice encontró toda la experiencia profundamente humillante, y su orgullo estaba «muy gravemente herido».[38]

La cordura de Walter estaba tan en duda que un día, Alice y las niñas fueron invitadas a pasar el día con un amigo y, mientras estaban fuera, enviaron a Walter a San Francisco para una evaluación psiquiátrica exhaustiva. No se pudo encontrar evidencia de enfermedad mental. En cambio, le diagnosticaron un temperamento descontrolado. Aunque tenía otros defectos, una cierta irresponsabilidad, que se manifestaba en la incapacidad para administrar el dinero. «Salía de la casa para pagar la factura mensual de la tienda y regresaba con un gramófono».[39]

Las tribulaciones de Alice no terminaron. Mientras Walter estaba fuera, Ellison enfermó de cólera infantil. Se le aconsejó a Alice que la llevara al Hospital Infantil en San Francisco mientras su amiga Ellison Sanford se ocupaba de Dorothy y Mildred. El pronóstico no era bueno. Alice fue enviada de vuelta a casa y se le dijo que cuidara de sus otras dos hijas. Nunca esperó volver a ver a Ellison.

Milagrosamente, Ellison lo logró. Fue dada de alta al mismo tiempo que Walter fue «retirado de observación con un certificado de buena salud».[40] Regresaron juntos a casa.

Su regreso a casa podría haber marcado un punto de inflexión, y en cierto sentido lo hizo, ya que las circunstancias obligaron repentinamente a Alice a levantarse y hacerse cargo de su marido. La atroz violencia de Walter lo había dejado sin empleo dentro de la iglesia y se vieron obligados a subsistir con los pequeños ingresos de ella que, debido a la Primera Guerra Mundial, habían comenzado a llegar de manera intermitente, si es que lo hacían, y a un ritmo muy reducido.

Alice Bailey comenta que si no fuera por la amable generosidad del tendero judío local, el Sr. Jacob Weinberg, quien ignoró su creciente deuda (una deuda que Alice eventualmente pagaría en su totalidad), e incluso deslizó algo de efectivo con el pedido de comestibles, ellos hubieran estado en la indigencia.

Alice Bailey aprovecha la oportunidad de esta viñeta para hacer un esfuerzo considerable para aclarar su actitud hacia el pueblo judío, tomando una digresión de cuatro páginas en su autobiografía para explicar sus puntos de vista. Comienza afirmando que nunca se encontró con ninguna actitud antisemita en Gran Bretaña y creía que no había ningún sentimiento antijudío allí, algo que muchos discutirían. Tampoco había ningún sentimiento antijudío en su corazón, al menos ninguno que ella pudiera ver. Tres de sus asociados más cercanos y leales, Roberto Assagioli, Regina Keller y Victor Fox, eran judíos. Ella afirma que estaba «oficialmente en la 'lista negra' de Hitler, debido a su defensa de los judíos mientras daba conferencias por toda Europa occidental». [41] Sin embargo, lo que ella describe como «el problema judío» sigue siendo un aspecto controvertido de su obra.

En su descripción de la comunidad judía, vuelve a pintar el estereotipo, haciendo comentarios generalizados sobre las costumbres judías: «colgar ropa por las ventanas» y «sentarse en grupos en las banquetas», que ella arroja a la luz de su antigua historia de «vivienda en tiendas». [42] También reconoce la historia milenaria de persecución. Para su crédito, hace un esfuerzo por elevar al pueblo judío desde su perspectiva evolutiva macrocósmica, describiéndolos como miembros de una raza raíz antigua y altamente desarrollada.

Para Alice Bailey, los judíos son un grupo único con un papel muy especial que desempeñar en la evolución de la humanidad y del planeta. En su lenguaje esotérico, el pueblo judío representa el chakra del plexo solar del Logos planetario, y la resolución del problema judío provocará una «gran transmutación». [43] Sin embargo, también afirma que parte del problema del pueblo judío es su incapacidad para asimilarse y su exigencia de que «gentiles y cristianos hagan todas las concesiones». [44]

En otra parte de sus comentarios, cuando escribe durante la preparación para la fundación de Israel, critica las actitudes sionistas y sus reclamos de derechos especiales. Para Alice Bailey, cualquier acto o política que separe a un grupo de otro es malo, y dondequiera que veía tales actitudes, las señalaba. No hay duda de que sus pensamientos habrían molestado a muchos en la comunidad judía, antes, como ahora.

Cuando escribió sus opiniones, el pueblo judío se había convertido en una gran preocupación para muchos intelectuales y comentaristas. La animosidad hacia los judíos creció después de que el Tratado de Versalles (1919) obligara a Polonia a proteger a su propia minoría judía, mientras que ninguna otra nación estaba obligada a tomar medidas similares. El antisemitismo pronto se aceleró en Austria, con llamados a expulsar a los judíos de Viena. La discriminación siguió reinando durante décadas, continuando después del final de la Segunda Guerra Mundial, con pogromos que ocurrían regularmente en Polonia. El surgimiento de movimientos de protesta sionistas y nacionalistas no fue sorprendente a la luz de una persecución tan reciente, sistemática y atroz.

Una vez más, el presentismo no hizo más que condenar las opiniones de Alice Bailey. Se requiere algo de empatía histórica, una sólida conciencia de los contextos históricos y esotéricos de sus comentarios. En su defensa, ella estaba escribiendo para una audiencia específica y su argumento era directo. En sus escritos, cita numerosas manifestaciones externas de las fuerzas de separación, incluidas las que operan dentro y a través del pueblo judío, de quienes creía que estaban socavando activamente el progreso hacia la unidad espiritual y la humanidad común. En su visión del mundo, la idea de unidad en la diversidad solo funciona si los diversos elementos cooperan entre sí. Cualquier motivo egoísta de cualquier grupo, ya sea cristiano, judío, de una nación, estado o grupo político o individuo, creará divisiones, polarizará el pensamiento e inflamará las emociones. Desde entonces, la corrección política ha requerido que los pensadores y escritores tengan cuidado con la forma en que expresan tales ideas, haciendo que algunos temas estén casi completamente fuera de los límites.

Alice Bailey era muy consciente de la naturaleza polémica de sus declaraciones, razón por la cual se esmeró mucho en su autobiografía para elogiar las contribuciones judías a la historia, citar a sus amigos judíos y afirmar, «sin importar la raza o la nación, básicamente todos somos iguales».[45]

Tal vez en un esfuerzo por aclarar y defender sus puntos de vista, se enredó y no se puede escapar de que, a veces, era propensa a frases desafortunadas. Sus seguidores y compañeros de trabajo se han esforzado por comprender el significado detrás de las palabras y no tomarlas al pie de la letra o como literalmente verdaderas. Consciente del daño potencial que pueden causar sus escritos sobre los judíos, hoy su organización principal, Lucis Trust, se esfuerza por explicar la situación en su sitio web, reconociendo que el asunto sigue sin resolverse:

> Destacaríamos la afirmación del tibetano: «A través del pueblo judío de todo el mundo, el sentimiento... se está reuniendo...» implica que la naturaleza del sentimiento de todos los seres humanos, no sólo de aquellos actualmente encarnados en cuerpos judíos, está siendo estimulada a través de su reacción a los problemas centrados en la situación de los judíos. Todos hemos participado en la creación de este problema durante milenios, y depende de todas las personas de buena voluntad resolverlo mediante el pensamiento correcto, actitudes amorosas y una identificación inquebrantable con el hecho de la humanidad única. [46]

El problema para la confianza es menos que los oponentes usen tales palabras para vilipendiar a Alice Bailey, y más que partes de sus enseñanzas pueden ser desagradables para aquellos que de otro modo podrían simpatizar con sus ideas. Dado que tales opiniones no constituyen el núcleo de las enseñanzas de Alice Bailey, sino que sirven como ejemplos de lo que ella percibía que estaba mal en toda la humanidad, se invita al lector a mantener la mente abierta.

De vuelta en California, enfrentando cuentas crecientes sin medios para pagarlas, Alice no tuvo más remedio que darle un ultimátum a Walter. Después de una larga conversación con el obispo Sanford, ella le dijo a su salvaje esposo que si él dejaba de maltratarla físicamente y demostraba que era un hombre diferente, entonces ella podría informar sobre su comportamiento mejorado a su debido tiempo y él recibiría otro puesto. Si él no dejaba de golpearla, ella tendría muchos motivos y pruebas para divorciarse y su carrera como clérigo estaría acabada.

En cierto modo, su ultimátum funcionó. Debidamente censurado y sucumbiendo a su propio sentido del orgullo, Walter respondió refrenándose y en lugar de golpearla, «se puso de mal humor y no habló durante días y días». [47] De una manera típica pasivo-agresiva, también se volvió inactivo, dejándola con todo el trabajo.

Ya no podían permanecer en la rectoría y, de acuerdo con su casi indigencia, se mudaron a una choza en el interior cubierto de pinos de Pacific Grove.

Una ciudad costera al sur de San Francisco, Pacific Grove fue fundada en 1875 y es famosa por sus históricas casas victorianas. Rica en belleza natural, la ciudad se convirtió en un paraíso para los artistas y en la época en que Alice estuvo allí, el lugar había atraído a muchos artistas notables, incluidos Charles B Judson y Eugen Neuhaus. Más tarde, el autor John

Steinbeck, hijo del tesorero del condado de Monterey, vivió allí en la cabaña de su padre y su inspiración culminó en *Cannery Row*.

Fue en los bloques traseros de este entorno saludable, donde Alice se convirtió en criadora de pollos. Tenía gallinas, varios cientos de ellas, y se las arreglaba para alimentar a la familia vendiendo los huevos.

Eran tiempos difíciles y Walter seguía enfurruñado. «Solía salir a los bosques de los alrededores con una carretilla, las niñas trotaban detrás de mí, y recogía leña para el fuego».[48] La vida era «monótona» y ella se sentía enormemente insatisfecha. «Sentí que no servía para nadie». Su conciencia fundamentalista «mórbidamente condicionada» desempeñó el papel de crítica interna y le decía que estaba «pagando el castigo» por tener «dudas cuestionadoras». Y que si se hubiera aferrado a su fe, «no estaría en este lío».[49]

Unos seis meses después, Alice vio al obispo y le dijo que Walter «se había portado bien». En respuesta, y después de buscar un puesto adecuado, el obispo lo envió a un pueblo minero en Montana. La pareja se separó. Parte de su estipendio debía ser enviado a ella para las niñas. «Esto fue en 1915 y fue la última vez que vi a Walter Evans». Como era de esperar, recibió poco de él, aparte de cartas abusivas, «llenas de amenazas e insinuaciones».[50]

Después de que él se fue, Alice se mudó a una cabaña de tres habitaciones en Pacific Grove (dirección desconocida). A la edad de treinta y cinco años, cuando la Primera Guerra Mundial estaba en pleno apogeo, se convirtió en una madre soltera empobrecida. Ellison tenía uno, Mildred tres y Dorothy cinco. Los pequeños ingresos de Alice de Gran Bretaña llegaban de manera irregular. Ninguno de sus amigos estaba en condiciones de ayudar, y ella «no creía en absoluto en chillar, llorar y gemir con los amigos». [51] También se negó a pedir ayuda a sus familiares. Adoptando la actitud imperante en la época, decidió que había hecho su cama y que debía acostarse en ella. Además, la humillación de admitir ante su familia que habían tenido razón sobre Walter todo el tiempo y que ella había cometido un terrible error al entregarle su vida a él se habría sentido como una derrota. Era una respuesta típica de un sobreviviente de violencia familiar, entonces, como ahora. Alrededor de ese tiempo, comenzó a recibir «cartas útiles y comprensivas» de su tío Clere, el suegro de su hermana Lydia, cartas que le demostraban a Alice que no la olvidaban. En su autobiografía, está convencida de que su hermana no sabía nada de la «relación amistosa y feliz» que existía entre ella y su tío. [52] Era, al menos en la mente de Alice, un afecto secreto, y uno que debe haber estado sustentando.

Una sobreviviente estoica, Alice se afianzó en la convicción de que Dios ayuda a aquellos que se ayudan a sí mismos. El problema era que no tenía más habilidades que la costura, para lo cual no había demanda en ese momento de guerra y escasez. Para agravar una situación ya grave, su crisis espiritual en curso no la dejaba en paz. Su búsqueda de respuestas sobre en qué verdades espirituales se podía creer, una búsqueda que había comenzado en su adolescencia y alcanzó un punto álgido en Quetta con su charla fallida sobre el infierno, no se pudo encontrar en los textos teológicos. «Los teólogos nunca parecen enfrentarse a las cuestiones básicas; recurren a la afirmación trillada de que "Dios dijo"». [53] Empezó a cuestionar la veracidad de la Biblia en su totalidad, y decidió que, dado que el libro sagrado había sufrido numerosas traducciones y las consiguientes interpretaciones, todas ellas con toda probabilidad no eran confiables, toda la obra podría considerarse poco fiable. Su pregunta apremiante «¿Por qué Dios habló solo a los judíos?» no podía ser respondida por las Escrituras, pero ella no sabía nada de las enseñanzas de otras religiones. El golpe final llegó cuando descubrió que el símbolo de la cruz, esa metáfora por excelencia del sufrimiento y el sacrificio humano, de Jesucristo y todo lo que representaba, precedió por mucho tiempo a su uso en el cristianismo. «Estaba, por lo tanto, completamente desilusionada de la vida, de la religión con su presentación ortodoxa y de la gente, particularmente de mi propio esposo a quien había idealizado».[54]

Nadie la necesitaba más que sus tres hijas pequeñas, y estaba acostumbrada a que la necesitaran «cientos de miles». Se sentía «absolutamente inútil» y «sabía el significado de la desesperación total». En verdad, las necesidades de sus hijas la mantuvieron en marcha. Puede que estuviera «cansada de lavar pañales y cortar pan y mantequilla», pero oculta en esas tareas rutinarias estaba su fuerza. Sin embargo, su frustración era intensa. Después de todo, era una mujer inteligente y apasionada con un fuerte sentido de propósito.

Un día se fue al bosque y le rogó a Dios que la liberara a una vida más útil. Ella pensó que podría tener una visión, escuchar una voz, algo, cualquier cosa que le diera un sentido de propósito, dirección y esperanza, pero no hubo «absolutamente ninguna respuesta». Dios la había abandonado. Cristo parecía «muy lejano. Me sentí abandonada por Dios y el hombre».[55]

Estaba perdida en un desierto metafórico y literal, uno de intensas dificultades e inseguridad financiera, pero no se deprimió. En cambio, con una resolución extraordinaria, fue al centro de la ciudad a la única industria en el distrito y, «en lugar de dejar que las niñas se murieran de hambre», solicitó un trabajo como peón en una de las fábricas de conservas de sardinas de Monterey. Conseguir trabajo resultó fácil ya que la industria de la sardina estaba en auge en 1915, provocada por la guerra. [56]

El trabajo era duro y el lugar de trabajo crudo, y Alice no podía ocultar sus miedos. «Yo estaba entre la gente; simplemente no era nadie y siempre había pensado que era alguien. Tenía el tipo de trabajo que cualquiera podría tener».[57] Era trabajo a destajo. La mitad de su salario fue a parar a una vecina que se ocupaba de sus hijas. Alice bajaba a la fábrica de conservas a las siete de la mañana y regresaba a casa a las cuatro. Al principio, trabajaba en el departamento de etiquetado, pero no podía ganar lo suficiente para satisfacer sus necesidades, por lo que se incorporó al departamento de embalaje.

Se dedicó a la tarea de empacar sardinas con una determinación obstinada para ganar lo suficiente para sobrevivir, y también demostró ser buena en eso, ganándose el respeto de sus compañeros de trabajo. «Manejé un promedio de diez mil sardinas al día y empaqué cientos de latas».[58] Sin embargo, con su voz culta y sus modales refinados, era vulnerable. Los visitantes de la fábrica, que eran traídos para observar sus notables habilidades de embalaje, fueron menos que amables. En lugar de admirar sus esfuerzos, muchos visitantes la criticaron diciendo: «debe haber hecho algo para haberse rebajado a este tipo de trabajo» y «es mejor que no se dejen engañar por las apariencias, probablemente sea un huevo podrido». Una vez, un capataz de la fábrica escuchó los comentarios y luego se acercó a ella y le dijo que en el piso de la fábrica la conocían como «un diamante perdido en el lodo».[59]

Envasó sardinas durante unos dos años y medio. Cuando pudo, solicitó el divorcio y descubrió que Walter se había ido de

Montana y había entrado en la guerra. «Hizo un trabajo muy distinguido y recibió la Croix de Guerre».[60] Buscar el divorcio de un marido en el campo de batalla no era favorecido. Alice retiró los procedimientos para evitar la desgracia. Aunque ella era plenamente consciente de que los actos heroicos en el campo de batalla no hacían que un hombre fuera bueno automáticamente en casa.

La vida era exigente para Alice, pero ella persistió. «Todavía estaba en la oscuridad, espiritualmente, pero estaba demasiado ocupada ganando dinero y cuidando a las tres niñas para tener tiempo de preguntarme sobre mi alma». [61] Esa oscuridad estaba a punto de desaparecer.

4

UNA CONVERSIÓN ESOTÉRICA

La vida en Pacific Grove se asentó en un ritmo de trabajo duro y deberes domésticos. En su barrio y en la fábrica de sardinas Alicia se rodeó de mujeres y hombres buenos y trabajadores. Fue un momento enriquecedor en un sentido físico, y libre de Walter, sus emociones y sus nervios tuvieron la oportunidad de calmarse. Esto permitió que se desarrollara la búsqueda espiritual interna que siempre había sido parte de su naturaleza. Ya no era la cristiana fanática de sus años de formación. Se dio cuenta de su mente, sus poderes de reflexión, tanto interna como externamente en el mundo que la rodeaba, pero su disposición mística innata se quedó sin guía ni credo. Por eso, y a pesar de su ajetreada vida laboral y de sus hijas, se sentía sola. Siempre sería una mujer británica de clase alta con virtudes eduardianas, de mente inquisitiva, y ansiaba estimulación intelectual y compañía con ideas afines. Había mucho en la comunidad artística y librepensadora de Pacific Grove. Alice solo necesitaba encontrar una forma de entrar.

Sabía de otras dos mujeres inglesas de antecedentes similares a las que deseaba conocer. Las había visto en las calles y despertaron su curiosidad. Cuando escuchó el rumor de que las mujeres estaban organizando una conferencia en su salón sobre «algún tema peculiar», Alice consiguió una invitación a través de un amigo en común.

Ella no estaba impresionada. «Encontré la conferencia muy aburrida y el disertante muy pobre. No puedo imaginar peor disertante en ninguna parte».[1] Fue una introducción a la Teosofía. «Hace diecinueve millones de años, los Señores de la Llama vinieron de Venus y plantaron la semilla de la mente en el hombre», dijo el hombre.[2] Lo había dicho como una declaración de un hecho bruto. Una visión tan absolutista aterrizó en la mente de Alice como una afrenta. Se enfrentaba de otra forma a su propia tendencia a hacer lo mismo, confirmada en sus puntos de vista cristianos persistentes. Después de todo, ella todavía tomó la fecha de la Creación como 4004 a. C. Había leído con mucha culpa y deslealtad la teoría de la evolución que Charles Darwin desarrolló bajo el techo de su propio abuelo en Moor House. Sentada en esa conferencia en Pacific Grove, recibió esta nueva idea con incomprensión, y decidió que la noción misma de que el mundo comenzó hace diecinueve millones de años era «pura blasfemia». El resto de la conferencia resultó impenetrable. «El disertante vagó por todo el mundo del pensamiento... En ese momento registré la resolución de que si alguna vez me encontraba dando una conferencia, me esforzaría por ser todo lo que este disertante teosófico no era».[3]

A pesar del tedio, la velada no fue en vano, Alice se hizo amiga de las dos inglesas, quienes la tomaron «inmediatamente de la mano» y le dieron libros para leer. Ella dice que después de esa noche estuvo «entrando y saliendo de su casa, hablando y haciendo muchas preguntas».[4]

Alice no podía haber sabido que al cruzar la puerta principal de la casa de esas mujeres inglesas, estaba entrando en un nuevo y emocionante salón de sabiduría, y que viviría en ese salón por el resto de su vida. El momento fue, en lenguaje esotérico, iniciático. Los astrólogos se enamorarían de la fecha.

A través de esos textos que le enseñaron sus nuevos amigos, la Teosofía irrumpió en la vida de Alice. Devoraba las enseñanzas con el apetito de un animal hambriento, pero era la nieta de su abuelo, obediente, responsable, estricta con su tiempo. En el espíritu de esos años de infancia en Moor Park, ella continuó con todos sus deberes diarios en una rutina muy reglamentada: se levantaba a las cuatro para hacer las tareas del hogar, se iba al trabajo a empacar sardinas, regresaba a casa para alimentar y entretener a las niñas, y luego, después de que las niñas se durmieran y la ropa se remojara y el pan se dejara fermentar, se iba a la cama a devorar cada palabra que leía. Leía «constantemente hasta la medianoche», lo que le permitía dormir solo cuatro horas, que afortunadamente era todo lo que necesitaba. Aprendió a leer mientras planchaba, a leer mientras pelaba papas, a leer mientras desgranaba guisantes y ensartaba frijoles. Incluso leía mientras cosía. También leía «con gran rapidez, comprendiendo párrafos y páginas completos tan rápido como otras personas leen una oración».[5]

Aunque, cuando abrió *The Secret Doctrine* (La Doctrina Secreta), encontró el tema confuso, el texto serpenteante. Descubrió mucho más tarde del secretario de Blavatsky, Claude Falls Wright, que cuando Blavatsky escribía el tomo, producía página tras página sin numerar, arrojándolas al suelo a su lado. Recayó en el señor Wright y sus otros ayudantes cotejar esas páginas en una apariencia de orden. [6]

Alice luchó, como muchos antes y después de ella, pero persistió, intrigada. Pronto conoció a «dos señoras muy ancianas que vivían una al lado de la otra en dos cabañas, indispensables la una para la otra y que se peleaban todo el tiempo». [7] Ambas habían sido alumnas personales de Blavatsky y al descubrir las dificultades de Alice con La Doctrina Secreta, la tomaron de la mano de buena gana.

Para los teósofos, y ciertamente para los esoteristas en general, estas relaciones son significativas. Si bien estudiar un texto esotérico está muy bien, es preferible recibir las enseñanzas a través de un discípulo o maestro mayor y más sabio. Una característica central de todas las formas de esoterismo es la transmisión de maestro a discípulo. Además, a través de estas damas, se establece una línea de descendencia directa de Blavatsky a Alice Bailey, otorgando credibilidad y autenticidad muy necesarias. Alice Bailey menciona esto en su autobiografía por esta misma razón.

La necesidad de comprensión de Alice resultó ser tan grande que se mudó de casa para estar más cerca de esas damas. Mientras sus hijas jugaban en el jardín, ella se sentaba en el porche de una u otra de sus moradas y escuchaba y absorbía.

Ella no era una estudiante de recuperación. En 1916 se unió a la Logia Teosófica en Pacific Grove y en muy poco tiempo estaba enseñando y dando clases, manteniendo «seis páginas por delante» de sus alumnos, como suelen hacer muchos maestros. «Nunca descubrieron lo poco que sabía. Sé que no importa lo que aprendió la clase, yo aprendí mucho». [8]

Pronto adoptó el esquema evolutivo teosófico, con su cosmología emanacionista y las nociones concomitantes de karma y reencarnación. No tuvo dificultad con la idea de un gran diseño o patrón para toda la existencia, que ella consideraba como «un gran y divino Plan».

La idea de un gran diseño no es exclusiva de la Teosofía. Forma la base del argumento teleológico de la existencia de Dios, conocido como Paley's Watch. La idea es que dado que el mundo es al menos tan intrincado y complejo en diseño como un reloj, y el reloj fue hecho por un humano, entonces el mundo también debe haber sido hecho, y ese hacedor o creador debe ser Dios. En Teosofía, este diseño o Plan no es un concepto abstracto perteneciente a algún Dios inefable trascendente; es un plan real o un principio rector del cual es responsable un pequeño grupo de seres espiritualmente avanzados. Estos seres son la Jerarquía Espiritual o los Maestros de Sabiduría. Como se señaló anteriormente, no es posible adoptar una cosmovisión teosófica sin aceptar la existencia de la Jerarquía, aunque es posible suspender el juicio o poner entre paréntesis fenomenológicamente a la Jerarquía para comprometerse con las enseñanzas y beneficiarse de ellas. [9] Alice Bailey no necesitaba tales paréntesis:

> Descubrí que la Cabeza de esta Jerarquía de Líderes espirituales era el Cristo y cuando esto me di cuenta, sentí que Él me había sido devuelto de una manera más cercana e íntima. Descubrí que Él era «el Maestro de todos los Maestros y Maestro tanto de ángeles como de hombres».[10]

Los teósofos adoptan una visión positiva y esotérica de Cristo. Cuando Alice Bailey encontró la Teosofía, la entonces presidenta de la Sociedad Teosófica, Annie Besant, ya había publicado *Initiation: The Perfecting of Man* (Iniciación: El perfeccionamiento del hombre), una colección de conferencias publicada en 1912. [11] La obra describe la vida de Cristo como Cabeza de la Jerarquía y habla de la segunda «Venida del Instructor del Mundo» o Salvador del Mundo. El resto de la Jerarquía comprende otros Maestros y sus discípulos. Al leer tales obras, Alice habría recordado el extraño sueño despierto que tuvo en Castramont cuando tenía unos quince años, en el que se celebraba una ceremonia en un valle rodeado de altas montañas. Al igual que en esa visión, Alice encontró en la Teosofía una presentación esotérica de la verdad que «de ninguna manera menospreciaba a Cristo». [12]

Los Maestros podrían considerarse una forma de pensamiento espiritual en lo que respecta a la conciencia humana promedio. La Sabiduría Eterna enseña, a través del lenguaje, ideas que apuntan hacia niveles más altos de conciencia más allá de nuestra comprensión. Se puede pensar en los Maestros como una pista, un sabor, un sabor sutil que alienta a aquellos que están listos y predispuestos a esforzarse por avanzar más allá de las limitaciones humanas.

El lector debe tomar la palabra de Alice Bailey cuando enfatiza que cada lector debe tomar su propia decisión con respecto a la verdad de cualquier presentación y no aceptarla simplemente porque proviene de alguna autoridad. Ella sintió que el individuo debe adaptarse a una divinidad emergente en su interior y no ser retenido por ningún dogma, algo que es esencial para comprender su propio cuerpo de trabajo.

Cabe señalar que la metafísica es el estudio de la realidad, no de la verdad. La teosofía es una representación esotérica de la realidad en un lenguaje simbólico y abstracto que representa la evolución de la conciencia y se ocupa de los planos internos de existencia y cómo se relacionan con la realidad extramental, la del mundo en el que vivimos y nos movemos. La teosofía es menos un cuerpo de conocimiento, aunque a menudo se la trata como tal, y más una forma de conocimiento. La Teosofía, como todo esoterismo, se refiere a lo inefable, a lo incognoscible. Es solo una teoría o cosmovisión, y una realidad vivida en la mente del creyente. Para evaluar cualquier esquema metafísico, incluida la Teosofía, debemos evaluar su poder explicativo, su valor o las contribuciones que hace al mundo y las consecuencias de sostener tal cosmovisión para el adherente en términos de una vida vivida. Para el no esoterista, las enseñanzas teosóficas pueden verse como un conocimiento provisional que puede o no ser una descripción precisa de la realidad. Para el esoterista, la Teosofía puede verse tanto como un conocimiento provisional como una forma de conocimiento que posee un poder explicativo perspicaz y un conjunto complejo de principios rectores. La Jerarquía Espiritual en este sentido es un principio rector.

Alice Bailey era una creyente y ávida en eso. Durante esos primeros meses de exposición a la Teosofía, comenzó a darse cuenta de que podía cooperar con el Plan y trabajar con la Jerarquía Espiritual, aunque no tenía idea de qué forma tomaría eso. Todo estaba allí ante ella en el ámbito de la posibilidad, dando completo sentido a la extraña visita que tuvo cuando tenía quince años y nuevamente cuando escuchó la voz de su Maestro en la India.

Su entrada en la Teosofía fue oportuna. Descubrió el sistema de creencias en un momento de la historia cuando el interés por la Teosofía y el Espiritualismo estaba experimentando un renacimiento. La Primera Guerra Mundial estaba en pleno apogeo y cobró la vida de millones de soldados. El 6 de abril de

1917, Estados Unidos se unió a la guerra y más de dos millones de soldados estadounidenses se unieron a los campos de batalla en Francia. Las separaciones y las pérdidas desencadenaron una crisis espiritual cuando muchos buscaron respuestas, significado, comunicación a través de la división de la muerte. [13]

La vida personal de Alice en ese momento, una de inmensas dificultades en la fábrica de conservas en Pacific Grove, junto con todo lo que había soportado en su vida anterior, le fueron explicados de manera notable por los textos teosóficos que leyó. Llegó a comprender, lentamente al principio, que era una discípula en el camino espiritual y que ya había pasado por varias iniciaciones.

La iniciación es uno de los motivos centrales del esoterismo occidental. En las sectas esotéricas, esto puede significar un ritual o ceremonia promulgada para iniciar a un miembro en misterios o secretos previamente ocultos. En Teosofía, las iniciaciones son puntos de entrada a etapas cada vez más avanzadas de desarrollo espiritual. El teósofo y fundador del antropomorfismo Rudolph Steiner (1861-1925) escribió extensamente sobre los procesos de iniciación. [14] Las diversas etapas también se establecieron en Iniciación: el perfeccionamiento del hombre de Annie Besant, y tienen una importancia central en los libros de Alice Bailey.

Aproximadamente la mitad de las enseñanzas que Alice Bailey escribiría pronto se centran en la psicología esotérica y se refieren a la naturaleza de la personalidad humana y el alma. Cada aspecto de la constitución humana, junto con el viaje que el aspirante debe hacer a lo largo del camino espiritual, se dan en detalle rico e intrincado. La noción de iniciación esta dispersa a lo largo de sus escritos, algunos trabajos se centran exclusivamente en el camino iniciático en sí mismo, con sus diversas etapas, obstáculos y momentos seminales.

De vuelta en Pacific Grove, a partir del conocimiento que Alice estaba adquiriendo rápidamente, desarrolló un nuevo vocabulario esotérico. Los seres humanos eran «átomos» en el «cuerpo» del «Logos planetario», uno de los siete «Centros» en el cuerpo del «Logos Solar». La humanidad en su conjunto se centró en un viaje evolutivo del sistema solar de proporciones inconmensurables. La Teosofía coloca a la humanidad en el punto de apoyo de todo el esquema. Se nos insta a asumir la responsabilidad de nuestra propia evolución individual, la evolución de nuestra conciencia, para progresar en el viaje evolutivo del todo. Una etapa clave de este proceso evolutivo es cuando la personalidad registra la existencia del alma y es influenciada por ella. [15]

Así como todas las religiones del mundo nos encargan el autoexamen y la purificación, también lo hace la Teosofía. Las enseñanzas están fundamentalmente centradas en el alma. Alice Bailey argumenta que solo cuando eliminas el alma de la práctica del esoterismo, se convierte en «magia negra», o el camino de la mano izquierda.

En los modelos de etapas espirituales, el sello distintivo de la experiencia humana es el crecimiento. Viajamos desde la infancia, pasando por los duros años de la adolescencia y los primeros años de la edad adulta, hacia la sabiduría adquirida en la vejez. Ser consciente es estar despierto y al tanto. Experimentar la conciencia es estar despierto a esa conciencia. Un giro de la cabeza y a través del ojo aparecerá una perspectiva alterada. Un cambio de enfoque interno, y otro asunto entra en consideración. Dondequiera que se atraiga nuestra atención interna, puede ocurrir un cambio. En *Varieties*

of Religious Experience (Variedades de experiencia religiosa),
William James habló de esto de esta manera:

> Todo lo que sabemos es que hay sentimientos muertos,
> ideas muertas y creencias frías, y hay calientes y vivas;
> y cuando uno se calienta y cobra vida dentro de
> nosotros, todo tiene que recristalizarse en torno a él. [16]

Un nuevo amante, un largo viaje, un cambio de carrera, el nacimiento de un hijo, la muerte de un ser querido, toda la panoplia de experiencias de vida ofrece el potencial de transformación. En el modelo de Alice Bailey, el viaje hacia la conciencia del alma implica un tipo particular de transformación, la de la expansión iniciática. [17]

Las expansiones de conciencia requieren algún tipo de desencadenante, en forma de crisis existencial. De repente, todo lo que era verdad y en lo que se creía y en lo que se podía confiar se vuelve inadecuado frente a una nueva comprensión. Deben encontrarse nuevas respuestas y explicaciones, adoptarse una nueva perspectiva, incorporarse nuevos valores, inculcarse nuevas actitudes hacia el conocimiento. Esta crisis se vuelve espiritual cuando de repente se conoce al conocedor, cuando la conciencia se vuelve consciente de sí misma como el divino observador inteligente, el alma. La clave de la iniciación radica en reconocer que esto está sucediendo.

Tan pronto como se registra el alma, el individuo es atraído en dos direcciones, la personalidad tirando del individuo en la dirección de los tres mundos de la vida en los planos físico, emocional y mental, el alma en la dirección del espíritu en su propio plano. Es este proceso de tirar y estirar lo que expande la conciencia.

Las iniciaciones son momentos clave en la vida del buscador espiritual marcados por saltos repentinos y dramáticos a otro nivel de conciencia. Es un yo más grande que estalla a través de la piel vieja, una entrada a una nueva vida, un sentido de propósito y dirección profundamente sentido, una experiencia intensa y personal, el resultado de meses y años de arduo trabajo. Iniciación:

> es ante todo la entrada en un mundo dimensional
> nuevo y más amplio mediante la expansión de la
> conciencia de un hombre para que pueda incluir y
> abarcar lo que ahora excluye, y de lo que normalmente
> se separa en sus pensamientos y actos. Es, en segundo
> lugar, la entrada en el hombre de aquellas energías que
> son distintivas del alma y sólo del alma: las fuerzas del
> amor inteligente y la voluntad espiritual. [18]

Las iniciaciones solo ocurren en la vida de aquellos que están orientados subjetivamente, que buscan el conocimiento desde adentro y que piensan reflexivamente. Estos individuos entran en etapas de conciencia intuitiva y holística, el sello distintivo de la conciencia espiritual. La experiencia ocurre en plena conciencia de vigilia y es reconocida y admitida. «Una iniciación es un resplandor de iluminación arrojado sobre el río de la existencia, y tiene la naturaleza de una experiencia total. No hay indefinición en ello, y el iniciado nunca vuelve a ser el mismo en su conciencia». [19]

Durante una iniciación, el discípulo llega a un punto de tensión que implica gran estrés y tensión. Cada iniciación está precedida por un viaje y en cada uno «se da una Señal» y «se escucha una Voz». Ante el iniciado hay una encrucijada. Se debe tomar la decisión de renunciar a lo viejo y avanzar hacia una vida de servicio ampliado. Tales fases están marcadas por una intensa preocupación por el mundo de los significados. Eventualmente, el iniciado emerge a un nuevo campo de experiencia. [20]

Alice Bailey describe el proceso de iniciación desde una variedad de perspectivas. Aconseja a sus alumnos de forma continua y extensa para prepararse para el futuro. Los cuerpos físico, emocional y mental necesitan ser purificados para que la energía espiritual que fluye pueda fluir sin obstáculos. Cuando la energía no fluye suavemente, se disipa, se dispersa. El resultado es la confusión. El cuerpo físico necesita una buena dieta y ejercicio. El cuerpo emocional debe mantenerse estable y evitar que reaccione, y el cuerpo mental se entrena a través de la meditación para enfocarse y mantener la concentración. El estudiante debe tomar conciencia de su etapa de logro y comprender qué iniciación le espera. Solo entonces sabrán qué pasos tomar a continuación.

Para ilustrar el camino iniciático, Alice Bailey se basa en la vida de Cristo. Ella no es la única que ve a Cristo de esta manera. Jung ve en la vida de Cristo el viaje de un héroe primordial y arquetípico desde el nacimiento hasta la edad adulta y la muerte, desde la inconsciencia hasta la conciencia. [21] Mientras que Jung adopta una perspectiva mítica, entendiendo la historia del Evangelio como una metáfora, Alice Bailey cree que la vida de Cristo fue una representación de las etapas iniciáticas del camino espiritual desde el Nacimiento, el Bautismo y la Transfiguración hasta la Crucifixión y la Resurrección. Su vida sirve como modelo, un modelo a seguir por otros. Para apoyar su punto de vista, en *From Bethlehem to Calvary* (De Belén al Calvario), un libro escrito con su propio nombre, se basa en *Esoteric Christianity* (Cristianismo esotérico) de Annie Besant, un volumen delgado que rastrea la historia de las tradiciones de misterio de la iglesia primitiva. [22] Alice Bailey va más allá. Ella ofrece una re-presentación de las ideas clave, reformuladas en un lenguaje instructivo y explicativo, reduciendo el alcance al de las iniciaciones mismas. De Belén al Calvario fue escrito en la década de 1930 durante la preparación para la Segunda Guerra Mundial y tiene un poderoso sentido de urgencia:

> Los corazones de los hombres nunca han estado más
> abiertos a la impresión espiritual que en este momento,
> y la puerta al centro mismo de la realidad está abierta
> de par en par. Paralelamente, sin embargo, este
> importante desarrollo es una tendencia en la dirección
> contraria, y las filosofías materialistas y las doctrinas de
> la negación son cada vez más frecuentes. [23]

Alice Bailey invita al lector a mapear su propia vida personal a este modelo iniciático, sin embargo, lo más importante en el trabajo es la creencia en una iniciación colectiva, ya que para entonces Alice Bailey creía que un gran número de individuos, el «Discípulo del Mundo», había alcanzado la mismo etapa evolutiva y estaban listos para nacer a la vida espiritual. La Era de Acuario representa para ella una gran esperanza y gloria ya que la humanidad está al borde de esta nueva revelación.

Así como Alice Bailey interpreta la vida de Cristo en términos del camino iniciático, su autobiografía también es una historia de discipulado e iniciación. Ella no hace afirmaciones ni atribuye detalles específicos a una u otra de las iniciaciones, pero es posible discernir la primera y la segunda iniciación, y quizás incluso la tercera iniciación en su historia de vida. Desde el momento de su «nacimiento espiritual», cuando el hombre con turbante y traje europeo entró en el salón de su tía, Alice estaba en el camino espiritual.

En el mundo de Alice Bailey, la primera iniciación ocurre en la penumbra, cuando se reconocen los primeros destellos de la luz interior del alma, y el individuo comienza a conocerse a sí mismo como un aspirante espiritual. Ocurre cuando la personalidad se ha convertido en una entidad autodirigida. «Este tipo de individuo puede ser extremadamente versátil, encantador y atractivo», lo que sin duda era Alice. Ella dice que el proceso de construcción de cualquier iniciación no es privilegiado sino de «la máxima dificultad y dureza», lo que para Alice seguramente fue el caso. [24]

La segunda iniciación trata del cuerpo emocional, purgado para permitir la afluencia del amor. El aspirante debe demostrar control de sus reacciones emocionales y deseos egoístas, sus anhelos y anhelos. «El proceso iniciático entre la primera y la segunda iniciación es para muchos el peor momento de angustia, dificultad, realización de problemas y el constante esfuerzo por 'limpiarse"».[25] Hay que resistir las tentaciones. El iniciado debe batallar con la experiencia de la vida, con las nieblas y el vapor creado por los sentimientos de ira, desesperación y deseo:

> Esta iniciación producirá en el iniciado un sentido
> creciente de relaciones, de una unidad básica con todo
> lo que respira, y un reconocimiento de la Vida Única
> que conducirá eventualmente a ese estado de
> hermandad expresada que es la meta de la Era de
> Acuario para traer a la existencia. [26]

Ella proporciona efectivamente un resumen simbólico de su tiempo en la India, que culmina en su colapso total. No hubo una inmersión ceremonial en aguas purificadoras. Sólo una intensa lucha interna en todos los niveles de su ser, y una luz que entró en su habitación una tarde, una luz guía que atravesó sus múltiples crisis, una luz que marcó un punto de inflexión.

La afluencia de amor que Alice experimentó en su bautismo simbólico, la dirigió a Walter Evans. Luego entró en un período de intensa lucha y dificultad en su matrimonio. Cuando por fin hubo purgado su cuerpo emocional, estuvo lista para comenzar los preparativos para la tercera iniciación.

Alice Bailey afirma que no siempre se da el caso de que el aspirante sea consciente de haber pasado por las dos primeras iniciaciones, pero la tercera siempre ocurre en plena conciencia de vigilia:

> Hasta la tercera iniciación, el hombre se ha ocupado del proceso de fusionar el alma y el cuerpo en una sola unidad. Después de la tercera... el hombre se orienta y se preocupa por una mayor fusión en la conciencia, la de espíritu-alma-cuerpo. Hablo de una fusión en la conciencia. La unidad está siempre ahí, y el hombre en evolución se está volviendo realmente consciente de lo que ya existe. [27]

Se produce un alineamiento interior, las mentes concreta y abstracta se alinean y se crea un canal directo al ojo del alma, o tercer ojo. En el momento en que ocurre, el iniciado experimenta un repentino flujo de energía espiritual, una explosión de luz brillante e iluminadora. [28] Es una sensación de éxtasis como ninguna otra. Alice Bailey no reclama haber experimentado el evento, pero desde el punto de vista de la historia de su vida y las enseñanzas contenidas en su obra, debe haberlo hecho. Ella ciertamente no habla del repentino derramamiento de luz. Si lo hubiera hecho, habría sido un reclamo, en los círculos esotéricos, un asunto que se cree que es una prueba de que el evento no ocurrió. Sin embargo, la forma repentina y dramática en que encontró la Teosofía, las dos ancianas que estaban listas para guiarla, el devorador total del nuevo conocimiento y la sensación emergente de un importante trabajo por delante, su misión, todo tiene el sabor de la tercera iniciación.

Su vida, tal como la retrata, se ajusta a su propio modelo. Ella, a sabiendas o no, interpreta su historia de esta manera, destacando esto sobre aquello, dando forma a sus experiencias para que se adapten. Sin embargo, no se puede negar las fases y etapas por las que pasó, el sufrimiento que soportó.

Las características del carácter después de que ha pasado la tercera iniciación son la humildad, el desapego, la resistencia y el poder. El iniciado comprende que hay un nuevo trabajo que completar, un trabajo que nunca supo que estaba allí y, de repente, toda su vida gira en torno a ese trabajo. Ella se dedica a ello como esclava de un amo, el propósito del alma. Antes del iniciado hay una vida de Servicio Mundial. Surge una única actividad vital. El iniciado a menudo trabajará entre bastidores, iniciando actividades sin necesidad de recompensa personal. Esto resume perfectamente cómo se desarrollaría la vida de Alice Bailey.

No es el caso que la iniciación signifique que el individuo ha dejado el viejo yo fuera de la puerta y ha entrado, una mujer nueva. Tampoco significa que se haya despojado de sus debilidades o que, de alguna manera, milagrosamente, sea perfecta. Más que ella está lista; ella es lo suficientemente buena, simplemente. El camino tampoco es lineal, una etapa lleva a otra. Es similar a una espiral, con mucha superposición.

Y es agotador. Se revisan viejos temas y cuestiones a medida que el iniciado aprende a manejar la afluencia de nuevas energías espirituales, que pueden causar un caos interno y hacer que las emociones y los pensamientos se vuelvan confusos. El discípulo es a la vez espectador y participante dramático en su vida. La personalidad aún presenta sus problemas; en todo caso, se ven exacerbados por la estimulación de la energía espiritual. El sistema nervioso está sensibilizado. Puede resultar en hipersensibilidad al medio ambiente y los alrededores. La vida del discípulo se vuelve más intensa, vivida más rápido. Los cambios también pueden crear problemas psicológicos, ya que siempre está presente la necesidad de encontrar un nuevo ritmo y un nuevo equilibrio. «La ambición es, por excelencia, el problema del aspirante desarrollado y del discípulo: ambición personal, amor a la popularidad, ambición mundana, ambición intelectual y la dictadura del poder sobre los demás». [29] Alice Bailey argumenta una y otra vez que la manera de contrarrestar los efectos intensificadores de la energía espiritual que fluye es dirigirla al servicio de los demás.

Para Alice Bailey, la iniciación es una experiencia universal, al alcance de todos. A través de esta afirmación, intentó arrancar las diversas etapas del camino espiritual de la exclusividad de las órdenes o sectas esotéricas. Al despojar a las iniciaciones de la exclusividad mediante el uso de la vida de Cristo como ejemplo, creó otra dificultad, molestando a los cristianos ortodoxos que encontraban aborrecible su versión de su ser divino. La perspectiva cristiana fuertemente sostenida de Alice Bailey nunca la abandonó. En cambio, transmutó su creencia en Cristo como Dios inmanente y la hizo suya.

5

MUDÁNDOSE A KROTONA

En la segunda mitad de 1917, la vida de Alice se hizo mucho más fácil. Walter había conseguido trabajo con la Asociación Cristiana de Hombres Jóvenes en Francia, y el obispo Sanford dispuso que una parte de su salario se le pagara a Alice. Con sus pequeños ingresos propios de la finca familiar, esto le permitió dejar la fábrica de conservas de sardinas. Para promover sus intereses espirituales, con el apoyo de su amigo y teósofo Dot Weatherhead, Alice se mudó a Hollywood, el sitio original de la sede de la Sociedad Teosófica en Krotona, ubicado en las colinas de Beachwood Canyon. [1]

El Instituto Krotona fue una creación del abogado Albert Powell Warrington de Norfolk, Virginia, quien se unió a la Sociedad Teosófica en 1896 a la edad de treinta años y rápidamente se convirtió en un devoto y miembro activo. Warrington fue presidente de la Sección Estadounidense entre 1912 y 1920, y representante personal de Annie Besant en Estados Unidos entre 1907 y 1928. [2] Cuando Alice apareció en escena, Besant había sido presidente de la Sociedad

Teosófica durante una década, desde que el miembro fundador y presidente, el coronel Olcott, falleció en 1907.

Una destacada teósofa de segunda generación, Annie Besant tenía su base en Adyar, India, una de las muchas logias que estableció durante su vida. Ella era una figura poderosa. Nacida en Londres de padres de clase media de extracción irlandesa, comenzó su vida adulta como esposa de un clérigo, pero pronto descubrió que el matrimonio que tenía ante ella no era satisfactorio. Al igual que Alice Bailey, era demasiado obstinada, demasiado inteligente y demasiado apasionada para un vicario malhumorado. A diferencia de Alice Bailey, se convirtió en activista y socialista, luchando por los derechos de las mujeres y los trabajadores. Escritora y oradora prolífica, Besant se encontró con la Teosofía en 1889, cuando se le pidió que escribiera un artículo sobre La Doctrina Secreta. Se mudó a la India cuatro años después, en 1893. Bajo su liderazgo, el cristianismo esotérico y las enseñanzas de sus «Avataras» ocuparon un lugar central en las enseñanzas teosóficas. [3] Sin su influencia, Alice Bailey, con su fe teñida en la lana en Cristo, muy probablemente no se habría sentido atraída por la Teosofía en absoluto.

Fue con la aprobación de Besant que procedieron los planes de Warrington para el Instituto Krotona. Con una ayuda generosa en forma de préstamos privados, compró diez acres del antiguo rancho Charles Hastings, Pasadena, y estableció un oasis en homenaje a la comunidad de Crotona establecida por Pitágoras en Italia en el 518 a. C. [4]

Krotona tenía una cualidad de ensueño; una comunidad de alrededor de trescientos a quinientos devotos que residían en una colección de impresionantes edificios diseñados por arquitectos, muchos de estilo morisco. Estos grandes edificios se ubicaron en terrenos pacíficos y elegantemente ajardinados, repletos de un estanque de lotos, cítricos y olivos, eucaliptos y palmeras datileras, un teatro al aire libre y espacios para el culto. [5] Krotona ejemplificó las aspiraciones y los antecedentes de élite de muchos de esos librepensadores atraídos por la Teosofía y las tradiciones místicas de Oriente. En aquel entonces, como ahora, el librepensamiento era un lujo que las clases trabajadoras no podían permitirse.

Muchos teósofos ricos habían donado dinero para el establecimiento de Krotona, y el resultado fue espléndido en su concepción, apartado y sereno. En el corazón del instituto se encontraba Krotona Inn, diseñado en 1912 por la influyente firma de arquitectos Mead and Requa. «Centrado alrededor de un exuberante patio, el elegante complejo de estuco incluía habitaciones para huéspedes, un comedor y una cocina, oficinas para el personal de la revista de la secta y los funcionarios de Krotona, una sala de conferencias para muchas clases públicas y una sala de meditación esotérica "cargada magnéticamente"». [6] Los alojamientos eran igual de impresionantes, muchas de las casas fantásticas, algunas de ellas mansiones. Las luminarias teosóficas incluyeron: la neoyorquina Grace Shaw Duff, hija del humorista Henry Wheeler Shaw (Josh Billings); la heredera de la Pittsburg Paint Company Sra. Christine Stevenson; y la cantante de ópera Marie Russak Hotchener. Su mansión, Moorcrest, fue la residencia en diferentes épocas de las estrellas de cine Charlie Chaplin y Mary Astor. [7] Krotona brindó clases de educación para adultos abiertas al público en general y realizó lujosas producciones teatrales. Para Alice, no podría haber mayor contraste entre este entorno paradisíaco y la fábrica de conservas de sardinas en Pacific Grove.

Cuando llegó, Hollywood seguía siendo un lugar tranquilo y relativamente virgen. Esto pronto cambió y en 1924, los teósofos se sintieron desplazados por la floreciente industria cinematográfica y se mudaron a Ojai, California, donde Krotona ha estado desde entonces.

Alice no se mudó a la comunidad en sí, sino que alquiló una cabaña cercana, en North Beachwood Drive. Con sus hijas en la escuela y el jardín de niños, tenía la libertad para asistir a clases y conferencias. [8] Hizo muchos amigos en Krotona y al poco tiempo le pidieron que se hiciera cargo de la cafetería, la cual era estrictamente vegetariana. Ya había adoptado la dieta cuando se convirtió en teósofa y aprendió a ser una buena cocinera vegetariana. El trabajo le proporcionó un ingreso adicional y, sin duda, un sentido de pertenencia, aunque humilde, porque Alice sabía que era capaz de mucho más y tenía un hambre definida no de comida sino de conocimiento espiritual. Ella era, en ese momento, algo así como una niña abandonada, agotada y harapienta del trabajo en la fábrica y los deberes domésticos de la maternidad. Quizás fue debido a las reacciones de los clientes a su aparición en el café lo que la llevó a notar una correspondencia interesante entre los diversos enfoques de la dieta y la actitud espiritual; le parecía que cuanto más estrictos y rígidos eran los primeros, más superiores y críticos eran los siguientes. [9] Ella, a su vez, reaccionó negativamente a lo que observó. «Es mejor comer bistec y tener una lengua amable», decidió, descubriendo que no tenía paciencia para el elitismo espiritual.

De hecho, ella no tenía una idea real del alcance de la realidad elitista en la que se había metido. Para ella, por fin estaba entre personas de ideas afines, todos ellos buscadores aparentemente auténticos que recorrían el camino espiritual. A diferencia del piso de la fábrica de conservas, el entorno de Krotona era privilegiado y comprendía una parte progresista de las clases altas educadas. Lo oculto atrae a la vanguardia y, de repente, gracias a Blavatsky y una cohorte de teósofos de segunda generación, tales buscadores pudieron comunicarse juntos en un aislamiento casi monástico. Era un idilio, pero no sin su sombra.

A los pocos meses de su llegada, habiendo cumplido los dos años obligatorios como miembro de la Sociedad Teosófica, Alice fue admitida en la Sección Esotérica, el santuario interior de la Sociedad Teosófica. Las reuniones se llevaban a cabo en la sala de meditación o Sala del Santuario. Colgando de las paredes de esta sala había retratos de los Maestros. La primera vez que Alice entró en la habitación, observó esas pinturas y allí, para su asombro, estaba un retrato del hombre que la había visitado ese domingo cuando estaba sola en la casa de su tía Margaret Maxwell en Castramont. Con su traje y su turbante, era inconfundible. Estaba tan sorprendida que corrió hacia uno de los miembros más antiguos de la Sección Esotérica y le preguntó por el nombre del Maestro. Le dijeron que él era Koot Hoomi. En este punto, Alice habría hecho bien en guardar silencio. En cambio, ella dijo: «Oh, entonces, Él debe ser mi Maestro, porque he hablado con Él y he estado bajo Su guía desde entonces».[10]

A lo que el miembro mayor la miró y respondió con un tono fulminante: «¿Debo entender que te crees una discípula?»

Alice había chocado de frente con la competitividad y superioridad evidente entre algunos buscadores espirituales. Es una forma de materialismo espiritual, un término acuñado por el maestro de meditación tibetano Chögyam Trungpa para referirse a una tendencia por la cual la personalidad se aferra a la idea del progreso espiritual y se infla en proporción al avance sentido.[11] Además, sólo aquellos miembros avanzados de la Sección Esotérica podrían concebir estar en algún tipo de comunicación con los Maestros. Era el grial de todo buscador teosófico y requería el sello de aprobación de Annie Besant. Alice, sin darse cuenta, había reclamado el estatus de discipulado al que no tenía derecho. Fue un paso en falso que los teósofos puristas nunca encontrarían en sí mismos para perdonar.

6

LLEGA FOSTER BAILEY

Dirigir la cafetería no era el único rol de Alice en Krotona. Junto con su formación en la Sección Esotérica, también impartía conferencias públicas semanales. Al final de una de esas conferencias, su amiga Dot Weatherhead le presentó a un joven apuesto llamado Foster.[1] Fue un momento decisivo en la vida de Alice.

Abogado y masón, el teniente Foster Bailey (1888-1977) nació en Fitchburg, Massachusetts, hijo del ingeniero civil William Kimball Bailey (1853-1927) y su esposa Cora Isabel Wheeler (1859-1945). Foster era un hijo del medio. Tenía una hermana, Lucy Goldsmith Bailey, y un hermano, Carroll Capen Bailey. A diferencia de Walter Evans, Foster procedía de un distinguido grupo estadounidense. Por parte de su padre, su abuela Dorothy S. Kimball fue miembro vitalicio de la Sociedad Misionera del Hogar de Massachusetts y descendiente del padre fundador de Fitchburg, terrateniente y propietario de Cavendish Amos Kimball (1717-1774). El abuelo de Foster por parte de su padre fue el destacado calvinista Ebenezer Foster Bailey (1820-1907), quien escribió obras sobre la historia de la iglesia. El tío abuelo de Foster fue el abogado, editor y político Goldsmith Fox Bailey (1823-1861), quien murió de tuberculosis poco después de convertirse en congresista estadounidense en la candidatura republicana. El tío de Foster y graduado de la facultad de derecho de Harvard, Harrison Bailey (1849-), también fue abogado, admitido en el colegio de abogados de Fitchburg, condado de Worcester. [2]

No se sabe por qué Foster decidió renunciar a los privilegios de su posición y una carrera en el bufete de abogados de su tío, pero cuando conoció a la Sra. Alice Evans, vivía en Krotona en una tienda de campaña.

Para entonces, Foster había sido miembro de la Sociedad Teosófica durante aproximadamente un año, habiéndose unido el 27 de octubre de 1917. [3] Se había alistado en la rama militar del Ejército de los EE. UU. el 18 de septiembre de 1917. [4] Fue relevado del servicio solo cinco meses después, el 28 de marzo de 1918. [5] Alice Bailey afirma que se estrelló un avión mientras entrenaba a los observadores del ejército. [6] Él estuvo en cuidados intensivos durante un largo período, tiempo durante el cual su cabello se volvió blanco. [7] Lo más probable es que llegó a Krotona en algún momento después de marzo de 1918, encontrando en su Teosofía recién descubierta algo así como un refugio debido al apoyo comprometido de la Sociedad Teosófica para los militares durante la guerra, incluida la recaudación de fondos y el establecimiento de salones recreativos para los militares que regresan, principalmente en los estados sureños. [8]

En su autobiografía, Alice Bailey afirma que Foster fue desmovilizado de la Fuerza Aérea de los Estados Unidos después del Armisticio de noviembre de 1918, para ser coherente con su afirmación de que la pareja se conoció en enero de 1919, comentando que él había estado de baja por enfermedad durante meses antes de ese momento. [9] Dar el mes y el año sugiere que estaba siendo precisa y quería que el lector creyera su testimonio. [10] Este asunto se trata en el capítulo siguiente.

Al conocer a Foster, Alice habría recordado a todos los soldados a los que había atendido, las camas junto a las que se había sentado en los hospitales de la India. Su afecto mutuo fue fuerte e inmediato, aunque quizás no ardiente. Él era ocho años menor que ella y en el primer encuentro, la encontró «en muy mal estado de salud... y casi aplastada». [11] Sin embargo, ella aún así lo impresionó. «Era una pensadora inusualmente clara. En los primeros días, cuando la conocí por primera vez, su gran impulso impulsor era saber, comprender la sabiduría antigua, penetrar y captar más de la visión, saber más claramente lo que querían los Maestros». [12]

Alice Bailey nunca escribió sobre sus impresiones sobre Foster, excepto para elogiarlo como un excelente padre para sus hijas y por sacrificar una carrera prometedora en el bufete de abogados de su familia para trabajar junto a ella. En Foster, Alice había encontrado a su mejor aliado. Tuvieron una relación que duraría toda la vida, y parece que estuvieron unidos desde el principio.

Alice ya había iniciado los trámites de divorcio y, una vez concedido el divorcio, la pareja estaba comprometida. Fue en este punto que la hermana de Alice, Lydia, se negó a tener nada más que ver con Alice y la cortó por completo.

Alice había perdido al último miembro restante de su familia de origen. Lydia era una cristiana ortodoxa que consideraba a «cualquiera que haya tenido la desgracia de divorciarse como alguien sin paliativos». [13] Alice Bailey no critica a su hermana, sino que se esfuerza por elogiar los logros de Lydia. Sin embargo, el rechazo debe haber sido profundamente sentido, porque al despedir a Alice de esta manera, Lydia también desestimó la vida entera de su hermana en el mismo momento en que su asombrosa contribución a la humanidad estaba a punto de revelarse. Es muy revelador que en su autobiografía no se mencione a Lydia por su nombre.

Foster fue una figura intrigante en la vida de Alice Bailey. ¿Por qué él estaba a su lado? Un hombre ocho años menor que ella, sin duda traumatizado por sus experiencias en el ejército durante la Primera Guerra Mundial, incluido y sobre todo el accidente aéreo, un hombre de apariencia afable, de origen privilegiado, pero lo suficientemente inconformista como para elegir vivir, por mucho tiempo, en una tienda de campaña, cuando todo a su alrededor era opulencia. Eso, por sí mismo, golpea el corazón del hombre. Fue un campeón de una causa e, intencionalmente o no, su vida en una tienda de campaña fue una forma simbólica de protesta contra la riqueza evidente en Krotona que, en gran medida, fue una vida de privilegios a expensas de la Sección estadounidense.

¿Qué unió a la pareja? ¿Una visión unificada aunque incipiente? Los dos eran forasteros, Alice en su humilde papel dirigiendo la cafetería y alquilando una casa en Beachwood Drive, y Foster en su tienda de campaña. Estas circunstancias por sí solas habrían dado forma a su perspectiva de la comunidad altamente privilegiada de Krotona, a pesar de que ambos procedían del mismo entorno. Foster también compartió las frustraciones de Alice con la exclusividad de la Sección Esotérica y la manera un tanto dictatorial en la que Annie Besant dirigía la TS a distancia. Juntos, se convirtieron en camaradas de armas.

A medida que pasaban los meses, Alice asistió a las meditaciones de la Sección Esotérica y recibió las enseñanzas. Foster no pudo hacer lo mismo ya que se unió a la TS el 27 de octubre de 1917 y tendría que cumplir sus dos años. [14] Alice siguió dando charlas y conferencias, y atendiendo la cafetería, y en casa atendía a sus deberes maternales. En Foster, tenía un nuevo compañero de vida en ciernes. La visitó en su casa y formó un fuerte vínculo con sus hijas. Alice Bailey habla con cariño de sus encuentros iniciales, de cómo Dorothy literalmente cayó en sus brazos desde su posición en la rama de un árbol y de cómo él ayudó a cuidar a Mildred, que estaba enferma de sarampión. [15] Con todo lo que Foster significó para ella, en la introducción a su autobiografía, Alice Bailey afirma:

> Mi esposo, Foster Bailey, ha hecho posible todo mi trabajo durante más de veinticinco años. Sin él, siento que podría haber logrado muy poco. Donde hay amor y comprensión profundos y permanentes, respeto y camaradería inquebrantable, uno es verdaderamente rico. Él ha sido una torre de fortaleza y «la sombra de una gran roca en una tierra sedienta». Hay cosas que se dañan con la expresión en palabras y suenan sin sentido y fútiles cuando se escriben. Nuestra relación es una de ellas. Durante muchas vidas debemos haber vivido y trabajado juntos y ambos esperamos muchas más. No tengo más que decir sobre este tema. [16]

Se desconoce qué motivo tuvo Alice Bailey para limitar lo que divulgaría sobre su relación. Lo que está claro es que Foster fue su pilar, estuvo a su lado durante décadas, renunciando a su propia carrera de derecho para dedicar su vida al servicio de una visión compartida. Alice era frágil y delgada cuando se conocieron. Quizás recuperó algo de su fuerza, pero su salud nunca fue buena. Foster la apoyó cuando su salud se deterioró drásticamente entre los cincuenta y los sesenta. En general, Foster Bailey fue un hombre notable, lo suficientemente humilde como para asumir el papel de cuidador que normalmente adopta una mujer.

7

EL TIBETANO

Un día de octubre, después de enviar a las niñas a la escuela, Alice salió a caminar por la colina cerca de su casa. Se sentó, perdida en sus pensamientos. De repente escuchó una «nota clara de música que sonaba desde el cielo, a través de la colina y en mí». Se describe a sí misma como «sobresaltada y atenta». Entonces escuchó una voz que le decía: «Hay algunos libros que se desea que se escriban para el público. Tú los puedes escribir. ¿Lo harás?» Ella dice que al principio se negó, diciendo en voz alta: «Ciertamente no. No soy una maldita psíquica y no quiero que me involucren en algo así».[1]

Según su propio relato, la voz, la del tibetano o Djwhal Khul (DK), le dijo que no hiciera un juicio precipitado, que tenía un don peculiar y que de ninguna manera estaba asociado con el psiquismo inferior de los médiums y sesiones de espiritismo, o la escritura automática y la canalización que ella aborrecía. Una vez más, ella expresó su negativa. No estaba interesada. Encuentra a alguien más. La voz dijo que volvería en tres semanas para ver si ella cambiaba de opinión. Alice se sacudió como si despertara de un sueño y se fue a casa. Rápidamente trató de olvidar el incidente, sin mencionarlo a nadie, ni siquiera a Foster.

Siguiendo la secuencia de eventos, Alice y Foster apenas se conocían en el momento de este evento fundamental en la vida espiritual de Alice, y ciertamente no estaban en la etapa de una pareja establecida comprometida para casarse. La declaración de Alice Bailey de que ocultó a Foster el extraño contacto en su caminata es un asunto que no está en duda, ya que representa la verdad moral de la autobiografía. Donde la propia cuenta de Alice Bailey no es confiable, preocupa.

El momento de este primer contacto es crucial. Alice Bailey confirma que su primer encuentro con el Tibetano tuvo lugar el 19 de noviembre de 1919. La primera carta que aparece en la edición de 1993 de *Letters on Occult Meditation* (Cartas sobre meditación oculta), una que Lucis Trust eliminó desde entonces en una edición posterior, está fechada el 25 de septiembre de 1919. [2] La carta comienza, «Hoy busco hablarles sobre los poderes de la Hermandad Oscura», y continúa con «Como antes les he dicho, el peligro es todavía...» [3] Está claro por esta carta que existen otras cartas que llevan fechas anteriores. En la edición original de 1922, la primera carta está fechada el 16 de septiembre de 1919 y dice: «Quiero darte hoy, al cerrar esta serie, algo de uso general». [4] Claramente, hubo una serie de letras que precedieron a esta.

Otras cartas destinadas a incluirse en el mismo libro, cartas que no pasaron el corte y permanecen sin publicar, han salido a la luz y llevan una fecha de 1918, alrededor o al menos un año antes de lo que afirma Alice Bailey. [5]

Por qué Alice Bailey debió hacer la afirmación de que comenzó a escribir para el Tibetano el 19 de noviembre de 1919 cuando eso es simplemente falso es algo así como un enigma. Alice Bailey escribió su autobiografía en los últimos meses de su vida, en un momento en que estaba gravemente enferma, lo que pudo haberla llevado a confundir algunas fechas. Sin darse cuenta, podría haber dado la fecha incorrecta de cuando conoció a Foster, la de enero de 1919, como se discutió en el capítulo anterior, o simplemente dio esa fecha por razones de coherencia.

Sin embargo, en *The Externalization of the Hierarchy* (La externalización de la jerarquía), en un panfleto fechado en abril de 1948, dieciocho meses antes de la muerte de Alice, el Tibetano afirma: «El 19 de noviembre de 1919, hice el primer contacto con AAB». [6] Por lo tanto, esta es la fecha a la que se adhiere la comunidad de Bailey, a pesar de la evidencia histórica contraria. [7] También podría ser por qué Alice Bailey dio la fecha en su autobiografía.

Desde la perspectiva de un escritor, 1918 es una fecha más realista. Durante el período navideño de 1919, Alice pasó a entregar al editor de *The Theosophist* Bahman Pestonji Wadia tres capítulos de *Initiation, Human and Solar* (Iniciación, humana y solar) que suman alrededor de veinticinco páginas de texto completamente editado. [8] Si ella hubiera producido todo ese material en tan poco tiempo, que asciende a un mes según la fecha oficial del 19 de noviembre de 1919, entonces sus acciones solo podrían interpretarse como precipitadas e impulsivas. Si ella había estado escribiendo para el Tibetano durante al menos un año antes, entonces el acto se vuelve medido, determinado, incluso calculado, si es arriesgado.

Mi opinión es que Alice Bailey deja fuera todo un año. Que la fecha real podría ser incluso el 19 de noviembre de 1918. Los investigadores necesitarán acceso a las cartas de 1918 para probarlo de cualquier manera, algo que es poco probable que proporcione la junta actual de Lucis Trust, dada su reciente retirada de cartas con fecha anterior a la importante fecha del 19 de noviembre de 1919 en Cartas sobre meditación oculta.

El tiempo de este momento seminal del primer contacto es importante por otra razón. En el relato de Alice Bailey, Foster y ella ya desempeñaban funciones clave en la administración de la Sociedad Teosófica cuando el Tibetano se puso en contacto con ella por primera vez, y fue envuelta en una fila organizativa, el tema del capítulo siguiente. Mientras que la secuencia real es aquella que coloca su conexión personal con la Jerarquía como uno de los principales impulsores de todo lo que siguió, una conexión que ella había formado independientemente de cualquiera, incluido Foster.

Alice Bailey describe cómo tres semanas después de ese primer contacto, mientras estaba sentada en su sala de estar después de que las niñas se habían ido a la cama, escuchó la voz nuevamente. Una vez más se hizo la solicitud y una vez más, ella se negó. Solo que esta vez el orador le rogó que lo reconsiderara. Acordaron un período de prueba de unas pocas semanas.

En Teosofía, Djwhal Khul es un Maestro de Sabiduría, un iniciado de alto grado dentro del Ashram de Koot Hoomi, y llamado el «mensajero de los maestros», transmitiendo verdades espirituales e instrucciones a los discípulos para guiar a la humanidad. Alice Bailey lo afirma como el autor clave de *The Secret Doctrine* (La doctrina secreta) de Helena Blavatsky, publicado en 1888.

Se cree que Djwhal Khul fue abad de un monasterio tibetano cerca de la frontera entre India y el Tíbet, no lejos de Darjeeling. El terreno montañoso es excepcionalmente áspero, con el Monte Everest razonablemente cerca. Helena Blavatsky identifica a Shigatse, Tíbet, como la residencia de los Maestros Morya, Koot Hoomi y Djwhal Khul. El lugar es conocido como un punto de acceso de tradición espiritual y excepcionales habilidades espirituales y psíquicas como resultado de una práctica sagrada duradera. [9]

En su autobiografía, en un esfuerzo por calmar las dudas, Alice Bailey continúa describiendo cómo incluso recibió un regalo del Tibetano a través de su querido amigo y aliado, el Sr. Henry Carpenter, amigo personal de Lord Reading, una vez virrey de la India. El Sr. Carpenter fue al Himalaya tres veces para tratar de comunicarse con el Tibetano en Shigatse. Llegó hasta la frontera, pero el Dalai Lama le negó la entrada al Tíbet. Mientras estaba haciendo estos intentos, un abad de un monasterio del otro lado de la frontera tibetana llegó en un burro que llevaba dos paquetes de incienso, un regalo para Alice Bailey. El abad, conocido por ser un «hombre superior y santo», incluso preguntó por Alice Bailey y su Escuela Arcana. Asistieron tres lamas en burros, y hubo muchas reverencias reverentes de los lugareños. [10]

Existe especulación dentro de la comunidad de Bailey en cuanto a la verdadera identidad del Tibetano. Algunos están convencidos de que Djwhal Khul es el noveno Panchen Lama Thubten Choekyi Nyima (1883-1937) del Monasterio Tashi Lhunpo, Tíbet. Sin embargo, el noveno Panchen Lama murió en 1937, doce años antes de que se completaran los escritos de Bailey, y no se menciona tal muerte en ninguna parte del corpus, algo que los estudiantes habrían notado. Las fechas mencionadas de eventos clave en la existencia del Tibetano tampoco coinciden con la vida del noveno Panchen Lama; el más destacado es el tibetano que afirma ser un iniciado del Quinto Grado, habiendo tomado esa iniciación en 1875, ocho años antes de que naciera el noveno Panchen Lama. El tibetano continúa afirmando que todavía ocupa el cuerpo en el que recibió esa iniciación. [11]

Agregando peso a las especulaciones de que el tibetano es el Lama, un retrato enmarcado del noveno Panchen Lama cuelga detrás de un árbol de Navidad en una foto tomada en el departamento de los Bailey en Nueva York en algún momento de la década de 1940. El nieto de Alice Bailey, Gordon Pugh, también entendió que el retrato era el del tibetano.[12] El asunto sigue siendo un misterio.

Al retratar este contacto temprano, Alice Bailey se esfuerza por distinguirse del médium promedio, insistiendo en que lo que sucedió entre ella y el tibetano fue consciente. Ella no entró en un estado de trance y perdió su propia conciencia y se convirtió en su instrumento, pasando por un estado de trance psíquico inferior típico del médium promedio. Alice Bailey fue una participante activa. En aquellas semanas de fines de 1918, se convirtió en una amanuense especial, copiando las palabras que le dictaban mientras conservaba el pleno control de todas sus facultades. Asumió «una actitud de atención intensa y positiva». Ella anotó en forma abreviada, palabra por palabra, lo que se le dio, ocasionalmente suavizando el lenguaje. «Nunca he cambiado nada de lo que el tibetano me ha dado... Quiero dejar eso completamente claro. No siempre entiendo lo que se da. No siempre estoy de acuerdo». [13] Comenzó con una técnica de clariaudiencia, pero con el tiempo descubrió que podía sintonizar los pensamientos del tibetano a medida que aparecían en su mente. [14]

Es imposible determinar si las palabras escritas son siempre de la mente del tibetano y no están influenciadas por Alice Bailey. Los escépticos argumentarían que tal relación telepática es imposible y explicarían la ocurrencia señalando que Alice Bailey tenía tres años en la Teosofía y era natural cuando se trataba de estudiar teología. Por lo tanto, fácilmente podría haber formulado su propia versión del pensamiento teosófico. Ella era una evangelista en su esencia, acostumbrada a desposarse. Le habría resultado natural hacer lo mismo en forma textual. Sin embargo, hay un tono distinto en los escritos que tomó en nombre del Tibetano, no solo una voz diferente, sino una energía, una carga, una atmósfera, una especie de magnetismo que golpea al lector receptivo desde el primer párrafo. A menos que el crítico adopte una postura dura y escéptica, la relación que tuvieron Alice Bailey y DK no se puede refutar fácilmente sobre la base de que la telepatía no existe. La evidencia que respalda la existencia de habilidades telepáticas se puede encontrar en numerosos estudios. [15] Alice Bailey fue una de una cohorte de personas que nacieron con esta habilidad única, y llegó a implementarla no para localizar objetos perdidos en lugares oscuros, sino en el servicio mundial orientado al mejoramiento humano y planetario. Esta distinción hace que la suya sea una telepatía superior.

Alice estaba lejos de estar contenta de encontrarse con tal talento. Después de tomar nota de esas primeras comunicaciones, se volvió aprensiva, preocupada de que pudiera volverse loca. No podía permitirse el lujo de perder la cabeza. Tenía tres hijas que cuidar. Cuando se lo contó al tibetano, él le sugirió que discutiera el asunto con su propio maestro Koot Hoomi. Ella lo hizo y él le informó que no corría ningún peligro, ni física ni mentalmente, y que el trabajo sería de gran valor. [16] Agregó que él fue quien sugirió el arreglo. Convencida, Alice accedió a continuar.

En los meses que siguieron, tomó nota de los primeros capítulos de Iniciación, humana y solar, que comprenden un capítulo de comentarios introductorios sobre la metafísica teosófica; una definición detallada de Iniciación; y un bosquejo del trabajo de la Jerarquía. También eliminó al menos una sección de *A Treatise on Cosmic Fire* (Tratado sobre el fuego cósmico). [17]

Desde el principio, esta nueva efusión de la Sabiduría Eterna tiene un tono autoritario. La escritura es instructiva, explícita y práctica, con diagramas, gráficos y explicaciones paso a paso. Las obras se leen más como el libro de texto de un estudiante. No hay ni una onza de lenguaje poético o florido.

En los diecinueve capítulos de Iniciación, humana y solar, en relación telepática con Alice Bailey, el Tibetano pasó a sentar las bases de sus enseñanzas, desarrolladas y extrapoladas en trabajos futuros, incluida una descripción de discípulos en el camino probatorio, reglas a lo largo del camino, y las iniciaciones que los pondrían en contacto más cercano con la Jerarquía:

Un discípulo es aquel que, por encima de todo, se compromete a hacer tres cosas:

Servir a la humanidad.

Cooperar con el plan de los Grandes como él lo ve y lo mejor que puede.

Desarrollar los poderes del Ego [alma], expandir su conciencia hasta que pueda funcionar en los tres planos en los tres mundos...[18]

Cuatro capítulos de Iniciación, humana y solar, están dedicados a la Jerarquía Espiritual, presentada como personificación de energías espirituales en forma de seres abstractos, similar a la forma en que los Dioses Griegos han sido alineados en la astrología con los planetas, pero sin sus debilidades y los mitos asociados. Está el Maestro Júpiter, Regente de la India, que reside en Nilgherry Hills en el sur de la India; el Maestro Morya, un adepto oriental y príncipe Rajput que ocupa un puesto de autoridad en los asuntos indios; Koot Hoomi, de origen cachemir con una sólida educación universitaria británica que reside con Morya en Shigatse en el Himalaya; el Maestro Jesús, actualmente viviendo en un cuerpo sirio; Djwhal Khul, el tibetano, el «Mensajero de los Maestros»; Rakoczi el húngaro que en un momento u otro fue el conde de St Germain, Roger Bacon y Francis Bacon; y el Maestro Hilarión que fue una vez Pablo de Tarso. [19]

Cada uno de los Maestros trabaja con la humanidad para ayudar a fomentar la evolución de la conciencia.

Alice Bailey invita al lector a adoptar solo lo que invoca la resonancia interna y no considerar las enseñanzas como un dogma, sin embargo, la existencia de la Jerarquía Espiritual es el único aspecto de su obra que ella, al igual que la mayoría, si no todos los teósofos, considera como verdad inequívoco, y ella es enfática al respecto. La Jerarquía Espiritual es fundamental para los teósofos. Sin una aceptación al menos provisional de este grupo de seres avanzados, aunque solo sea metafóricamente, toda la corriente esotérica está desprovista de significado y propósito.

Quizás hay poco o nada en este primer volumen producido por Alice Bailey que sea completamente nuevo para la Teosofía. La obra se plantea como si se introdujera por primera vez a los estudiantes en el esoterismo. El tono instructivo por sí solo es un reclamo a una autoridad superior. Dondequiera que vinieran las palabras, Alice Bailey resonaba fuertemente con ellas. Hablando con sus alumnos de la Escuela Arcana en 1944 sobre el proceso por el que pasaba cada día, dice: «Después de que su mente y la mía entraron en estrecha relación, supe lo que él estaba pensando. Me pregunto si tienen idea de la tensión que es tomar dos horas de dictado sin perder el hilo. No puedo permitirme relajarme por un minuto».[20]

Mucha controversia rodea a las obras de Alice Bailey compuestas de esta manera. Se la acusa de tener una cláusula fabulosa de «salida», de infundir los pensamientos del tibetano con los suyos propios, enturbiando la pureza, de ser un completo fraude, de hacer afirmaciones para mejorar su propio estado espiritual. El eminente psiquiatra Carl Jung, que nunca conoció a Alice Bailey, creía que el tibetano era una manifestación del yo superior de ella. [21] Alice Bailey refuta enfáticamente la idea del «yo superior», citando el regalo del incienso como prueba concreta de su relación especial con el tibetano. En su evaluación, Carl Jung también, sin darse cuenta, atribuye a Alice Bailey una sabiduría excepcional.

8

TEMPESTAD DE TETERAS

Era el verano de 1919. El Tratado de Versalles se había firmado el 28 de junio después de la «Gran Guerra». La industria cinematográfica en Hollywood florecía después de que Charlie Chaplin uniera fuerzas con Mary Pickford, Douglas Fairbanks y D. W. Griffith para crear la United Artists Corporation. Se estaba gestando una nueva era de optimismo, esperanza y riqueza en auge. La ciencia y la tecnología avanzaban a un ritmo acelerado y prevalecía una sensación de transición de lo antiguo a lo nuevo en el espíritu de la época. Contra este telón de fondo de optimismo en Hollywood, Krotona se encontraba en una dificultad considerable.

Una sombra de deuda se había cernido sobre el instituto durante algunos años antes de la llegada de Alice. Para 1917, el saldo de la deuda era de $25 000, el equivalente a unos $600 000 en la actualidad. Ese mismo año se incurrió en una hipoteca adicional de $17 000 mediante la donación de un inmueble colindante, elevando la deuda total en dinero de hoy a una cifra cercana al millón de dólares. [1] La deuda y los desafíos de encontrar y acordar una solución habían alcanzado proporciones críticas en 1919, cuando Foster Bailey y Alice Evans asumieron funciones clave en la organización.

Solo es posible especular sobre cómo o por qué tanto Foster como Alice fueron designados para estos roles. Desde el momento en que Alice conoció a Foster y comenzó a escribir para el Tibetano en 1918, no hay registro de los pensamientos que ambos tenían sobre el funcionamiento de la Sociedad Teosófica, o sus interacciones con varias figuras clave que disfrutaban de posiciones de poder organizacional. Al menos seis meses enteros de hablar e imaginar una visión para el cambio organizacional habían tenido lugar entre la pareja y sus aliados, a medida que se acercaban a posiciones de influencia.

Una indicación de la participación de Alice en Krotona, y una idea del camino que estaba a punto de tomar en Teosofía, se puede encontrar en una clase pública muy concurrida que daba cada semana en ese verano de 1919 sobre el estudio de la Biblia desde un punto de vista oculto. La clase se llevó a cabo en el Templo de Krotona. Alice realizó una segunda clase de unos quince asistentes en su casa para discutir el lado esotérico del cristianismo. «El campo cristiano sigue siendo suelo virgen para la Teosofía, y muchos piden "carne" en lugar de "leche"».[2] El artículo de *The Messenger* que anuncia estas clases también se refiere a la reciente formación de una Logia Cristiana por Annie Besant en Inglaterra.[3] Alice Evans había sido nombrada profesora divisional en algún momento antes de octubre de 1918.[4] También era miembro de la Orden de Servidores de Campo, inaugurada el 10 de marzo de 1919 como una escuela de formación que ofrecía cursos por correspondencia y otorgaba diplomas. Impartió dos cursos: Reencarnación y Homilética, o el arte de escribir y predicar.[5]

No se menciona a Foster Bailey en ninguna edición de la revista seccional desde junio de 1918 en adelante hasta abril de 1919, cuando tanto Alice Evans como el teniente Foster Bailey fueron designados como escrutadores por Albert Warrington para supervisar el recuento de los votos presidenciales de TS. Warrington fue reelegido. [6] Se podría suponer que fue gracias a la posición de Alice Evans en Krotona que Foster pudo ascender tan rápidamente como para ser considerado aceptable para un puesto administrativo central. Dado que había estado escribiendo para el Tibetano durante muchos meses y tenía en su poder un nuevo flujo de la Sabiduría Eterna, no estaría más allá de los límites de la razón sugerir que albergaba planes ambiciosos, y Foster era una especie de instrumento.

El 14 de julio de 1919, Foster fue contratado como secretario nacional tras la dimisión de Craig P. Garman en junio. [7] El 28 de agosto de 1919, una reunión de la Junta de Síndicos nombró temporalmente a la Sra. Alice Evans como editora de *The Messenger* debido a la ausencia de May S. Rogers mientras se encontraba en viajes prolongados por Australia. Por estas funciones, tanto Foster como Alice ganaban diez dólares a la semana. [8] En la misma reunión, su aliado, el Dr. Woodruff Sheppard, fue nombrado director de publicidad. [9] En una reunión del Patronato celebrada el 6 de septiembre de 1919, se confirmó el nombramiento de Louis W. Rogers como vicepresidente.

Entre ellos, Foster, Alice y Woodruff estaban a cargo de gran parte del funcionamiento de la administración. También eran amigos cercanos del fundador de Krotona, Albert Warrington, lo que los colocaba, o eso creían, en la posición perfecta para afectar el cambio organizacional para lidiar con el problema de la deuda y limitar el poder de la Sección Esotérica de una sola vez.

Se puede encontrar una confluencia interesante en la discordia que se gestaba en ese momento y una carta antes mencionada publicada en *Letters on Occult Meditation* (Cartas sobre la meditación oculta). El 25 de septiembre de 1919, Alice tomó nota de una carta dictada por el Tibetano, que aparecía en un capítulo titulado «Peligros a evitar en la meditación». [10] La carta se refiere a los poderes y métodos de la Hermandad Oscura, aquellos que persistentemente exaltan la mente concreta y rechazan la entrada de lo superior. El resultado es un desarrollo excesivo en una dirección, y abismos y brechas donde deberían estar las virtudes. La Hermandad Oscura:

> no reconoce unidad con su especie, solo ve en ellos personas a las que explotar para promover sus propios fines... No respetan a ninguna persona, consideran a todos los hombres como presas justas, usan a todos para hacer cumplir su propia voluntad, y por medios justos o inmundos buscan romper toda oposición y para el yo personal adquirir lo que desean. [11]

La Hermandad Oscura se disfrazará de agentes de la luz y retrasarán el progreso de la humanidad. La carta continúa explicando que la forma de evitar el poder destructivo de la Hermandad Oscura es lidiar con los puntos débiles de uno, permanecer puro y limpio a nivel físico, emocional y mental, llevar una vida equilibrada con relajación y juego, dormir suficiente y hacer ejercicio, y enfrentar el miedo personal porque el miedo abre la puerta al mal. [12]

Todo parece de sentido común, pero el comentario sobre el miedo parece más significativo. Es como si esta parte de la comunicación estuviera dirigida directamente a la propia Alice quien, desde ese terrible día en Quetta, había sufrido un miedo avasallador, miedo agravado por la violencia que sufrió a manos de Walter Evans. Ocultista y mística, Alice Bailey era especialmente sensible a la necesidad de protegerse de la Hermandad Oscura que, si se toma con sutileza, se puede ver de varias maneras que la ha frustrado a lo largo de su vida, una «Hermandad» que continuaría frustrando el progreso de sus enseñanzas.

Las primeras impresiones de la administración de la ST de Alice, tal vez ingenua e inexperta, si intrigante, fueron positivas, y ella dice que encontró mucha cooperación entre el personal de la oficina, pero la armonía pronto resultó superficial. Cuando se trata de organizaciones dirigidas por un pequeño comité, los nuevos miembros harían bien en no sacudir el barco, sin importar cuán obvia sea para ellos una mejora. La Sociedad Teosófica no fue inmune a la indomable resistencia al cambio de los antiguos miembros del comité, muchos de los cuales ocupaban altos cargos en la Sección Esotérica, y cuando se trataba de la gestión organizativa, la moderación no parece ser evidente en la personalidad juvenil de Foster. A los pocos meses de asumir el cargo, y posiblemente antes, tenía un plan sobre cómo debería funcionar la Sociedad Teosófica en Estados Unidos, y no estaba de acuerdo con el status quo «reaccionario». Era un plan compartido por Alice. La dificultad para ellos desde el principio fue el nombramiento de Louis Rogers como vicepresidente.

En opinión de Foster y Alice, la crisis de la deuda se resolvería mediante un cambio fundamental en la estructura organizativa que restringiría el poder que la Sección Esotérica tenía sobre la sociedad. Las logias teosóficas estaban destinadas a tener autonomía local, pero a través de la colocación de miembros clave en la Sección Esotérica, Annie Besant y los líderes de Adyar tenían el control total de la organización. La Sociedad

Teosófica se había fundado sobre la noción de la fraternidad universal, pero lo que tanto Alice como Foster vieron en cambio fue una organización obsesionada con fundar logias y aumentar la membresía, una estrategia que, según ellos, debería detenerse. Otros, entre ellos Louis Rogers, no compartieron su punto de vista. Sobre todo porque un aumento en la membresía contribuiría de alguna manera a resolver la enorme deuda hipotecaria de Krotona.

Para Alice, la trayectoria de sectarismo evidente en el control de la administración por parte de la Sección Esotérica y la membresía de la ST era un anatema para todo lo que ella representaba. Después de sus experiencias de humanidad común en las casas de los soldados y en la fábrica de conservas de sardinas, junto con todo el apoyo que había recibido de vecinos y extraños por igual durante sus años con Walter Evans, vio el principio teosófico de la fraternidad universal como primordial. También deseaba frenar el poder y la autoridad de Annie Besant en Adyar, India, con lo que claramente discrepaba después de su humillación en la sala del Santuario. Sus motivos permanecieron ocultos, pero cuando Alice Bailey se convirtió en editora de *The Messenger*, había estado escribiendo para el Tibetano durante al menos diez meses. Ella sabía que era una discípula y la escriba de la segunda efusión de la Sabiduría Eterna, y para entonces, habría estado pensando mucho en las formas de dar a conocer esto e implementarlo de alguna forma. Una adquisición de la Sociedad Teosófica bien puede haber sido más que un pensamiento pasajero.

Al darse cuenta de que enfrentaban una oposición considerable, Alice, Foster y sus aliados se unieron. Alice comenta que quedó atrapada en un conflicto de intereses entre su propio sentido de lealtad y afiliación a sus amigos personales en la Sección Esotérica que decidieron mantener el status quo, y su firme adhesión a su visión democrática para el cambio, una visión que Foster compartió. [13]

Pronto quedó claro que se estaba fomentando un cisma, y la Sociedad Teosófica ya había tenido su parte. En 1884, la Logia Teosófica de Londres se dividió en dos ramas, una dirigida por Alfred Sinnett, quien era leal a Blavatsky, la otra por Anna Kingsford, quien luego fundó la Sociedad Hermética. Aproximadamente al mismo tiempo, surgió un conflicto entre los fundadores, Blavatsky y Olcott, que solo se resolvió tras la muerte de Blavatsky. Diez años más tarde, en 1894, Annie Besant y Henry Steel Olcott acusaron al cofundador William Quan Judge de falsificar una carta que afirmaba haber recibido de un Maestro. Sus acusadores decidieron que había falsificado «la carta de Mahatma» en un «intento exitoso de competir con Annie Besant por el liderazgo de la Sección Esotérica», un asunto que luego destacaron las comentaristas feministas sobre las tendencias en la ST. [14] Un gran número de la sección estadounidense se puso del lado de Judge y se separó para formar «La Sociedad Teosófica en América». Judge murió en 1896 y el liderazgo recayó inicialmente en el periodista y escritor Ernest Temple Hargrove. Fue rápidamente expulsado por la espiritista y visionaria de mente aguda Katherine Augusta Westcott Tingley, quien luego rebautizó a la sociedad como Hermandad Universal y Sociedad Teosófica. En 1898, Hargrove fue a Nueva York para formar La Sociedad Teosófica en América. En 1900, Tingley trasladó la sede de la sociedad a Point Loma, cerca de San Diego, donde estableció una comunidad utópica. Mientras tanto, Warrington, con la aprobación de Besant, trasladó la línea Besant de la sede de la Sociedad Teosófica de Chicago a Pasadena en 1912, con miras a crear una sociedad utópica basada en una visión de su socio

Charles Webster Leadbeater. Otro cisma ocurrió cuando el jefe de la sede alemana, Rudolph Steiner, se separó en 1912-13, llevándose consigo sus propias interpretaciones de la Teosofía en forma de antropomorfismo. [15] Las disputas sobre los procedimientos y las luchas de poder acosan a muchas organizaciones, y aunque la Sociedad Teosófica estuvo dividida con ellas durante varias décadas, fueron una indicación de la intensidad de los sentimientos de muchos miembros y de un fuerte apego a la Teosofía, confirmado en las numerosas logias y grupos disidentes que se formaron, muchos de los cuales prosperaron y continúan existiendo hasta el día de hoy. [16]

De vuelta en Krotona, Alice no podía haber anticipado la escala de la confrontación que se estaba fomentando. Lo que se hace evidente por el tono de sus propias palabras sobre el tema en su autobiografía, es cuán perturbadora encontró la pelea. En su propio relato, muestra un apoyo inquebrantable y acrítico a Foster, quien lideró el llamado al cambio. Si él, si ambos no se hubieran agitado de esta manera, el curso de la vida futura de Alice podría haber sido muy diferente.

La resistencia al cambio resultó feroz e inflexible. En vista de lo que percibía como una forma de gobierno absoluto por parte de un grupo de iniciados autoinflados, Alice decidió que había «vagabundeado hacia otra secta», al ver en la organización de la Sociedad Teosófica reflejos del cristianismo ortodoxo. Estaba profundamente decepcionada. [17]

A través de cartas y artículos de opinión, la batalla por el control organizacional llegó a la revista seccional, allí para que la vieran todos los miembros. Los miembros comenzaron a renunciar. La división se volvió tan seria que Foster Bailey se comunicó con Annie Besant para informarle que si la Sección Esotérica no dejaba de dominar la administración, la SE «pronto estaría bajo un ataque muy serio». [18] No está claro lo que quiso decir con ese comentario.

En respuesta, Annie Besant envió a Bahman Pestonji Wadia, quien en ese momento estaba en Estados Unidos como delegado indio en la Conferencia Industrial Internacional y también en una gira por las logias de la Sociedad Teosófica.

Bahman Pestonji Wadia (1881-1958) fue un colaborador influyente y editor de la revista internacional de la sociedad, *The Theosophist*. Provenía de una familia de ricos constructores navales de Surat, al norte de Mumbai. Cuando era joven, su padre lo envió a Gran Bretaña para trabajar en una gran empresa textil. La experiencia duró poco. Poco después de su regreso a la India, su padre murió y Wadia quedó a cargo del negocio textil de la familia. Tenía diecinueve años. En Bombay conoció a Blavatsky y se unió a Bombay Lodge en 1903 cuando tenía veintidós años. Un año más tarde, vendió el negocio familiar y utilizó las ganancias para dedicar su vida a la Teosofía. Rápidamente se le asignó funciones clave en la organización, primero como subeditor de publicaciones periódicas y luego como asistente personal del fundador de la Sociedad Teosófica, el Coronel Olcott. Tras la muerte de Olcott, se convirtió en asistente personal de Annie Besant, quien asumió el cargo de presidente en 1907. Wadia se mudó de Bombay a Adyar, y allí se convirtió en gerente de la editorial de la Sociedad Teosófica y editor asistente de *The Theosophist*. También se unió a Besant en el movimiento de autonomía de la India y se involucró en los derechos de los trabajadores. [19]

Wadia se encargó de evaluar la situación en Krotona e intervenir. Llegó alrededor de la Navidad de 1919. Se celebraron reuniones oficiales. Del lado administrativo estaban Foster, Alice, Woodruff Shepherd y sus seguidores, y del lado de la Sección Esotérica estaban la destacada teósofa Marie Poutz, Albert Warrington y los suyos. Las reuniones descendieron en filas en toda regla. Wadia había sido contratado para encontrar una solución, pero en lugar de mediar entre los progresistas en la sede y los miembros reaccionarios de la Sección Esotérica, se dedicó a «provocar problemas».[20] Al principio, Alice y Foster encontraron sincero a Wadia y colaboraron con él creyendo que tenían un nuevo aliado. Lo hicieron con la esperanza de que la sociedad volviera a su principio de fraternidad universal. Él, sin embargo, parecía tener su propia agenda, una que les fue revelada más tarde en 1921, cuando hizo su propia apuesta por el liderazgo.

En Krotona, la política de facciones siguió empeorando. Foster y el Dr. Shepherd formaron la Liga Hacia la Democracia, la TDL (por sus siglas en inglés), con la esperanza de obtener el apoyo de los miembros. La Liga produjo folletos para hacer circular sus creencias. Lo hicieron con el apoyo incondicional de Wadia, quien en ese momento también abogó por una mayor libertad para los miembros.

Fue en este momento, en medio de toda la furia y el malestar, que Alice tomó una decisión decisiva. A la luz de la reacción que recibió de un miembro clave de la Sección Esotérica cuando reveló que había estado en comunicación con uno de los Maestros, podría haber retenido sus primeros escritos y considerado sus opciones. En cambio, durante la Navidad de 1919, le entregó a Wadia un manuscrito que había escrito en nombre del tibetano.

¿Fue un entusiasmo ciego o un afán de reconocimiento lo que hizo que Alice le entregara una copia de sus escritos a Wadia? ¿O estaba arrojando el guante, poniendo a prueba a una Sociedad Teosófica reaccionaria con esta nueva efusión de sabiduría? Cualquiera que fuera el motivo, el acto tendría importantes consecuencias. Cuando ella le mostró lo que había escrito, él «se emocionó mucho» y le dijo que «publicaría cualquier cosa que "proviniera de esa fuente"». [21] Él cumplió su palabra. En la edición de febrero de 1921 de *The Theosophist* aparecieron los dos primeros capítulos de Iniciación, humana y solar, y en marzo de ese año apareció el capítulo ocho. [22]En los números de septiembre de 1921 y noviembre de 1921, también se publicó en dos partes un artículo titulado «Ley cósmica y sistémica». Estas treinta y dos páginas aparecieron más tarde en su texto seminal Tratado sobre el fuego cósmico, publicado por primera vez en 1925. [23] Alice Bailey no menciona haber entregado o enviado a Wadia un manuscrito posterior y en su autobiografía da a entender que no lo hizo. Parece probable que ella le diera este material adicional en la Navidad de 1919.

Las piezas no fueron bien recibidas. Como dice Alice Bailey, «entonces aparecieron los habituales celos teosóficos y la actitud reaccionaria y no se imprimió más».[24]

Desde ese momento, Alice descubrió que tenía un competidor clave, uno que no le importaba lo más mínimo: Charles Webster Leadbeater.

Anteriormente sacerdote de la Iglesia de Inglaterra, Leadbeater (1854-1934) es una figura controvertida en la historia de la Sociedad Teosófica. Nacido en Stockport, Cheshire, hijo del empleado de un contratista ferroviario, Leadbeater fue ordenado sacerdote en 1879 y pronto desarrolló un interés por el espiritismo. Se unió a la Sociedad Teosófica en 1883 y llegó a Adyar un año después. Reclamó habilidades clarividentes y se convirtió en uno de los oradores destacados de la sociedad, recorriendo Europa, América y Australia. Fue un colaborador cercano de Annie Besant, y durante muchos años fue el segundo al mando de la Sociedad Teosófica.

Dos décadas después de su llegada a la India, una sombra se cernía sobre la figura prominente. Las denuncias de abuso sexual de niños bajo su cuidado se llevaron ante un tribunal de Londres en 1906. Otro escándalo estalló en 1909 cuando Leadbeater se dirigió a otro niño indio en los terrenos de Adyar y, utilizando sus habilidades de clarividencia, lo declaró el Instructor del Nuevo Mundo, la segunda venida de Cristo.

Leadbeater y Annie Besant nombraron al niño Jiddu Krishnamurti (1895-1986) y procedieron a prepararlo para su futuro como Instructor del Mundo, eclipsado por el Cristo. En preparación, se formó la Orden de la Estrella en Oriente en 1911 con el joven Krishnamurti a la cabeza, una organización que atrajo una membresía de alrededor de 100 000 antes de ser disuelta en 1929. [25] Las actividades de Besant y Leadbeater con respecto a Krishnamurti dieron como resultado una amplia condena y el ridículo dentro de la sociedad.

En 1912, el padre de Krishnamurti presentó un caso de custodia contra Leadbeater alegando abuso sexual, que luego se retiró. Leadbeater luego se mudó a Sydney, Australia, donde siguió siendo una figura destacada en la Sociedad Teosófica. También unió fuerzas con James Ingall Wedgwood para formar la Iglesia Católica Liberal. Luego cayó bajo más investigaciones policiales en 1917 y nuevamente en 1922, basadas en las sospechas y observaciones de comportamiento sexual inapropiado que involucraba a niños, expresadas por el Secretario General Honorario de la Sociedad Teosófica de Australia, el Sr. TH Martyn y su esposa, en cuya casa Leadbeater había estado residiendo. El asunto llegó a un punto crítico en 1921, cuando el Sr. Martyn escribió una carta privada a Annie Besant, que luego se hizo pública, cuestionando si Leadbeater debería ser considerado un Iniciado a la luz de su «irregularidad sexual».[26]

Estos escándalos debieron afectar mucho a Alice. Quizás fueron una fuente de motivación con respecto a su deseo de democratizar la administración y arrebatarle el poder a Annie Besant como Jefa Externa de la Sección Estadounidense, y colocar el control organizacional en manos de la base.

Leadbeater fue un escritor prolífico a quien Alice Bailey tenía en baja estima. Su *Man, Whence, How and Whither* (Hombre, de dónde, cómo y adónde), publicado en 1913, le demostró «la falta de confianza básica de lo que escribió»:

> Es un libro que describe el futuro y el trabajo de la
> Jerarquía del futuro, y lo curioso y sorprendente para
> mí fue que la mayoría de las personas programadas para
> ocupar altos cargos en la Jerarquía y en la futura
> civilización venidera eran todos amigos personales del
> Sr. Leadbeater. Conocí a algunas de estas personas:
> dignas, amables y mediocres, ninguno de ellos gigantes
> intelectuales y la mayoría de ellos completamente sin
> importancia. [27]

Alice Bailey tenía buenas razones para que no le gustara su rival. En su biografía de Alice Bailey, *The Bailey Inheritance* (La herencia Bailey), fiel admirador y seguidor de sus enseñanzas, Sir John Rollo Norman Blair Sinclair (1928-1990), noveno baronet de Caithness, cuenta la historia de cómo Leadbeater plagió el primer libro de Alice Bailey. *The Masters and the Path* (Los maestros y el camino) (1925) de Leadbeater se publicó cuatro años después de que esos primeros capítulos aparecieran en *The Theosophist* y tres años después de que se publicara Iniciación, humano y solar en 1922, y su inspiración parece derivar del libro de Alice Bailey. Cuando los capítulos de ella se publicaron en *The Theosophist*, esto bien pudo haber proporcionado a Leadbeater, que para entonces vivía en Sídney, Australia, la oportunidad de plagiar el trabajo. Si bien los puristas teosóficos denunciarían más tarde a Alice Bailey y se negarían a leer sus escritos, criticándola oficialmente por afirmar falsamente que estaba en comunicación con el tibetano, se sabía que Leadbeater compraba discretamente su copia de los escritos de Alice Bailey en el momento en que se publicaban. Él hizo comentarios entusiastas sobre ellos en privado, aunque nunca elogió públicamente su trabajo. [28]

La sugerencia de Sinclair de que Leadbeater tomó las ideas de Alice Bailey y las reelaboró para formar la base de su propio libro sigue abierta a la especulación. Quizás ninguna de las partes plagió a la otra. La versión del asunto que persiste, incluso entre los académicos, es que fue Alice Bailey quien plagió a Leadbeater. *Claiming Knowledge* (Reclamando conocimiento) del estudioso del esoterismo occidental Olav Hammer, es un estudio epistemológico de la Teosofía publicado en 2001, adopta este punto de vista. [29]

Una forma alternativa de ver la controversia es reconocer que todas las ideas son de alguna manera compartidas o derivadas, que el conocimiento esotérico involucra la reelaboración y representación de una Sabiduría Eterna para adaptarse a una audiencia diferente, y que de donde Alice Bailey extrajo sus ideas, su verdadera contribución fue ponerlas a disposición de todos y no de unos pocos elegidos, y de una manera asombrosamente detallada y exhaustiva, como lo señaló el autor y teósofo Kurt Leland. [30]

Algunos teósofos afirman que Alice Bailey plagió material que solo está disponible para los teósofos de la Sección Esotérica. El argumento sigue que, dado que el material en cuestión no se ha hecho público, las denuncias de plagio han sido imposibles de evaluar. Incluso una lectura superficial de las Instrucciones de la Escuela Esotérica de Teosofía estrictamente privadas de Helena Blavatsky pronto disipa las acusaciones. Sin revelar ningún conocimiento oculto secreto, este volumen contiene numerosos diagramas y tablas de correspondencias que se basan en gran medida en el misticismo oriental, tablas relacionadas con los planetas, metales, días de la semana, partes del cuerpo, colores, fuerzas, planos y principios, todo en series de siete. El trabajo incluye una discusión sobre astrología, teúrgia, raja yoga y neoplatonismo. Cada una de las tres instrucciones más largas está precedida por preámbulos discursivos sobre la naturaleza del conocimiento oculto. Hay una interesante presentación de las glándulas pineal y pituitaria y cómo se relacionan con Manas y Buddhi y los Chakras en general, y otra sobre el Antahkarana, el puente imaginario entre el ego humano (alma) y lo divino. El trabajo concluye con otros tres conjuntos de instrucciones que ascienden a una larga lista de definiciones de párrafos de términos clave, como varios tipos de conciencia.

Al leer este volumen junto con Iniciación, humana y solar de Alice Bailey, queda muy claro que son libros completamente diferentes. El tema de Alice Bailey es la iniciación. Inicialmente presenta un diagrama denominado «Constitución del hombre», que es una representación de las ideas teosóficas centrales, y luego continúa con una descripción detallada de la Jerarquía, la naturaleza del discipulado y el camino de la iniciación. Ausente está el lenguaje védico, el detalle histórico, las justificaciones y las discusiones un tanto serpenteantes evidentes en el libro de Blavatsky. En cambio, la escritura es tensa, precisa y directiva. Si hubiera puntos particulares de similitud, no sería de extrañar ya que ambos libros surgen de la misma corriente de pensamiento esotérico.

En la segunda página del primer capítulo de Iniciación, humana y solar, y entregado a Wadia para incluirlo en *The Theosophist*, Alice Bailey escribe:

> En estos días de destrucción de la vieja forma y construcción de la nueva, se necesita adaptabilidad. Debemos evitar el peligro de cristalización a través de la flexibilidad y la expansión. El «viejo orden cambia», pero ante todo es un cambio de dimensión y de aspecto, y no de material o de fundamento. Los fundamentos siempre han sido ciertos. A cada generación le corresponde la parte de conservar los rasgos esenciales de la forma antigua y amada, pero también la de ampliarla y enriquecerla sabiamente. Cada ciclo debe agregar la ganancia de más investigación y esfuerzo científico, y restar lo que está desgastado y sin valor. Cada era debe incorporar el producto y los triunfos de su período, y abstraer las acumulaciones del pasado que empañarían y desdibujarían el contorno. Sobre todo, a cada generación se le da la alegría de demostrar la fuerza de los viejos cimientos y la oportunidad de construir sobre estos cimientos una estructura que satisfaga las necesidades de la vida interior en evolución. [31]

A la luz de esta declaración de intenciones apenas velada, Alice le había dado a Wadia que publicara en la revista clave de la Sociedad Teosófica un anuncio de que había una nueva efusión de Teosofía en camino, y ella era la persona que la escribiría. Fue un acto de desafío, uno a los ojos de la Sección Esotérica, presentado en un momento crítico cuando ella podría haber pensado que la campaña para democratizar la ST ganaría el favor.

Las reacciones negativas que recibió no fueron sorprendentes y también deben entenderse a la luz del contenido habitual de *The Theosophist*. Besant escribió polémicas sobre temas como el racismo y la esclavitud, y Wadia compuso artículos sobre cuestiones organizativas y los fines y objetivos de la sociedad. Otros colaboradores proporcionaron artículos sobre religión y filosofía comparadas, política mundial, psicología y debates de segunda mano y resúmenes de las enseñanzas de Blavatsky. Las piezas de Alice Evan saltaron al lector. Son autorizados y están claramente diseñados para representar una nueva efusión de la Sabiduría Eterna con o sin declaración de intenciones. Para los miembros ortodoxos, este nuevo material habría causado una ofensa inmediata. Para ellos, la nueva enseñanza fue compuesta por una recién llegada advenediza y alborotadora que claramente no conocía su lugar dentro de la jerarquía de la Sociedad Teosófica y posiblemente no podría haber estado en relación telepática con el tibetano porque Besant y Leadbeater no habían afirmado que fuera cierto.

Cuando Alice le entregó a Wadia esos capítulos, debe haber sabido el impacto que tendrían. Pero ella no sabía lo que le esperaba.

En febrero de 1920, en su papel como editora de *The Messenger*, Alice Evans escribió «Una visión del futuro de Krotona», en la que explicó a los miembros de manera mesurada y equilibrada su visión de un liderazgo más unificado, centrado en Krotona. Para resolver el problema financiero y agilizar la organización, intentó persuadir a los miembros para que votaran por los cambios para que la Sede de la Sección Americana pudiera unir fuerzas con la Sección Esotérica para formar un órgano rector general. La sede de Krotona mantendría entonces el control de la Sección Americana. El artículo fue escrito para invitar a una discusión libre y abierta entre los miembros. En cambio, provocó una tormenta de vitriolo. [32]

En un movimiento oportuno, Albert Warrington renunció como presidente el 18 de marzo de 1920, cargo que había ocupado durante ocho años, afirmando que tenía la intención de unirse a Annie Besant en la India. Fue reemplazado por Louis Rogers, quien se había desempeñado como vicepresidente durante los siete meses anteriores.

Louis William Rogers (1859-1953) es una figura notable en el movimiento teosófico. Comenzó como maestro antes de convertirse en conferencista público y luego en un prominente y estridente sindicalista ferroviario y activista en el movimiento obrero, llegando a ser editor de varios periódicos del movimiento obrero. Participó activamente en la American Railway Union, ascendiendo a la junta ejecutiva de la organización antes de ser sentenciado a tres meses de prisión por su participación en la huelga de Pullman de 1894. [33] Se unió a la ST en 1903 y rápidamente saltó a la eminencia como orador y conferencista. [34]

El cambio de liderazgo no presagiaba nada bueno. Rogers se convirtió en un enemigo formidable, y se «opuso amargamente» a Foster Bailey y la Liga Hacia la Democracia (TDL, por sus siglas en inglés) y no tuvo reparos en expresar sus sentimientos. Rogers no estaba solo en su opinión. En las ediciones de abril y mayo de *The Messenger*, se publicaron varias cartas atacando al

TDL. Una, compuesta por el abogado y sacerdote de la Iglesia Católica Liberal Robert Kelsey Walton, fue especialmente cortante, acusando a los organizadores de la Liga de difundir información errónea y burlarse de la misma democracia que supuestamente deseaban instituir. [35]

Varios miembros de la Liga intentaron defenderse, pero la diatriba contra ellos fue implacable y poco menos que desagradable, especialmente por parte del nuevo presidente.

Foster Bailey no fue rival para Louis Rogers, un hombre versado en batallas organizativas. Poco después de su nombramiento, al ejercer sus nuevos poderes presidenciales, Rogers rápidamente despidió a Foster y Alice de sus funciones. Para junio de 1920, Alice ya no era editora de *The Messenger*, Rogers anunció en la edición de ese mes a su reemplazo, la Sra. Grace Boughton, residente de mucho tiempo en Krotona; y Foster fue reemplazado como secretario nacional por Betsey Jewett en el mismo mes. Woodruff Sheppard también fue despedido.

Sin un puesto oficial y los ingresos que lo acompañaban, Foster continuó con su campaña. Mientras tanto, Rogers llenaba de veneno a *The Messenger*. En el mismo número de *The Messenger*, afirma: «La Liga parece ser uno de los mejores chistes de la temporada. En uno de los boletines me informan que en el fondo de mis políticas está el "instinto separativo". Viniendo de la Liga, me parece un ingenio de primera clase. Nadie es tan verdaderamente divertido como el humorista inconsciente».[36]

Su tono sarcástico es indicativo del estilo de sus implacables condenas. «Es un poco tratar de permanecer en silencio bajo ataque cuando la Sección está siendo inundada con circulares de tergiversaciones escandalosas por parte de posibles mártires que tienen un agravio contra la administración...»[37] Louis Rogers domina la edición de julio de *The Messenger* en la preparación a la convención anual y lanza un ataque previo a la convención contra la Liga:

No hay forma más justa de juzgar a una persona o a una liga que contrastando lo que se promete con lo que se hace después. No es extraño que lleguen a esta oficina cartas de miembros de la S. T. que muestran que se unieron a la Liga T. D. L. con la impresión de que era algo muy diferente de lo que resultó ser. Nadie puede ser culpado por unirse después de leer el anuncio que publicaron, pero, a la luz de lo que la Liga ha hecho desde entonces, ese anuncio ahora suena como una broma siniestra. Probablemente nunca en la historia de la Teosofía en todos los países alguien u organización ha sido responsable de tanta discordia, armonía y destrucción general en tan poco tiempo como lo ha logrado la Liga. Para que no olvidemos la justa promesa con la que se lanzó, y que naturalmente indujo a muchos teósofos fervientes a hacerlo, lean de nuevo su declaración original al mundo. Después de referirse a la importancia de llevar a cabo las ideas de los fundadores de la ST, dice: «Con este fin, un grupo de PTS armoniosos y con inclinaciones constructivas en Krotona se esfuerzan por promover esa tolerancia fraternal que se expresa a través de una forma espiritualmente democrática de gobierno, y con este propósito he fundado una Liga, cuyos detalles se adjuntan». Ahora bien, ¿qué ha hecho realmente la Liga? Ha difundido una masa de información absolutamente errónea. Ha atacado a la administración actual sin el menor esfuerzo por determinar primero los hechos. Se convirtió en el campeón de tres funcionarios despedidos, aceptó su relato de agravios personales y publicó su versión sin hacer una sola consulta a ningún miembro de la administración, ni intentar verificar nada de lo dicho por el trío ofendido, no ha publicado correcciones ni disculpas, por lo que se erige hoy como el campeón de los insurrectos que desafían los métodos constitucionales, porque el procedimiento de la Junta de Síndicos era estrictamente conforme a las leyes de la Sección, y en los Estatutos se les encomienda el deber de nombrar y remover los funcionarios de que se trate, y si fueran electivos, el caso sería muy diferente. Entonces, su remoción, si hubiera sido posible por algún tecnicismo, habría sido un abuso de poder, pero tal como es, los Síndicos simplemente declaran cumplido un deber que les impone la ley. [38]

A estas alturas, la lucha financiera de Krotona era tan grave que apenas podía manejar sus deudas. Estaba en marcha un movimiento, instigado por Rogers, para trasladar la sede administrativa a Chicago y vender Krotona. En el mismo número de *The Messenger*, Rogers expone su argumento. La idea era pragmática y ganó apoyo popular.

En lugar de aceptar la derrota, Foster, un honrado hombre de treinta y dos años, llevó la TDL a la convención de Chicago en julio de 1920. Subestimó gravemente a su oponente, enfrentando su ingenio contra el incondicional Rogers, un hombre de unos sesenta años que se enorgullecía de su propio poder. En su autobiografía, Alice Bailey es vaga sobre la humillación que siguió y solo afirma que el Sr. Warrington y la Sección Esotérica afirmaron el control y fueron «agresivamente triunfantes». Las cuentas en las ediciones de los meses siguientes de *The Messenger* cuentan una historia diferente. Cuando Foster subió al escenario y dio su presentación en apoyo de los argumentos y la visión de la TDL, fue condenado públicamente. Alice y Foster regresaron derrotados a Krotona. Rogers persistió en su antagonismo, recurriendo al ridículo en la edición de septiembre de *The Messenger* y llamando a la disputa una «tempestad de teteras».[39]

Las tribulaciones no terminaron ahí. Rogers trató de desalojar a Foster, que todavía vivía en una tienda de campaña, de los terrenos de Krotona. Foster se comunicó con Annie Besant, quien detuvo el desalojo. Mientras tanto, Foster intentó enviar una copia de las actas de la conferencia a Annie Besant para que pudiera ver por sí misma lo que había sucedido, pero Louis Rogers bloqueó el movimiento alegando que sería demasiado costoso ya que había alrededor de ochocientas páginas de transcripciones. Luego, Rogers trasladó rápidamente la administración de Krotona a Chicago ese mismo mes. [40]

La mayor parte de las consecuencias de la oferta fallida de la TDL recayó en Foster, pero desafortunadamente para Alice Bailey, se había ganado un enemigo formidable y su reputación dentro de la Sociedad Teosófica se vio afectada.

Durante el transcurso del verano de 1920, a lo largo de la preparación y después de la saga, Alice compuso el resto de las cartas en *Letters on Occult Meditation* (Cartas sobre meditación oculta), y cuando el drama alcanzó su punto máximo, estaba escribiendo el resto del capítulo sobre los peligros de la meditación. Los consejos que recibió durante este período habrían sido muy necesarios. Con Rogers firmemente en el asiento del poder, la situación de Alice estaba resultando ser una enorme tensión. El 18 de junio de 1920, sin trabajo y sola en casa, recibió un mensaje directo del Tibetano:

Y, ¿puedo sugerirle una cosa? Todo cuidado y ansiedad se basa principalmente en un motivo egoísta. Temes más dolor, te encoges ante más experiencias tristes. No es así como se alcanza la meta; se llega por el camino de la renuncia... Si las lenguas mentirosas toman acción, no temas, sino sigue adelante... No digo más. Sólo deseo que no disipen fuerza innecesaria en vanas imaginaciones, especulaciones febriles y expectativas perturbadas. [41]

Esas palabras debieron ser de gran consuelo. No está claro si Alice también había sido expulsada de sus puestos de conferencista y maestra, o cuándo dejó de administrar el café Krotona, pero en este momento, Foster y Alice no tenían ingresos y ella tenía tres hijas que cuidar. Alice Bailey afirma que el día en que evaluaron su situación, sus finanzas conjuntas ascendían a $1.85, o $24 en dinero de hoy. Había facturas y el alquiler que pagar. En ese momento, Alice no recibía nada de Gran Bretaña. [42]

El futuro era incierto, sus perspectivas no eran buenas, pero en los días que siguieron, un donante anónimo dejó algo de dinero en efectivo en un sobre en la puerta de su casa y le ofrecieron a Foster un puesto como secretario en la Asociación Teosófica de Nueva York, una organización independiente no oficial que se separó de la Sociedad Teosófica en 1899 en la época de la sucesión de Katherine Tingley. Él aceptó el puesto y en cuestión de días se prepararon para mudarse a través de América. [43]

9

———————

RUPTURA

La palabra "respetable" describe mejor la perspectiva moral de Alice Bailey. Después de los escándalos de Leadbeater, que deben haber impactado su sensibilidad, estaba enormemente preocupada de que el ocultismo no fuera desacreditado por el comportamiento de sus defensores. Por eso, a través de todas las tribulaciones en Krotona, Foster Bailey había permanecido viviendo en su tienda. Para evitar «chismes sucios», Alice tenía viviendo con ella una amiga anciana y leal, Augusta Craig, cariñosamente llamada Craigie, una mujer «rebosante de ingenio y mentalidad».[1] Era tan leal que, a pesar de las atenciones de muchos admiradores, Craigie se quedó con la familia de Alice hasta que estuvo tan vieja para hacerlo.

Un padrastro devoto desde el principio, Foster visitaba regularmente la casa en Beachwood Drive y formó lazos estrechos con la pequeña Dorothy, Mildred y Ellison. Las chicas lo adoraban. Para ellas, él era todo lo que Walter no era, y las crió como si fueran suyas. Dorothy tenía nueve años cuando se conocieron y Ellison solo cinco. Hasta que él apareció en escena, las chicas solo habían conocido penurias y pobreza. «Una vez viví durante tres semanas a base de té (sin leche ni azúcar) y pan seco para que mis tres hijas pudieran tener lo esencial para comer».[2] Las niñas deben haber llevado en algún lugar profundo recuerdos infelices de la violencia que soportó su madre. Foster podría haberles dado una liberación. A través de su nuevo nombramiento en Nueva York, las vidas de esas tres niñas y su madre estaban a punto de sufrir una nueva y emocionante transformación.

A fines de 1920, dejando atrás a Alice y las niñas, Foster se fue a Nueva York y se alojó cerca de las oficinas de la Sociedad Teosófica de Nueva York en Broadway.

La asociación fue fundada en 1899 por el Dr. J. H. Salisbury, Donald Nicholson y el filósofo y escritor Harold Waldwin Percival. Los hombres apoyaban al difunto William Quan Judge y establecieron la asociación en reacción contra Katherine Tingley cuando reemplazó a Ernest Hargrove como presidente de la Sociedad Teosófica en Estados Unidos.[3] Nacido en Barbados, hijo del propietario de una plantación, Percival descubrió la Teosofía en 1892. Después de la muerte de Judge, Percival también fundó Theosophical Publishing Company of New York y, a través de ella, se convirtió en un importante escritor y editor de literatura teosófica. La asociación lanzó su propia revista, *The Word*, en 1904. Esta fue editada por Percival hasta su último número en septiembre de 1917.[4]

En 1920, el presidente de la asociación fue el financiero Sr. Ernest Salisbury Suffern (1880-1975), hijo de Edward Lee Suffern (1845-1925) y Alice de Reimer Adams (1848-1923) de Boston, Massachusetts.[5] Ernest Suffern era descendiente del juez del condado de Rockland, John Suffern, en cuyo nombre se fundó el pueblo de Suffern, Nueva York, en 1796. [6] Ernest Suffern, un hombre de considerable riqueza, no solo aseguró a Foster su trabajo como secretario con un salario de trescientos dólares al mes, una cifra muy superior a los diez dólares al mes que Foster y Alice habían recibido cada uno en Krotona, pero también compró una casa para la pareja en Ridgefield Park, un pequeño pueblo de calles arboladas y grandes casas suburbanas, al otro lado del Río Hudson en Nueva Jersey. [7]

Como presidente de la asociación, el señor Suffern habría sabido los problemas que habían tenido Alice y Foster en Krotona. Habría sido destinatario de *The Messenger*. Quizás había asistido a la conferencia de Chicago y presenciado por sí mismo la humillación pública. Habría sabido de las habilidades de Foster en calidad de secretario y de su creencia en los principios de la democracia en lo que respecta a la gestión organizacional. Parece que Suffern tenía su propia agenda al nombrar a Foster. Preocupado por la reputación de la Sociedad Teosófica, Suffern más tarde trató de persuadir a la Sra. Besant para que actuara para preservar el nombre de la organización y, en una carta que le envió el 25 de abril de 1922, expresa su decepción porque ella le recomendó que terminara su asociación con la Sección Esotérica. [8] Este rechazo se debió en parte a que en 1921 Suffern se quejó abiertamente de que no se había dado un aviso más largo a los miembros de la sociedad para dar tiempo a nominar candidatos independientes en las próximas elecciones presidenciales. También envió un extenso llamamiento a los miembros de la sección estadounidense de la Sociedad Teosófica, pidiendo una reforma administrativa. El presidente de la ST, Louis Rogers, respondió a la apelación en una carta publicada en la edición de abril de *The Messenger*, anulando el asunto. [9] Dado su propio deseo de reforma, y como presidente de un grupo disidente, Suffern habría visto en Foster una oportunidad. Creía claramente en los protagonistas, se compadecía de ellos y tiraba su propia gorra al ruedo. Cualesquiera que fueran los motivos del señor Suffern, Foster y Alice tenían un nuevo aliado.

A finales de 1920, una vez asentado en su trabajo, Foster mandó llamar a Alice. Dejando a sus hijas al cuidado de Craigie, hizo el largo viaje en tren a través de Estados Unidos y se quedó en un apartamento en Yonkers, no lejos del alojamiento de Foster. El 14 de marzo de 1921, la pareja fue al Ayuntamiento y obtuvo una licencia de matrimonio. Se casaron de inmediato y regresaron a la oficina para trabajar esa tarde. No hubo un ápice de romance en el acto. Un comentarista señala que se rumoreaba que su matrimonio no estaba consumado, un «matrimonio en blanco» basado no en la pasión sino en el compañerismo. No se puede saber si es cierto o no. [10] Es posible que cada uno haya tenido sus diversas razones para formar un matrimonio basado en una visión compartida en lugar del amor romántico. Foster había pilotado un avión que se estrelló y también había sufrido exposición al gas mostaza. [11] En lugar de volver a su antigua carrera de derecho, eligió forjar una vida en la teosofía. Alice había sido objeto de años de violencia emocional, mental y física, había soportado un parto traumático y su salud nunca había sido buena. Probablemente el romance era lo último que tenía en mente. Lo que está claro es que permanecieron casados durante casi treinta años y, a primera vista, eran firmemente leales el uno al otro en todos los aspectos.

Consumación o no, en la emoción inicial de la vida matrimonial, la pareja de recién casados estaba ocupada creando un nuevo hogar para ellos y las niñas, y se dedicaron a amueblar las instalaciones en Ridgefield Park. Mientras su nueva esposa estaba ocupada haciendo cortinas y abasteciendo la casa con artículos de primera necesidad, la mayoría de los cuales se los proporcionaba Ernest Suffern, Foster se dirigió al oeste para recoger a las niñas. Cuando regresó, exhausto después del largo viaje en tren de ida y vuelta, la familia Bailey comenzó una nueva vida.

La década de 1920 fue una época emocionante para estar en Nueva York, una ciudad de manufactura, comercio y cultura, con una gran población migrante. La economía estadounidense estaba en auge. Fue una década marcada por el consumo. Los coches reemplazaron a los caballos y calesas en las calles. Las mujeres estaban cada vez más empleadas en trabajos administrativos y la 19ª Enmienda a la constitución les había dado el voto. La monotonía de las tareas domésticas se aliviaba con inventos como la lavadora. En la moda, el conservador estilo eduardiano de vestir, con cuellos altos, corpiños ajustados, mangas de cordero y faldas largas y sueltas, fue reemplazado rápidamente por prendas que colgaban sueltas de los hombros y caían en la cintura, llegando solo hasta la cintura, a mitad de la pantorrilla, si eso. Era la era del sombrero cloche y el vestido flapper. El cabello ya no se mantuvo largo y atado en un moño alto. Por lo general, era corto y recortado en el cuello en una sacudida angular. De repente, los cuerpos de las mujeres se liberaron de la corsetería. Empezaron a usar pantalones. Estos cambios en la moda reflejaron actitudes cambiantes hacia las mujeres en la sociedad. Las mujeres fumaban, bebían y bailaban. Se abrieron clubes de jazz y, junto con salas de baile y bares clandestinos, proporcionaron una salida para la rebelión. La década de 1920 en Estados Unidos fue una época marcada por la Prohibición por un lado y la liberación de la inhibición por el otro.

Alice observó con preocupación. Sabía que la época victoriana, con sus actitudes restrictivas hacia el sexo, había sido represiva, pero pensaba que la balanza se estaba inclinando demasiado hacia el otro lado. Adoptó una postura moral elevada sobre la conducta personal, en concordancia con su propia educación estricta y piadosa. Sus hijas asistían a la escuela pública local, que era mixta, otra cosa que se vio obligada a aceptar.

Mientras tanto, continuaba la campaña para reformar la Sociedad Teosófica. En un intento por persuadir a los miembros, Foster organizó el Comité de 1400, que «se comprometió a esforzarse por llevar a la Sociedad Teosófica a sus principios originales» y eliminar lo que equivalía a una teocracia con sede en la India. En lo que respecta a Alice Bailey:

> «Era una lucha entre un grupo superior, selectivo y aislacionista que se consideraba más sabio y más espiritual que el resto de los miembros, y aquellos que amaban a sus semejantes, que creían en el progreso y en la universalidad de la verdad».[12]

Alice asumió un papel de apoyo. Foster estaba al mando. Su frustración se sintió profundamente y mientras muchos otros compartían su deseo de cambio, incluido Ernest Suffern, a través de su puesto anterior en Krotona, Foster se colocó a la vanguardia de la campaña por el cambio.

En casa detrás de escena, instalada en su vida doméstica, Alice siguió siendo parte de la campaña. Respaldó los esfuerzos de Foster, si no de alguna manera ayudando a impulsarlos. Para ella, el alma de la organización de la Sociedad Teosófica necesitaba ser salvada de las debilidades de su personalidad. Fue una creencia que atrajo y continúa atrayendo la ira de muchos teósofos ortodoxos.

Wadia siguió siendo un apoyo, pero fue entonces cuando Alice y Foster descubrieron que tenía una agenda privada. Se hizo evidente que estaba utilizando el Comité de 1400 para expulsar a Rogers y hacerse cargo de la presidencia por sí mismo. «Sin embargo, Foster no se había organizado para poner en el poder a un hombre que representaría al comité. El comité se organizó para presentar el tema en cuestión y los principios en juego a los miembros de la ST».[13] Cuando Wadia descubrió la posición de Foster, amenazó con apoyar a un grupo sectario rival, uno que creía que la última palabra sobre la Teosofía fue hablada por Blavatsky. Fue una amenaza que pronto cumplió cuando unió fuerzas con la Logia Unida de Teósofos. [14] Esto se habría sentido como una bofetada para Alice Bailey, a quien anteriormente se le había hecho creer que Wadia publicaría cualquier cosa que ella escribiera. Esas piezas que aparecieron en *The Theosophist* en 1921, serían todo. Alice Bailey no le guardaba rencor a Wadia. En una charla de noviembre de 1994, ella lo describe como un «gran discípulo», pero «la ambición lo atrapó».[15]

La evidencia del deseo de Alice Bailey de seguir adelante con su propia visión se puede encontrar en una conferencia que dio a los miembros de la Asociación Teosófica de Nueva York en el Día del Loto Blanco en mayo de 1921, y que apareció en la edición de marzo de 1922 de *The Theosophist*, en la que ella presenta el movimiento teosófico desde la era de Blavatsky hasta el presente, terminando con:

Tenemos la revelación que H.P.B. a traído a nosotros; tenemos las explicaciones e interpretaciones que nos ha dado la Sra. Besant; y, con todo eso para ayudarnos, seguramente usted y yo tenemos la inteligencia y la disposición para continuar con el trabajo. Tenemos que

dar a conocer estas verdades, no sólo a unos pocos
intelectuales y estudiantes teosóficos, sino al público en
general. Las masas de personas en todas partes están
clamando por lo que tenemos para dar, y ahora es
nuestro día y nuestra oportunidad. [16]

En su conferencia no hubo ninguna mención del Comité de
1400. «Ahora es nuestro día y oportunidad» es un llamado a la
acción, lo que implica que ya estaba ansiosa por avanzar con sus
propios proyectos y no tuvo reparos en anunciar ese deseo.

Para entonces, la campaña había terminado. En marzo de 1921,
Foster Bailey fue nominado para presidente nacional. Recibió
seis votos, Ernest Suffern recibió sesenta y dos y Rogers disfrutó
de una gran mayoría, superando a Suffern con dos mil
adicionales, una clara indicación de que el Comité de los 1400
nunca obtendría el voto popular. [17]

Sin embargo, la necesidad de reforma fue ampliamente
reconocida y Rogers lo sabía. Si bien continuó desacreditando y
desestimando los esfuerzos de Foster Bailey, en el informe de su
presidente en la edición de abril de 1921 de *The Messenger*,
continuó defendiendo el caso de la reforma siguiendo el sistema
británico de la sociedad. En 1924, se vendió Krotona y la
Sección Esotérica se trasladó a Ojai, California, donde
permanece hasta el día de hoy. Por orden de Rogers, la sede
teosófica se había trasladado a Chicago, antes de mudarse a
Wheaton, Illinois en 1926, cuando se compró un terreno de
diez acres. Bajo Rogers, se establecieron un departamento de
publicidad y una Biblioteca Nacional, y la membresía aumentó
de 3500, donde se encontraba en 1913 después del primer año
en el cargo de Warrington, a la impresionante cifra de 8700. A
la luz de todos estos logros, parece que la animosidad de Rogers
hacia los Bailey no se basaba en una mentalidad mezquina, sino

en un poderoso impulso para mejorar las condiciones de la sociedad, algo que claramente logró. [18]

Estos cambios organizacionales estaban ocurriendo en un momento de tremenda indagación espiritual y psíquica en la que el público pensante buscaba una nueva espiritualidad moderna tanto en respuesta a la devastación de la Primera Guerra Mundial como a un nuevo optimismo emergente para el futuro, provocado en parte por los tratos negociados por la Sociedad de Naciones. En el espíritu de la época, había un deseo profundamente arraigado de romper con el pasado en todos sus aspectos. Las artes florecieron. Una nueva ola de autores, incluidos Aldous Huxley, Ernest Hemingway, Scott F. Fitzgerald, D. H. Lawrence, Edith Wharton y H. G. Wells, estaban componiendo y publicando sus influyentes obras.

En la Academia, el influyente matemático convertido en metafísico Alfred North Whitehead estaba a punto de trasladarse a Harvard en 1924 tras el éxito de su libro *The Concept of Nature* (El concepto de la naturaleza). Una década antes, en 1909, el psicólogo y filósofo William James había presentado una serie de conferencias Hibbert, publicadas como *A Pluralistic Universe* (Un universo pluralista), en las que analiza la interconexión de toda la existencia, basándose en la filosofía de Gustav Fechner. La escritora Evelyn Underhill publicó su obra fundamental sobre experiencias místicas, *Mysticism: A Study of the Nature and Development of Man's Spiritual Consciousness* (Misticismo: un estudio de la naturaleza y el desarrollo de la conciencia espiritual del hombre) en 1911. Estos pensadores representaron un interés emergente y una investigación académica sobre el mundo subjetivo de la experiencia espiritual y las explicaciones metafísicas del universo. El profesor de Filosofía de la Universidad de Tubinga, el Dr. Konstantin Oesterreich, un erudito influyente en el campo de la investigación psíquica, llegó incluso a afirmar en 1921 que la telequinesis y las materializaciones eran hechos.

En el frente popular, la década de 1920 fue testigo de la publicación de una plétora de libros de diversa calidad sobre temas de psiquismo, espiritualidad y ocultismo. El movimiento New Thought publicó la prolífica producción de libros inspiradores de autoayuda del autor Orison Swett Marden. En 1926, Arthur Conan Doyle publicó *The History of Spiritualism* (La historia del espiritismo). El místico cristiano Edgar Cayce estaba despertando mucho interés popular y crítico en sus lecturas de trance. El interés por el espiritismo proliferaba y Harry Houdini se mantuvo ocupado intentando refutar todas las afirmaciones de la existencia de lo paranormal.

Había una sed de algo nuevo, convincente, que lo abarcara todo, capaz de explicar las realidades metafísicas, el significado de la vida, los orígenes del universo, toda la panoplia de experiencias místicas y paranormales. Sentada tranquilamente en su casa en Ridgefield Park, Alice Bailey estaba satisfaciendo esa necesidad. La pregunta sería cómo presentar la nueva efusión al mundo de una manera que evitara las dificultades que había encontrado en la Sociedad Teosófica, con todas sus luchas internas organizativas, elitismo y exclusividad.

10

TRATADO SOBRE FUEGO CÓSMICO

Con todas las cartas contenidas en *Letters on Occult Meditation* (Cartas sobre la meditación oculta) (la última carta publicada se eliminó el 7 de noviembre de 1920) y el contenido de Iniciación: humana y solar, Alice Bailey continuó abordando la cosmología esotérica mientras el Tibetano volvía su atención al material que se convertiría en *A Treatise on Cosmic Fire* (Tratado sobre fuego cósmico).

Esta obra sirve como clave psicológica de La Doctrina Secreta de Blavatsky y comprende 1282 páginas de puro pensamiento esotérico. La obra cumple una profecía de Helena Blavatsky de que «en el siglo XX vendría un discípulo que daría información sobre los tres fuegos de los que trata La Doctrina Secreta: el fuego eléctrico, el fuego solar y el fuego por fricción».[1] Es ampliamente considerado como el libro más impenetrable de Alice Bailey. Todas las enseñanzas de DK en la obra de Bailey están respaldadas por la cosmovisión teosófica que contiene este libro, y es imposible comprender el significado completo y la importancia del resto sin aventurarse. Es probable que la tabla de contenido por sí sola sea desconcertante, con capítulos sobre diferentes tipos de fuego y movimiento, sobre varias leyes que gobiernan el universo, sobre «manas» o mente, y los elementales del pensamiento. Hay reglas para la magia, junto con instrucciones sobre cómo crear «formas de pensamiento».

Para aquellos que no estén familiarizados con el terreno, lo que se describe en todas estas páginas constituye una teoría metafísica del todo, que se propone explicar los orígenes y el propósito del universo en un solo todo unificado. Leer Tratado sobre fuego cósmico genera una sensación de asombro que pronto da paso a la tensión mental a medida que las complejidades del esquema cósmico involucran al lector en un proceso asombroso de visualización intensa.

Desde la perspectiva del forastero, la cosmología contenida en el tratado se refiere a la evolución de la conciencia representada utilizando una variedad de metáforas. Cada metáfora es en sí misma un vasto sistema complejo. Ya sea que lo crea completamente o no, el lector debe expandir su mente para aceptarlo. No hay ningún requisito de que el lector vea estas metáforas como verdad. La metafísica siempre se ocupa de las representaciones de la realidad. Una realidad interior que fomenta un tipo particular de conciencia. Para el agnóstico, una suspensión de la incredulidad, junto con la voluntad de involucrar la imaginación y esforzarse por comprender, puede ser suficiente para estimular un crecimiento significativo en la conciencia.

El tratado se basa en la noción de correspondencia, o el principio de las relaciones de similitud existentes en varios niveles o partes del universo: el macrocosmos y el microcosmos, el mundo natural y el mundo espiritual interior. La correspondencia es una forma de comprensión a través de la analogía, reconociendo similitudes en la estructura en grupos de cosas aparentemente diferentes. [2]

La cosmología en Tratado sobre fuego cósmico comienza en el nivel macrocósmico con un principio controlador en el universo, un Constructor divino o Mente creativa. «El universo objetivo no es más que el producto de alguna mente subjetiva».[3] En lenguaje teosófico, el tratado describe esta mente como el Logos solar. El Logos solar no debe confundirse con la realidad absoluta, que está tan fuera de alcance en este esquema que apenas puede concebirse.

El Logos solar es uno de los numerosos logoi en evolución en una vasta jerarquía cósmica de existencia. Es la idea detrás del sol de nuestro sistema solar. Para que esta idea encuentre expresión, debe mezclarse con la sustancia inteligente preexistente. Esta mezcla de espíritu puro y materia inteligente crea luz u objetividad, y así nace un sol, un sol físico, uno que también es un símbolo de la conciencia.

Así como el cristianismo retrata a Dios, el creador supremo, su Hijo y el Espíritu Santo como una trinidad divina, el Logos solar es uno de los tres aspectos o características de la manifestación. En otras palabras, nuestro Logos solar no es más que un aspecto o cara de un Logos triuno. Siguiendo una reelaboración de la metafísica neoplatónica, este Logos triuno comprende voluntad, sabiduría y actividad. [4]

Adoptando un punto de vista evolutivo macrocósmico, antes de que nuestro Logos solar derramara su energía (llamada en Teosofía como involución), el tercer aspecto, el de la actividad, dio un giro, y la única evolución que se produjo entonces fue la de la materia misma. [5] En esa manifestación del tercer aspecto del Logos, la materia era inteligente y evolutiva. En nuestro sistema solar actual, en esta segunda ronda de evolución, nuestro Logos solar ha derramado el segundo aspecto, la energía del amor-sabiduría, representando nuestro Logos solar la suma total de todos los estados de conciencia dentro de él.

Si esto fuera todo lo que hay en el marco cosmológico general del tratado, cualquier persona con una medida de comprensión religiosa o espiritual no encontraría nada desconcertante. A partir de aquí, las cosas se vuelven complejas.

En esta presentación esotérica, los individuos humanos se denominan átomos, un apelativo bastante apropiado si se considera desde la perspectiva de la cosmología:

> La meta para la evolución del átomo es la autoconciencia como se ejemplifica en el reino humano. La meta para la evolución del hombre es la conciencia de grupo, ejemplificada por un Logos planetario. La meta del Logos planetario es la conciencia de Dios, como lo ejemplifica el Logos solar. [6]

En el esquema interdependiente e interrelacionado, el Logos solar no puede lograr su meta evolutiva excepto a través de la humanidad. Depende de cada átomo humano individual desarrollar el control de sus pensamientos, emociones y hábitos y apetitos físicos. De repente se nos impone a todos un gran peso de responsabilidad. Estamos encargados de refinarnos para el bien de todos, de la misma manera que el cristianismo nos invita a seguir los pasos de Jesús, o el budismo nos invita a seguir el camino óctuple, o el Islam los cinco pilares, todos los caminos de purificación y servicio a los demás.

Un universo ordenado o no caótico con un solo propósito evolutivo debe tener algunos principios rectores o leyes que expliquen y dirijan todo el envolvimiento de la conciencia de regreso a su fuente. La regla suprema bajo el segundo Logos solar es la Ley de Atracción y Repulsión y su nota clave es amar sabiamente.[7] Bajo esta ley existimos como aspectos de la vida subjetiva del Logos solar. El Logos pensó, luego *somos*. Es la ley que gobierna nuestra alma. La manifestación más obvia de esta ley en el reino animal es el sexo y la atracción sexual. Tiene que ver con la forma en que somos atraídos o repelidos unos por otros. El amor nos une, el odio aleja a los demás. En un sentido, es una dinámica que crea oposición, en el otro, unidad.

La humanidad existe dentro de las energías de otra entidad en evolución, el Logos planetario. Imagina la energía exhalada por nuestro Logos solar girando alrededor de su cuerpo, nuestro sistema solar, y luego estableciéndose en un sistema complejo que comprende siete vórtices o torbellinos de energía. Cada una de estas siete concentraciones o centros de energía arremolinada se denomina esquema planetario.

El objetivo evolutivo es simple, el logro de una armonía perfecta de flujo de energía sin obstáculos hacia y a través de los centros de energía. Los obstáculos son muchos: nosotros.

Para complicar aún más las cosas, nuestro sistema solar está electrificado por la energía que emana del plano mental cósmico.

Mientras que los centros de energía, o chakras, representan focos de energía, los planos representan tanto niveles de manifestación como etapas de progreso evolutivo. Los planos son parte integral del pensamiento teosófico. Son planos de conciencia lograda, y hay siete en total. El primero es un campo universal de potencial, esperando tomar forma. Cada plano descendente se vuelve más denso, moviéndose a través de gas y líquido, y llegando al séptimo, el plano físico de la materia.

Subiendo los planos, el plano líquido es el plano de las emociones, y el gaseoso el mental.

Los planos también pueden considerarse como grandes esferas giratorias.

Así como existen chakras dentro de los chakras, cada plano comprende siete subplanos. Todo lo que existe dentro de nuestro sistema solar está ubicado en los diversos subplanos del plano físico cósmico. Las rocas y los árboles, por ejemplo, están ubicados en nuestro plano físico, que es el séptimo subplano sistémico solar, el subplano más bajo del plano físico del sistema solar, en sí mismo el subplano más bajo del plano físico cósmico. Y así continúa. Confuso en cualquier medida y probablemente mejor pensado como una especie de muñeca babushka cósmica. Nuestro planeta es la muñeca más pequeña y nosotros somos solo manchas de pintura en su piel.

Los planos ofrecen un camino para la evolución de la conciencia. La idea es que a medida que obtenemos el control de nuestros diversos cuerpos que se manifiestan en los planos inferiores, podemos ascender y obtener acceso a los planos superiores de conciencia. Aunque ese acceso de ninguna manera es un hecho y no es simple.

Mientras que los planos esferoidales del sistema solar giran latitudinalmente como centros de energía o chakras, se ven afectados por una gran cantidad de energías que giran longitudinalmente. Estas energías son los Siete Rayos, bandas esferoidales de color que forman una vasta red entrelazada.[8] Nuestro sistema solar es de repente una danza iridiscente de color y luz:

Los Tres rayos principales de aspecto (emanaciones de esencia divina)

Rayo IVoluntad o poder
Rayo IIAmor-Sabiduría
Rayo IIIInteligencia Activa
Los cuatro rayos menores de atributo
Rayo IVArmonía a través del conflicto
Rayo VConocimiento concreto o ciencia
Rayo VIDevoción o idealismo abstracto
Rayo VIIMagia ceremonial o de orden.

«Todo el sistema de influencia de rayos, o calor radiante... es uno de circulación e interacción intrincadas». [9]

El sistema solar se ha vuelto caleidoscópico, la evolución es el ajuste de las energías en alineación para formar patrones hermosos. Si hubiera estado enseñando hoy, el tibetano podría haber recurrido al pensamiento complejo y haberse referido a los fractales, patrones que se repiten constantemente en infinitos grados de escala.

Es posible que el lector no esotérico ya esté tambaleándose por la incomprensión, y hay mucho más por seguir en este tratado. ¿Cuál es el punto de un sistema tan enrevesado? Para el no practicante, todo puede parecer irrelevante o, peor aún, galimatías.

La elaborada conceptualización del tratado tiene una doble función. Lleva un mensaje poderoso y tiene un efecto profundo en la mente. La presentación nos deja a la mayoría en la página uno, incapaces de cruzar el umbral de este extraño universo de significado subjetivo, dependiendo, si es que nos interesa, de que otros interpreten y reformulen las ideas de una manera más simple y simplificada, como lo logró Robert Ellwood con su libro, *Theosophy: A Modern Expression of the Wisdom of the*

Ages (Teosofía: Una expresión moderna de la sabiduría de las edades). [10]

En resumen, desde una perspectiva metafórica, Tratado sobre el fuego cósmico equivale a una forma de conocimiento que implica la capacidad de poder imaginar la realidad desde múltiples puntos de vista y visualizar la interconexión entre estos puntos de vista a través de una comprensión de la realidad. principio esotérico de correspondencia. La mente superior o abstracta está muy estimulada, al igual que la intuición o la comprensión de los todos. El tratado invita al lector a abrazar el universo en todas sus vastas proporciones y comprender que nosotros, como unidades humanas encerradas dentro de nuestra propia conciencia y llenos de nuestra propia importancia personal, somos de hecho minúsculos. Escribiendo este trabajo en casa en las horas de la madrugada en Krotona y Ridgefield Park, Alice Bailey debe haber disfrutado de una experiencia inmersiva y extraordinariamente sobrenatural.

11

UNA CLASE DE DOCTRINA SECRETA

Después del fracaso del Comité de 1400, los Bailey rápidamente perdieron interés en la política de la Sociedad Teosófica. Era el verano de 1921, y Alice Bailey estaba alquilando una habitación en Madison Avenue donde impartía una clase de Doctrina Secreta y atendía a personas con cita previa en calidad de consejera espiritual. Las clases fueron muy concurridas por estudiantes de Teosofía y ocultismo. Richard Prater, ex alumno de Blavatsky y colaborador cercano de William Quan Judge, entregó su propia clase de Doctrina Secreta a Alice Bailey después de asistir a una sola sesión.[1] El acto hizo que su clase fuera un éxito instantáneo. Prater sabía que ella había recibido una instrucción completa e intensiva en Teosofía por parte de antiguos alumnos personales de Blavatsky en Pacific Grove, y quedó profundamente impresionado por los resultados. Vio en Alice a una alumna especial y pasó a regalarle su copia de las instrucciones de la Sección Esotérica que la misma Blavatsky había escrito, diciéndole que podía usar el material como quisiera. Más tarde, a su muerte, recibiría toda la biblioteca teosófica de Prater.[2]

El apoyo provino de muchos sectores. Otra antigua alumna de Blavatsky y Olcott fue la señorita Sarah Jacobs, quien le regaló a Alice las placas fotográficas de las imágenes de los Maestros. [3]

Reforzada por este respaldo tan necesario, Alice comenzó a enviar por correo los resúmenes de las lecciones de sus clases a los grupos de estudio que se estaban formando en todo el país. Desafortunadamente, las clases estaban teniendo tanto éxito que rápidamente despertaron el antagonismo de los teósofos y su asociado, el Dr. Jacob Bonggren, advirtió a Alice que sus clases estaban bajo ataque. De dónde y de qué manera no está claro, pero no importaba. Una nueva organización comenzaba a tomar forma. Sería una basada en el principio de la fraternidad universal, abierta a todos; las puertas del secreto que habían mantenido el conocimiento esotérico alejado de las masas serían, para bien o para mal, abiertas de par en par. Alice Bailey estaba lista para germinar las semillas fundamentales que eventualmente darían lugar al movimiento Nueva Era. Ningún otro ocultista o místico contribuiría tan ampliamente a su génesis.

En 1921, Alice formó un pequeño grupo de meditación privado con siete miembros. El grupo se reunía todos los martes después del trabajo, «para discutir el Plan de los Maestros de Sabiduría y meditar un rato sobre nuestra parte en él». [4] Como resultado de esas reuniones, los Bailey fundaron Lucis Trust, incorporado el 5 de abril de 1922, «como un vehículo para fomentar el reconocimiento de los principios espirituales universales en el corazón de todo trabajo para construir relaciones correctas». [5]

Un mes después, establecieron Lucifer Publishing Company, cambiando sabiamente el nombre a Lucis Publishing Company en 1924 cuando Alice comenzó a preocuparse por las malas interpretaciones de la palabra «Lucifer», especialmente entre los cristianos ortodoxos. El cambio llegó demasiado tarde. Los cristianos evangélicos de la década de 1980 utilizaron el nombre original de la editorial para reforzar su argumento de que Alice Bailey estaba poseída por el anticristo. Una de las principales críticas fue la activista cristiana Constance Cumbey (1944-). "Lucifer" podría significar portador de luz, pero para Cumbey la palabra denotaba pura maldad. [6]

Todo lo que escribió Alice Bailey fue visto por Cumbey a través de la lente de Lucifer. El Plan de los Maestros Espirituales en el que ella y sus compañeros de trabajo pasaron años meditando, es para Constance Cumbey mucho más que una simple formulación poco ortodoxa. «Tienen la intención de erradicar por completo a las personas que creen en la Biblia y adoran a Dios y erradicar por completo el cristianismo».[7] En consecuencia, incluso la noción de «mantener la mente firme en la luz» se ve como un acto de pura maldad.

El trabajo de Cumbey sigue circulando, con la ayuda de la propia Cumbey, que mantiene una presencia en línea. Hay decenas y posiblemente cientos de sitios web y blogs de teoría de la conspiración dedicados a atacar a Alice Bailey, respaldados en parte por el libro de Cumbey *The Hidden Dangers of the Rainbow* (Los peligros ocultos del arco iris). [8]

De vuelta en Manhattan, Iniciación, humano y solar y Cartas sobre meditación oculta fueron los primeros textos publicados por Lucis Trust.

Otro trabajo, *The Consciousness of the Atom* (La conciencia del átomo), también apareció en 1922. Comprende una serie de siete conferencias que Alice Bailey dio en Nueva York en el invierno de 1921, unos nueve meses después de que los Bailey se casaran y se establecieran en Ridgefield Park, y bien en el momento en que estaba componiendo Tratado sobre el fuego cósmico. Las conferencias se refieren a la evolución de la materia y la conciencia desde una perspectiva teosófica y estaban destinadas a servir como una introducción básica al ocultismo. Las conferencias viajan desde una simple presentación de una visión esotérica de la evolución en la naturaleza, hasta la idea de la evolución de la conciencia, sus objetivos y la evolución cósmica.

Alice se estaba recuperando. Esos primeros días de abrazar el Evangelio en los hogares de los soldados en la India estaban dando sus frutos. Continuaría dando entre seis y ocho conferencias públicas al año, algo que disfrutaba muchísimo.

Daba conferencias en una época mucho antes de que la radio y luego la televisión captaran la atención de la sociedad, una época en la que personas de todas las clases participaban en la vida fuera del hogar. Se buscaba entretenimiento dondequiera que se pudiera encontrar. La conferencia pública fue la versión de 1920 de un documental. Tan grande era el hambre del público por nuevas presentaciones de la espiritualidad, la metafísica y la psicología que «todo tipo de psicólogos daban conferencias por todas partes».[9]

Las conferencias de Alice Bailey fueron muy concurridas. Inicialmente, no cobraba entrada y atraía a más de mil personas, pero pronto se dio cuenta de que muchos de los que estaban sentados eran «flotadores» que asistían a cualquier conferencia gratuita que se ofreciera. Una vez que se impuso una pequeña tarifa de veinticinco centavos, la asistencia se redujo a la mitad, alrededor de quinientos, todos interesados en escuchar lo que ella tenía que decir.

Cuando se publicaron esos primeros trabajos, los Bailey establecieron su revista organizativa *The Beacon*, que también se lanzó en abril de 1922. *The Beacon*, una revista de filosofía esotérica, todavía impresa en la actualidad, proporcionó y brinda un espacio para que los estudiantes presenten sus puntos de vista. Los temas incluyen la naturaleza del hombre, Dios y el universo, el surgimiento de la nueva era, los acontecimientos mundiales y los problemas que enfrenta la humanidad. Cada año se publicaban doce números. Hoy, la revista se publica trimestralmente y se envía por correo a suscriptores de todo el mundo. [10] En febrero de 1934, la prestigiosa *Occult Review*, que entonces llevaba el título *The London Forum*, dio la bienvenida a *The Beacon* como un «periódico intelectual» y citó a Alice Bailey sobre la «necesidad actual de optimismo». La edición de junio de 1934 describe la edición de abril de *The Beacon* como «una excelente revista de ocultismo» que «continúa manteniendo su alto nivel habitual».[11] Gran elogio de una revista que, en general, es bastante reservada.

Los primeros números de *The Beacon* contenían piezas reimpresas de Olcott y Blavatsky, y una serie de Alice Bailey llamada «Outline Lessons on the Bhagavad Gita» (Esquema de lecciones sobre el Bhagavad Gita). Otros colaboradores incluyeron: el abogado y autor bengalí Mohini M Chatterji (1858-1936) con «The Crest Jewel of Wisdom» (La joya de la cresta de la sabiduría); y el orientalista Sir John Woodroffe (1865-1936), también conocido como Arthur Avalon, con «Sensation and the Senses» (Sensación y los sentidos). [12] Los colaboradores posteriores incluirían al renombrado psiquiatra y colaborador cercano Roberto Assagioli, y al notable autor, compositor y astrólogo Dane Rudhyar, quien conoció a Alice Bailey en 1920 en Krotona y tuvo sus primeros trabajos en alta estima. [13] Otros destacados incluyen al autor, inventor y teórico de sistemas Buckminster Fuller; Secretario General de las

Naciones Unidas (1961-1971) U Thant; el Secretario General Adjunto de las Naciones Unidas durante cuarenta años, Robert Muller; y el economista EF Schumacher, autor de *Small is Beautiful* (Pequeño es hermoso), quien contribuyó con dos artículos a la revista. [14]

Allá por 1922, el escritor y editor sueco Dr. Jacob Bonggren (1854-1940), que demostraría ser un partidario leal, tipificaba a aquellos que gravitaban hacia la incipiente organización de Alice Bailey. Bonggren, un teósofo desde hace mucho tiempo, era un amigo personal cercano de William Quan Judge, se puso del lado de Ernest Hargrove en la toma de posesión de Katherine Tingley y abandonó la sociedad. Cuando Besant se convirtió en presidenta, invitó a Bonggren a regresar y él se reincorporó a la Sección Esotérica. Entre 1886 y 1927, Bonggren publicó muchos artículos en *The Theosophist*. Luego pasó a ser un colaborador habitual de *The Beacon*. Su artículo sobre cromoterapia oculta, que apareció en la edición de octubre de 1923, fue traducido más tarde al español y apareció en forma de libro en 1934. [15]

En diciembre de 1923, Bonggren salió en defensa de Alice Bailey en una carta publicada en *The Theosophist*: «Así como en el pasado hemos servido a nuestra gran y maravillosa H.P.B., así serviremos en el presente y en el futuro a su fiel discípula y sucesora como portadora de Luz, nuestra líder incomparable, AB...» [16]

Es interesante notar que tanto Jacob Bonggren como los fundadores de la Asociación Teosófica de Nueva York se mantuvieron firmes del lado de William Quan Judge. Por asociación, Alice Bailey también se encontraba entre aquellos que se habían puesto del lado del cofundador de la Sociedad Teosófica y abogado irlandés-estadounidense, quien había contribuido enormemente a la difusión de la Teosofía en los Estados Unidos de América y luego fue acusado de falsificación.

A pesar de sus propias críticas y quizás en gran parte debido a las acciones de quienes la apoyaron, Alice Bailey estaba comenzando a establecer una buena reputación. En diciembre de 1922, *The Occult Review* incluyó una revisión de su libro Cartas sobre la meditación oculta:

> El volumen es esencialmente uno para el investigador serio en el tema, y dispersas a través de sus páginas se encontrará mucha enseñanza valiosa... hace mucho tiempo que no encontramos un trabajo de tan considerable interés para los estudiantes de ocultismo, especialmente a lo largo de las líneas teosóficas. [17]

Esto, en un momento en que se publicaban numerosos libros sobre psiquismo, videncia, telepatía, astrología, sociedades secretas, espiritismo, misticismo oriental y teosofía. El libro *Christianity as Mystical Fact* (Cristianismo como hecho místico) de Rudolph Steiner, publicado originalmente en 1914 y reimpreso ese año, recibió una crítica entusiasta en la misma edición.

12

LA ESCUELA ARCANA

A MEDIDA QUE CRECÍAN LAS VENTAS DE LIBROS, TAMBIÉN lo hacía la correspondencia. Llegaron cartas de todas partes pidiendo instrucciones sobre la meditación. Otros buscaron consejo sobre los Maestros de Sabiduría o información sobre las clases de Doctrina Secreta. Para responder a esta oleada de necesidades, en abril de 1923 Alice Bailey estableció una escuela esotérica. Debía formar el corazón de su visión, una escuela de formación para discípulos en el camino espiritual. Se convertiría en un aspecto central del trabajo al que se comprometería por el resto de su vida, y si es digna de ser llamada la «Madre de la Nueva Era», la denominación tiene tanto o más que ver con su escuela. y los estudiantes que atrajo, como lo hace el cuerpo de trabajo que escribió en nombre del tibetano.

Fundar una escuela de cualquier tipo es una empresa ambiciosa, que implica horas de planificación, desde los propósitos y objetivos originales hasta la creación de un plan de estudios y material del curso, y luego su entrega. Alice Bailey ya había adquirido una valiosa experiencia como parte de la Orden de Servidores de Campo de Krotona, y tenía mucha práctica en la preparación de notas de conferencias y materiales didácticos. La escuela surgió después de dos años de impartir clases de Doctrina Secreta y grupos de meditación, y de la gran cantidad de consultas que recibió sobre ellos. En su apogeo, dictaba diez mil cartas al año y le tomaba cuarenta y ocho minutos abrir los sobres de las cartas que recibía en un solo día. [1] No es exagerado decir que, a principios de la década de 1920, la necesidad sentida de una escuela de formación esotérica avanzada de algún tipo era grande.

Su objetivo principal para la escuela era poco menos que revolucionario. En ese momento existían numerosas escuelas ocultas asociadas con varias órdenes, incluida la Sección Esotérica de la Sociedad Teosófica. Por lo general, se llevaron a cabo de manera exclusiva y, por lo general, involucraron promesas de lealtad o devoción a una figura superior en la organización. La Orden de Servidores de Campo impartió cursos sobre una variedad de temas esotéricos, pero de ninguna manera constituyó una escuela de formación esotérica. Alice Bailey concibió algo diferente. Esencialmente, combinó el estilo de enseñanza de una escuela por correspondencia con los principios de una escuela de ocultismo. Para ella, *aprender sobre* un tema no era tan importante como poner en práctica varias técnicas y *aprender de* cualquier conocimiento enseñado a través de las propias experiencias internas del estudiante. [2]

Nombrar la escuela fue fácil. En el material teosófico que Richard Prater le dio a Alice Bailey había un artículo en el que Blavatsky expresaba su deseo de que la Sección Esotérica se llamara Escuela Arcana. «Nunca lo fue y decidí que la anciana debería tener su deseo». [3]

La palabra «arcano» significa secreto, oculto, esotérico, ocultista y comprensible solo para unos pocos. Un término apropiado para una escuela destinada a preparar a los estudiantes para el camino del discipulado y someterlos a un entrenamiento espiritual serio. Alice Bailey quería convertir a los estudiantes en discípulos equipados para el servicio mundial. Por lo que ella sabía, no había existido previamente ninguna escuela esotérica formada en este sentido. Los que existieron fueron sólo preparatorios. [4]

Otros objetivos de la escuela están contenidos en la afirmación vaga pero significativa de que la capacitación se referiría a «la revelación de la divinidad en el hombre y en el universo...».[5] La escuela sería no sectaria, apolítica e internacional en alcance. El entrenamiento seria expresamente para adultos y no para devotos espirituales. La asistencia sería gratuita. La Escuela Arcana no exigiría obediencia ni lealtad exclusiva. Ningún Maestro la dirigiría, y no se enseñaría teología. No se requeriría que los estudiantes aceptaran ninguna de las enseñanzas como verdaderas, incluida la existencia de la Jerarquía Espiritual, aunque la escuela reconoce la Jerarquía Espiritual como un hecho, y el rechazo de cualquier aspecto de las enseñanzas no afectaría la posición de ese estudiante en el colegio.

La Escuela Arcana fue el proyecto de Alice Bailey. Aunque la idea original provino del tibetano, para Alice Bailey, la escuela era su oportunidad de abordar lo que percibía como la devoción fuera de lugar de los miembros de la ST hacia varias personalidades de la Sección Esotérica de la Sociedad Teosófica, y los comportamientos resistentes de algunas de esas personalidades a renunciar al poder. Se esforzó por formar su escuela en líneas que obviaran cualquier forma de culto a la personalidad.

Puso como condición que el tibetano no tendría control sobre las políticas y el plan de estudios. De las enseñanzas escritas en nombre del tibetano, solo se utilizaron algunos aspectos de *Glamour: A World Problem* (Glamour: un problema mundial) y, por demanda popular, un curso de estudio basado en *A Treatise on White Magic* (Tratado sobre magia blanca). El resto del material del curso fue creado por Alice Bailey. [6] «La formación básica que se imparte en la Escuela Arcana es la que se ha impartido a lo largo de los siglos a los discípulos... Está destinada a ser una escuela para aquellos que pueden ser formados para actuar directa y conscientemente bajo los Maestros de Sabiduría».[7] Esta formación sería integral, incluyendo técnicas de meditación, reconocimiento de la impresión del alma, las leyes del mundo espiritual y la naturaleza de las energías y fuerzas dentro de él y, especialmente, la psicología esotérica. Los objetivos de la escuela serían capacitar a los estudiantes para que controlaran su naturaleza interna y fomentaran el contacto con el alma, y finalmente establecieran un contacto permanente con su ser espiritual interno. La escuela enseñaría la Sabiduría Eterna y la meditación, enfatizando «la necesidad *de vivir* la vida espiritual y rechazar todas las afirmaciones de un estado espiritual».[8]

Alice Bailey creó intencionalmente una escuela con un atractivo limitado. «No se da ninguna enseñanza en ningún momento en el desarrollo de los poderes psíquicos; a las personas no se les enseña a ser clarividentes ni clariaudientes; no se da entrenamiento en magia o en el uso de rituales mágicos, y no se enseña nada en ninguna etapa sobre magia sexual».[9]

Entonces, como ahora, los glamures habituales del esoterismo tienden a atraer y desviar a los posibles discípulos, desviándose hacia la formación de cultos centrados en figuras de gurús carismáticos y autoproclamados. Alice Bailey nunca iba a caer en esa trampa, y fue inteligente al evitarla.

Como se señaló anteriormente, no era necesario creer en la existencia de los Maestros para unirse a la escuela. Más bien, Alice Bailey quería que sus alumnos llegaran a un punto en el que simplemente supieran. «En la Escuela Arcana no buscamos creencias; buscamos el conocimiento».[10] Alice Bailey se refiere al tipo de conocimiento que proviene de la experiencia directa.

Quería que la escuela tuviera un estándar muy alto, ya que su intención era fomentar discípulos mundiales, aquellos que se irían y prestarían un servicio significativo en el mundo, ya sea por su cuenta o uniéndose a las actividades de otros ex alumnos. Su misión era fundar un orden mundial nuevo y espiritual.

Algunos de los que se graduaban de la escuela seguirían trabajando en las diversas organizaciones de Alice Bailey. Otros demostrarían ser muy influyentes en sus campos de actividad, como se mostrará en capítulos posteriores de esta biografía. Fue de esta manera que Alice Bailey creó las condiciones para el surgimiento de la Nueva Era, en parte dando a luz espiritualmente a legiones de «activistas» espirituales dedicados, y también proporcionando un modelo temprano de educación de adultos que bien puede haber inspirado a sus alumnos, muchos de los cuales eran psicólogos y educadores.

Sus esfuerzos son encomiables. Como su esposo Foster dice más tarde:

> Trabajó con abnegación, a menudo con la dificultad de
> una gran fatiga, durante largas y desgarradoras
> jornadas, perfeccionando los cursos de estudio de la

escuela, escribiendo artículos complementarios,
producendo más enseñanzas con el paso de los años, y
así cambiando y modificando estos cursos y estudios. [11]

Foster enfatiza que Alice nunca se dedicó a promover la Escuela Arcana. Nunca mencionó la escuela en sus conferencias públicas ni anunció su existencia. Esto fue en un momento en que *The Occult Review* publicaba numerosos anuncios de una serie de grupos, editores e individuos ocultistas y espirituales, incluidas varias sociedades teosóficas, que ofrecían diversas actividades, incluidas lecturas de tarot y astrología, «Cómo leer tazas de té», curación espiritual, e invitaciones a estudiar.

Alice Bailey promocionó sus libros. En abril de 1923, el mes en que nació la Escuela Arcana, *The Occult Review* presentó un anuncio de media página de The Lucifer Publishing Company, promocionando los primeros tres títulos de Alice Bailey. [12] Fue a través de sus libros, que la establecieron como una autoridad, junto con el boca a boca, que los lectores se convertirían en estudiantes de la Escuela Arcana.

Ella imaginó un cuerpo estudiantil pequeño en número. Al principio, aceptó a todos los solicitantes, luego impuso un método de selección cuando quedó claro que muchos no eran aptos. Ella no favorecía a nadie y dejaría a los estudiantes incluso si fueran grandes donantes. Ella nunca trató de retener a los estudiantes. A pesar de estas restricciones, la Escuela Arcana atrajo a treinta mil estudiantes de todo el mundo entre 1923 y 1945, un número alto teniendo en cuenta lo especializada que es la escuela, y disfrutó de una buena tasa de retención. La escuela fue y sigue siendo conocida y reconocida en todo el mundo. Para 1947, la escuela tenía sedes en Nueva York, Inglaterra, Holanda, Italia y Suiza. A pesar de la interrupción de la Segunda Guerra Mundial, la Escuela Arcana en ese momento constaba de ciento cuarenta secretarios escolares, o estudiantes avanzados, que supervisaban el progreso de los principiantes.

Ella imaginó un cuerpo estudiantil pequeño en número. Al principio, aceptó a todos los solicitantes, luego impuso un método de selección cuando quedó claro que muchos no eran aptos. Ella no favorecía a nadie y dejaría ir a los estudiantes incluso si fueran grandes donantes. Nunca trató de retener a estudiantes.[13] A pesar de estas restricciones, la Escuela Arcana atrajo a treinta mil estudiantes de todo el mundo entre 1923 y 1945, un número alto teniendo en cuenta lo especializada que era la escuela, y disfrutó de una buena tasa de retención. [14] La escuela fue y sigue siendo conocida y reconocida en todo el mundo. Para 1947, la escuela tenía sedes en Nueva York, Inglaterra, Holanda, Italia y Suiza. A pesar de la interrupción de la Segunda Guerra Mundial, la Escuela Arcana en ese momento constaba de ciento cuarenta secretarios escolares, o estudiantes avanzados, que supervisaban el progreso de los principiantes. [15]

Se necesitarían muchos años para que los resultados de la escuela se manifestaran en el mundo.

Naturalmente, la existencia misma de la escuela enardeció a aquellos teósofos que creían que su Sección Esotérica, con sus prácticas exclusivas y requisitos de lealtad, ofrecía el enfoque correcto para caminar por el sendero espiritual. Vieron la Escuela Arcana en oposición a la suya. Como Alice Bailey no requería tal promesa de lealtad, cualquiera en la Sección Esotérica era bienvenido a unirse a la Escuela Arcana. De esta manera, a diferencia de la SE, su escuela no era exclusiva. Aunque, paradójicamente, la Escuela Arcana no pudo evitar manifestar su propia forma de exclusividad, el contenido y el tono del curso fueron diseñados para desanimar al buscador promedio. El entrenamiento fue «duro, rígido y difícil» para eliminar a los «no inteligentes».[16] En resumen, era una escuela para gente bien educada con inclinación por lo esotérico.

Una forma útil de ver la diferencia entre la Escuela Arcana y la Sección Esotérica es proporcionada por los eruditos Dick Anthony y Bruce Ecker, quienes idearon un marco para evaluar grupos espirituales y de conciencia y lo llamaron «La Tipología de Anthony». La Escuela Arcana cae en el estilo técnico de práctica, uno en el que el entrenamiento «guía desde el costado». La Sociedad Teosófica cae en el estilo carismático, que se basa en la «potencia transformadora» de una relación personal con un Maestro.[17] Alice Bailey reconoció la distinción y decidió, correctamente o no, que su escuela ofrecía una formación de un tipo más avanzado que la de la SE, que en su opinión atendía a personas en prueba y no a discípulos. En la década de 1930, durante su estancia en París, cometió el error de explicar esto, sin tacto, al entonces director de la Sociedad Teosófica de Francia, el Sr. Marcault. No quedó «ni impresionado ni complacido» por lo que escuchó.[18]

En retrospectiva, podría ser fácil pensar que habría hecho mejor en mantener su propio consejo, pero Alice Bailey podía ser impulsivamente honesta a veces, y no fue hasta después de haber hablado que se dio cuenta de su error. Para su crédito, fue lo suficientemente humilde y valiente como para compartir un momento tan vergonzoso en su autobiografía y, de esta manera limitada, asumir parte de la culpa de las tensiones en curso con la ST. Nunca se consideró perfecta.

Esos antagonismos continuarían hasta el día de hoy. Se avecinaba otra crisis. Pero durante lo que quedaba de la década de 1920, Alice Bailey se acomodó, dedicando todo su tiempo disponible, libre y voluntariamente, al desarrollo de sus diversas actividades organizativas, escribiendo para el Tibetano, dando conferencias, cumpliendo con sus interminables citas y atendiendo a la montaña de la correspondencia. Había reunido a su alrededor a un pequeño grupo de leales compañeros de trabajo para compartir la carga y, por supuesto, a Foster. [19] En esos primeros años, el equipo trabajaba en una oficina situada en 140 Cedar Street, Manhattan, Nueva York.[20] Pronto necesitarían una oficina mucho más grande.

13

ALGUNOS AMIGOS INFLUYENTES

En Nueva York, se restauró la posición social de Alice Bailey. Se movió en círculos privilegiados similares a aquellos con los que creció como La Trobe-Bateman. Era miembro de la sociedad de Nueva York. Estaba en ascenso en lo que respecta a su reputación como ocultista, y para Alice Bailey, la reputación lo era todo.

En 1925 publicó su obra seminal Tratado sobre fuego cósmico, una obra de más de mil doscientas páginas. Dos años después, publicó *The Light of the Soul: The Yoga Sutras of Patanjali* (La luz del alma: los Yoga Sutras de Patanjali), otra lectura considerable de unas cuatrocientas páginas, que ofrece sus propias interpretaciones de los antiguos sutras que forman la base del Raja yoga.

En su versión de los sutras, Alice Bailey se basa en otras nueve traducciones y comentarios, incluido uno compuesto por William Quan Judge y otro por Swami Vivekananda, discípulo del místico indio Ramakrishna y una de las figuras clave involucradas en la introducción de las filosofías orientales en el mundo occidental. Una publicación de la versión de Vivekananda recibió grandes elogios en la edición de noviembre de 1922 de *The Occult Review*. [1] Fue lanzada en un momento en que había un creciente interés en el yoga. Podría decirse que para que Alice Bailey se estableciera como una competidora seria en un mercado competitivo, algo que ciertamente pretendía lograr, necesitaba producir su versión de los antiguos sutras.

El sabio indio Patanjali compiló la serie de 196 yoga sutras, o aforismos, en el período del siglo II al V a. C., la compilación sirvió como uno de los textos más importantes de la filosofía hindú y se tradujo originalmente a decenas de idiomas indios antes de caer en la oscuridad. Fue Vivekananda quien primero presentó los sutras a Occidente. Para Alice Bailey, la importancia de los sutras radica en su capacidad de entrenar la mente para que se convierta en un instrumento del alma. Su libro, que comprende una explicación detallada de cada sutra, le permitió no solo establecerse como una autoridad en meditación por derecho propio, sino que también le proporcionó un medio a través del cual vincular su visión esotérica del mundo con sus raíces místicas orientales.

Cabe señalar que de los veinticuatro volúmenes conocidos como Blue Books, seis fueron compuestos por la propia Alice Bailey, cuatro de ellos anteriores a 1932 durante la fase inicial de rápida expansión organizativa. También escribió *The Labours of Hercules: An Astrological Interpretation* (Los trabajos de Hércules: una interpretación astrológica).

Mientras Alice se mantenía ocupada con su escuela y su trabajo para el Tibetano, Foster Bailey se ocupaba de las numerosas tareas administrativas con la ayuda de un pequeño equipo. No hay indicios en la autobiografía de Alice Bailey con respecto a lo que pensó la familia de origen de Foster sobre su decisión de renunciar a su carrera de derecho a favor de asuntos teosóficos, aunque es dudoso que ofrecieran asistencia financiera al incipiente Lucis Trust, o si lo aprobaron, aceptaron, apoyaron o condenanron, o si su esposa e hijastras fueron recibidas en el redil de su familia no muy lejos en Fitchburg, Massachusetts. Con las tías de Alice Bailey ahora fallecidas y su distanciamiento permanente de su única hermana, la familia de Foster era todo lo que sus hijas tenían a modo de familia. Dorothy, Mildred y Ellison tenían una relación con la familia de Foster, aunque la única evidencia es un viaje que Dorothy hizo a Hawái en 1928 cuando tenía dieciocho años, con el hermano de Foster, Harry, y su esposa Kathleen y sus hijos Margaret y Joseph, de uno y tres años. [2] Dorothy figura como viviendo en Ridgefield Park, Nueva Jersey. La familia de Harry Bailey vivía a unos treinta kilómetros de distancia en Maplewood, Nueva Jersey.

En 1928, los Bailey se mudaron de Ridgefield Park a una casa mucho más grande en Stamford, Connecticut, que estuvo a su disposición durante algunos años. La casa, o más bien mansión, pertenecía a su amigo, el aristócrata, activista político y filántropo estadounidense James Graham Phelps-Stokes (1872-1960). Phelps-Stokes era un socialista millonario, hijo del destacado banquero Anson Phelps-Stokes y su esposa Helen Louisa Phelps. Graham Phelps-Stokes se graduó como médico en 1896, pero renunció a la práctica médica para dedicar su tiempo a una amplia gama de organizaciones que ayudaban a los pobres y desfavorecidos, incluidas Asistencia legal, Asociación de prisiones y la Institución para la Instrucción de Sordos y Mudos. [3]

La casa que Phelps-Stokes regaló a los Bailey para que la usaran, que venía con su propia pequeña playa, está situada en

Greenaway Island, Long Island Sound. La isla es un idilio privado de unas dos hectáreas también conocida como Isla Caritas, que el millonario había heredado. Antes de que los Bailey tomaran posesión, la residencia había sido el sitio de un conocido salón intelectual, colonia de artistas y retiro, que Phelps-Stokes estableció con su entonces esposa, la activista, feminista y ferviente comunista Rose Harriet Pastor Stokes (1879-1933). [4]

Formaban una curiosa pareja. El pastor Stokes nació en Rusia de los judíos ortodoxos Jacob y Hindl Wieslander y llegó a Estados Unidos como una inmigrante judía pobre. Pasó más de una década trabajando en una fábrica de cigarros en Ohio, y fue allí donde comenzó a hacer campaña por los derechos de los trabajadores en cartas enviadas al *Jewish Daily News*. En 1903 fue empleada como columnista. A los pocos meses le asignaron entrevistar a Phelps-Stokes. Se casaron dos años después, en 1905. La pareja permaneció activa en el movimiento obrero, pero el activismo de Pastor Stokes fue considerablemente más intenso. Ayudó a liderar huelgas de trabajadores y fue una defensora del control de la natalidad. Durante los años de la guerra, hizo campaña en todo el país denunciando el esfuerzo bélico y fue sentenciada a diez años de prisión por criticar la participación de Estados Unidos en la guerra, hasta que la sentencia fue anulada en apelación. Para 1919, la pastora Stokes había desarrollado fuertes asociaciones con el Partido Comunista y, al final, resultó ser demasiado radical para su esposo episcopal más conservador. Después de algunos años, él encontró abrumador el salón y la colonia de artistas en la Isla Caritas, sobre todo por los coqueteos de los numerosos admiradores de Pastor Stokes, porque ella era hermosa y carismática. En 1925, en una carta a su esposa, la acusó de traerle «nada más que vergüenza» a él por el uso de la cabaña. [5]

Ansioso por dejar atrás su pasado, invitó a los Bailey a vivir en la casa después de que terminó el matrimonio.

Alice Bailey y Rose Pastor Stokes no podrían haber sido más distintas. Alice Bailey era una mujer reservada y recatada que, aunque definitivamente era un ser social, no era dada a los modales atrevidos de una socialité. Su versión del activismo era espiritual, no política, y reunía a su alrededor a aquellos cuyo deseo de cambiar el mundo provenía de un espacio esotérico y se desarrollaba internamente, en los planos internos a través de la meditación avanzada enfocada, ejerciendo influencia entre bastidores o a través de incorporar las enseñanzas en el pensamiento, la perspectiva y el trabajo diario de uno sin ninguna mención de la fuente. Alice Bailey atrajo a gente cuyo deseo de hacer buenas obras surgía de una noción indiferente del mejoramiento humano, no de una pasión estridente por una sola causa. En esto también difería de Annie Besant.

No se sabe cómo Phelps-Stokes conoció a Alice Bailey. Es posible que se hayan encontrado de muchas maneras. Aunque no se sabe que fuera un ocultista, otro de sus amigos, el autor Upton Sinclair, tenía interés en el campo. Sinclair experimentó con la telepatía y el tema de su libro *Mental Radio* (Radio mental) pasó a inspirar el desarrollo de la investigación de la parapsicología en la Universidad de Duke. Tal vez fue a través de Sinclair que nació la amistad. Upton Sinclair asistió al grupo Spinoza del fundador de Biosofía Dr. Kettner, que, en sus inicios, llevó a cabo algunas de sus conferencias públicas en la Escuela Arcana. [6] El Instituto Spinoza, fundado en 1928, estableció su sede en 1929 en el Museo Roerich, por invitación de Nicholas Roerich. [7]

Cualesquiera que fueran las circunstancias, gracias al patrocinio de amigos como Phelps-Stokes, Alice Bailey se había reafirmado firmemente en el medio aristocrático en el que había nacido. Ella adoraba la casa en la Isla Caritas, y no es de extrañar. Una mansión de piedra de mil trescientos metros cuadrados llena de características impresionantes que incluían pisos de roble en espiga, paneles de madera y candelabros, y doce habitaciones. [8] Alice Bailey describe un ala de la casa que consistía en una habitación grande con ventanas en tres de las paredes. Los cuartos de la criada estaban abajo. Allí, en la quietud, con amplias vistas del sonido, vivía y trabajaba. Para ella, fueron años maravillosos. El lujo doméstico incluso la inspiró a organizar sus propias reuniones. «Cada domingo, prácticamente, estábamos en casa con amigos e invitados y con frecuencia teníamos 20 o 30 personas en la casa».[9] Escribe con cariño sobre su perro, su gato, el automóvil que les regalaron, en el que condujeron a Nueva York y más allá, y de sus hijas entrando en la adolescencia.

Al principio, las chicas asistían a la escuela pública local, pero Alice se preocupó por los chicos con los que se mezclaban. «Las tres chicas nunca me causaron ninguna ansiedad real y nunca me dieron motivos para desconfiar de ellas», dice, pero no pudo evitar escuchar y observar si un automóvil bajaba por la pequeña calzada y se detenía en el camino si una de ellas estaba saliendo con un chico. Alice siempre supo que sus hijas eran «francamente decentes», pero aun así se inquietaba como lo haría cualquier madre. A los dieciocho años, Dorothy habría sido la mayor preocupación.

El alivio llegó cuando su mejor amiga, la poeta, autora y filántropa Alice Eugenie du Pont Ortiz (1876-1940), pagó la matrícula de las niñas en la Escuela Low Hayward.

Una importante donante de la Escuela Arcana, Alice du Pont era hija de Alexis Irénée du Pont y Elizabeth Canby

(Bradford) du Pont, y esposa de Julien Leon DeVilliers Ortiz (1868-1955), con quien se casó en 1906. [10] Descendiente del hugonote francés Pierre Samuel du Pont de Nemours (1739-1817), los du Pont se enriquecieron con explosivos y suministros para el ejército de los Estados Unidos, estableciéndose rápidamente como una rica familia aristocrática de Wilmington, Delaware. En 1913, Alice du Pont y su esposo Julien Ortiz fundaron una Logia Teosófica en Wilmington y fueron miembros originales de la biblioteca teosófica local. Alice du Pont escribió dos colecciones de poesía, *The Witch of Endor* (La bruja de Endor), publicada en 1937, y *The Scene Shifter* (El cambiador de escena), en 1939. Colaboró con su hija, Marguerite de Pont DeVillers Boden, en *A Tradition Concerning Mary Dyer 'the Quaker Martyr'* (Una tradición sobre Mary Dyer «la mártir cuáquera»). publicado en 1938. También contribuyó con cuatro piezas a *The Beacon*.

El afecto de Alice Bailey por Alice Ortiz era profundo. Ella significaba más para ella que nadie más que Foster. «Esta amiga era una combinación de sencillez, dulzura y desinterés, y trajo una riqueza y una belleza a mi vida con las que nunca había soñado». [11] Ortiz «tenía un profundo y gran conocimiento de la Sabiduría Eterna», pero este conocimiento la distanció un poco de familiares y amigos. Alice Bailey dice que Ortiz tenía demasiado miedo de que lo malinterpretaran. Siguieron siendo amigas cercanas durante diecisiete años. «Comprenderla, apoyarla, dejar que me hablara libremente y sentirme segura al hacerlo era la única compensación que podía hacerle por su infinita bondad conmigo». [12] Ortiz le regaló ropa y joyas a Alice, pagadas por pasajes de regreso a Europa y Gran Bretaña. Incluso dio grandes sumas de dinero si surgía la necesidad. «Recuerdo que una vez estuve enferma en Inglaterra hace algunos años y en unas pocas horas me envió 500 libras esterlinas».[13]

En casa, en la mansión de los Phelps-Stokes, en su habitación con vista al sonido, Alice habría encontrado el ambiente perfecto para otros trabajos. El único evento triste que menciona durante este período fue cuando alguien irrumpió en la casa y robó dos artículos: una mecedora rota y una Biblia que ella había tenido mucho cariño desde que se la regaló su amiga Catherine Rowan-Hamilton, a quien conoció mientras trabajando para Elise Sandes en Irlanda. Alice Bailey habla con cariño de esa Biblia, con sus amplios márgenes llenos de anotaciones que describen su viaje espiritual que abarca casi veinte años. [14]

Las operaciones continuaron expandiéndose. En 1928, los Bailey ocuparon sus oficinas en el último piso de Salmon Tower poco después de su construcción en West 42nd Street, justo enfrente de la Biblioteca Pública de Nueva York. Los compañeros de trabajo Victor Fox y Regina Keller ayudaron con las tareas administrativas de montaje, junto con algunos voluntarios. Sirviendo como secretario de Alice Bailey, Victor Fox (1893-) seguiría siendo un compañero de trabajo leal hasta al menos 1948. [15] Regina Keller (alrededor de 1883-1966) fue una abogada húngaro-estadounidense que trabajó en estrecha colaboración con Alice Bailey durante décadas, ayudando con el trabajo editorial y dando clases a estudiantes avanzados en la Escuela Arcana.

A medida que la Escuela Arcana, Lucis Trust y *The Beacon* comenzaron a madurar y ganar una reputación mundial, una figura importante entró en la vida de Alice Bailey, el Gran Duque Alejandro de Rusia (1866-1933), cuñado del Zar Nicolás II. El Gran Duque había llegado a Nueva York en

1929 en una gira promocional tras la publicación de su libro *The Religion of Love* (La religión del amor). Era un místico francmasón y rosacruz, y estaba dando una conferencia en el Nobility Club de Nueva York. El club se estableció para permitir que la nobleza rusa se mezclara con estadounidenses «serias y cultas».[16] Una amiga y baronesa sin nombre había invitado a Alice. Mientras el duque daba su charla, que se refería al tema del alma, ella le comentó a su amiga que sería bueno si pudiera presentarle al duque a algunas personas de ideas afines que ella conocía. La baronesa concertó una reunión para el día siguiente.

El Gran Duque y Alice Bailey disfrutaron de una relación inmediata y, en los meses siguientes, pasaba los fines de semana con los Bailey en Valmy, la mansión de los du Pont en Greenville, Delaware, donde celebraban «pequeñas sesiones de espiritismo en el enorme salón de Alice».[17]

Una noche, su secretario pidió a los Bailey que llevaran al Gran Duque a dos de sus compromisos, y fue en el camino a casa cuando le informó a Alice que también conocía al Tibetano. Fue la última vez que lo vio. Su pieza «*The Nature of the Soul* (La naturaleza del alma)» se publicó en *The Beacon* en febrero de 1930.[18] En 1933, a la hora de la muerte de él, Alice Bailey recuerda que estaba sentada en la cama leyendo, cuando el Gran Duque entró vestido con su pijama azul oscuro. Sonrió, saludó y desapareció. Ella fue y le dijo a Foster que el Gran Duque había muerto. Su fallecimiento se incluyó en la columna de obituario del día siguiente.

Una autobiografía es solo lo más destacado editado de una vida. Alice Bailey no menciona su asociación en este momento con el destacado conferencista teosófico canadiense Charles Lazenby, autor de *The Work of the Masters* (El trabajo de los maestros).[19]

Charles Lazenby, graduado en psicología y filosofía y luego estudió psicoanálisis junguiano en Zúrich, es más conocido hoy en día por su interés en las teorías sexológicas y la reencarnación. Contó entre sus colaboradores cercanos a Havelock Ellis y Edward Carpenter, a quien Alice Bailey cita en *From Bethlehem to Calvary* (De Belén al Calvario)[20], y sus puntos de vista son citados por académicos en el campo de los estudios de género debido a su exploración del límite borroso entre el sexo físico y la identidad sexual, por lo que un alma reencarnada que hace el cambio de hombre a mujer puede encontrarse en un cuerpo físico femenino pero con un cuerpo mental y emocional (deseo) masculino.[21] Esta exploración de la reencarnación y el género lo convirtió en una figura pintoresca en su época. Durante su vida, también fue conocido por su excelente destreza para hablar en público, un rival de la propia Besant.

Charles Lazenby (1878-1928) nació en Bruselas, suroeste de Ontario, Canadá, de padres metodistas, ambos ministros. Su padre murió antes de que él naciera tratando de rescatar a un niño de un río. [22] En 1912, Lazenby se casó con Margaret Clark, nacida en Escocia, y juntos viajaron por Europa y América en sus giras de conferencias. En 1913 se establecieron en Detroit y prosiguieron sus actividades teosóficas, particularmente en Wilmington, Delaware, en la Logia cofundada por Alice Ortiz du Pont. [23]

A partir de julio de 1910, Lazenby publicó la revista independiente *The Path*. [24] En 1925, la revista volvió a publicar el artículo de Alice Bailey «Chelaship», publicado originalmente en *The Beacon*. [25] Una pista de su amistad se puede encontrar en la perdurable pasión de Charles Lazenby por la libertad de pensamiento y expresión dentro de la Sociedad Teosófica. Es probable que fuera una figura leal aunque oculta durante la acrimonia en Krotona, quizás más tarde conoció a Alice Bailey a través de su estrecha amistad con Alice du Pont. La gran apreciación que Alice tenía por Charles es evidente en el lanzamiento de Lucis Trust de una edición conmemorativa de *The Servant* (El sirviente) de Lazenby. El libro se publicó por primera vez en 1920 y, después de su muerte en 1928, su esposa Margaret Lazenby tenía los derechos de autor. [26] Lucis Trust no tenía ni ha tenido nunca el hábito de publicar nada más que los libros de Bailey, lo que hace que esta edición conmemorativa sea significativa.

14

UNA ESCUELA DE VERANO ESPIRITUAL

Otra figura importante entró en la vida de Alice Bailey a fines de la década de 1920, alguien que la llevaría a un período de dificultad. La asociación explica de alguna manera la burla con la que cierto sector de la élite intelectual ve a Alice Bailey y su corpus. La espiritualista, buscadora y artista holandesa Olga Fröbe Kapteyn (1881-1962) había heredado recientemente Casa Gabriella, una propiedad a orillas del lago Maggiore en Ascona, en el sur de Suiza. Allí quería crear un centro espiritual que sirviera como lugar de encuentro entre las filosofías oriental y occidental, y contó con la ayuda de Alice Bailey.

Olga Fröbe nació en Londres del inventor e ingeniero Albertus Kapteyn, gerente general de la compañía británica Westinghouse Brake and Signal, y su esposa Truus Muysken, una anarquista intelectual que era amiga del dramaturgo George Bernard Shaw y del filósofo, activista y anarquista ruso Príncipe Kropotkin. Mientras estaba en la escuela en Londres, Olga era amiga de la infancia de la paleobotánica Mary Stopes.

La familia se mudó a Zúrich en 1900 cuando Olga tenía diecinueve años y allí estudió arte e historia del arte. En 1909, se casó con el flautista y aviador Iwan Fröbe, quien murió en un accidente aéreo seis años después, justo antes del nacimiento de sus gemelas, Ingeborg y Bettina, dejando a Olga Fröbe aparentemente sin dinero. Fröbe regresó a Zúrich y aplicó sus habilidades artísticas a la joyería y el bordado. Una esquiadora campeona con un espíritu temerario, era testaruda y formidable. Durante este período, estableció un salón y se rodeó del haut monde intelectual y artístico de la región, incluido el profesor de literatura alemana Robert Faesi y el cantante, bailarín e ilustrador de mentalidad esotérica Alastair y su mecenas André Germain, cuyo padre fundó el banco francés Crédit Lyonnais. En 1926, el padre de Fröbe compró Casa Gabriella, antigua casa de André Germain, donde Fröbe residía con sus hijas. A la muerte de su padre, heredó la propiedad. [1]

Fröbe era una librepensadora que «buscaba algo en lo que creer».[2] Tuvo un interés duradero en la religión comparada, la mitología, la espiritualidad y la antroposofía de Steiner. En su deseo de fundar algo más que un salón intelectual, estaba respondiendo al «clima intelectual general de la década de 1920» que era particularmente fuerte en la Alemania de la posguerra, que estaba «abierto hacia modos de pensamiento orientales y esotéricos».[3] Tales modos incluían el hinduismo, el budismo y el taoísmo.

Fröbe también estaba buscando a «alguien en torno a quien centrar su búsqueda».[4] Había sido influenciada por el destacado filósofo Martin Buber, a quien conoció en Monte Verità en 1924 y con quien mantuvo correspondencia.[5] Luego se convirtió en devota del poeta y excéntrico Ludwig Derleth (1870-1948), quien defendía una estricta creencia cristiana en el regreso a una jerarquía medieval de líderes solo para hombres, que él pensaba que debería reemplazar la democracia, un sistema por el cual él no tenía nada más que desprecio. Nadie podría estar más lejos de todo lo que representaba Alice Bailey que él.

André Germain y Ludwig Derleth se encontraban entre un gran número de pensadores alternativos asociados con Monte Verità, una colina en el borde de Ascona donde una comunidad utópica había atraído, desde 1900, a numerosos librepensadores de toda Europa y más allá, incluidos «artistas, escritores, bailarines, políticos radicales, utópicos, gurús», todos los cuales encontraron su camino hacia Monte Verità. «La lista incluía a Lenin, Trotsky, Bakunin, Kropotkin, Hesse, Stefan George, Rudolph Steiner, Mary Wigman, Isadora Duncan, Hans Arp, Paul Klee, Emil Jannings, Emil Ludwig y Erich-Maria Remarque».[6]

A pesar de que aparentemente no tenía tiempo para la multitud bohemia que atraía la comunidad, Fröbe se juntaba con otros en Monte Verità, que se estableció originalmente como un instituto de salud y comprendía numerosas cabañas pequeñas. El edificio principal fue comprado en 1926 y administrado como hotel por el antiguo banquero del Kaiser Baron alemán Eduard von der Heydt (1882-1964). El barón era un renombrado travesti y salonista, que «revoloteaba» con un estilo extravagante entre sus invitados, incluidos el rey Leopoldo de Bélgica y Thomas Mann. Fröbe observó, viendo en el decaído Heydt, un rival y competidor. [7]

En 1928, Fröbe ideó un plan para superar a Heydt. Al parecer, sin conocer su propósito específico, ella había construido junto a su casa una sala de conferencias. Fue construida de piedra y excavada en la ladera empinada, con grandes ventanales que se abrían a terrazas en los lados norte y este, con vista al lago. En el interior, filas de sillas con asientos de junco miraban hacia un pequeño atril. Todo lo que necesitaba hacer a continuación era llenar el espacio.

Fröbe ya tenía un colaborador en mente, y no iba a ser alguien relacionado con Heydt y el medio de Monte Verità, por quien parecía tener poco más que desprecio. [8] Ella ya conocía a Alice Bailey y sus enseñanzas y bien podría haber sido alumna de su Escuela Arcana. No está claro por cuánto tiempo, pero en una carta dirigida a Alice Bailey con fecha de marzo de 1933, Fröbe afirma: «Durante muchos años he trabajado en su línea».[9] Esta oración implica que Fröbe tenía mucho más que una familiaridad pasajera con el trabajo de Alice Bailey, uno que había durado más que los tres cortos años de su colaboración en Ascona.

Fröbe tenía un hermano que vivía en Long Island. Se puso en contacto, probablemente a fines de 1928, con el fin de colaborar con Alice en el establecimiento de una «Escuela de Investigación Espiritual» en Casa Gabriella, aprovechando el apetito europeo por explorar Oriente y Occidente, como lo demuestra la Escuela de Sabiduría de Hermann Keyserling. Hubo un intercambio de cartas. En mayo de 1929, *The Beacon*, una revista que generalmente no publica trabajos de quienes no están estrechamente asociados con la Escuela Arcana a menos que estén compuestos por figuras notables, publicó una pieza breve compuesta por Fröbe titulada «Conócete a ti mismo».[10]

Una tarde de otoño de 1929 (Alice Bailey da el año 1930 pero se equivoca), Fröbe llegó a la casa de Stamford y puso su visión ante los Bailey. Ella les dijo que tenía una hermosa casa en un hermoso entorno y les explicó sus planes. El centro espiritual debía ser «sin denominación, no sectario y abierto a pensadores esotéricos y estudiantes de ocultismo de todos los grupos en Europa y en otros lugares».[11] La contribución de Fröbe fue proporcionar el lugar y Alice Bailey iniciaría el proyecto, disertaría y enseñaría.

El proyecto fue oportuno. Alice Bailey estaba tan interesada como siempre en establecerse como una ocultista seria y no como una médium común o peor, una charlatana. *The Light of the Soul: The Yoga Sutras of Patanjali* (La Luz del alma: Los Yoga Sutras de Patanjali) se publicó en 1927. El siguiente trabajo en línea, uno que ella misma escribió y que resultaría muy influyente en el movimiento de la Nueva Era, fue *The Soul and its Mechanism* (El alma y su mecanismo), publicado en 1930 y que compuso cuando residía en la mansión Phelps-Stokes en Long Island Sound. Fue escrito con su propio nombre y dedicado a su querida amiga Alice Ortiz. El trabajo se refiere a la relación entre el cuerpo físico y su contraparte etérica o energética, con especial atención al sistema endocrino y los chakras. Un vistazo a sus referencias a pie de página y bibliografía proporciona una indicación rápida de cuánto había leído Alice Bailey sobre la filosofía oriental en relación con la psicología contemporánea. Otro es el prólogo compuesto por el exitoso autor y psicólogo Harry Allen Overstreet (1875-1970). Presidente del Departamento de Filosofía y Psicología del City College de Nueva York, *The Mature Mind* (La mente madura) (1949) de Overstreet vendió medio millón de copias. En su prólogo al libro de Alice Bailey, comenta que su estudio de las glándulas endocrinas «abre fascinantes posibilidades para futuras investigaciones» y es «singularmente esclarecedor».[12] Este trabajo ejemplifica su contribución a la curación esotérica en la Nueva Era.

Un segundo volumen, *From Intellect to Intuition* (Del intelecto a la intuición), nuevamente escrito por Alice Bailey, publicado en 1932 y probablemente escrito después de que tuvo lugar la primera escuela de verano, casi podría considerarse hecho a la medida de la escuela de Fröbe. En este volumen sobre los diversos aspectos de la meditación, hay mucha mención de Oriente y Occidente, y una gran cantidad de referencias a eruditos eminentes en el campo, incluido Carl Jung. Alice Bailey estaba ansiosa por impresionar no tanto a sus lectores en general, sino al entorno intelectual y, en particular, a los eminentes académicos europeos de la época en los campos de la psicología, la filosofía y la historia de la religión. [13]

De vuelta en Stamford en 1929, ante la propuesta, Alice Bailey se mostró receptiva pero reticente. Quería tiempo para pensar. Fröbe fue persuasiva y decidida a salirse con la suya. «Ella nos ofreció total hospitalidad y estuvo dispuesta a que las tres niñas nos acompañaran si íbamos a Ascona, ofreciéndonos comida y alojamiento a todos».[14]

Es poco probable que hubiera procedido si Fröbe no hubiera sido estudiante de su trabajo. Ya tenía sus propias organizaciones, en ese momento, la Escuela Arcana tenía miembros en Estados Unidos, Gran Bretaña, los Países Bajos, Italia, Suiza, América del Sur, Turquía y África Occidental, pero la propuesta de Fröbe fue una forma novedosa de consolidar sus esfuerzos en Europa. Sin duda se sintió tentada, aunque quizás ambivalente; había que considerar la logística y cubrir los gastos de viaje.

Por esa época, y sin saber lo que Fröbe estaba ofreciendo, Alice Ortiz, quien había estado pagando la educación de las hijas de Alice, le preguntó si prefería que ella pagara la universidad de las niñas o viajar al extranjero. Para entonces, Dorothy tenía veinte años, Mildred se acercaba a los dieciocho y Ellison a los dieciséis. Habiéndose beneficiado de los conocimientos sobre otras sociedades y culturas que ofrece viajar, y sin tener un título universitario, Alice eligió viajar.

A principios del verano de 1930, después de un frenesí de planificación y compra de maletas y ropa, la familia partió de Nueva York a Amberes.

Las chicas estaban «extremadamente emocionadas». Ninguna había viajado al extranjero excepto Dorothy. Estaban «llenas de vida y energía» y Alice Bailey dice que «seguirlas no era una broma».[15] Para entonces Alice había llegado a los cincuenta años y nunca había gozado de buena salud. Aun así, confeccionó vestidos de gala para cada una de sus niñas, con los que bailaban con los oficiales, y además tenían un aspecto de lo más patriótico, con faldas azul oscuro y corpiños blancos, adornados con estrellas rojas.

Comprometida como siempre con elevar la humanidad común por encima del conocimiento y la historia, en Amberes, en lugar de visitar los sitios turísticos, alentó a la familia a pasar unos días sentadas en cafés y «vagando por las calles» absorbiendo la atmósfera. En lugar de contemplar los artefactos de los museos, «darían un paseo por los suburbios». Al final de su estadía, Alice Bailey dice que las niñas estaban imbuidas de un buen conocimiento de la ciudad y sus alrededores. [16] Desde Amberes, la familia tomó una ruta tortuosa en tren para disfrutar del vertiginoso viaje a través del Paso Simplon, y llegó a Locarno, Suiza, desde donde Fröbe las llevó a Casa Gabriella, unos cinco kilómetros más al sur. Habría sido un viaje excepcionalmente bonito.

Situada en la cabecera del lago Maggiore, Ascona es un pueblo de calles empedradas flanqueadas por altos edificios de cuatro plantas con fachadas enlucidas de colores y tejados bajos. El pueblo tiene vistas al lago y las montañas circundantes. Cintas de callejuelas estrechas se abren paso a través de las empinadas laderas boscosas, llegando hasta la carretera principal cortada en la ladera de la montaña junto al lago. Para acceder a su propiedad, Fröbe habría pasado por Monte Verità, ubicado en el borde de Ascona, a unos dos kilómetros de Casa Gabriella.

Alice Bailey encontró el escenario exquisito. «El lago es tan azul, los pequeños pueblos son tan pintorescos, encaramados como están en las laderas de las colinas que llegan hasta el agua».[17] Sin embargo, detrás de toda la belleza, ella sabía que había «corrupción y un mal muy antiguo». Ella creía que el área fue en algún momento el centro de la Misa Negra en Europa Central. [18]

No está claro a qué se refería, pero el área tenía fuertes asociaciones teosóficas. En 1889, el médico, astrólogo, geomante y teósofo alemán Franz Hartmann (1838-1912) estableció un monasterio laico teosófico en Ascona, junto con el filósofo y la fuerza moral detrás de Monte Verità Alfredo Pioda, y una amiga cercana de Blavatsky, la condesa Constance Wachmeister. El periódico de Hartmann, *Lotusblüthen*, fue la primera publicación en Alemania en presentar la esvástica teosófica en su portada.[19] Hartmann también apoyó al controvertido ocultista austriaco Guido von List, fundador del wotanismo, una filosofía que aboga por el renacimiento de la antigua raza alemana, cuyas ideas influyeron o ayudaron a justificar las opiniones del partido nazi.

Fuera lo que fuese lo que Alice Bailey creía saber, encontró pruebas de ello a lo largo de los caminos rurales. Lo que vio no lo menciona, pero en ese momento la comunidad de Monte Verità practicaba la desnudez y la homosexualidad. A través de sus ojos eduardianos, una vida tan libre habría sido abominable y anatema para sus austeros principios espirituales. Tan pronto como tuvo la oportunidad, sentó a sus hijas y les advirtió en términos claros y ciertos que mantuvieran la guardia y se distanciaran de la «degeneración» y la «homosexualidad» que veía. [20]

Casa Gabriella está escondida en un terraplén empinado justo al lado del lago. Allí, en gran contraste con lo que acababa de ver, Alice observó la casa, la sala de conferencias, los hermosos terrenos y vio «la promesa de amplias oportunidades futuras de expansión».[21]

Los Bailey se instalaron en la casa. El 3 de agosto de 1930 comenzó la escuela de verano. Debía durar tres semanas, con una semana adicional disponible para entrevistas privadas con los líderes. Todos los días excepto el domingo se daban tres conferencias, dos por la mañana y una por la tarde. Había ochenta asientos en la sala de conferencias y más de quince nacionalidades representadas. Fröbe dio el discurso de apertura:

> Nuestro propósito es crear un punto de encuentro
> donde personas de cada grupo y fe puedan reunirse
> para discutir y trabajar sintéticamente en líneas
> espirituales... Somos profundamente conscientes de
> que la fuente y la meta de la humanidad son una y la
> misma para cada unidad, y que aquí reside la verdad
> fundamental de la Hermandad. [22]

Su lenguaje está claramente influenciado por las enseñanzas de DK. Se refiere a las personas como «unidades» y habla de «trabajo sintético a lo largo de líneas espirituales», lenguaje sacado directamente de un texto de Bailey.

Las conferencias de la mañana fueron dirigidas principalmente por Alice Bailey. Sus temas incluyeron «El significado oculto del habla», «Las etapas de la meditación» y «La religión de la Nueva Era». Otros disertantes incluyeron a Foster Bailey; el profesor Kettner, quien disertó sobre «Espiritualidad y divinidad»; Shri Vishwanath Keskar de la India; Roberto Assagioli, quien dictó cuatro conferencias, entre ellas una titulada «Rayos, planetas y signos astrológicos»; su asociado, el profesor Vittorino Vezzani, quien disertó sobre Yoga; el Gran Duque Alejandro, quien pronunció dos conferencias, una sobre «Educación espiritual» y otra sobre «Naturaleza espiritual del ser humano»; el poeta y teósofo irlandés James Henry Cousins (1873-1956), quien habló sobre temas estéticos como «La poesía como escritura»; y la autora y espiritista escocesa Violet Tweedale, quien habló sobre «El Cristo cósmico». Alice Bailey y Olga Fröbe dieron una conferencia conjunta sobre simbolismo, y presentaron ochenta símbolos ocultos, de forma geométrica, que Fröbe había pintado en grandes carteles. [23]

Para Alice Bailey, las charlas de Roberto Assagioli, quien para entonces ya era secretario de la Escuela Arcana durante varios años, fue uno de los puntos destacados. «Las charlas del Dr. Assagioli fueron características sobresalientes de las conferencias de Ascona. Daba conferencias en francés, italiano e inglés y el poder espiritual que se derramaba a través de él era el medio para estimular a muchos a una renovada consagración en la vida». [24] Hasta esa primera sesión en Ascona, no se habían conocido.

Alice tampoco conoció a Violet Tweedale (1862-1936), quien inmediatamente se convirtió en una íntima amiga personal. Tweedale tenía entonces casi setenta años y su carrera literaria estaba bien establecida, habiendo publicado numerosas novelas y cuentos, así como una treintena de obras de no ficción espiritual. Era una colaboradora cercana de Blavatsky, miembro de la Orden oculta de la Golden Dawn y contaba entre sus amigos al poeta Robert Browning. «Puedo verla ahora bajando la ladera con su esposo e inmediatamente a través del poder de su personalidad espiritual, dominando todo el centro. Era tan hermosa, tan elegante y tan majestuosa».[25] A partir de entonces, hasta la muerte de Tweedale en diciembre de 1936, cuando visitaron Gran Bretaña, los Bailey se quedaron en su «hermosa casa» en Torquay, South Devon.

La segunda sesión de la escuela de verano en 1931 comprendió una línea similar de profesores, con la incorporación, entre otros, del maestro bahai Mizra Ahmad Sohrad y el director del Conservatorio Americano en Fontainbleau, Gerald Reynolds. Otros invitados rechazaron o no estaban disponibles. Las cosas parecían ir bien y podrían haber continuado, si no fuera por el hecho de que Fröbe ahora tenía en la mira al eminente psicólogo Carl Gustav Jung.

Alice Bailey también habría agradecido la oportunidad de conocer a su rival. Los buscadores que seguían a Alice Bailey también se sintieron atraídos por Jung. Su influencia estuvo presente en esa segunda sesión. Dos estudiantes presentes, que viajaban como seguidores de Alice Bailey, eran las estadounidenses Nancy Wilson Ross y Ann Moyer. Más tarde, Ross se convertiría en una amiga cercana de Mary Mellon, fundadora de la Fundación Bollingen, formada en homenaje a Jung. Ann Moyer conoció a su futuro esposo Erlo Van Waveren, un joven holandés y estudiante leal de la Escuela Arcana, quien ayudó a organizar giras de conferencias en Europa. Después de que la pareja se casó, cambiaron su lealtad a Jung.[26] A partir de entonces, la sección holandesa y belga de Lucis Trust estuvo dirigida por Gerhard Jansen.[27]

Este aparente estado de ánimo de deserción se manifestaría con mayor fuerza en Fröbe.

Alice Bailey evita mencionar la desaparición de la colaboración, excepto para decir que en la sesión del tercer año, «el lugar fue invadido por profesores alemanes y todo el tono y la calidad del lugar se alteraron... la enseñanza cambió de un plano espiritual relativamente alto a la de la filosofía académica y el esoterismo espurio».[28]

Fröbe había invitado a Jung a asistir a la escuela de verano de 1932, pero él se negó. Habría estado mucho más que decepcionada. Desde que conoció a Jung en la Escuela de Sabiduría de Keyserling «en algún momento alrededor de 1930», ya sea antes o después de la primera escuela de verano, pero ciertamente después de haberse comprometido a colaborar con Alice Bailey, Fröbe lo consideró «una influencia importante en su vida».[29]

Con toda probabilidad, su deseo de tener a Jung en sus sesiones era un poco más complejo. No fue hasta que él aceptó su invitación al año siguiente, que finalmente superó a su competencia en Monte Verità, el extravagante Heydt, y fundó su propio centro de debate intelectual, al que llamó «Eranos». El nombre se lo sugirió a Fröbe en noviembre de 1932 el erudito en religión Rudolf Otto, a quien había visitado «para discutir su intención de organizar una escuela de verano menos esotérica y más académica».[30] Todo lo que quedaba era encontrar una manera de terminar la colaboración con Alice Bailey.

Fröbe instigó sus planes para Eranos seis meses antes de confrontar a Alice Bailey con la noticia. La despedida final de las dos mujeres no fue agradable. Foster ya se había encontrado con la desaprobación de Fröbe por bañarse desnudo en una balsa en el lago. Pero en verdad, su comportamiento era un tema secundario. Algún tiempo antes, Fröbe le había sugerido a Alice Bailey que el escritor alemán Eugen Georg asistiera a la próxima sesión. Alice Bailey encontró repelente la sugerencia y descartó la idea sobre la base de que sus puntos de vista, delineados en su publicación *Adventures of Mankind* (Aventuras de la humanidad), eran sexualmente perversos. En una carta a Fröbe, escribió: «No será posible conseguir a nadie del calibre de Paul Claudel a menos que se eleve el nivel de nuestros oradores».[31]

Olga no tomó amablemente el tono. En una carta enojada de Fröbe a Alice Bailey fechada el 22 de marzo de 1933, muchos meses después de la escuela de verano de 1932, retira la invitación de los Bailey a la siguiente. Fröbe se refiere a las afirmaciones de que Dorothy, Mildred y Ellison se habían comportado de manera inapropiada y coqueta en la escuela de verano anterior. Fröbe alega que habían formado una asociación con el barón von der Heydt, y se habían ido «en una escapada a Francia, conducidos por Mario Nigra, el taxista que llevó a Olga en años posteriores».[32]

Las hijas de Alice Bailey negaron cualquier impropiedad.

Claramente se había producido un intercambio de cartas, ya que en la carta de marzo, Fröbe acusa a Alice Bailey de hipocresía y doble moral, de adoptar una postura moral elevada cuando le convenía y no cuando se trataba de sus propias hijas. Fröbe probablemente se refería a la reacción de Alice Bailey hacia Eugen Georg, más que a su disgusto por el estilo de vida practicado en Monte Verità. En la carta, Fröbe aprovechó la oportunidad para cortar todos los lazos con Alice Bailey a partir de ese momento. De manera reveladora, esa carta había sido redactada en papel que ya llevaba el membrete de Eranos, escrito en alemán. [33]

Leyendo entre líneas su autobiografía, en la que Alice Bailey se esfuerza en numerosas ocasiones por explicar su estilo maternal, sus altos estándares morales y su creencia en el calibre de sus hijas, la carta de Fröbe la molestó mucho. [34]

A pesar de su aparente libertinaje, todas las chicas se casaron poco después.

En algún momento antes de 1931, los Bailey se habían mudado de la mansión Phelps-Stokes en la Isla Caritas a una casa más modesta en Soundview Avenue en Stamford. Alice estaba ansiosa por que todas sus hijas encontraran parejas adecuadas e insinúa cierta preocupación en su autobiografía de que quizás Stamford no era el lugar ideal. No tuvo que esperar mucho. Dorothy se casó con el coronel Terence Morton en septiembre de 1934 en Faversham, Kent. [35] Ellison se casó con su compañero oficial Arthur Gordon Poyntor Leahy en 1936 en Tonbridge, Kent. [36] La pareja tuvo tres niños. Elizabeth A. Leahy nació en Tonbridge en 1938. [37] Y Arthur Ronald W. Leahy en Quetta en 1944. [38] En una carta de Alice Bailey a Mildred en abril de 1949, menciona al tercer hijo de Ellison, pero aún no se ha encontrado ningún registro.[39] Mildred se casó con Meredith Pugh en Estados Unidos en 1935. El matrimonio duró poco. Tuvo un hijo, Gordon, nacido en Tonbridge en 1936. [40]

Alice se habría sentido aliviada por los matrimonios de su hija y algo reivindicada después de las hirientes acusaciones. A partir de marzo de 1933, habría podido borrar a Fröbe de su mente y dejar atrás la colaboración. Pero Fröbe era una mujer poderosa, influyente y ambiciosa que admite que «no podía trabajar con comités, juntas o incluso con individuos».[41] Ella también estaba intrigando. Había puesto en marcha la formación de Eranos en las semanas posteriores a la tercera sesión. El resto, las acusaciones y los aparentes dolores, fueron excusas para justificar la escisión. Parece que Alice Bailey había cumplido su propósito al dirigir esas primeras escuelas de verano. Desde 1930, Fröbe supo que Jung sería su carta de presentación, atrayendo a Eranos a muchos intelectuales eminentes de la época.

En el verano de 1933, en la sesión inaugural de Eranos, Jung asistió, y cualquier esperanza que Alice Bailey pudiera haber tenido de ganar su favor se desvaneció. En el relato del erudito independiente Thomas Hakl en su libro *Eranos*, Fröbe le dijo al filósofo de la religión Alfons Rosenberg que Jung le había dicho que «se alejara del grupo que rodeaba a Alice Bailey».[42] Aunque el comentario, hecho por un hombre que tenía en alta estima a Eranos y su fundador, equivale a un chisme y no se puede confiar en él, especialmente porque Fröbe estaba manejando su propia agenda y diría cualquier cosa para condenar a su enemigo. Si se puede confiar en el comentario de Fröbe, entonces bien puede haber sido la razón principal por la que se volvió en contra de su antiguo asociado y maestro. Rosenberg reforzó su propio relato citando la afirmación de Fröbe de que cuando le mostró a Jung uno de los grandes cuadros de meditación de formas geométricas que creó siguiendo las instrucciones de Alice Bailey, él reaccionó con desdén, diciéndole que «irradiaba una atmósfera terriblemente fría» y «uno podía ver que ella "estaba lidiando con el diablo"».[43] Una vez más, es posible que Jung no haya dicho nada de esto. Si lo hizo, ¿por qué el vitriolo? ¿O fue un comentario improvisado para apaciguar a su amigo? Lo que se sabe por el relato del biógrafo Diedre Bair es que Jung mantuvo una leal admiración por Frau Fröbe.[44]

Otros, incluido el filósofo de la religión Friedrich Heiler, no compartían la aparente condena de Jung a las obras de arte de Fröbe. De hecho, Heiler encontró los cuadros «más valiosos».[45] Lo que sí parece claro es que Fröbe tenía la intención de separarse de Alice Bailey sin dañar su propia reputación.

Se desconoce si Alice Bailey sabía del desprecio que Jung derramó sobre los cuadros. Curiosamente, comentó a un grupo de sus Estudiantes Arcanos en una charla pronunciada en 1944 que el representante de Jung en Amsterdam «tenía un gran portafolio de dibujos de sus pacientes que representaban sus conceptos psicológicos. Ella estaba tratando de trabajar de abajo hacia arriba, siguiendo los métodos de Jung. Nunca estuve tan sorprendida en mi vida. Creo que un gran número de ellos fueron esfuerzos de parte de los pacientes para satisfacer al médico, por así decirlo, y un gran número de ellos fueron el resultado de una imaginación lasciva. Más malsano».[46]

En 1933, Alice ciertamente podría haber prescindido del drama. Tenía asuntos mucho más importantes que atender tanto en casa, con las bodas de todas sus hijas, como con todas sus actividades organizativas.

La mordaz «separación de caminos» de estas mujeres prominentes, ambas en la flor de la vida e impulsadas a tener éxito en el cumplimiento de sus visiones, no importaría, si no fuera por las consecuencias sobre cómo Alice Bailey sería vista por ciertos eruditos.

Eranos pronto atrajo a varios académicos europeos de renombre, entre ellos: el filósofo y alumno de Jung, Erich Neumann; el zoólogo Adolf Portmann; psicólogo, filósofo, teólogo y profesor de estudios islámicos en la Sorbona Henry Corbin; e historiador de la religión, el profesor Mircea Eliade.

Todos estos hombres admiraban, casi reverenciaban a Fröbe como la fundadora de Eranos, con la excepción del filósofo y esoterista italiano Julius Evola, quien se sabe que la describió como «fanática» con pretensiones «altamente espirituales», una mujer a la que detestaba «de todo corazón».[47] Esta condena refleja la visión cáustica de Alice Bailey sostenida por Mircea Eliade, quien consideraba su trabajo «ilegible y absolutamente inútil».[48] No es posible tomar en serio la opinión de Eliade sobre Alice Bailey, ya que se sabía que era el confidente de Fröbe y sin duda era parcial. También es curioso preguntarse cómo pudo saber que la escritura de Alice Bailey era «absolutamente inútil» si no podía leerla.

Todos estos comentarios son obstinados y condescendientes. Es lamentable que la mayor parte del desdén recayera en Alice Bailey. Todas las esperanzas de ganarse el favor de esa multitud se desvanecieron.

Parece que los prejuicios de estos académicos alimentaron a la próxima generación de académicos, dando forma a su visión de Alice Bailey. El destacado estudioso francés del esoterismo occidental Antoine Faivre (1934-) fue un colaborador cercano de Corbin y dio conferencias en Eranos. Profesor emérito de Estudios Religiosos en la École Pratique des Hautes Études y Catedrático de Historia de las Corrientes Esotéricas en la Europa Moderna y Contemporánea en la Sorbona, Faivre definió el campo del Esoterismo Occidental como una disciplina académica. Sin embargo, no reconoce a Alice Bailey en su *Theosophy, Imagination and Tradition: Studies in Western Esotericism* (Teosofía, imaginación y tradición: estudios sobre el esoterismo occidental). Rudolph Steiner recibe una mención. En ninguna de las páginas aparece Alice Bailey. El asociado de Faivre y coeditor de la prestigiosa revista esotérica *ARIES*, el Profesor de Historia de la Filosofía

Hermética Wouter Hanegraaff (1961-), pasa por alto de manera similar a Alice Bailey. Fundada en 1985, *ARIES* originalmente tenía en su directorio a Mircea Eliade y otros participantes de Eranos. [49] El profesor sueco en el campo de la historia de la religión Olav Hammer, otro líder en el campo, acepta la visión teosófica purista de Alice Bailey y su obra, y apenas le concede más que una mención pasajera, aunque hay indicios de que las actitudes están cambiando. [50]

En la Sociedad Teosófica, el trabajo de Alice Bailey amenazaba la ortodoxia. Los problemas de Fröbe alimentaron el desprecio de una élite académica. En términos más generales, las enseñanzas de Alice Bailey eran un anatema para el deseo ferozmente guardado de muchos esoteristas tradicionales y sus contrapartes académicas de garantizar que el conocimiento esotérico permaneciera reservado para ellos. Es conocimiento secreto y debe permanecer así.

Incluso hoy, el problema para Alice Bailey es que estas poderosas fuerzas de la ortodoxia tienden a combinarse para formar una confluencia de negatividad, una proyectada en un cuerpo de trabajo y un conjunto de organizaciones que justifican un escrutinio y una consideración genuinos y abiertos.

Los perennes

Otro ataque, expresado a través del purismo y el intelectualismo y dirigido a la propia Teosofía, también ha afectado la reputación de Alice Bailey. El metafísico y esoterista francés destacado René Guénon (1886-1951) comenzó a explorar las religiones orientales cuando tenía veinte años. Descubrió el hinduismo pero se convirtió al sufismo, el corazón esotérico del Islam. Le interesaba explorar la idea de una unidad trascendente de todas las religiones, una base metafísica interna que se podía encontrar tanto en Oriente como en Occidente. Es un área de interés que persigue, entre otros, Aldous Huxley en su libro *The Perennial Philosophy* (La filosofía perenne).

Guénon se convirtió en un crítico vocal de Blavatsky y la Teosofía, particularmente en su *Introduction to the Study of the Hindu Doctrines* (Introducción al estudio de las doctrinas hindúes). Aunque compartió con la Teosofía una comprensión de la universalidad de las ideas acerca de Dios, insistió en que tal unidad debería existir en su propio plano. En otras palabras, cada variante de religión y secta debe dejarse como está, separada de las demás, ya que, en su opinión, no es posible unificar las creencias en sus expresiones externas de escrituras y prácticas religiosas. La Teosofía buscó hacer esta unidad interna universal en el mundo exotérico, fusionando las creencias en un todo único. Guénon encontró esto como una parodia.

Una de las principales defensoras de Guénon es la editora Sophia Perennis, autoproclamada defensora de la tradición de la sabiduría perenne. Parece que Sophia Perennis se opone, en principio y en la práctica, a cualquier cosa que Blavatsky, Bailey y otros como ellos representen. En consecuencia, esta editora se opone al desarrollo de lo que ellos llaman una über religión con sus implicaciones de gobierno global. Para ellos, cualquier forma de ecumenismo es mucho más que una corrupción de la fe. [51] Lo que tal vez explique por qué Sophia Perennis publicó un trabajo del autor fundamentalista cristiano Lee Penn. Su libro, *False Dawn: The United Religions Initiative, Globalism and the Quest for a One-World Religion* (Falso amanecer: la iniciativa de las religiones unidas, el globalismo y la búsqueda de una religión mundial única), es un análisis exhaustivo de las raíces de un movimiento ecuménico global asentado en las Naciones Unidas, que incluye un capítulo dedicado a las enseñanzas de Alice Bailey. En un tono inflamado por sus propias aprensiones, Penn comienza su libro con: «Escribo para advertir al público de todo el mundo contra las actividades de la Iniciativa de las Religiones Unidas (URI, por sus siglas en inglés), contra su apoyo al movimiento de la Nueva Era y contra los aliados globalistas y utópicos de la URI dentro del Foro sobre el Estado del Mundo, el Foro Económico Mundial y el movimiento de la Carta de la Tierra».[52]

En el prefacio de Falso Amanecer de Penn, al editor y figura prominente en el establecimiento esotérico Charles Upton le preocupa «que el inframundo pseudo-esotérico de la época de Guénon se haya multiplicado, y ahora está a punto de convertirse en un gran y terrible uso para la élite del poder mundial».[53] Para Upton, la Teosofía es una antirreligión que prepara el camino para un régimen del Anticristo. Comparte con Penn un purismo fundamentalista, argumentando que las religiones son efusiones distintas de Dios trascendente y no pueden ser mezcladas por el hombre, y que el esoterismo nunca puede ser una religión en sí mismo.

La reacción de Upton quizás se describa mejor en términos de las guerras culturales esotéricas en curso que han tenido a Alice Bailey en la mira desde que inadvertidamente alteró la ortodoxia teosófica que la expulsó de Krotona, y luego, una década más tarde, Fröbe, quien la expulsó de su proyecto colaborativo en Ascona. Es uno que Upton y Penn han rociado con ideas de conspiración, promoviendo ese discurso ferozmente anti-Bailey, un discurso que busca expulsar a Alice Bailey de las páginas de la historia por completo. [54]

15

EL NUEVO GRUPO DE SERVIDORES DEL MUNDO

OLGA FRÖBE PUEDE HABER TENIDO OTRA RAZÓN PARA albergar resentimiento hacia Alice Bailey. En 1931, durante la segunda sesión en Ascona, Alice recibió un mensaje del Tibetano. Quería formar un nuevo grupo, el Nuevo Grupo de Servidores del Mundo (NGSM), que se encargaría de actuar para cambiar el mundo para mejor. Habría una dimensión esotérica y exotérica en el NGSM, y eso significó una reorientación organizativa de Lucis Trust.

Hasta ese momento, las enseñanzas que había tomado para DK y las obras que ella misma había compuesto se referían al esoterismo puro, que incluía: cosmología, enseñanzas sobre magia blanca, meditación, el alma y la conciencia. La atención estaba en la vida subjetiva del individuo, en la conciencia y cómo expandirla, cómo conectar con el alma. Ahora el foco estaba en los grupos.

Por desalentador que pudiera haberle parecido otro proyecto a la ya sobrecargada de trabajo y cansada Alice Bailey, el NGSM habría apelado al lado misionero de su naturaleza; ella no solo crearía una versión nueva y más abierta de las viejas escuelas esotéricas introspectivas, sino que también intentaría influir en toda la humanidad a través de capacitación especializada y trabajo de divulgación, poniendo en práctica las enseñanzas en formas nuevas y emocionantes.

Su antiguo yo evangélico fue elevado a nuevas alturas, pero también estaba respondiendo a los tiempos turbulentos de principios de la década de 1930. El único objetivo inicial de todo el proyecto era evitar una segunda guerra mundial. El mundo estaba en las garras de la Gran Depresión después de la caída del mercado de valores de Wall Street en 1929. En Estados Unidos, los bancos estaban quebrando y el desempleo se acercaba rápidamente a los quince millones. En Alemania, las cosas fueron especialmente sombrías. El país aún sufría las consecuencias económicas de las reparaciones impuestas por el Tratado de Versalles. En 1932, el desempleo allí había alcanzado los seis millones. Muchos percibían a los partidos políticos de Weimar como débiles e ineficaces. El partido nazi estaba en ascenso. Hitler estaba trabajando duro haciendo campaña en todo el país, y las tropas de asalto de las SA desfilaban por las calles. La solicitud del Tibetano trajo consigo una sensación de emergencia. El NGSM necesitaría arremangarse y abordar los problemas de los tiempos a través de un esfuerzo enfocado espiritualmente.

También se necesitaban valores espirituales para compensar el rápido crecimiento de la década de 1930, que, a pesar de la pobreza y el desempleo, fue testigo de una proliferación del consumismo y un auge de la cultura popular, incluida la comercialización masiva de libros, revistas y periódicos. En Gran Bretaña, la década fue testigo de una construcción rápida y generalizada de nuevos edificios y viviendas, y la expansión de la red eléctrica significó que las familias comunes tuvieran electrodomésticos y radios, además de teléfonos. La humanidad estaba en los albores de una nueva era, una que, inquietantemente para Alice Bailey, llevaba consigo el sello del materialismo.

El NGSM tenía dos divisiones. Los primeros debían tener una relación cercana con la Jerarquía Espiritual y trabajarían en una capacidad internacional para el «salvamento mundial». Estos servidores del mundo estarían «comprometidos a trabajar sin cesar para promover la comprensión internacional, el intercambio económico y la unidad religiosa».[1] Serían entrenados para servir a la humanidad. Mostrarían «un espíritu de inclusión, un potente deseo de servir desinteresadamente a sus semejantes más un sentido definido de guía espiritual, que emana del lado interno de la vida».[2] Los discípulos seleccionados serían guiados en el reconocimiento de las energías espirituales que toman la forma de ideas que se les revelan y, a partir de esas ideas, crean formas de pensamiento para enviar al mundo. Estarían envueltos en un proceso de revelación y transmisión de pensamientos semilla.

Se crearían diez grupos de nueve discípulos, con un total de noventa participantes. Conocidos como los «grupos de nueve», se les encomendó ayudar colectivamente a salvar a la humanidad del desastre y sembrar la Nueva Era. Iba a ser un experimento. El primer grupo serían comunicadores telepáticos, seleccionados por su receptividad a la impresión de un Maestro y entre ellos. Eran los custodios de todo el proyecto. El segundo grupo serían observadores entrenados, capaces de ver claramente dentro y a través de todos los eventos. Los terceros serían curanderos magnéticos, el cuarto educadores de la Nueva Era, el quinto organizadores políticos, el sexto trabajaría en el campo de la religión, el séptimo como servidores científicos, el octavo psicólogos, el noveno financieros y economistas, y el décimo sería trabajadores creativos. [3]

La tarea inicial de Alice Bailey fue encontrar miembros apropiados. Se volvió hacia su grupo de estudiantes de la Escuela Arcana en busca de posibles participantes. Olga Fröbe fue invitada a unirse por medio de una carta enviada desde Nueva York por Alice Bailey en enero de 1932. Solo que ella no había sido seleccionada para el primer grupo de nueve discípulos, esos comunicadores telepáticos que fueron fundamentales para todo el experimento. Incluidos en ese primer grupo estaban los Bailey, Alice Ortiz y Assagioli. Fröbe fue invitada a unirse al segundo grupo de observadores capacitados.[4] Este grupo estaba encargado de disipar el glamour y la ilusión, incluyendo la propaganda, la desinformación y la mentira, e iluminar o verter luz y amor en el plano emocional para disipar las brumas creadas por el miedo, la ira, el egoísmo y el odio. Era un trabajo importante, considerando los tiempos. Fröbe se negó a participar.

De todos los invitados, sólo cuarenta y cinco accedieron a apuntarse al experimento y se formaron cuatro grupos completos y un quinto parcial. [5] Los miembros del experimento recibieron comunicaciones personales del tibetano a través de Alice Bailey, incluidos consejos sobre meditación, iniciación y las etapas del discipulado, y el desarrollo de la conciencia grupal. Con su permiso, los consejos e instrucciones se publicaron en *Discipleship in the New Age* (*Volumes I and II*) (Discipulado en la Nueva Era [Volúmenes I y II]) y *Glamour: A World Problem* (Glamour: un problema mundial), con un total de 1800 páginas de texto.

Alice Bailey recibió las primeras cartas a los discípulos en noviembre de 1931, unos meses después de la segunda escuela de verano de Ascona. A cada participante se le asignaron tres palabras clave que resumían su intención de vida. Alice Bailey era DDH: desapego, descanso, habilidad en acción.[6] Esas cartas no están incluidas. La primera carta a Foster, A.S.C-P., Alegría, Sabiduría, Conocimiento del Plan, abre con:

> Los conjuro para enfrentar el futuro con alegría y optimismo. Valor siempre tienes, pero alegría te falta. Con usted, como con F.D.C., gran parte de la actividad del plano físico se ve obstaculizada por la desvitalización etérica, aunque las causas que producen la condición existente difieren. Durante los últimos años, muchas veces les he transmitido un mensaje cuyo resumen radica en el énfasis que pongo en la firmeza en la meditación. La vitalización etérica radica en la meditación en lo que a usted concierne y en traer energía a su cuerpo físico a través de su instrumento.[7]

La cita muestra un nivel de escrutinio que es profundo y agudamente observado. Todos los participantes, algunos conocidos personalmente por Alice Bailey y otros no, recibieron cartas con un tono idéntico y que contenían las mismas percepciones agudas. Incluso un extraño que no esté familiarizado con los participantes se enfrentaría a la intimidad.

El experimento nunca se completó, y los grupos de nueve se disolvieron en 1939, y el Tibetano formó a partir de sus prometedores discípulos un Nuevo Grupo Semilla compuesto por veinticuatro miembros en un experimento de iniciación grupal. Juntos, estos experimentos perduraron durante dieciocho años. Alice Bailey tomó nota de la última de las cartas a los discípulos en las semanas previas a su muerte en diciembre de 1949.

Las cartas a los grupos de nueve y al nuevo grupo semilla, llenas de observaciones y consejos personales, fueron perturbadoras para algunos participantes. Como resultado, varios participantes abandonaron los experimentos. Alice Bailey fue acusada de anotar incorrectamente las palabras de DK y de simplemente escribirlas ella misma. [8]

La publicación resultante de estas cartas e instrucciones pretende ayudar a influir en la forma en que los futuros estudiantes piensan sobre el discipulado y el Servicio Mundial. Aunque las instrucciones son personales, el lector inevitablemente se involucra en las fortalezas y debilidades, las luchas y los desafíos que acontecen a cada participante.

La segunda división del NGSM comprende mujeres y hombres de buena voluntad. «Estos no son aspirantes espirituales estrictamente hablando... Sin embargo, quieren ver que se establezcan relaciones correctas entre ellos. Quieren ver que la justicia y la bondad prevalezcan en la tierra».[9] Para fomentar la expansión del NGSM, el Tibetano «abogó por la construcción de listas de correo... Sugirió que organizáramos lo que llamó Unidades de Servicio en tantos países como sea posible. Él nos describió la naturaleza de la enseñanza que deberían recibir y estas sugerencias y mandatos que inmediatamente procedimos a llevar a cabo».[10]

Entre 1933 y 1939, los Bailey organizaron Unidades de Servicio en diecinueve países. La idea es que la buena voluntad viene antes que la paz, que nunca habrá paz en la tierra mientras existan grandes desigualdades, mientras la gente muera de hambre, mientras otros estén mal pagados, mientras persista el trabajo infantil. El Tibetano pasó a enviar a esta segunda división exotérica de Unidades de Servicio una serie de folletos que más tarde se publicaron como *The*

Externalisation of the Hierarchy (La exteriorización de la jerarquía).

La buena voluntad es mucho más que simplemente hacer una buena acción a un prójimo, aunque tales actos son ciertamente una expresión de ella. La buena voluntad se refiere a la eunoia, una forma de amor altruista o desinteresado. «Bueno» denota valor o valor final. En cierto sentido, la buena voluntad es querer el bien, querer ser cosas de máximo valor y querer amar. La buena voluntad es una expresión de amor-sabiduría combinada con voluntad espiritual. Es amor en acción, y su máxima expresión es el servicio.

El servicio implica «mucho sacrificio de tiempo y de interés y de las propias ideas; requiere un trabajo extremadamente duro, porque necesita un esfuerzo deliberado, sabiduría consciente y la capacidad de trabajar sin apego».[11] La personalidad queda subsumida bajo la voluntad del alma. Una vida de servicio es una vida centrada en el alma, basada en la urgencia por el bien del grupo, no basada en la ambición o el deseo de riqueza, poder, control o fama.

Si bien la noción de buena voluntad forma parte de la cristología de Alice Bailey, una vida de buena voluntad expresada en el servicio fomenta las relaciones correctas, o un «sentido adecuado de los valores espirituales», como se describe en el camino óctuple budista: valores correctos, discurso correcto, modo de vivir correcto, pensar correcto, aspiración correcta, conducta correcta, esfuerzo correcto y éxtasis correcto o verdadera felicidad. [12]

Alice Bailey y el Tibetano escribieron extensamente sobre la buena voluntad y el servicio a lo largo de todo el trabajo. Juntos, las palabras funcionan como un punto de apoyo, un pivote, un eje alrededor del cual gira la visión del mundo. A través de él, junto con el concepto de las correctas relaciones, Alice Bailey y DK no sólo fusionan la esencia ética del cristianismo y el budismo, sino que arrancan el esoterismo de las garras de lo superior y lo exclusivo, y lo empoderan, ya que llaman a todos los que tienen oídos para escuchar para trabajar hacia una auténtica vida espiritual. Ningún otro concepto ilustra mejor la transformación de la naturaleza evangélica de Alice Bailey de una fundamentalista que se aferra a la Biblia a una agitadora teosófica.

Es esta misma combinación la que convierte a Alice Bailey en la Madre de la Nueva Era. A través de esto, expuso el esoterismo, lo sacó del armario de la oscuridad y trató de convertir a los aficionados esotéricos en buscadores y a los buscadores en guerreros espirituales.

Para habilitar el NGSM, Alice Bailey fundó Men of Goodwill en 1932, que se convirtió en World Goodwill en la década de 1950 y hoy figura como una organización no gubernamental en las Naciones Unidas. Esa comunicación que Alice Bailey había recibido en Ascona en 1931 se sumó y, en cierta medida, reorientó todos sus esfuerzos. De repente, la Escuela Arcana, *The Beacon* y Lucis Trust ya no brindaban simplemente a los estudiantes un nuevo enfoque para el entrenamiento y el conocimiento esotérico. Un proyecto nuevo e innovador estaba en marcha, uno que daría forma a la dirección del trabajo de su vida y quizás debería haber ayudado a establecer su lugar en la historia.

Con los grupos de nueve y el New Seed Group, tanto Alice Bailey como el Tibetano querían que los estudiantes y compañeros de trabajo se elevaran por encima de la búsqueda espiritual por sí misma, con todas las trampas de la personalidad que conlleva, y y hacer algo en los planos internos para marcar la diferencia. Sin embargo, este aspecto central de las enseñanzas, que constituye el corazón mismo de lo que el Tibetano esperaba lograr, no se ha aplicado de manera significativa, o al menos no lo suficiente como para hacer sentir su presencia en el mundo tan ampliamente como esperaban, aunque hay algunos que se han inspirado para llevar a cabo esta intención. [13] Por alguna razón, los estudiantes de la Sabiduría Eterna se han negado a seguir y desarrollar un trabajo grupal esotérico avanzado. El segundo brazo del NGSM, las Unidades de Servicio, ha tenido mucho más éxito. El trabajo externo continúa a buen ritmo, demostrado en el programa de World Goodwill de Lucis Trust hoy, con Unidades de Servicio que organizan meditaciones, especialmente meditaciones de Luna Llena, junto con charlas y difusión de buena voluntad en numerosas ciudades y países de todo el mundo. [14]

En general, los esfuerzos de Alice Bailey en la línea del NGSM no fueron en vano y estuvieron lejos de ser impotentes. Así como el más conocido Rudolph Steiner ha influido significativamente en la educación de los niños y en métodos agrícolas como la biodinámica, la visión de Alice Bailey continúa influyendo y siendo implementada. Paradójicamente, un lugar clave de su influencia es internacional y conocido por todos, pero en gran medida invisible; durante muchas décadas, sus compañeros de trabajo en Lucis Trust han dedicado sus esfuerzos del NGSM dentro y junto con las Naciones Unidas, explorados en un capítulo posterior.

16

MOLESTIAS CON HELENA ROERICH

Mientras Alice Bailey avanzaba con su visión a través de la difícil década de 1930, tuvo que ignorar aún más antagonismos, esta vez de la fundadora de Agni Yoga, Helena Roerich, quien la acusó de perpetuar la misma oscuridad que tanto se esforzó por evitar.

La teósofa rusa Helena Ivanovna Roerich (1879-1955) nació en una familia rica y culta. Era hija del conocido arquitecto Ivan Ivanovich Shaposhnikov y Ekaterina Vassilievna Shaposhnikova, que pertenecía a una antigua familia Golenischev-Kutuzov. Una joven consumada, Helena se casó con el renombrado pintor Nicholas Konstantinovich Roerich en 1901. Tuvieron dos hijos, el científico George y el pintor Svetoslav. Nicholas también fue escritor, arqueólogo, teósofo y figura pública, y la familia viajó mucho, estableciéndose en Londres en 1919 y un año después en Nueva York, donde Helena y Nicholas fundaron Agni Yoga. Desde 1928, después de mudarse al Himalaya occidental, Helena dedicó su vida a escribir las enseñanzas del Maestro Morya.

Agni Yoga, o Ética Viviente, es otro ejemplo de la gran efusión de sabiduría teosófica que ocurrió a fines del siglo XIX y principios del XX. En su corazón yacen elementos centrales de Oriente y Occidente, las tradiciones místicas orientales se mezclan con la ciencia occidental. Los escritos difieren enormemente de los volúmenes instructivos de Alice Bailey, y podrían verse más en la línea de textos inspiradores, aunque del más alto calibre. Los primeros escritos fueron compuestos en relación telepática por Nicholas Roerich, luego Helena continuó el trabajo.

Una vez que los Roerich se mudaron a Nueva York, Helena tuvo problemas con Alice Bailey. Se puede encontrar una referencia temprana en *My Teachers: Meetings with the Roerichs* (Mis maestros: reuniones con los Roerichs), de la discípula Sina Fosdick. En una entrada fechada el 3 de marzo de 1923, Fosdick afirma que Helena compró una copia de Iniciación, humana y solar, «porque hablaba de los Maestros», y luego detalla la reacción negativa de Helena en respuesta al texto:

> Ese Maestro estudió en una universidad inglesa y otro
> sabe más que los demás sobre los planetas. E.I [Helena]
> estaba, por supuesto, indignada por eso, y M. [Morya]
> les dijo: «A nadie le es dado aprender sobre la
> Hermandad Blanca».[1]

Comentarios desdeñosos y desde el principio, Helena estaba mal dispuesta hacia su rival, una rival que hacía declaraciones autorizadas sobre la Jerarquía Espiritual.

Pasaron cinco años. El 21 de septiembre de 1928, se menciona en las memorias de Fosdick que se envió una carta a Alice Bailey, el día después de que los Roerich regresaran de un viaje a Darjeeling, quizás en respuesta a una de ella. [2] Alice Bailey sin duda se habría interesado en la visita de los Roerich a la inmediación general del Tibetano y los otros Maestros. Los Bailey y los Roerich se conocían bien. Para entonces, Nicholas Roerich y Alice Bailey formaban parte del consejo asesor del Museo de Religión y Filosofía planeado por Svetoslav Roerich, un proyecto que no llegó a buen término. También en el consejo estaban Sina Fosdick y Louis Horch, amigo cercano y partidario financiero de Nicholas Roerich. [3]

Alice Bailey y Helena Roerich se conocieron, presumiblemente no por primera vez, durante el período en que Olga persuadió a Alice para que colaborara en los planes de la Escuela Espiritual de Verano. Alice habría tenido en el fondo de su mente la necesidad de encontrar disertantes adecuados para el evento. También estaba interesada en encontrar posibles formas de colaborar con los Roerich. El 25 de noviembre de 1929, señala Fosdick: «Alice Bailey visitó N. K.; habló sobre la cooperación y cómo todas las personas importantes deberían reunirse en nuestra casa». [4] Un comentario halagador, y está claro que Alice prefería la colaboración a la competencia. También está claro que los Bailey y los Roerich se movían en los mismos círculos. Nicholas Roerich desayunó con el amigo cercano de Alice, el Gran Duque Alejandro de Rusia, al día siguiente.

La primera carta privada conocida al grupo de Nueva York de Agni Yoga en la que Helena Roerich escribió críticas y rechazos a Alice Bailey y su trabajo está fechada el 9 de febrero de 1931. [5] ¿Qué la había vuelto tan firmemente en contra de Alice Bailey? ¿Podría haber tenido algo que ver con el proyecto Ascona? ¿Se invitó a los Roerich a hablar? ¿Se sintió Helena Roerich de alguna manera amenazada o desairada?

No se conoce más mención de Alice Bailey hasta el 17 de febrero de 1934, cuando Helena Roerich escribe: «Existe la Escuela Arcana en los Estados Unidos, que tiene clases especiales para estudiar libros sobre Agni Yoga». Un reconocimiento sin emociones y parece justo deducir en este punto que no existía una gran animosidad entre las dos mujeres. Más bien, en un movimiento astuto, a través de estas clases, Alice Bailey parece haber hecho todo lo posible para fomentar la colaboración.

Sus esfuerzos fueron en vano. En la misma carta, Roerich identifica una continuidad de descendencia en la que después de la muerte de Blavatsky, las enseñanzas llegaron a través de la teósofa Francia la Due, «a través de la cual el Maestro Hilarion impartía sus enseñanzas».[6]

Francia la Due y el Dr. William H. Dower fundaron el Templo del Pueblo, establecido primero en Syracuse en 1898 y luego trasladado a Halcyon, California, en 1903, donde existe como centro de meditación y cursos en la actualidad. [7] La obra más importante de Francia la Due es *Theogenesis*, una tercera sección de las Estancias de Dzyan, que forman la base de La Doctrina Secreta. Cuando Francia murió en 1923, la enseñanza, según Helena Roerich, vino a través de ella misma. Para ella, Alice Bailey no entró en el cuadro.

Roerich parece ansiosa por posicionarse por encima de Alice Bailey, lo que quizás explica por qué reaccionó con tanta fuerza cuando se publicó *A Treatise on White Magic* (Tratado de Magia Blanca) en 1934, una reacción que nunca logró trascender. Alrededor de dos tercios del volumen se compuso en el período anterior a 1931, momento en que nació el Nuevo Grupo de Servidores del Mundo, y desde la página 398, la segunda mitad del texto está salpicada de referencias al proyecto. El volumen contiene una sola declaración que complicó todo lo que Alice Bailey, o más bien el Tibetano, había escrito sobre Agni, Señor del Fuego, en Tratado sobre fuego cósmico:

> En el libro Agni Yoga, se ha filtrado parte de la enseñanza, pero solo desde el ángulo del aspecto voluntad. Todavía no ha aparecido ningún libro que dé en forma alguna el «yoga de la síntesis».[8]

Si Roerich hubiera leído esa declaración (y presumiblemente si no lo hubiera hecho, uno de sus socios cercanos se lo habría señalado tal como aparece en el índice), habría sido la gota que colmó el vaso. A sus ojos, Alice Bailey había disminuido el Agni Yoga. Roerich se habría indignado con la lectura. Su respuesta fue enfática y mordaz. Aquí se cita un extracto de una carta fechada el 23 de agosto de 1934, [publicada en *Letters of Helena Roerich Vol I* (Cartas de Helena Roerich Vol I), pero sin el fragmento incluido aquí], en la que Roerich insinúa que Alice Bailey es mala:

> Mucha gente ingenua piensa que las fuerzas oscuras trabajan solo a través del mal, la corrupción moral y el crimen. Como se equivocan. Solo las fuerzas gruesas y de menor grado funcionan de esa manera. Mucho más peligrosos son aquellos que vienen disfrazados de la Enseñanza de la Luz. Ya conoces uno de esos ejemplos. En Estados Unidos hay una Sociedad muy grande, y su líder recibe enseñanza de un maestro que no revela su nombre, llamándose a sí mismo el Hermano Tibetano. Sabemos quién se esconde detrás de este seudónimo. Su fuerza es grande. Y el objetivo de este maestro, personificando a un maestro de la Hermandad Blanca,

es atraer a sus filas a tantas personas buenas y útiles como sea posible, personas que de otro modo podrían haber ayudado activamente en el Gran Plan de los Señores, el plan de salvación del planeta Y esos desdichados, que no poseen el verdadero discernimiento de los fuegos del corazón, revolotean como pequeñas mariposas hacia el fuego negro que los convertirá en cenizas. La ignorancia, la ausencia de conocimiento sensible, los atrae al abrazo de la oscuridad y los priva por mucho tiempo, si no para siempre, de la acción benéfica y la atracción de los Rayos de la Gran Fortaleza de Luz.

Tengo algunos libros de este maestro tibetano, son extremadamente secos. Un libro se llama Magia Blanca. Me han dicho que las mejores páginas están tomadas de la Enseñanza de la Hermandad Blanca. Es interesante notar que la cabeza de esta Sociedad, para su mayor prestigio y para atraer adeptos a nuestros libros, los recomienda a sus miembros y ha fundado clases para el estudio de los libros de Agni Yoga. De esta manera, la oscuridad se entrelaza con la Luz en la Tierra. La red de oscuridad está siendo tejida por manos hábiles. [9]

La ira de Roerich estalló. Alice Bailey debe haber conocido muy bien las debilidades de Roerich, aunque no en la década de 1920 cuando tuvieron tratos iniciales entre ellos y salió Tratado sobre el fuego cósmico, un trabajo que hace numerosas referencias a Agni, el Señor del Fuego, el dios del fuego védico central en la escritura de Roerich. Hasta esa declaración en «Magia Blanca», Alice Bailey había podido mantener relaciones cordiales aunque tensas. ¿Por qué en 1934, Alice

Bailey dejó que se imprimiera esa única oración cuando debía saber el furor que causaría? Puede que el Tibetano quisiera que se dijera, pero ella tenía el control editorial. Para empeorar las cosas, el hijo de Roerich, Svetoslav, era alumno de Alice Bailey, una situación que debe haber sido una espina en el costado de su madre, quizás ayudando a perpetuar la animosidad.

Componiendo la situación, en ese mismo año de 1934, el Departamento de Agricultura de los Estados Unidos patrocinó a Nicholas Roerich para viajar a Manchuria a recolectar semillas de plantas para ayudar a lidiar con las severas tormentas de polvo que azotaban las praderas durante la década de 1930. Conocidas como el Dust Bowl, estas tormentas, resultado de malas prácticas agrícolas, fueron un desastre ecológico. Helena lo acompañó y mientras estaban allí, surgieron sospechas sobre sus vínculos bolcheviques y:

> los Roerich se convirtieron en persona non grata en Estados Unidos. A Helena Roerich, que había mantenido correspondencia con Roosevelt, se le prohibió continuar haciéndolo.

> Louis Horch... a quien se le había confiado el funcionamiento de la Escuela de Maestría en Artes Unidas, también se volvió contra los Roerich, acusando a Nicholas de ser «un impostor y un tramposo» y «una persona peligrosa que mezclaba la política con el arte y sería un alborotador dondequiera que iba». Horch incluso logró expulsar a Nicholas Roerich como administrador de la Escuela, la misma institución que Nicholas había concebido y fundado. Se incautaron obras de arte de valor incalculable y los diarios privados de Helena. [10]

En una carta de Nicholas Roerich a Alice Bailey en 1938, expresó su disgusto por el asunto con «puedes imaginarte qué abuso de confianza ha tenido lugar».[11] Su carta es en respuesta a una de ella solicitando más copias de los libros de Agni Yoga. Termina la carta con:

> Constantemente leemos sus libros y tenemos muchas ocasiones de hablar de su bendita obra en los términos más cordiales. Estaremos encantados de saber de sus futuros planes y Mme Roerich y todos le enviamos a usted y a su esposo nuestros más sinceros deseos. [12]

Sus comentarios sugieren que no compartía la opinión negativa de su esposa sobre Alice Bailey. Además, parece que Helena Roerich tenía dos caras en su trato con Alice Bailey, cordial en público e indirectamente en la correspondencia a través de su esposo y, en ocasiones, desdeñosa y despectiva en la esfera privada de su propio grupo.

Nicholas Roerich falleció el 13 de diciembre de 1947. Afligida, Helena continuó con sus comentarios mordaces sobre Alice Bailey. En 1951, escribió: «No tengan conexiones con la escuela de Bailey, porque han demostrado ser enemigos ocultos».[13] Acusó a Alice Bailey de ser una médium, sus «trabajos de compilación» «muy dañinos y su tratado sobre Magia Blanca entrelazado con la Magia Negra más definida». La propia Alice Bailey, «fue definitivamente una colaboradora de las fuerzas oscuras». Continuó denunciando a su rival de esta manera hasta su muerte en 1955. [14]

A la luz de los devastadores acontecimientos que sucedieron a los Roerich después de 1934, en el fondo, ¿Alice Bailey no era más que un blanco fácil para la angustia de Helena? ¿Estaba Helena tratando de arruinar la reputación de una mujer que consideraba muy bien situada en el corazón del poder, mezclándose con la misma cohorte que se había vuelto contra su marido? ¿O eran sus palabras cortantes simplemente celos crudos que dominaban a un individuo impresionante que hizo una contribución significativa a la Teosofía?

Las tensiones entre las dos mujeres nunca se resolvieron. La única evidencia de la opinión de Alice Bailey se puede encontrar en una charla privada que dio a un grupo selecto de estudiantes de la Escuela Arcana en mayo de 1943:

> No estoy seguro de cuán precisos son los libros de Roerich. Son como las Cartas de los Mahatmas. Se afirma que fueron dictados por el Maestro M. [miembro del grupo] Joseph Lovejoy respondió: «Roerich hace una diferenciación entre la conciencia interna y los mundos sutiles». A lo que Alice respondió: «Los libros de Roerich están muy mal traducidos. Si los lees en francés, obtienes lo real».[15]

Ella no vio *Jerarquía* de Nicholas Roerich de la misma manera, afirmando su valor un año más tarde al dar «una imagen completa de la cadena de la Jerarquía desde el átomo de sustancia hasta lo más alto».[16]

A primera vista, los comentarios de Helena pueden interpretarse y quizás descartarse como nada más que una rivalidad duradera, o entenderse en el contexto de una guerra territorial entre dos mujeres notables, ambas en comunicación con un Maestro, ambas escribiendo libros que continuarían. para formar una parte central del canon teosófico. El asunto también es muy unilateral, ya que no se sabe lo que Alice Bailey pensó en privado sobre Helena Roerich, aunque claramente tenía poca o ninguna consideración por el Agni

Yoga. La brecha ha sido dañina para los estudiantes de ambas corrientes, aquellos atraídos por Agni Yoga especialmente desafiados a tomar en serio los trabajos provenientes de la pluma de Alice Bailey con muchos en el entorno de Agni Yoga que se oponen fuertemente a ella. Viniendo por así decirlo del púlpito y no del coro o la congregación, estas vitriólicas condenas de Helena Roerich que se filtran al dominio público han impactado y continúan impactando la reputación de Alice Bailey a través de aquellos que prefieren la fragmentación a la unidad y la discordia a la armonía. Tal vez por eso, la propia Helena Roerich sabiamente optó por eliminar los comentarios más condenatorios de los dos primeros volúmenes de cartas antes de su publicación. [17]

17

SEDE EN TUNBRIDGE WELLS

En la década de 1930, se abrió una nueva forma de vida para Alice Bailey a medida que las operaciones se expandieron a Europa. Después de veinte años de no visitar Gran Bretaña, comenzó a dividir su tiempo entre los dos continentes, pasando unos siete meses de cada año en Nueva York, y el resto en Gran Bretaña y Europa, dando conferencias en Holanda, Bélgica, Francia, Italia y Suiza. Ospringe Place, hoy un edificio catalogado como patrimonio de Grado II cerca de Faversham, Kent, se puso a disposición de los Bailey durante varios años durante este período.

Una gran casa de campo construida en 1799 con piedra blanca repleta de columnas dóricas y parapetos de balaustradas, Ospringe Place era entonces propiedad de Benjamin Henry Percy-Griffiths y su esposa Hilda Louise (George). Los Percy-Griffith eran parte del próspero medio teosófico de Faversham. También se sabe que tanto Blavatsky como Besant se quedaron en la casa en otras ocasiones. [1] Fue en este entorno que Dorothy y Ellison conocieron a sus futuros esposos y se casaron cerca.

Esos contactos teosóficos locales también proporcionaron el muy necesario desarrollo de una nueva sede de Lucis Trust.

Alice ahora se acercaba a la mitad de sus cincuenta años. Ya no tenía la carga ni la preocupación de criar a sus hijas, pero su salud se estaba deteriorando. Sufría de anemia perniciosa, una deficiencia de vitamina B 12 que conduce a la falta de glóbulos rojos, una enfermedad autoinmune causada más comúnmente por la falta del «factor intrínseco», una proteína creada por las células del estómago. La pérdida de estas células puede ser el resultado del propio sistema inmunológico del cuerpo. La dieta vegetariana de Alice Bailey no habría ayudado, y en algún momento comenzó a consumir carne por consejo de los médicos. [2] Una enfermedad debilitante, incluso cuando se trata, la anemia perniciosa viene con una variedad de síntomas incapacitantes que incluyen debilidad, fatiga extrema, entumecimiento y hormigueo en manos y pies, úlceras en la boca y lengua hinchada o agrietada, confusión y pérdida de memoria y demencia, dificultad para respirar, reflejos lentos, fibromialgia, mareos y vértigo, tinnitus, andar inestable y espasticidad. La anemia perniciosa puede dañar el corazón, como fue el caso de Alice Bailey. Los síntomas se desarrollan a lo largo de muchos años y cuanto más tiempo se deja sin tratar la afección, más probable es que esos síntomas se vuelvan permanentes.

Claramente, Alice necesitaba mucho apoyo. Más y más Foster fue el pilar de Alice a medida que se volvió cada vez más discapacitada. Viajó a todas partes con ella, llevándola a donde necesitaba estar y atendiendo sus necesidades.

Sin ceder ante sus debilidades, siguió adelante con todos sus proyectos. Este fue un período prolífico en su vida. Comenzó a escribir otro de sus propios volúmenes, De Belén al Calvario, que detalla las iniciaciones de Cristo. Estaba trabajando con el Tibetano en un nuevo tratado. Había proyectos del Nuevo Grupo de Servidores del Mundo para continuar con folletos para anotar, junto con instrucciones y cartas a los discípulos en los grupos de nueve, que dado el contenido, no siempre era una tarea agradable.

A mediados de la década de 1930, los Bailey se mudaron de Ospringe Place y establecieron otra sede de Lucis Trust en las cercanías de Royal Tunbridge Wells, adquiriendo una casa en el n.º 38 de Broadwater Down, una de varias mansiones en una calle tranquila bordeada de árboles frondosos. [3]. No se sabe cómo se adquirió la propiedad. Alice, Foster y Mildred residían en la casa de Broadwater Down el 29 de septiembre de 1939, la noche en que se tomó el Registro de antes de la guerra. No se menciona al hijo de Mildred, Gordon, resultado de su breve matrimonio con Meredith Pugh. Ese septiembre, Gordon habría tenido unos tres años. Estuvieron presentes varios estudiantes de la Escuela Arcana y colaboradores de *The Beacon*, incluidos Alan Murray (1897-), acompañado por su esposa Marjorie, y Dean W. Rockwell (1871-) con su esposa Fannie. [4] Como siempre, Alice y Foster estaban rodeados de compañeros de trabajo en lo que era, cuando se dejaba de lado la carga de trabajo administrativo, un grupo muy unido de almas con ideas afines.

La casa de Broadwater Down fue requisada en 1940 por el ejército británico durante la guerra. El 12º Cuerpo del Ejército Británico, dirigido por el General Montgomery, adquirió un puñado de residencias en Broadwater Down durante la guerra. En los alrededores, Montgomery estableció túneles de alto secreto que conducían a un búnker de guerra subterráneo cercano, y solo se descubrió en 1969. [5] Todo lo que Alice Bailey habría sabido es que no podría regresar allí hasta después del final de la guerra.

En algún momento durante la guerra, Ellison se mudó con su esposo y su pequeña hija, Elizabeth, a Quetta, donde Ellison dio a luz a su hijo, Arthur, y otro niño.[6] Dorothy y Terence Morton también fueron a Quetta, la ubicación de una escuela de formación de personal militar. El área había sido devastada por un terremoto en 1935. La universidad escapó de los daños y se convirtió en el lugar de los esfuerzos de reconstrucción y socorro que siguieron.[7] Para Alice, la reubicación de sus hijas le habría traído recuerdos de su vida anterior en Quetta en la casa de los soldados. Allí, ella había dado su conferencia fallida sobre el infierno. Mientras sus hijas disfrutaban de la gran altura, el mundo languidecía en su propio infierno.

Una vez que el ejército británico adquirió la casa de Broadwater Down, Mildred y su hijo residieron con sus padres en Nueva York. Para cuando terminó la guerra y la casa volvió a los Bailey y Lucis Trust, Alice era una inválida que residía principalmente en su apartamento de Nueva York con vista al río Hudson.

Los siete rayos

En Tunbridge Wells y Nueva York, los Bailey continuaron expandiéndose y trabajando incansablemente. En 1936, Alice Bailey publicó *Esoteric Psychology: Volume I* (Psicología Esotérica: Volumen I), el primero de los cinco volúmenes de *A Treatise on the Seven Rays* (Tratado sobre los siete rayos). El tratado sirve como una extrapolación completa de la presentación inicial de los rayos de DK en Tratado sobre el fuego cósmico.

En esa obra anterior, el Tibetano describe los rayos creciendo y menguando en grandes ciclos. Cada forma o cuerpo absorberá las diversas energías de los rayos o las transmitirá a otra parte. En Tratado sobre los siete rayos, DK aplica esta formulación energética a la psicología humana, proporcionando una matriz de energías en forma de perfiles de personalidad. En este aspecto del canon de Alice Bailey, el Tibetano tomó algunas pistas sobre los rayos que se encuentran en el trabajo de Blavatsky y las convirtió en muchos miles de páginas de texto.

Psicología Esotérica: Volumen I, escrito de manera introductoria para aquellos que no hayan leído las otras enseñanzas, establece una nueva psicología, introduciendo al lector a la naturaleza del alma y su plan y propósito, y delineando los rayos: Los Tres Rayos de Aspecto y los Cuatro Rayos de Atributo.

La teosofía es una teoría hilozoísta que postula que toda materia tiene vida:

> La vida es la síntesis de toda actividad, una actividad
> que es una combinación de muchas energías, porque la
> vida es la suma total de las energías de los siete sistemas
> solares, de los cuales nuestro sistema solar es solo uno.
> Éstos, en su totalidad, son la expresión de la actividad
> de ese Ser que se designa en nuestros archivos
> jerárquicos como «Aquel de Quien Nada Puede
> Decirse». Esta energía cósmica séptuple, las energías
> fusionadas y mezcladas de siete sistemas solares,
> incluido el nuestro, barre automáticamente a través de
> cada uno de los siete, llevando las cualidades de:

> Impulso hacia la actividad.

Impulso activo hacia la organización.

Impulso activo organizado hacia un propósito definido.

Este triple impulso energético, sostenido por el ímpetu de los siete grandes alientos o rayos, inició el proceso mundial de Devenir, y se manifestó como el impulso hacia la evolución, hacia una evolución que es activa, organizada y que trabaja sin desviarse ni fallar hacia un objetivo específico. [8]

A partir de ahí, este texto abstracto y cosmológico continúa explorando los rayos en los diversos Reinos de la Naturaleza y analiza los diversos rayos en manifestación. El segundo volumen, publicado en 1942, se centra en los rayos que se manifiestan a través de la personalidad y el alma humana, y es este texto el que ha inspirado a otros a explorar y desarrollar la psicología esotérica. No sorprende que muchos colaboradores se hayan dedicado a promover este aspecto de las enseñanzas. La finalización del tratado, que incluye *Esoteric Astrology*, *Esoteric Healing* and *The Rays and The Initiations* (Astrología esotérica, sanación esotérica y los rayos y las iniciaciones), le llevaría a Alice Bailey el resto de su vida. Los títulos fueron publicados póstumamente.

Antiguos misterios universales

La década de 1930 vio a Alice Bailey involucrada en numerosos proyectos. En algún momento a fines de la década de 1920, DK había comenzado a darle instrucciones semestrales para comenzar a transformar la masonería de acuerdo con las enseñanzas. [9]

La francmasonería tiene sus orígenes en la Europa y Gran Bretaña del siglo XIV, cuando los albañiles formaron fraternidades para proteger sus intereses. Originalmente había tres grados: aprendiz, compañero artesano y maestro albañil. A principios del siglo XVIII, algunas de estas fraternidades adoptaron una cosmovisión esotérica, en gran parte a través de la adopción de grados superiores, otorgados en ritos ceremoniales que involucran el uso de simbolismo esotérico. La Francmasonería comenzó a absorber corrientes esotéricas, incluyendo el Rosacrucianismo y el Hermetismo. Ampliamente criticada por sus promesas de secreto y obediencia, la francmasonería ha sido vista durante mucho tiempo como una especie de red exclusiva de «viejos muchachos», que otorga ventajas a los miembros en los ámbitos de los negocios y la política.

La Sociedad Teosófica tiene una larga asociación con la Francmasonería. Todos los presidentes internacionales de la ST eran masones, y todos excepto Henry Steel Olcott eran co-masones.

La co-masonería comenzó en 1882, cuando la autora, conferencista y humanitaria Maria Deraismes fue iniciada en una logia de librepensamiento en París. Pasó diez años tratando de abrir la francmasonería a las mujeres antes de fundar su propia logia en 1893. Numerosos teósofos distinguidos se unieron al nuevo movimiento. Annie Besant fue gobernante de la primera Logia Co-Masónica inglesa, consagrada en 1902. [10]

La versión de DK de la francmasonería, los Antiguos Misterios Universales, o AMU, era un proyecto completamente separado de Lucis Trust y la Escuela Arcana, que implicaba una reelaboración completa del «edificio masónico completo». La Francmasonería fue diseñada para incluir la nueva efusión de la Sabiduría Eterna, incluyendo el Logos solar, los Siete Rayos y varias Leyes cósmicas, junto con el Plan para la fraternidad universal. Requirió cambios en los rituales masónicos de acuerdo con la nueva superposición esotérica. Sobre todo, los masones estaban encargados de servir a los demás en el espíritu de Amor y Buena Voluntad.

En la década de 1930, se estableció un pequeño grupo de trabajo para desarrollar los AMU, que incluía a Alice y Foster Bailey, Regina Keller, Betty Harris y Marian Walter. También participaron Mildred Bailey y Svetoslav Roerich.[11] Svetoslav incluso deseaba incluir una antigua sala de lectura masónica universal en su proyecto del Museo de Religión y Filosofía, del cual la teósofa y junguiana Leslie Grant Scott iba a ser directora. [12] Leslie era la esposa del comandante RTM «Rex» Scott, un escritor británico de suspenso y presidente de la Sección de Nueva York de la Sociedad Estadounidense de Investigación Psíquica. [13] Los Scott eran parte de la escena literaria de Nueva York en ese momento.

Alice Bailey aparentemente disolvió el grupo AMU a principios de la década de 1940, incómoda con la forma en que se desarrollaban las cosas. [14]

18

ALGUNA COMPETENCIA

A lo largo de la década de 1930, Alice Bailey estaba lejos de ser la única que deseaba mejorar el mundo. Las esperanzas de una nueva era utópica prevalecían en Europa, Gran Bretaña y América. Dentro del entorno espiritual, mientras los buscadores dedicados se comprometían con corrientes esotéricas particulares, los aficionados continuaban probando varios aspectos, desde las ideas de Mary Swainson, pasando por Gurdjieff, Ouspensky, Meher Baba, el sufismo, los rosacruces, Swami Vivekananda y Jung, junto con los teósofos. Alice Bailey fue una figura destacada en la escena. Dio conferencias a lo largo y ancho. *The Beacon* fue reconocido como un periódico oculto de alta calidad y, como se mencionó anteriormente, las reseñas de libros y sus cartas aparecieron en *Occult Review*. [1] Pero con tanta competencia, ¿cómo iban a sobresalir sus organizaciones por encima del resto? ¿Cómo podrían Lucis Trust y la Escuela Arcana, que se habían distinguido, dar a conocer que a través del NGSM ofrecieron una solución al malestar global en curso? Cómo, cuando otros parecían estar ofreciendo un paquete similar.

Un competidor fue la autora Dion Fortune, quien presentó una ambición casi idéntica. Nacida como Violet May Firth (1890-1946) en el seno de padres científicos cristianos adinerados en el norte de Gales, Dion Fortune se unió a la Sociedad Teosófica por un breve período en 1906. Luego se unió a una logia oculta dirigida por el ocultista y masón Theodore Moriarty, uniéndose a la Orden Hermética de la Golden Dawn al mismo tiempo. Fue en este período que desarrolló habilidades mediúmnicas. A principios de la década de 1920, comenzó a creer que tenía una conexión personal cercana con los Maestros de Sabiduría, afirmando que estaba en contacto con el Maestro Jesús, su guía espiritual. Las comunicaciones resultantes formaron la base de La Doctrina Cósmica. A fines de la década de 1920, Fortune se separó de la ST después de criticar públicamente a Charles Leadbeater y la Iglesia Católica Liberal, y luego formó su propia organización, la Comunidad de la Luz Interior. Reunió a su alrededor a un grupo de estudiantes, dio conferencias, fundó una revista y publicó numerosos artículos, obras de no ficción y novelas ocultas. Durante la Segunda Guerra Mundial, Fortune organizó meditaciones y visualizaciones para proteger a Gran Bretaña y comenzó a planificar el amanecer de la Era de Acuario en la posguerra. [2] Las similitudes con Alice Bailey son sorprendentes. Fortune murió de leucemia en 1946. Su extraordinaria vida ocultista y su activismo espiritual, que han sido documentados en varias biografías, demuestran la oleada de interés en asuntos espirituales y ocultos, y una respuesta concomitante al llamado a la acción de la época. Independientemente de lo que Alice Bailey pudiera haber pensado de Dion Fortune, ella no era una amenaza para Lucis Trust.

Una competencia problemática surgió en la década de 1930 en la forma del movimiento YO SOY, fundado por el ingeniero de minas y teósofo Guy Ballard (1878-1939). Ballard afirmó estar en comunicación con, entre otros de la Gran Hermandad Blanca, el Maestro St Germain. YO SOY se refiere al mantra sánscrito, «Yo soy el que yo soy». *Unveiled Mysteries* (Misterios revelados) de Ballard se publicó bajo el seudónimo de Godfré Ray King en 1934 y, tras su muerte en 1939, su esposa y consumada arpista Edna Anne Wheeler Ballard (1886-1971) dirigió la organización. [3] Antes de su muerte, la pareja realizó sesiones de entrenamiento y cónclaves en los Estados Unidos y reunió a muchos seguidores, supuestamente alrededor de un millón de seguidores en 1938.

Guy Ballard era un médium espiritista que, según su hijo, canalizaba espontáneamente a El Morya o Koot Hoomi y procedía a hablar sobre asuntos familiares en la mesa de la cena. [4] Fue de esta manera que Ballard mostró el psiquismo inferior que Alice Bailey evitaba, una forma de psiquismo que, desde su perspectiva teosófica, solo puede acceder al plano astral y nunca al plano de la intuición. Para Alice Bailey, el movimiento YO SOY representaba todo lo que ella aborrecía en una organización espiritual. Ella no está sola. Mucho se ha escrito para desacreditar el movimiento YO SOY y particularmente la autenticidad de su fundador, incluidas las acusaciones de plagio y el «préstamo» de ideas de una variedad de fuentes. [5]

Al ofrecer una versión diluida y más accesible, aunque distorsionada, de las enseñanzas teosóficas, los Ballard apelan a tipos de buscadores devocionales, aquellos que buscan un camino fácil hacia el crecimiento espiritual que involucra una variedad de afirmaciones, prácticas devocionales y de gratitud, y oraciones y mantras diseñados para conducir a un cambio positivo. Desde el punto de vista de Alice Bailey, o incluso desde el punto de vista de numerosos líderes espirituales y religiosos, no existe un camino tan fácil.

YO SOY fue un movimiento carismático, y su popularidad planteó una dificultad para Alice Bailey. El movimiento giró en torno a la representación de Ballard de los Maestros de la Sabiduría, o más bien a su tergiversación engañosa. Nombrar a los miembros de la Gran Hermandad Blanca «Maestros Ascendidos», un término que connota seres desencarnados más allá de la sexta iniciación, y que uno de ellos supuestamente posea a Ballard en su propia mesa, no solo es ridículo desde una perspectiva teosófica tradicional, sino que trae toda la noción de una Jerarquía Espiritual en descrédito. Peor aún, los Ballard prometieron a sus seguidores que para ellos también la ascensión era posible, por supuesto, siguiendo la voluntad de los Ballard. La palabra «ascendido» ha chocado con los estudiantes serios de la Sabiduría Eterna desde entonces.

En *The Rays and The Initiations* (Los rayos y las iniciaciones), DK es mordaz con el movimiento YO SOY en este sentido. Al discutir la evolución de la Jerarquía y la Ley de la Ascensión por medio de la cual los discípulos mayores, los iniciados en los diversos ashrams de Maestros, son elevados a un trabajo más importante, y su trabajo a su vez es asumido por discípulos y practicantes, DK comenta:

> Es esta verdad, mal interpretada y escandalosamente
> disfrazada, la que subyace a la enseñanza de los
> llamados Maestros Ascendidos, difundida por los
> líderes del movimiento «YO SOY», prostituyendo y
> derribando casi hacia el reino de la comedia barata a
> uno de los los acontecimientos más notables que han
> tenido lugar en nuestro planeta. [6]

Tal vez sea una comedia barata, pero Alice Bailey no pudo hacer nada con respecto a la producción de otros líderes y aquellos que optaron por seguirlos. Tampoco exigió ninguna lealtad a sus propias enseñanzas. Las instrucciones de DK forman parte de una amplia y diversa gama de textos espirituales y ocultos que proliferaron y siguen proliferando, llenando las estanterías de las tiendas Nueva Era. Los buscadores siempre estarán en varias etapas, dispuestos a adoptar la versión que prefieran.

Lo que le importaba a Alice Bailey era un fuerte deseo de ser considerada del más alto calibre en todos los aspectos. Con ese fin, quería que la Teosofía fuera considerada del más alto calibre como fuente de conocimiento. A diferencia de Ballard, ella no se disponía a influir en su rebaño a través de su propio carisma, sino que ella y DK se esforzaban por cambiar a toda la humanidad mediante la formación de discípulos para estar preparados para el Servicio Mundial, de la manera más seria y disciplinada. Sólo de esta manera, a su manera, florecería la Nueva Era tal como ella, tal como DK la concebía.

Los Ballard continuaron inspirando enfoques similares que surgieron en la segunda mitad del siglo XX y que se explora en un capítulo posterior, el movimiento YO SOY que influyó en una parte significativa del movimiento de la Nueva Era y sirvió, al menos en parte, para definir el terreno. Esta Nueva Era no se parecía en nada a lo que Alice Bailey tenía en mente, y hasta cierto punto ha llevado el descrédito y el ridículo a la puerta de la Teosofía y ha trivializado la Jerarquía Espiritual a los ojos de los creyentes y del público en general. De hecho, es la noción de la Gran Logia Blanca de sabios Maestros lo que sirve para definir la Teosofía, distinguiendo la corriente esotérica de otras formas de esoterismo, y este aspecto tan definitorio ha resultado en la inclusión del movimiento YO SOY en el casillero Teosófico. Con todo lo que se habla de «Maestros Ascendidos», a Alice Bailey no le habría importado la asociación duradera.

19

LA REAPARICIÓN DE CRISTO

La aceptación original de la Teosofía por parte de Alice Bailey se debió en gran parte a la cristología desarrollada por Annie Besant, que culminó en la convicción, compartida por Besant y Steiner, de que Cristo reaparecería en la tierra en un futuro no muy lejano. Con la Segunda Guerra Mundial acercándose rápidamente, los Bailey concentraron sus esfuerzos para ayudar a aprovechar o atraer energías espirituales y preparar el camino. En 1937, Alice Bailey fundó Triangles, una red de meditación organizada en grupos de tres personas que se comprometen a recitar una oración especial llamada La Gran Invocación:

> *Desde el punto de Luz dentro de la Mente*
> *de Dios*
> *Que la luz fluya hacia las mentes de los*
> *hombres.*
> *Que la Luz descienda sobre la Tierra.*
>
> *Desde el punto del Amor en el Corazón de Dios*

Que el amor fluya en los corazones de los
    hombres.
Que Cristo regrese a la Tierra.*

Desde el centro donde se conoce la Voluntad
    de Dios
Deja que el propósito guíe las pequeñas
    voluntades de los hombres –
El propósito que los Maestros conocen y sirven.

Desde el centro que llamamos la raza de los
    hombres
Que funcione el Plan de Amor y Luz
Y que selle la puerta donde mora el mal.

Que la Luz, el Amor y el Poder restablezcan el
    Plan en la Tierra. [1]

* Cabe señalar que «Que Cristo regrese a la tierra» no se refiere necesariamente a una Segunda Venida, sino más bien a la exteriorización de la Jerarquía, su apariencia exotérica o «real para nosotros» en la tierra. [2]

La Gran Invocación se emitió en una serie de estrofas entre 1936 y 1945 y sirve como mantra universal u oración mundial. Las estrofas se basan en formas de palabras antiguas. La versión de 1945 es completamente diferente en composición a sus predecesoras, pero en términos generales tiene la misma intención. [3] Esta oración es tan importante que aparece en los marcadores, volantes, postales y carteles de Lucis Trust.

Ninguna advertencia sobre la frase podría hacer una pizca de diferencia para ciertos cristianos francos. En 1987, el escritor evangélico australiano Morag Zwartz escribió *The New Age Gospel: Christ or Counterfeit* (El Evangelio de la Nueva Era: Cristo o Falsificación), un trabajo que promueve la misión de Constance Cumbey, afirmando que el llamado de Alice Bailey para el regreso de Cristo es «de hecho, una invocación del anticristo».[4] Para Zwartz, las enseñanzas de Alice Bailey representan una «religión falsa» llena de una «creencia idolátrica en los poderes espirituales de la humanidad».[5]

Una lectura abierta de la oración deja pocas dudas de que Alice Bailey y el Tibetano se mantuvieron inquebrantables del lado del amor y la luz. La Gran Invocación es un ejemplo de la práctica de creación de formas de pensamiento, que es fundamental para las enseñanzas. Fue esta práctica la que los grupos de discipulado en el Nuevo Grupo de Servidores del Mundo se encargaron de actualizar, y es este aspecto del esoterismo que Alice Bailey creía que inauguraría la nueva era:

> Un hombre ve una visión y una posibilidad. Lo reflexiona y entra entonces en el reino de la invención mental. Entonces se organiza una forma de pensamiento, ya sea la forma de pensamiento de una máquina de coser, de un partido político, de una idea económica... Mucha reflexión y cavilación eventualmente producirá un campo magnético que se volverá tan potente que entrará el deseo; entonces el sueño o la visión entra en una nueva etapa de visualización... [y] cuando los procesos del deseo se hayan desarrollado adecuadamente, la visión se precipitará sobre el plano físico. [6]

En el lenguaje de DK, las formas de pensamiento o las ideas encarnadas están imbuidas de vitalidad y propósito y se envían al mundo para completar una misión específica. [7] Son el sello distintivo del iniciado, cuyo papel es «aprehender correctamente la verdad, la información o la revelación precipitante, y luego darle un *formato* igualmente correcto para que pueda satisfacer la necesidad humana inmediata».[8] Tales formas de pensamiento deben llevar sabiduría para ayudar a lidiar con los asuntos mundiales. La sabiduría «se revela a través de ideas, contra las cuales (muy frecuentemente) milita poderosamente mucho conocimiento mundano. La mente concreta muchas veces inhibe... el libre flujo de ideas impulsadas intuitivamente; es con este libre fluir de las nuevas ideas... su correcta aplicación e interpretación, lo que determina el futuro de la humanidad y de la vida planetaria».[9]

El Tibetano no se refiere al término «idea» como un plan, objetivo o proyecto, ya que eso sería reducir la noción al plano del pensamiento. Las ideas emanan del plano intuitivo como abstracciones percibidas por la mente como impresiones. La mente superior se esfuerza por apegarse a la impresión sentida, conceptos que le darán significado. En otras palabras, envuelve la idea en un conjunto de ropa. Es una tarea delicada. El potencial de error es grande, y todas las formas de pensamiento tienen consecuencias en los tres planos del esfuerzo humano.

En el esquema de Alice Bailey, para la humanidad, la Jerarquía Espiritual es la fuente de las ideas rectoras del mejoramiento humano y planetario. Esta jerarquía funciona como un cuerpo intermediario entre la humanidad y el macrocosmos. Como se señaló anteriormente, la Jerarquía es un grupo de seres iluminados que trabajan entre bastidores. Es una forma de gobierno interno, o teocracia benigna, que opera subjetivamente.

Alice Bailey dedicó treinta años de su vida a sentar las bases para la exteriorización en los planos exteriores de este gobierno interior. Ella lo vio como una gran oportunidad para el avance espiritual de la humanidad, marcando el comienzo de una nueva era de luz, amor y paz. Ella afirma que desde 1925, en una fase de intervención divina, la Jerarquía ha estado derramando la energía del amor espiritual y tratando de inculcar relaciones correctas en un esfuerzo por estimular a la humanidad a dar el siguiente salto evolutivo hacia el reino de Dios. Solo que hay otras fuerzas en juego, impidiendo deliberadamente el flujo evolutivo, fuerzas atraídas por la materia y la preservación de la forma, un antiguo vórtice de odio y venganza que es altamente resistente al cambio, avivando aún más el odio, la crueldad y el miedo. Estas son las fuerzas materialistas o «involucradoras» que, en la humanidad, se han cargado de cualidades psicológicas negativas. Escribiendo a través de la preparación y promulgación de la Segunda Guerra Mundial, Alice Bailey vio a través de la lente de su cosmovisión esotérica, la necesidad de una tremenda redirección de la voluntad humana para superar estas fuerzas. Sufrió mucho durante el período de guerra, muy sensible a los horrores de esa guerra.

Estaba convencida de que el derramamiento de energías espirituales que estimulaban a la humanidad eran una preparación para la reaparición de Cristo, y escribió una obra con ese título. *The Reappearance of the Christ* (La reaparición de Cristo) fue escrito en relación telepática con el Tibetano, pero a diferencia de sus textos esotéricos, el libro se lee un poco como una exposición evangélica mezclada con el milenarismo cristiano. Alice Bailey, o más bien el Tibetano, se apresura a contrarrestar la opinión. «Escribo aquí sin un espíritu fanático o adventista; No hablo como un teólogo especulativo o un exponente de una fase de ilusiones religiosas. Hablo porque muchos saben que el tiempo está maduro y que el llamado de los corazones sencillos y fieles ha penetrado hasta la más alta esfera espiritual y ha puesto en marcha energías y fuerzas que ahora no pueden ser detenidas».[10] Como cabeza de la Jerarquía Espiritual, Cristo, junto con con los Maestros de Sabiduría y sus discípulos, darán paso al Plan de Amor y Luz. La puerta al lugar donde mora el mal será sellada.

En esta obra, el Tibetano escribe sobre el surgimiento de una nueva religión mundial, «una fe universal que tendrá sus raíces en el pasado, pero que dejará en claro la nueva belleza que amanece y la futura revelación vital».[11] La nueva religión mundial se basará en: el hecho de Dios, tanto trascendente como inmanente; el hecho de la inmortalidad y la persistencia eterna; y la continuidad de la revelación y los acercamientos divinos. [12] La nueva fe combinará el cristianismo y el budismo, u Occidente y Oriente, en parte honrando los festivales de Pascua y Wesak, junto con un nuevo festival de Buena Voluntad que se llevará a cabo en la luna llena de junio. [13] Será una síntesis de religiones, una que «enfatizará la unidad y la comunión del espíritu».[14] Una nueva religión mundial que, a pesar de su reconocimiento de las ideas orientales, tiene un énfasis cristiano de raíz.

El libro de La reaparición de Cristo podría verse como la culminación de todo lo que creía Alice Bailey como una cristiana devota que nunca había renunciado a su fe. Compuesto en los pocos años transcurridos entre 1945 y su muerte en 1949, durante un período de su vida en el que estuvo gravemente enferma, la obra representa una confluencia de su vasto acervo de conocimientos teosóficos y su profunda fe en Cristo. Puede ser que como tal, con la inminente exteriorización de la Jerarquía, Alice Bailey fuera la receptora perfecta de esta efusión de sabiduría superior, capaz de recibir la revelación y transmitirla a los demás. También puede ser simplemente que, al menos en este ejemplo, ella derramó el funcionamiento de su propia mente extraordinaria. Algunos irían tan lejos como para argumentar que todas las frases cristianas en las enseñanzas de Bailey son de su propio estilo y no del Tibetano.

Distopía

A lo largo del cuerpo de trabajo de Alice Bailey hay un trasfondo poderoso, una convicción de que la humanidad se está acercando rápidamente a un precipicio escatológico y puede caer en la oscuridad y la muerte o entrar en el reino de Dios. El sentido de urgencia, siempre presente en el tono, los imperativos, la manera insistente, nace del contexto de la época en la que escribió y, sin embargo, apunta a un contexto más amplio que se evidencia hoy.

Alice Bailey se esforzó por señalar a la humanidad en la dirección de su alma. Vale la pena apreciar lo que ella quiso decir con la conciencia del alma, que involucra los principios fundamentales del amor y la sabiduría, una conciencia de la interconexión de todos y un retroceso evolutivo hacia lo Divino. También vale la pena considerar lo que se ha manifestado desde su muerte: el nuevo orden mundial del capitalismo de libre mercado que se manifiesta en una desigualdad extrema y un planeta devastado, todo en nombre del egoísmo y la codicia. A través de la lente de Alice Bailey, las fuerzas oscuras del materialismo están desenfrenadas en nuestra tierra.

Una gran parte de las instrucciones de discipulado que Alice Bailey recibió del Tibetano para el Nuevo grupo semilla fueron extraídas y cotejadas para formar Glamour: un problema mundial y hablan directamente de una de las herramientas más poderosas utilizadas para manipular la forma en que la humanidad piensa y siente.

Glamour es una nota clave de lo oculto. El mago lanza un hechizo, o balancea un reloj con una cadena de un lado a otro ante los ojos, y la mente del destinatario se nubla. Ella entra en trance. Ya no tiene el control de sus pensamientos o sus emociones. Ella está bajo el mando del mago como un autómata. En lo oculto, el poder de la mente sobre la materia es primordial. Cuando el espiritismo y la teosofía disfrutaban de un resurgimiento en las primeras décadas del siglo XX, esto formaba parte de la fascinación. Jung y sus seguidores se dieron cuenta, al igual que los psicólogos transpersonales; de repente tuvieron acceso a caminos hacia la mente que antes no conocían. A través de esta capacidad de enviar a un paciente al trance, se abrió el acceso al inconsciente, partes de la mente que hablaban en símbolos y arquetipos se reconocieron y utilizaron en la terapia.

Mientras los psicólogos estaban ocupados explorando este territorio inexplorado, Alice Bailey tenía otras preocupaciones. Lo más importante en su mente era la necesidad de contrarrestar el mal. Sabía que la práctica esotérica se utilizaría tanto con fines egoístas como altruistas. Ella vio que los mismos procesos en el trabajo en la cámara del mago, se estaban manifestando en el escenario mundial en el reino de las ideas.

En opinión de Alice Bailey, todas las ideas emanan de un plano superior. Son abstractos, flotan libremente, no pertenecen a nadie y existen en comunión unos con otros, todos sirviendo a un propósito actual en la evolución de la conciencia. El pensador humano toma una idea y la viste con lenguaje. Cuando el pensador considera la idea separadamente de todas las demás, la idea se convierte en un ideal o una ideología. Ese ideal único ocupa entonces una posición dominante en la mente, y todos los demás ideales son rechazados. El individuo se apega a su único ideal y todos los demás se vuelven erróneos. [15] Es así como la humanidad queda aprisionada en ilusiones mentales. El apego colectivo a cualquier ideal es una especie de trance masivo. La humanidad está esclavizada, encadenada en la caverna de Platón, incapaz de ver la realidad. Las consecuencias pueden ser desastrosas. [16]

Alice Bailey estaba lejos de ser la única en sentir una distopía emergente. Mientras George Orwell escribía *1984* y Franz Kafka compuso *The Trial* y *The Castle*, Alice Bailey escribió todo su trabajo en un intento de contrarrestar una nueva era oscura.

Mientras tanto, otros pensadores vivos en ese momento estaban desarrollando ideas que se unirían para formar lo que muchos argumentarían es un nuevo orden mundial, que surgió después de la Segunda Guerra Mundial y se ha estado moviendo constantemente hacia la globalización dirigida por las corporaciones desde entonces. Su forma materialista es exactamente lo que Alice Bailey estaba tratando de evitar y, a pesar de sus mejores esfuerzos, fue incapaz de detenerlo. La economía se ha convertido en un culto y esotérico, concentrando la riqueza y el poder en muy pocas manos. Este nuevo orden mundial es un anatema para el que imaginó Alice Bailey. Lo que ha surgido a través de décadas de economía de libre mercado es una forma de gobierno totalitario por parte de un grupo de élite de corporaciones egoístas con más poder que muchos estados nacionales individuales. [17]

Las organizaciones de Alice Bailey fueron diseñadas para producir una cohorte de pensadores que influirían en los asuntos mundiales a un alto nivel internacional. La primera división de DK del Nuevo Grupo de Servidores del Mundo se encargó de crear formas de pensamiento en los campos de la política y la economía que harían del mundo un lugar más justo y amoroso. La segunda división del NGSM, las mujeres y los hombres de buena voluntad, difundió panfletos con la esperanza de lograr precisamente eso, salvar el mundo.

Desafortunadamente, mientras que los grupos de discipulado aparentemente estaban ocupados tratando de co-pensar en pensamientos que ayudarían a la humanidad, los contraataques estaban trabajando implementando una estrategia paralela que resultaría asombrosamente efectiva para influir en la opinión de las masas. La propaganda fue desarrollada en la década de 1920 por, entre otros, el pionero de las relaciones públicas Edward Bernays (1891-1995), después de que muchos quedaran impresionados por el éxito de los esfuerzos de propaganda en tiempos de guerra desplegados como herramienta de reclutamiento y galvanización. Bernays vio que el enfoque también podría usarse en tiempos de paz.

Los propagandistas despliegan diversas técnicas para crear o transformar la opinión pública. En Glamour, DK identifica la facilidad con la que las masas son manipuladas a través del glamour, un término que se usa para describir la ilusión infundida de emoción, la ilusión se vuelve «asfixiante, vaga y envolvente». La ilusión crea confusión, el glamour crea un «mar de niebla».[18]

En las décadas posteriores a la Segunda Guerra Mundial, los métodos de propaganda y de manipulación del pensamiento en general se han vuelto cada vez más sofisticados. Para el propagandista, cualquier idea o concepto que amenace su status quo debe ser difundido mediante la condena y el ataque, o mediante la apropiación. En otras palabras, los propagandistas se aferran a conceptos que podrían amenazar sus metas y objetivos y los tuercen para que se adapten a ellos. El volumen de Alice Bailey sobre el glamour proporciona una lente útil a través de la cual ver a los propagandistas como magos y comprender las ilusiones que crean. Si ella y el Tibetano estuvieran escribiendo hoy, estarían entrenando a sus compañeros de trabajo en métodos de magia blanca para disipar ilusiones.

Alice Bailey vio el camino oscuro en el que se encontraba la humanidad. Se dedicó a crear una alternativa que se elevara por encima de ella, en lugar de entrar en batalla con ella en sus propios términos. En las décadas de 1930 y 1940, colocó el peso de la responsabilidad de la evolución de todo el esquema planetario en sus discípulos, quienes estaban encargados de practicar la buena voluntad y fomentar la comprensión amorosa en ellos mismos y en los demás. El verdadero objetivo de todo esfuerzo espiritual «es este despertar de la opinión pública a los derechos mundiales, a los intereses humanos inclusivos y a la cooperación internacional».[19]

Alice Bailey insistió en que sus lectores y seguidores se abstuvieran de centrarse en su propio desarrollo espiritual y se orientaran al servicio. En un panfleto compuesto para el NGSM el 30 de junio de 1940, cuando la Segunda Guerra Mundial estaba en su primer año, DK escribió: «¿Quién detendrá el progreso del egoísmo agresivo si los hombres y mujeres de buena voluntad se apoyan en su idealismo y no hacen nada? ¿Qué es práctico para justificar su esperanza o ayuda en la materialización de la idea deseada?»[20]

20

SALUD EN DECLIVE

EN 1940, ALICE TENÍA SESENTA AÑOS Y SU SALUD LE estaba fallando. Fue un año marcado por la muerte de su querida amiga y mecenas Alice Ortiz, cuatro años mayor que Alice. Habría sentido la muerte como si fuera su propia hermana, ya que Alice Ortiz seguramente debió haber cumplido este papel en su vida después de que Lydia decidiera no tener nada que ver con ella. Ortiz había apoyado a los Bailey durante casi veinte años, fue una benefactora clave y miembro del primer grupo de nueve en el proyecto DINA.

A estas alturas, Alice y Foster, junto con Mildred y su hijo, se habían ido de Stamford a favor de un apartamento en Nueva York con vista al río Hudson. Fue allí donde se sabe que Alice organizó reuniones de té para miembros de la alta sociedad de la ciudad de Nueva York, solo por invitación. Las reuniones se llevaron a cabo a lo largo de las líneas de un salón, se discutieron eventos actuales y se generaron ideas para soluciones. [1] Alice Bailey ocupó una posición de eminencia entre los neoyorquinos, gozando del mismo tipo de respeto que su abuelo John Frederic La Trobe-Bateman, aunque en un campo completamente diferente. También escribió numerosas cartas a figuras influyentes en las que discutía los problemas a los que se enfrentaba la humanidad y el papel que podría desempeñar Estados Unidos, dirigiéndose a quienes ocupaban posiciones de poder, incluida Eleanor Roosevelt, con quien Alice tenía una asociación razonablemente estrecha. En una ocasión, se dice que Eleanor Roosevelt invitó a Alice Bailey al Rose Garden de la Casa Blanca. [2]

Después de que el ataque japonés a Pearl Harbor desencadenara la entrada de Estados Unidos en la guerra, Nueva York se convirtió en un puerto principal para el embarque de tropas y el envío de suministros. Nueva York también recibió la afluencia de refugiados de guerra, y la ciudad adquirió un aire militar, las calles se llenaron de militares mientras los trabajadores se movilizaban y los campos de entrenamiento militar se extendieron por toda la ciudad. Con el inicio de la participación de Estados Unidos en la guerra, los residentes aprendieron a lidiar con el racionamiento.

En medio de toda la interrupción, los Bailey y sus compañeros de trabajo continuaron con sus roles organizacionales. Entre 1939 y 1945, *The Beacon* publicó su número regular de ediciones. La revista continuó con su formato habitual, conteniendo una mezcla de piezas esotéricas con comentarios sobre los problemas de la humanidad. Los extractos de Agni Yoga aparecieron regularmente. Entre una amplia gama de colaboradores se encontraban el autor, compositor y astrólogo Dane Rudhyar; muralista, pintor y autor Auriel Bessemer (1909-86); y la pianista Evelyn Benham Bull (1897-1983), autora de *The Creative Activity: Introspective Experiments in Musical Composition* (La actividad creativa: experimentos introspectivos en composición musical) (1929). Leer la lista de contenidos se siente como entrar en otro mundo, uno en el que la guerra no estaba ocurriendo. En general, faltaba el tono urgente de los folletos e instrucciones dadas al Nuevo Grupo de Servidores del Mundo. *The Beacon* proporcionó una normalidad comercial habitual a un conjunto irregular de condiciones en tiempos de guerra.

Alice Bailey estaba decidida a no permitir que las terribles circunstancias socavaran su misión, aunque la guerra la afectó mucho, a pesar de lo sensible que estaba. Fortaleza es apenas una palabra adecuada para describir la resiliencia y determinación que mostró durante este período. Sus esfuerzos por alcanzar y sostener al NGSM, que estaban desmoralizados, resultaron onerosos. El trabajo pasó factura. Con la muerte de su principal benefactor, el fideicomiso comenzó a sufrir económicamente. Los fondos para continuar el trabajo eran escasos. Al final de la guerra, el asunto se había vuelto tan serio que en un panfleto publicado para su distribución a sus mujeres y hombres de buena voluntad en junio de 1947, Bailey escribió una larga súplica en un esfuerzo por solicitar fondos a sus seguidores, pidiéndoles que «hagan sacrificios... hasta el límite de su capacidad».[3]

Ella se negó a ser derrotada. Trabajó y trabajó duro, tal como lo había hecho toda su vida, levantándose temprano, escribiendo para el Tibetano y luego dedicando un día completo a la oficina. Sintió que no tenía elección. Su anemia perniciosa ya había debilitado su corazón, pero estaba más motivada que nunca. Su actitud se revela en la siguiente declaración, dada en septiembre de 1943:

> No me digas, como lo hizo un estudiante: «Tengo más
> de 50 años y no puedo tener fuego». Tengo mucho y
> tengo 63 años. Puedes tener fuego si lo deseas, pero solo

lo obtienes cuando tu sentido de los valores está debidamente ajustado y nada te importa excepto lo que puedes hacer bajo la inspiración de tu Alma para dar tu máxima cuota de ayuda, aunque te mate. No importa un poco si mueres. Lo que importa es que hagamos todo lo posible para satisfacer la necesidad. [4]

Ciertamente estaba dando su cuota completa. Al darse cuenta de que su vida estaba llegando a su fin, necesitaba seguir adelante con la eliminación de todo lo que el Tibetano quería que escribiera y supervisar el progreso de todos los aspectos del trabajo. Había libros y *The Beacon* para publicar, la red Triangles para promover, los conjuntos de enseñanza de la Escuela Arcana para componer y las cartas de la DINA a los discípulos para anotar. Había conferencias para dar y entrevistas privadas también.

Sus amigos y familiares organizaron sus esfuerzos para apoyarla. Ernest Suffern trabajaba como tesorero. Regina Keller ocupó su puesto editorial clave en el lado editorial y trabajó en estrecha colaboración con los estudiantes avanzados de la Escuela Arcana. Foster estuvo a cargo del Nuevo Grupo de Servidores del Mundo, entre otras funciones. Por ahora, su hija Mildred, que se acercaba a los treinta años, estaba ayudando, asumiendo el papel de preparar los juegos de lectura para Men of Goodwill. [5]

Mildred, conocida cariñosamente como Billy, se convertiría en directora de Men of Goodwill durante varios años. Demostrando que el movimiento de buena voluntad era más que palabras, también participó activamente en la rehabilitación de los niños refugiados al final de la guerra. [6]

En ese momento, Lucis Trust ocupaba los dos pisos superiores de Salmon Tower, con las oficinas de la Escuela Arcana y la sala de meditación en el piso superior y las otras oficinas, incluido Men of Goodwill y la biblioteca debajo. [7]

Como si no tuviera suficiente que hacer, en Nueva York de 1943 a 1946, en un intento por entregar con éxito la Escuela Arcana después de su muerte, Alice Bailey daba charlas los viernes por las noches a estudiantes avanzados seleccionados de la Escuela Arcana que eran todos miembros del Grupo de la Sede, trabajaba «en conexión con los cuatro grupos de meditación», dirigía uno de los grupos, era responsable de que salieran los papeles, o manejaba grupos de estudiantes. [8] Todos los treinta participantes tenían un papel que desempeñar en el liderazgo de la escuela. Alice enfatizó que tal liderazgo emanaba del grupo y no de sus miembros individuales. «La Escuela estará a la altura de su destino si este grupo se mantiene unido como una unidad en todo el trabajo que ha emprendido...». [9] Estuvieron presentes, entre otros, Foster Bailey, Regina Keller, Florence Garrigue, Ernest Suffern y Marian Walter. El comentario de Alice Bailey, que lleva el subtexto de su opuesto, una situación en la que prevalece la desunión del grupo, fue profético.

Había dos objetivos más detrás de las conversaciones. En primer lugar, Alice Bailey quería avanzar en el trabajo del Nuevo Grupo de Servidores del Mundo formando un verdadero grupo esotérico y, en segundo lugar, quería explorar formas de promover las enseñanzas de la propia Escuela Arcana. «Quiero que este grupo sea un puesto de avanzada de la Jerarquía. Quiero que sea nuestra réplica imaginativa del ashram de un Maestro... Los Maestros no están interesados en discípulos individuales; solo les interesan los grupos, y luego de estos grupos, reúnen personas que estarán en su ashram». [10]

La idea era desarrollar el espíritu del grupo. Cada charla involucró a Alice Bailey presentando material para discusión, mucho del cual se publicó más tarde en Los rayos y las iniciaciones, el volumen final de Tratado sobre los siete rayos. A pesar de desear un grupo que no necesitara un líder, las transcripciones de las charlas indican que los miembros del grupo buscaban en ella la confirmación de sus ideas, y ella estaba en el centro de todo.

Las preocupaciones por la Escuela Arcana y cómo progresaría en el futuro después de su muerte, permanecieron en la mente de Alice Bailey. En 1944, comenta: «La razón por la que hablo de la Escuela es porque la Escuela debe ser una expresión de lo que sucede en esta reunión, porque este es el grupo más importante de la Escuela, desde el punto de vista espiritual, quiero decir».[11] Continúa expresando preocupaciones sobre el calibre de los secretarios o comentaristas de los trabajos de los estudiantes, y su capacidad para responder espiritualmente y no exotéricamente. Basándose en esta preocupación, hizo que Alan Murray, un compañero de trabajo en la sede de Tunbridge Wells, enviara «a todas las secretarias de la Escuela Arcana en Gran Bretaña una declaración sobre lo que él consideraba sus debilidades y sus fortalezas».[12] Ella notó la diferencia entre los discípulos Roberto Assagioli y Eugene Cosgrove, quienes habían ingresado a la escuela y ya habían establecido sus propios grupos espirituales, en comparación con aquellos que estaban dando sus primeros pasos.[13]

Alice Bailey quería formar un grupo de secretarios con un papel de supervisor para supervisar a los cien secretarios de la escuela en todo el mundo. «Mi pesadilla es que tendríamos un grupo estático de secretarios y nos estableceríamos en un grupo cristalizado. Lo haremos si no nos mantenemos fluidos y nos volvemos esoteristas nosotros mismos. ¿Cómo podemos pretender que es una escuela esotérica si nosotros mismos no somos esoteristas?» [14]

Tenía dudas sobre el progreso de los estudiantes y expresó la necesidad de ir más allá de la meditación hacia estados de contemplación en los que se pierden la autoconciencia y las preocupaciones por uno mismo. [15] Que de alguna manera, la escuela tenía estudiantes avanzados hasta ahora, pero no lo suficiente. «Simplemente no sé cuánto tiempo tengo. ¿Quién de todas las personas que hemos ido formando en la Escuela es un esoterista que pueda seguir? ¿Quién es un verdadero esoterista? ¿Cómo vas a medir a un esoterista? ¿Cómo sabemos qué constituye un esoterista?». [16] En el mismo comentario, afirma que le había preguntado lo mismo a su compañero de trabajo Alan Murray, a quien había señalado como candidato potencial para dirigir la escuela. Ella no proporcionó su respuesta.

Ella era muy consciente de que la Escuela Arcana enseñaba información oculta y daba consejos sobre cómo meditar para desarrollar la conciencia del alma y, de hecho, era una escuela metafísica altamente espiritual, pero faltaba algo. No era, todavía, una escuela esotérica. «Me imagino que si escucháramos una declaración real sobre la naturaleza de una escuela esotérica, sentiríamos que no sabíamos nada; nos asombraría nuestra falta de percepción». [17] Ella estaba empujando al grupo más allá de la conciencia del alma hacia ese mayor logro de la conexión espíritu-alma, uno receptivo a la voluntad y el propósito espirituales. También vale la pena señalar que Alice Bailey emplea un lenguaje inclusivo a lo largo de las charlas, refiriéndose a «nosotros», velando sus propias habilidades esotéricas que pueden o no reflejarse en sus comentarios.

A pesar de sus mejores esfuerzos, la cuestión de quién dirigiría la Escuela Arcana y cómo, se negaba a resolverse. La salud de Alice ya estaba en rápido declive. Recibió transfusiones de sangre mensuales administradas por Foster bajo la supervisión de su médico. [18] Al comienzo de su charla del 5 de noviembre de 1943, menciona que tuvo insuficiencia cardíaca la semana anterior. [19] En mayo de 1945, Foster dirigió la charla semanal y afirmó que Alice había tenido un ataque cardíaco leve y estaba recibiendo transfusiones de sangre para aumentar su recuento sanguíneo. [20]

En una charla que dio Alice Bailey en abril de 1945, Florence Garrigue pregunta: «¿Qué forma de simplificación adoptará este grupo a medida que se vuelve más unificado?» Alguien responde: «Más trabajo y menos conversación». Entonces Alice dice irónicamente: «Por lo que puedo ver, se trata principalmente de hablar y no de trabajar».[21] Las charlas semanales fueron una decepción y Alice Bailey perdió interés o se enfermó demasiado para continuar. Además, otra vía para avanzar en las enseñanzas había llamado su atención.

Ese abril, el Tibetano pronunció la estrofa final de la Gran Invocación e invitó a sus discípulos a usarla a diario, tantas veces como pudieran. [22] Franklin Roosevelt había fallecido en el mismo mes. En junio, la Conferencia de San Francisco estaba en pleno apogeo y cincuenta naciones firmaron la Carta de las Naciones Unidas el 26 de junio, y Polonia la firmó dos meses después. Las charlas que Alice dio a su grupo de cuartel general en ese momento contienen mucha discusión sobre el final de la guerra y las esperanzas para el futuro, y mucha tristeza por la muerte de Franklin Roosevelt.

Al final de la Segunda Guerra Mundial, Alice Bailey, como muchos otros de su época, anhelaba una mejor gobernanza mundial. Estaba angustiada por la guerra, profundamente afectada por el sufrimiento que veía y horrorizada por las naciones agresoras, a las que a menudo describía como «agentes de la Logia Negra».[23] En respuesta, argumenta la necesidad de un nuevo orden mundial, uno que satisfaga:

> *la necesidad inmediata* y no ser un intento de satisfacer una visión distante e idealista... [uno] apropiado para un mundo que ha pasado por una crisis destructiva y para una humanidad que está gravemente destrozada por la experiencia... [uno] basado en el reconocimiento de que todos los hombres son iguales en origen y meta, pero todos se encuentran en diferentes etapas de desarrollo evolutivo; que la integridad personal, la inteligencia, la visión y la experiencia, más una marcada buena voluntad, deben indicar liderazgo. [24]

Alice Bailey y el Tibetano abogaron por la igualdad de oportunidades para todos, la libertad y autonomía individual, la erradicación de la pobreza, los derechos soberanos de todas las naciones, una educación universal, recursos compartidos, distribuidos equitativamente y el desarme.[25] Ambos se sentaron firmemente del lado de la democracia social a escala global. Escribiendo a fines de la década de 1940, el Tibetano afirma:

> El socialismo puede degenerar en otra forma de totalitarismo, o puede ser más democrático que las expresiones actuales de democracia. Estos temas surgirán claramente en Gran Bretaña, donde el punto de vista socialista está ganando terreno entre las masas, pero que en la actualidad es una mezcla de nacionalización de los servicios públicos y libre

empresa, una combinación que puede tener verdadero valor, si se mantiene. [26]

No existió un ancla externa para estas reflexiones hasta la fundación de las Naciones Unidas el 24 de octubre de 1945 en San Francisco, cuando se ratificó su carta. La formación inminente de la organización internacional proporcionó un nuevo enfoque. A partir de entonces, en los últimos cuatro años de su vida, Alice Bailey dirigió a sus alumnos y compañeros de trabajo hacia ella.

Alice Bailey no había tenido aspiraciones equivalentes con respecto a la Sociedad de Naciones. En *Telepathy and the Etheric Vehicle* (Telepatía y el vehículo etérico), el Tibetano afirma que la liga anterior fue el resultado de una idea de «unidad mundial en el ámbito de la política» que tuvo el Maestro Serapis, quien se la pasó al Maestro Jesús, quien se la presentó a su grupo de discípulos, la idea finalmente se registró en el cerebro del coronel House, quien luego se la pasó a Woodrow Wilson. [27] En 1945, describe la Liga de las Naciones como «un esfuerzo fallido, bien intencionado pero relativamente inútil».[28] Por implicación, la idea de las Naciones Unidas provino de la Jerarquía.

Que Alice Bailey respaldara a las Naciones Unidas es comprensible. La organización tenía el potencial de ser coherente con su ethos espiritual, al tiempo que ofrecía un medio para prevenir otra guerra mundial. Las leyes internacionales obligarían a los estados nacionales a ajustarse a normas más estrictas y los derechos humanos serían de suma importancia.

La Declaración Universal de los Derechos Humanos fue proclamada por la Asamblea General de las Naciones Unidas el 10 de diciembre de 1948. La impulsora de la declaración fue Eleanor Roosevelt, entonces presidenta de la Comisión de Derechos Humanos de las Naciones Unidas. Es justo sugerir que detrás de Eleanor, emitiendo pensamientos de aliento en la correspondencia y las meditaciones, sin duda habría estado Alice Bailey. [29]

Había, por fin, la esperanza de un mundo fundado en la unidad, la buena voluntad y las relaciones justas:

> Las Naciones Unidas, con todas sus fallas, limitaciones, debilidades y nacionalismos, están enfocando el conflicto entre el Morador y el Ángel, y... poco a poco y con decisión echando el peso de su esfuerzo y aspiración del lado del Ángel... Así son haciendo por el pensamiento cada vez más claro del público en general de todas las naciones, unidas para conquistar las tres Potencias del Eje, por su creciente habilidad para concebir ideas en términos del todo, en términos de un orden mundial deseable o federación, y su capacidad de discriminar entre las Fuerzas de la Luz y la potencia del mal o materialismo. [30]

En 1947, Alice Bailey escribió *Problems of Humanity* (Problemas de la humanidad), un pequeño volumen compuesto por ella misma que contiene siete folletos compuestos entre octubre de 1944 y diciembre de 1946 en los que ofrece soluciones a los problemas del mundo. En el folleto final, habla de la unidad mundial «que se basa en la buena voluntad simple y en la interdependencia cooperativa», y señala que dado que no existe un «consejo de perfección para dar al mundo o cualquier solución que brinde un alivio inmediato», las Naciones Unidas «*deben* ser apoyadas; todavía no hay otra organización a la que el hombre pueda aspirar».[31]

The Destiny of the Nations (El destino de las naciones) contiene una descripción de los problemas que enfrentan las Naciones Unidas desde una perspectiva esotérica. El Tibetano afirma que el «verdadero problema de las Naciones Unidas es doble: involucra la correcta distribución de los recursos del mundo para que pueda haber libertad contra la miseria, e involucra también lograr una verdadera igualdad de oportunidades y de educación para todos los hombres en todas partes».[32]

Para Alice Bailey, las Naciones Unidas eran un vehículo de buena voluntad. Hizo un llamado a esas mujeres y hombres de buena voluntad en su NGSM, alentándolos a ayudar a «restaurar la confianza mundial» y «educar a las masas en los principios y la práctica de la buena voluntad».[33]

Una sombra se cernía a pesar de las buenas intenciones de las Naciones Unidas. En abril de 1942, Alice Bailey reconoció las dificultades que enfrentaban las Naciones Unidas cuando las naciones seguían sus deseos individuales en lugar de seguir «una voluntad espiritual organizada».[34] Curiosamente, las Naciones Unidas fueron nombradas, tres años antes de su existencia.

En las últimas secciones de Los rayos y las iniciaciones, el Tibetano expresa su preocupación por el movimiento sionista y la formación de Israel. [35] «El sionismo hoy representa la agresión y el uso de la fuerza, y la nota clave es el permiso para tomar lo que quieras, independientemente de otras personas o de sus derechos inalienables. Estos puntos de vista están en contra de la posición de los líderes espirituales de la humanidad».[36] El Tibetano continúa en la misma vena antisionista con:

> Los líderes del movimiento de agresión sionista constituyen un peligro real para la paz mundial y el desarrollo humano y sus actividades han sido avaladas por la política de conveniencia de los EE.UU. y, en un grado secundario, por Gran Bretaña, bajo la influencia de los EE.UU. Es los sionistas que han desafiado a las Naciones Unidas, rebajado su prestigio y hecho su posición negativa e insignificante para el mundo. [37]

Comentarios polémicos que han inflamado las acusaciones de antisemitismo. En los mismos pasajes, DK es crítico con la orientación comunista de Rusia, condenando las libertades de los individuos bajo, no una auténtica forma comunista de hermandad como la retratada en los escritos de Lenin y Marx y con la que no tuvo problemas, sino un grupo de ambiciosos y hombres malvados. Un panfleto de abril de 1948 comenta las dificultades que surgieron después de que las Naciones Unidas «comprometieran sus principios y admitieran a Rusia antes de que las demás naciones tuvieran la oportunidad de unirse en reformas económicas, reorganización nacional y de grupos regionales».[38] Para DK, tanto la forma rusa de comunismo como el sionismo eran manifestaciones de las fuerzas del mal.

En junio de 1947, en un panfleto titulado «Preparación para la reaparición de Cristo», quedan claras las frustraciones con el progreso de las Naciones Unidas. Después de presentar los muchos obstáculos para la reaparición de Cristo, el Tibetano afirma:

> Las Naciones Unidas están ocupadas con demandas

> rapaces de todos lados, con la pesca de las naciones por
> el lugar y el poder, y por la posesión de los recursos
> naturales de la Tierra (carbón, petróleo, etc.) y también
> con las actividades clandestinas de la grandes Potencias
> y de los capitalistas que todas ellas crean. [39]

A pesar de los problemas obvios que surgieron poco después de su génesis, si surgiera una nueva religión mundial fundada en principios esotéricos, y la Jerarquía se exteriorizara, entonces la única esperanza para la humanidad se encontraría en la ONU, una organización capaz de manifestar las más altas aspiraciones de la humanidad. Lo poco dicho en el corpus de Bailey fue suficiente para dirigir a los estudiantes, compañeros de trabajo y seguidores a partir de ese momento a su arena.

Al final de la guerra, Alice se enfermó gravemente. En los últimos tres años de su vida, su «condición cardíaca y sanguínea» se había deteriorado dramáticamente y, en su mayor parte, estaba postrada en cama.[40] Aún así, ella persistió. Después de la guerra, se dio a la tarea de restablecer sus redes globales. Cuando se devolvió la casa de Broadwater Down en 1947, Alice y Foster Bailey cruzaron el Atlántico para asistir a la conferencia anual de la Escuela Arcana. Harían el viaje dos veces más, incluso en 1949, el año de la muerte de Alice Bailey.

En 1947, el corredor de seguros y compañero de trabajo Frank Hilton, una figura clave tras el fallecimiento de Alice, llegó a la sede de Nueva York donde trabajaba como educador. Se convertiría en vicepresidente de Lucis Trust de 1952 a 1956. [41]

En julio de 1949, Alice Bailey escribió una carta a todos los que estaban en su lista de correo. Para entonces, pasaba gran parte de su tiempo en el Hospital Roosevelt, donde recibió numerosas transfusiones de sangre y, entre ellas, siguió escribiendo para el Tibetano, anotando las ideas en forma abreviada y luego escribiéndolas en su totalidad, una tarea que recayó en ella, dice, debido a su taquigrafía ilegible confesa. Sobre todo, escribe sobre la rápida expansión de la obra en la posguerra:

> Cuando terminó la guerra, descubrimos que nuestro trabajo había crecido numéricamente en Holanda, Bélgica, Italia, la Suiza alemana y Gran Bretaña, a cuyo último país afortunadamente pudimos servir durante la guerra desde Nueva York. Descubrimos también que los pocos estudiantes en Francia, Polonia y Rumania todavía aguantaban; se pusieron en contacto con nosotros a los pocos meses del final de la guerra.

> Desde entonces, el crecimiento del interés en todas las tierras ha aumentado fenomenalmente; los trabajadores en Europa apenas saben cómo hacer frente a la situación. Estudiantes de todos los países se unen diariamente a la Escuela Arcana. El trabajo en Alemania y Austria (que era bastante insignificante antes de la guerra) ahora es tan grande que la sección de habla alemana promete ser, relativamente, la más grande que tenemos... El Congo Belga se está abriendo y Liberia también; el trabajo en Egipto y en Grecia está creciendo rápidamente y estamos inundados de llamamientos para los libros del Tibetano, para el trabajo de la Escuela Arcana y para las Actividades de Servicio. [42]

Esta carta tiene más de cinco mil palabras. La sede de Lucis Trust en Nueva York se enfrentaba a una grave crisis financiera. Se necesitaba cumplir con la formación de cuatrocientos estudiantes de la Escuela Arcana de cuarto grado, junto con los de tercer grado. Había una «demanda enfática» de libros en idiomas extranjeros y no había dinero para imprimirlos. Ella escribe sobre la gran carga de trabajo, la falta de secretarios y la extrema necesidad de fondos para atender todos los aspectos del trabajo, incluidos los fondos tan necesarios para el franqueo y la impresión. Ella detalla cuán duro trabajó Foster y su hija Mildred, cuya salud no era buena y, sin embargo, como su madre, siguió adelante. «En 1947, [Mildred] estuvo en cama durante casi seis meses, pero trabajaba constantemente todo el tiempo, a veces desde las 5 a. m. en adelante».

En una carta a Mildred, «mi amada Billie», escrita el 20 de abril de 1949, cuando Alice y Foster se hospedaban en Broadwater Down para la conferencia de la Escuela Arcana, Alice habla de comer carne, algo que había hecho por su salud, cuando ella podría conseguirla, y de beber cerveza inglesa. Se queja del ama de llaves, la señorita Burgoyne, «una vegetariana estricta [que] come lechuga con un aire de superioridad», y de su decisión de despedirla y conseguir «una cocinera y no una dama de ayuda, sentada sobre un pedestal dorado». Estos comentarios, sin filtrar, son una rara visión de la personalidad de Alice Bailey, comentarios que se repiten en algunos de los pasajes de su autobiografía. Ella nunca pudo soportar los «aires de superioridad».

Ella escribe sobre las luchas de Ellison con su salud (tenía flebitis, problemas de tiroides y cardíacos) y sobre el racionamiento y la escasez en la Gran Bretaña de la posguerra. En una carta a Mildred de Foster enviada unos días después, menciona «los tirones», un síntoma de anemia perniciosa, y la medicación que tomaba Alice para ayudar a prevenirlos. Alice también había sufrido otro ataque al corazón.

Mientras tanto, Alice todavía estaba tomando notas de las cartas de DK a los discípulos que se abrieron paso en el segundo volumen de Discipulado en la Nueva Era. Estaba trabajando en *The Labours of Hercules* (Los trabajos de Hércules). El Tibetano quería que ella escribiera su traducción del *Bhagavad Gita*, algo que ella «tenía muchas ganas de hacer» antes de morir. También acababa de comenzar a escribir su autobiografía. Siempre modesta, escribe: «Odio las autobiografías, pero es inevitable que mi biografía se escriba después de mi muerte, y no quiero que se escriba ninguna biografía elogiosa sobre mí; el valor de mi vida radica en el hecho de que he sido simplemente una niña común, trabajadora de la Iglesia, madre y trabajadora del hogar, y sentí que podía animar a otros a hacer lo que yo he tratado de hacer, y me he esforzado tanto por hacer».[43]

Alice Bailey falleció en Nueva York durante la tarde del jueves 15 de diciembre de 1949 con su esposo Foster Bailey junto a su cama. Entre las últimas palabras que le dijo a su esposo se encuentran:

> «Tengo mucho por lo que agradecer. He tenido una vida viva y plena. tantas personas en todo el mundo han sido tan amables conmigo».[44]

FOTOGRAFÍAS

Casa Castramont (foto, M J Richardson /
Castramont y Rusko Castle / CC BY-SA 2.0)

Alice Bailey, 1908 (foto cortesía de Rose Bates)

Residencia de Alice y Walter Evans, 1912. (foto www.reedley.com)

Alice Bailey, década de 1920 (foto cortesía de Steven Chernikeeff)

Alice Bailey y Ellison, 1922 (foto cortesía de Rose Bates)

Foster Bailey, 1917. (foto cortesía de Rose Bates)

Alice Bailey con Dorothy, Ellison y Mildred, 1920. (foto cortesía de Rose Bates)

Alice y Foster Bailey, 1932. (foto cortesía de Rose Bates)

Casa Shanti, Ascona, 1931. (foto cortesía de Rose Bates)

Foster Bailey trabajando en Casa Shanti, 1932. (foto cortesía de Rose Bates)

Foster Bailey, Olga Frobe, Violet Tweedale y Zorab, 1931. (foto cortesía de Rose Bates)

Alice Bailey, Mme Lorsa y M. Meyer Willing, Ascona, 1931. (foto cortesía de Rose Bates)

Alice Bailey, Ellison Bailey, Dr Keskar, Ascona, 1931. (foto cortesía de Rose Bates)

Olga Frobe, Ascona, 1931. (foto cortesía de
Rose Bates)

Alice Bailey con su nieto Gordon, 1936. (foto cortesía de Rose Bates)

Foster, Alice, Gordon y Mildred, 1937. (foto cortesía de Rose Bates)

Gordon y Mildred Pugh, retrato 1942 (cortesía de Rose Bates)

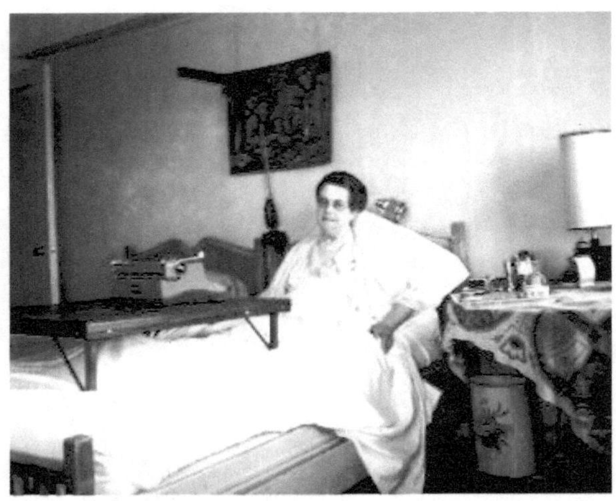

Alice Bailey, 1949, en el trabajo poco antes de su muerte. Antes de su propia muerte, su nieto Gordon Pugh deseaba que se mostrara esta foto, ya que retrata la dedicación y el sacrificio de Alice Bailey. (foto cortesía de Rose Bates)

Florence Garrigue, Norma Artus, Clara Weiss, Margaret Schaeffer, Regina Keller, Ellen Schwarz, Helen Hillebracht, Frank Hilton y Hilda Hilton, 1957. (foto cortesía de la Escuela de Estudios Esotéricos)

*Frank Hilton, 1957. (foto cortesía de la Escuela
de Estudios Esotéricos)*

B P Wadia, Alice Evans y Foster Bailey, 1 de febrero, 1920 (foto cortesía de Lucis Trust)

Foster Bailey, 1922 (foto cortesía de Lucis Trust)

38 Broadwater Down, parte trasera, década de 1940 (foto cortesía de Lucis Trust)

Foster y Mary Bailey, década de 1960 (foto cortesía de Lucis Trust)

Mary Bailey, décadas de 1970/80 (foto cortesía de Lucis Trust)

FRAGMENTACIÓN Y CURACIÓN

21

APLICANTES EN EL PORTAL

Después de la muerte de Alice, el funcionamiento de Lucis Trust se convirtió en un caos considerable. La cohorte de colaboradores encargada de continuar la obra de manera unida se volvió contra sí misma y la organización se dividió. La falta de la necesaria cohesión de grupo en el Nuevo Grupo Semilla, cohesión que permitiría al grupo adoptar un papel de liderazgo colectivo, resultó ser muy problemática. En enero de 1949, en una de sus charlas a sus discípulos, el Tibetano afirma:

> El historial anterior de este grupo en el trabajo efectivo
> y constante no incitaría a A.A.B. tener mucha
> confianza en su liderazgo. No ha demostrado la
> capacidad de un grupo organizado para tomar un
> trabajo que incorpore una u otra de mis empresas
> espirituales sugeridas y trabajar juntos de manera
> efectiva para su promoción. ¿Qué han hecho *como*
> *grupo* para ayudar al trabajo del Triangle o al trabajo de
> Buena Voluntad, o para lanzarse exitosamente detrás
> del trabajo de la Escuela? Hay muchos fuera del Grupo

> Nueva Semilla que han hecho una tarea más
> consagrada y desinteresada que ustedes, aunque hay
> algunas excepciones. Pero, hermanos míos, de
> cincuenta y uno, ¡¡qué pocos!! [1]

Fue por esta razón que el Tibetano y Alice dejaron a cargo a Foster. «Cuando A.A.B. fallezca dejará la Escuela Arcana y, con mi total aprobación, todas las demás actividades en manos de F.B. Dejará también, en los departamentos, hombres dedicados que seguirán asumiendo, en cuanto les corresponda, la dirección de la obra, en consulta con F.B».[2]

Foster no tuvo más remedio que tomar el control total de la organización. No quería la carga adicional de la Escuela Arcana, pero sintió que no tenía más remedio que hacerse cargo de eso también porque, por lo que sabía, no había quedado nadie más para dirigirla. Debía supervisar todos los aspectos del fideicomiso, incluida la publicación de libros futuros, la continuación de una edición mensual de la revista *The Beacon*, el trabajo de Triangles y Men of Goodwill. Tuvo que hacer todo eso mientras lamentaba la pérdida de su esposa y compañera. Estaba exhausto física, emocional y mentalmente por la carga de cuidar a Alice durante años en su estado inválido y permitir que el trabajo continuara. El cuidador a menudo se pasa por alto en tales situaciones.

En 1950, Foster se retiró a la sede de Tunbridge Wells para recuperarse. Su futura esposa, Mary, lo encontró en una «condición física seriamente debilitada».[3] Dejó atrás un núcleo de colaboradores leales que ya estaban a cargo de varios aspectos del trabajo. Regina Keller y Frank Hilton eran eminentemente capaces. Al igual que Barbara Amos, responsable de la obra británica. La hija de Alice, Mildred, siguió desempeñando un papel clave en el trabajo de Men of

Goodwill. Foster también dejó a Mildred y a su hijo Gordon en el apartamento de Nueva York.

Mildred se había dedicado al trabajo de su madre desde el principio, dirigiendo el programa de divulgación Men of Goodwill y organizando giras de conferencias europeas y charlas. También estuvo muy involucrada en la rehabilitación de la posguerra de niños y veteranos en Nueva York, acercándose a dignatarios y actores, de hecho, cualquiera en el circuito de la sociedad que ella pensó que respondería favorablemente y ayudaría.

En apoyo de Men of Goodwill, Mildred ya había producido una serie de conjuntos de estudio bien presentados de unas doce páginas mecanografiadas cada uno, que incluyen: El desafío y la oportunidad de la buena voluntad, La buena voluntad como la ciencia de las relaciones, El trabajo de la buena voluntad como aventura en el liderazgo y La buena voluntad como el factor dinámico en los asuntos humanos. El objetivo era ampliar la forma de pensamiento de buena voluntad con ideas y argumentos diseñados para atraer y convencer al público. [4] En una carta a Mildred fechada el 25 de abril de 1949, Foster Bailey elogió de todo corazón su Men of Goodwill Study Set II. «Estoy más confiado y feliz y miro con más entusiasmo el futuro del trabajo de Buena Voluntad bajo su liderazgo que nunca antes».[5] Un fuerte respaldo con un poderoso subtexto. Al momento de escribir, ambos sabían que su madre se estaba muriendo. Y que Mildred había sido elegida para hacerse cargo de Men of Goodwill.

Continuó dirigiendo Men of Goodwill, pero ha salido a la luz que algunas tensiones con Foster dieron como resultado que incorporara a Men of Goodwill como una entidad separada que ya no estaba bajo los auspicios del fideicomiso y, por lo tanto, quedó aislada de cualquier asistencia financiera. Ella incorporó Men of Goodwill en enero de 1951. [6] Cualquier problema que surja entre Mildred y Foster durante este tiempo debe verse a la luz de la enorme tensión bajo la que ambos estaban. La correspondencia por carta a través del Atlántico habría exacerbado la discordia.

Surgieron problemas en el funcionamiento de Men of Goodwill a partir de entonces debido a la continua y grave falta de fondos en ese período de posguerra y, por diversas razones, Mildred se retiró. [7] Foster, que aún trabajaba en la sede de Tunbridge Wells, luego continuó con el trabajo de buena voluntad bajo el nombre de World Goodwill. La primera referencia a World Goodwill aparece en el folleto de abril de 1948 incluido en La exteriorización de la jerarquía. [8] Presumiblemente, esto explica el nuevo nombre.

El despido efectivo, aunque no intencionado, de Mildred habría enviado una onda a través de la sede de Nueva York, donde todos se vieron obligados a aceptar la ausencia de Alice y la presencia de Foster, remotamente al mando. A pesar de que todos estuvieron preparados durante mucho tiempo para su fallecimiento, la muerte de Alice dejó a sus compañeros de trabajo y familiares más cercanos afligidos y privados de un líder y una figura decorativa. De repente, todos tuvieron que deferir a Foster, quien tenía una personalidad diferente a la de su difunta esposa. Algunos, como Mildred, encontraron difícil trabajar con él. Sin embargo, en palabras de su futura esposa Mary Turner, «toda su vida fue un rebelde, poco convencional, inconformista, dulcemente irrazonable a veces pero siempre indescriptiblemente dulce, un verdadero discípulo en el más puro sentido humano y jerárquico».[9] Estos términos sinceros de cariño, escritos décadas más tarde, fueron sin duda una defensa de su esposo.

La grave falta de fondos siguió eclipsando el fideicomiso, lo que aumentó considerablemente la tensión mental y emocional de todos los que trabajaban en la sede. No había dinero para contratar secretarios que se ocuparan de la creciente carga de trabajo. Los compañeros de trabajo continuaron lo mejor que pudieron, pero el único asunto pendiente que no se había abordado antes de la muerte de Alice, quien dirigiría la Escuela Arcana, resultó ser un polvorín.

Incluido en la edición de agosto de The Beacon, hay un discurso que Foster dio en el Banquete de la Conferencia Anual de la Escuela Arcana, Nueva York, en mayo de 1950, titulado «La Escuela Arcana: Sus orígenes y propósitos esotéricos», un discurso también publicado en La Autobiografía inconclusa. En su discurso, Foster destaca la importancia de la escuela y las intenciones de Alice Bailey detrás de ella. Cabe destacar que afirma: «Tanto A.A.B. y el Tibetano han declarado definitivamente que después de que ella muriera Él no continuaría funcionando a través de ningún otro canal como lo hizo con ella, y ella no está intentando controlar la Escuela Arcana o dirigir sus asuntos, ni ninguna de las actividades del servicio por medio de mensajes de cualquier clase o tipo».[10] Sus comentarios parecen mordaces, quizás una censura velada, y ciertamente sirven como prefacio a lo que sigue.

La falta de un sucesor de la escuela provocaría dos cismas y algunas tensiones dentro de la comunidad de Alice Bailey, cismas que continúan hasta el día de hoy. En enero de 1949, DK se dirigió al Nuevo Grupo Semilla sobre el tema del liderazgo, instando a los participantes a dejar de hablar de reorganización, ya que «perturbaría inmediatamente el actual organismo que funciona sin problemas», y pidió el fin de «toda charla sobre jefes ejecutivos, de responsabilidad asumida».[11]

Alice había dado sus charlas semanales durante más de tres años con la esperanza de que surgiera alguna solución al problema del liderazgo. No lo hizo. En palabras de Foster:

> Alice hizo dos intentos fallidos de encontrar y entrenar a su sucesor para dirigir la Escuela Arcana. Por lo tanto, la carga recayó sobre mí, aunque nunca había estado en mi agenda. Solo tenía que hacer lo mejor que podía, y finalmente salimos adelante. Un trabajador de la sede estaba amargamente decepcionado. Pensó que tenía derecho al trabajo, pero Alice no se arriesgaría. Tuve que luchar, pero me alegro de que ella haya tomado esa decisión. Hay una gran diferencia entre una Escuela glorificada del camino probatorio con matices de vejez y una Escuela esotérica de discipulado con matices de nueva era. [12]

La mujer a la que se refiere Foster es Marian Walter. Amiga de la familia y miembro mayor de la escuela, Walter había estado ayudando a organizar los papeles para un programa de entrenamiento de cuarto grado que Alice Bailey había llamado los Solicitantes en el Portal, un grupo formado para permitir que los discípulos pasaran por la segunda y tercera iniciación y prepararse para la iniciación grupal, un proceso que el Tibetano deseaba manifestar. Desde el principio, Walter se propuso lograr lo que Alice Bailey había estado describiendo para la Escuela Arcana en sus charlas semanales, a saber, lograr la polarización grupal entre los estudiantes del cuarto grado.

Walter participó en las charlas de los viernes por la noche, aunque no fue vocal según las transcripciones, y hay un intercambio particular entre Alice Bailey y Marian Walter en enero de 1946 que da una idea de la opinión de Alice de que

Marian no estaba del todo preparada para la tarea de dirigir su escuela.

Walter abre el intercambio retratando al grupo que asiste a las charlas semanales como un átomo, aunque no completamente formado. Alice Bailey no está de acuerdo con la noción del átomo, ignorando la segunda parte del argumento de Walter. Walter ofrece una defensa. Entonces Alice Bailey dice: «No veo la analogía porque empiezas con el átomo completo. Estamos equilibrando y haciendo algo». Walter trata de dilucidar, ocurre un breve intercambio, y luego Walter se pone en su lugar cuando Alice dice: «Es peligroso para un grupo comenzar con la idea de que algo está terminado».[13] Walter no responde.

Tales comentarios de Alice Bailey no eran inusuales. Si pensaba que la percepción de otra persona no era del todo correcta, se apresuraba a corregirla. Sin embargo, incrustado en el comentario hay una semilla de duda. La sucesora de su escuela tendría que ser absolutamente precisa en cuestiones tan fundamentales como la naturaleza de su grupo.

Walter no se dio cuenta de las implicaciones. No pudo detectar o prefirió pasar por alto que Alice dudaba de su capacidad. Más tarde decidió creer sinceramente que Alice Bailey la había puesto a cargo de la Escuela Arcana.

Hija de un comerciante inglés de productos secos, Marian Bath Walter nació en Muncie, Illinois, el 2 de noviembre de 1898.[14] Era psicóloga interesada en la música, esposa del gerente de materiales de construcción Leo Rohe Walter.[15] A la muerte de Alice, Walter tenía cincuenta y un años. Era una mujer en su mejor momento. La habían colocado en el tercer grupo de nueve de DK, el grupo de curación, y después de que esos primeros grupos se retiraron, fue invitada al segundo experimento de iniciación grupal de DK, el Nuevo Grupo Semilla. Walter es DES en los grupos DINA: descanso, estabilidad, sabiduría.

Las cartas de DK dirigidas a Walter en ambos volúmenes de Discipulado en la Nueva Era arrojan algo de luz sobre por qué se sentía con derecho a dirigir la Escuela Arcana, junto con varias razones por las que Alice decidió no darle el papel. En marzo de 1936, DK describe a Walter como una psicóloga con un corazón amoroso y una mente hiperactiva. [16] En agosto de ese año, DK escribe: «Temo un poco la enseñanza académica para ti», refiriéndose al énfasis de Walter en un enfoque intelectual de la psicología y la búsqueda del conocimiento académico. Él estaba tratando de alejarla de la psicología del presente de entonces, y acercarla a la psicología esotérica y al estudio de los siete rayos, haciendo de la psicología del alma el trabajo de su vida. [17]

Este asunto se retomó en enero de 1940 cuando Walter se unió al Nuevo Grupo Semilla. En una carta de DK, se le aconseja que se esfuerce por ver el propósito de su alma más claramente deshaciéndose del egoísmo, cultivando una actitud de despreocupación cuando se trata de las experiencias de su propia personalidad y refrenando la impulsividad. [18] En agosto de 1942, se le aconseja reflexionar sobre la cadena de la Jerarquía, mirando hacia aquellos que están por encima y más allá de ella. [19]

Las dificultades surgieron en septiembre de 1943. DK escribe: «Me he preocupado por ti. La tensión bajo la que vives y trabajas no es buena».[20] Un mes después:

> La siguiente declaración buscaba introducirte en el
> círculo de tu servicio en relación con tus hermanos de

grupo y el grupo superior dentro de la Escuela Arcana. Sin embargo, las circunstancias te apartaron de mi Cuartel General, y esto se hizo difícil de cumplir. [21]

Hay un indicio de que ella había sido designada para hacerse cargo.

La declaración en el párrafo que sigue se refiere a la necesidad de que Walter estudie profundamente y trabaje completamente en líneas ocultas y participe en tareas mundanas en su familia para compensar la tensión de sintonizar con la angustia mundial. «Tu trabajo durante otro año debe ser principalmente con los estudiantes mayores, y debes esforzarte por tener una producción de trabajo más grande y más organizada en ese sentido; servirá para enfocar la conciencia con más firmeza en la cabeza».[22] El comentario nuevamente insinúa un mandato para un mayor papel de responsabilidad dentro de la escuela, aunque DK no tenía derecho ni autoridad en cuanto a quién dirigía la escuela, que era estrictamente el proyecto de Alice Bailey. Sin embargo, es posible que Walter se haya sentido señalada, especialmente después de que DK sugirió que Walter hablara con Alice sobre las dificultades que estaba teniendo.

En noviembre de 1944 hubo un cambio definitivo de tono. DK le dice a Walter que es demasiado entusiasta, demasiado determinada. «Tu mente de cuarto rayo, que presenta constantemente campos de conflicto que debe conquistar, desvía la energía que, al fluir a través de tu alma, podría conducir a una actividad planificada y organizada en el plano físico».[23] En resumen, DK identifica la mente demasiado analítica de Walter. «Juegas con ideas todo el tiempo; experimentas todo el tiempo, pero eso debería ser historia pasada». Luego, DK le pide a Walter que encuentre su lugar correcto en su Ashram y más tarde en la misma carta, para determinar su campo de servicio, que no debe ser ayudar a una persona aquí y allá en «servicio voluble», que él compara con «adolescencia espiritual», pero a todo un grupo. [24] «Tu campo de servicio está claro, si pudieras verlo, pero no te servirá de nada a menos que entres en él voluntariamente, libremente y con comprensión».[25] Fue un momento similar al que Alice recibió de Koot Hoomi cuando tenía quince años, para arreglarse y enmendarse. Muchas de las cartas de DK a varios discípulos expresan sentimientos similares.

En agosto de 1946, DK refuerza para Walter su papel especial cuando explica que está tratando de pasar ciertas responsabilidades a la Escuela Arcana, tal como había quitado algunas responsabilidades en el entrenamiento de discípulos de los Maestros K.H. y Morya:

> En la sección avanzada de la Escuela Arcana se está llevando a cabo este experimento, aunque todavía de manera embrionaria; se debe dar un entrenamiento más difícil y específico a los pocos que están reaccionando correctamente al «Llamado de la Jerarquía». He hablado con A.A.B. sobre este asunto, y siguiendo la línea señalada le pido su ayuda y su tiempo: le pediría también que permita a A.A.B. para capacitarte más específicamente para este trabajo...[26]

Esto se refuerza en noviembre de 1948 con: «En la reorganización de la Escuela Arcana, le pediría que tomara toda su parte y concentrara su mayor esfuerzo en el trabajo de los estudiantes mayores. Tenga siempre presente que lo que se requiere es esoterismo *espiritual*; enseñando a los estudiantes a crear una línea de luz entre ellos y todas las circunstancias y problemas».[27]

Teniendo en cuenta todos estos comentarios, ¿cómo iba a creer Walter otra cosa que no fuera que la formación de los estudiantes avanzados de la Escuela Arcana debería recaer en ella?

El trabajo de los Solicitantes en el Portal se le había dado originalmente a Regina Keller, y Alice Bailey había seleccionado a Walter cuando era más joven y había colocado a Keller en un papel de supervisor, con la esperanza de que Walter se estabilizara de alguna manera. [28] Parece que no lo hizo y no se encontró ningún otro líder antes de la muerte de Alice. Según Foster, Walter fue uno de los dos intentos fallidos de encontrar a alguien para dirigir la escuela. Walter era la compañera de trabajo que Alice no arriesgaría. El riesgo podría estar relacionado con la polarización mental y la falta de preparación psicológica de Walter para la tarea.

Cuando Walter asumió el control del proyecto de los Aspirantes en el Portal y procedió a producir nuevos conjuntos de estudio, aquellos que habían llegado a esa etapa del entrenamiento de la Escuela Arcana incluían a los compañeros de trabajo de la sede, entre ellos Frank Hilton. Las dudas que Alice Bailey había tenido encontraron un eco.

En una carta fechada en noviembre de 1950, Hilton responde críticamente al primer conjunto de estudio creado por Walter, expresando su preocupación por la forma en que dirigía al grupo, advirtiéndole que no se presentara como «una maestra que habla con una clase de estudiantes» y haciendo cambios unilaterales a las meditaciones. Lo más importante en su mente es la necesidad de fomentar un grupo a lo largo de las líneas de Acuario, un grupo de almas que estén «unidas en aspiración y objetivo, y sumerjan sus intereses en el propósito del alma del grupo como un todo».[29] Sugiere que Walter recurra a un pequeño núcleo de miembros del grupo que puedan ponerse de acuerdo sobre cambios futuros. Desde su perspectiva, el enfoque de Walter estaba en la línea de los grupos salientes de Piscis, reunidos en torno a un líder.

Walter no cambió sus métodos. En cambio, anunció que la Escuela Arcana «sería privada del beneficio de su relación espiritual con el Tibetano» si H.Q. no aceptó su forma de dirigir A en P, un asunto que Foster Bailey describe como «bastante fantástico».[30] Refiriéndose a una carta que Walter le escribió a Keller en agosto de 1951, Bailey le dice a Walter: «Tu insistencia en que R.K. vino a ti y admitió que tú tenías razón y que ella estaba equivocada o no podía dejar que la S. A. tener la fuerza ashrámica de D.K., era el colmo del orgullo espiritual, la separación y el glamour».[31]

Para 1952, la forma en que Walter continuaba dirigiendo el grupo se volvió motivo de gran preocupación. Desde el principio, sintió que tenía el mandato de dirigir A en P. En marzo, afirmó que DK había posicionado al grupo:

> en la periferia de Su ashram, y allí para recibir Su
> trabajo avanzado anteriormente dado a Su grupo
> personal, este trabajo debe adaptarse a las necesidades
> del grupo y al ciclo inmediato de la necesidad del Plan,
> es apropiado y correcto, no sólo por el servicio
> necesario, sino por el entrenamiento que se solicitó, que
> este grupo recibiera las instrucciones esotéricas del
> Tibetano de 1936. Se encontrarán en otra parte de este
> conjunto de documentos. [32]

Estas instrucciones se encontraban entre el material inédito que llegó a Discipulado en la Nueva Era Vol I y II. [33]

En abril, Hilton llamó la atención de los miembros de A en P sobre el estilo de liderazgo de Walter y algunos abandonaron el grupo. [34] En octubre de ese año, luego de un año en el que se intentó «llegar a una solución constructiva y armoniosa», Frank Hilton, Regina Keller, Florence Garrigue y Joseph Lovejoy, junto con Olga Bata, Victor Fox, Charles C. Hill y Gerhard Jansen, puso fin a su asociación con los Solicitantes en el Portal. La carta de renuncia fue aprobada por Foster Bailey. La carta continúa explicando a los miembros de la Escuela Arcana y de A a P que no era aconsejable permanecer en ambos grupos, ya que «solo generaría confusión» con respecto a las meditaciones y deberían tomar una decisión. El tono de la carta no es mordaz, sino más bien le desea lo mejor a Marian Walter en su iniciativa.

En una carta a «Priscilla» fechada un mes después, Keller señala que la Escuela Arcana planeaba continuar con el entrenamiento avanzado para aquellos que tomaban y avanzaban más allá del curso de estudio de cuarto grado y que todo el material que tenía Walter, la Escuela Arcana también tenía y más además. En la misma carta, Keller le dice a Priscilla que Walter había sucumbido a un «glamour de autoridad» emergente. [35] Keller también menciona que Walter había arruinado otros cuatro proyectos y cita a Alice Bailey diciendo: «¿Qué podemos hacer con la pequeña tonta, excepto amarla?» [36] No hay indicios sobre la naturaleza de estos proyectos.

En junio de 1953, Foster Bailey le escribió una carta a Walter, apoyando firmemente la decisión de Keller y Hilton de renunciar al grupo. Resume la situación con:

No quiero que los miembros de la Escuela Arcana a los que continúas vaciando, entren en el nuevo ciclo indebidamente influenciados por la atracción glamorosa a un estatus espiritual especial ofrecido, superioridades reclamadas bajo la influencia de la autoridad proclamada de un Maestro de Sabiduría.

Que quede bien claro que durante su vida A.A.B. nunca me dio ningún conocimiento o indicación de que era su plan que usted tomara la posición que ahora está tomando... Lamento profundamente que continúe usando el prestigio de A.A.B. para atraer gente a su grupo y que ahora está basando su posición en su pretensión y base autoritaria del trabajo de discipulado en el mundo... Su afirmación de que las dificultades entre la S. A. y la A. en P. resultante de su comprensión inferior es una transferencia de culpa completamente injustificable sobre ellos. La situación después de la muerte de Alice fue, de hecho, el resultado de su actitud y conducta y su menosprecio y crítica al grupo H.Q. y cómo estaban haciendo las cosas. [37]

Continúa expresando su desesperación por el anuncio de Walter en 1950 de que ella planeaba usar A en P para recrear los experimentos del Tibetano en los grupos de nueve y el Nuevo Grupo Semilla y que él creía que ella estaba en peligro espiritual. Foster Bailey termina la carta afirmando que ya no podía cooperar con Walter tal como estaban las cosas.

Aislado y herido, Walter emprendió una campaña para atraer a los estudiantes de la Escuela Arcana para que se unieran a A en P. [38] Ella tenía sus seguidores. Llegó con sus cuatro participantes en los grupos DINA de DK y otros. Había veintisiete miembros del grupo de Marian, incluidos: la asistente personal de Alice Bailey, Louise Benesch (esposa de William Morrow); la cantante de ópera Ann Dixon, Homer Carnegie (hermano del escritor y conferencista Dale Carnegie) y Lillian Morris, todos miembros de los grupos DINA originales; la benefactora y mecenas de las artes Grace Rainey, quien había dejado de participar en los grupos de nueve de la DINA en 1939[39]; músico, compositor y prolífico autor teosófico en la tradición de la Sabiduría Eterna, el reverendo Torkom Saraydarian, que era muy joven en ese momento; y la astróloga Marcia Moore.[40]

Con el grupo de Solicitantes en el Portal ahora firmemente bajo su control, en una carta fechada en octubre de 1953, Walter afirma:

> La razón por la que tomó más de tres años llevar a este
> grupo a una condición cohesiva de intención de grupo
> es que *es un grupo ashrámico*. Traer este grupo a la
> existencia proporcionó inevitablemente una prueba en
> un área *más amplia* que solo dentro de este grupo
> mismo porque A en P es una unidad con el Plan de la
> Jerarquía (pequeña como es esa unidad) con respecto a
> la fase particular de este Plan con respecto al
> entrenamiento y servicio de los grupos de discípulos,
> fue necesariamente puesto en yuxtaposición y
> consecuente interrelación con *otras* unidades que
> sirven al Plan en sus varios niveles de conciencia que lo
> hacen en la medida en que son capaces de captar el
> Plan. [41]

Lo cual es una forma velada de aludir a la enconada escisión. Hubo cierta insatisfacción en su grupo, Walter escribió en parte en respuesta al pesar expresado entre sus miembros de que Alice Bailey no había dejado instrucciones para el funcionamiento de la escuela. Walter señala que ni DK ni Alice Bailey dieron instrucciones claras sobre quién sería responsable de la Escuela Arcana y que lo habían hecho intencionalmente, de acuerdo con la relación jerárquica esotérica del ashram, para evitar el cumplimiento e interferir con el libre albedrío, y que gradualmente, con el tiempo, la propia Walter se dio cuenta de que ese sería su futuro servicio. «Las pistas están permitidas y este es el método jerárquico de enseñanza tradicional. En esta situación, tanto A.A.B. y D. K. dieron pistas, en varios casos, a los individuos y a Su grupo».[42]

Walter luego afirma que debido a la necesidad de cumplir con las Leyes que rigen la Jerarquía, se produjo un período de prueba, que fue mucho más grande que solo el grupo A en P. «Nosotros, que tenemos la responsabilidad de guiar al grupo A en P y que, debido a la naturaleza de las cosas, estuvimos estrechamente involucrados en el centro de esta crisis, estamos profundamente agradecidos con todos los que... estaban esperando».[43] Está claro en su carta que ella adoptó el terreno más alto y se posicionó por encima de los alborotos, y que se sintió completamente justificada e impenitente en su decisión de separarse y formar Aspirantes en el Portal II, independientemente de cualquier daño al grupo más amplio que esto haya causado. Hacia el final de la carta, expresa su agradecimiento a su amiga Louise Benesch, quien se ofreció a mimeografiar los trabajos de los grupos, los conjuntos de estudio y los informes de mediación mensuales.[44]

Cuando se separó, Walter se llevó copias de material que debía permanecer en la Escuela Arcana. Continuó produciendo sus propios conjuntos de estudio, que comprenden una fusión de su propia creación y material de los conjuntos de estudio de

Alice Bailey, junto con la Serie Ashramic del Tibetano escrita en la década de 1940. [45]

Los conjuntos de estudio de Walter ascienden a 519 páginas de material. El Conjunto de estudio III brinda instrucciones útiles sobre la construcción de la segunda mitad del antahkarana, el puente entre el alma y el espíritu, en preparación para la iniciación grupal, que se tomaron de las notas originales del Tibetano y satisfacen la intención central del grupo disidente. Según Walter, este material destinado a estudiantes de cuarto grado ya había sido separado de la Escuela Arcana por Alice Bailey. [46] Las mismas instrucciones para la construcción del antahkarana se pueden encontrar en Los rayos y las iniciaciones. [47]

En un esfuerzo por explicarle a su grupo el propósito de Aplicantes del Portal II, que era formar un grupo de nueve, Walter escribe:

> Prometimos escribirle al grupo por qué la «A en P II» era una parte definitiva del Plan del nuevo grupo ashrámico de DK. El plan era que comenzara tres de esos núcleos grupales, lo antes posible, y luego formara, según lo permitiera la ocasión, otros núcleos grupales con sus miembros correspondientes a distancia. Los tres primeros debían establecerse respectivamente en la ciudad de Nueva York, Washington DC y Los Ángeles, trayendo así el centro de la garganta, el centro de la cabeza y el futuro centro del corazón de los Estados Unidos en un patrón de enlace etérico subjetivo pero consciente y cohesivo: un triángulo etérico viviente iluminado con un flujo circulatorio de energías sin obstáculos entre ellos. El grupo reconocerá que este particular triángulo de relaciones es un símbolo del

triángulo de los centros, que es peculiar de los discípulos en formación. Los miembros de estos núcleos que viven a distancia, geográficamente hablando, deben ser considerados puntos radiantes de extensión hacia las áreas más amplias del cuerpo del Nuevo Grupo de Servidores del Mundo. Más tarde se establecerían otros núcleos de grupos de discípulos en Europa, incluidos Londres y Ginebra o sus alrededores adyacentes. [48]

Después de que se entregó el Conjunto III, Walter parece desviarse de su objetivo inicial. Por razones que no están claras (evidencia, tal vez, de la inestabilidad a la que se hace referencia en las cartas de DK a ella, o de la tensión mental debido a la presión de probarse a sí misma ante aquellos que la siguieron después de la separación), de manera casi febril, Walter entrega largos tratados que comprenden sus propias opiniones respaldadas por una gran cantidad de citas de varias fuentes de Sabiduría Eterna, incluido DK, para prepararse para la Segunda Venida de Cristo y una nueva religión mundial. Hay un fuerte énfasis astrológico. Un marcado deterioro es evidente a partir del Conjunto V en adelante. En una carta a su grupo en el quinto grupo, fechada en febrero de 1955, Walter advierte el escaso esfuerzo de los miembros que no cumplieron con las tareas asignadas el año anterior. [49] Ella termina la carta con una afirmación de sus propias habilidades telepáticas. [50] La necesidad de prepararse para la Segunda Venida domina el Conjunto VI con conversaciones sobre el mundo en crisis que alcanzan su punto máximo.

En las ochenta y nueve páginas de su estudio Conjunto VII, en su carta a los miembros de A en P II con fecha de julio de 1955, Walter analiza los arreglos para que el grupo se reúna, como antes, en el apartamento de Grace Rainey en Nueva York para el ritual Luna Nueva Leo. [51] A partir de ahí, publica páginas y páginas de comentarios respaldados por muchas docenas de extractos, en gran parte extraídos de Tratado sobre fuego cósmico, Astrología esotérica y La doctrina secreta. La evidencia de citas erróneas sugiere que el conjunto probablemente se armó a toda prisa. [52]

Walter continúa haciendo una serie de afirmaciones sobre los Maestros y sus actividades, incluyendo que nuestro Logos planetario recibió la segunda iniciación en Wesak en mayo de ese año. [53] Ella afirma algunos cambios en la organización de la Jerarquía y emite una serie de presagios basados en la carta astrológica de la Luna Nueva en Leo 1955, que involucran «una tremenda inundación de energías».[54] Luego escribe:

> Uno se pregunta si el Tibetano estaba hablando con
> anticipación cuando escribió en Sus instrucciones a Su
> grupo anterior que esta etapa de Sus actividades
> terminaría en 1956. Ese año es posterior al final del
> ciclo de 30 años de escritura a través de AAB, de la que
> también habló. [55]

Por razones que no están claras, el proyecto de los Aplicantes en el Portal II llegó a su fin. Reflexionando sobre esa época, la futura esposa de Foster, Mary Bailey, mira la división de esta manera:

> Los miembros del grupo se encuentran en muchas
> etapas diferentes del camino, unidos en el servicio por
> el amor al trabajo y la inclinación del alma. Pero a veces
> pueden surgir diferencias en el nivel externo del
> trabajo y sus actividades y dentro de las personalidades
> de los trabajadores que pueden superar la fuerza

interna del compromiso y el amor. Cuando esto sucede, puede haber cambios y movimientos de personal.

También está el hecho de que no todos los que prueban el experimento del trabajo en grupo y el entrenamiento en grupo están necesariamente dirigidos por el alma. Puede haber lo que el Maestro Tibetano llama «egoísmo espiritual» tanto en el motivo como en el desempeño...[56]

Su comentario, escrito a fines de la década de 1980, seguramente y al menos en parte apunta a Marian Walter, e indica la duración del dolor y la decepción que sintió por su decisión de separarse.

¿Es justo el comentario de Mary Bailey? ¿Marian Walter se salió de los rieles, como resultado de su propio «glamour de autoridad»? ¿O había sido condenada al ostracismo por aquellos una generación mayor, que deseaban que ella siguiera la línea del partido y respetara a sus superiores? ¿Walter fue una megalómana o fue expulsada por su propio ingenio y libertad de expresión? Tal vez Walter era simplemente un alma de espíritu libre, genuinamente bajo la impresión ashrámica, destinada a utilizar a los Aplicantes en el Portal para continuar desarrollando los grupos de nueve, un proyecto que fue objeto de burla cuando le confió sus planes a Foster. Cualquiera sea el caso, los Aplicantes en el Portal II fueron descartados.

22

LA ESCUELA DE ESTUDIOS ESOTÉRICOS

DESDE 1952, LA OFICINA DE TUNBRIDGE WELLS FUE LA sede de World Goodwill y fue allí donde Foster Bailey continuó el trabajo del Nuevo Grupo de Servidores del Mundo que siempre había sido su responsabilidad. Se le debe atribuir sus propios logros durante esta fase de ajustes organizacionales en los años posteriores a la muerte de Alice. En línea con los deseos del Tibetano, más notablemente, fue la fundación de Foster del Día Mundial de Invocación en 1952:

> El año 1952 será un año de crisis espiritual y un año en el que debería resultar posible cerrar más herméticamente la puerta donde mora el mal. La Invocación ha sido enviada por los Ashramas combinados de los Maestros y por toda la Jerarquía; es utilizado por sus Integrantes con constancia, exactitud y poder. Servirá para integrar los dos grandes centros: la Jerarquía y la Humanidad, y relacionarlos de manera nueva y dinámica con el «centro donde se conoce la Voluntad de Dios».

Les pido, por lo tanto, que durante los próximos años se preparen para usar y distribuir la Invocación y hacer de ella un gran esfuerzo. Me gustaría que llamaran a todas las personas de todos los países del mundo (a quienes estés en condiciones de alcanzar) a una voz unida de la Invocación el mismo día en todas las tierras. Les pido que recopilen todo lo que he dicho o escrito sobre la Invocación y luego preparen un breve manual sobre su uso y propósito, poniendo una copia en manos de todos aquellos que estén dispuestos a usarlo. Una comprensión de su origen, significado y potencia la hará mucho más efectiva. El año 1952 debería ver un importante punto de inflexión en el pensamiento de la humanidad, en las metas humanas y los asuntos humanos. Para implementar esto, les pediría que trabajen. [1]

Foster Bailey fundó el Día Mundial de Invocación el 9 de junio de 1952, en la Luna Llena de Géminis. El Día Mundial de Invocación observa la Gran Invocación, diseñada para invocar las energías espirituales de amor, luz y poder para fomentar la unidad, la cooperación y la paz. En el sitio web de Lucis Trust, se puede escuchar a Eleanor Roosevelt leyendo la oración en una transmisión que inaugura el día especial. [2] Según ella, «alguien» le dio la oración. Ese alguien muy probablemente habría sido Foster Bailey.

A principios de ese año, la jefa del trabajo británico en Tunbridge Wells, Barbara Amos, enfermó de cáncer terminal. Se necesitaba un reemplazo. Mary Turner, una trabajadora a tiempo parcial en la oficina de Tunbridge Wells en ese momento, asumió lo que pensó que sería un puesto temporal. Debía resultar permanente.

Mary Turner (1909-2007) se describía como madre soltera con una hija pequeña y había estado trabajando como voluntaria en el esfuerzo de guerra. En ese momento estaba buscando algo más que la supervivencia del día a día y se encontró con los libros de Bailey. Se unió a la Escuela Arcana casi de inmediato y comenzó a trabajar como voluntaria en la sede de Tunbridge Wells en 1949. [3] Una vez que asumió el papel de Barbara Amos, Mary Turner y Foster formaron una alianza.

Mientras que Alice Bailey se abstuvo de describir lo que sentía por su esposo, Mary fue más comunicativa. Ella dijo que él trabajaba con total dedicación de una manera que era «no fanática, tranquila, divertida, pero intensa».[4] En ocasiones daba la impresión de crueldad, o de ser demasiado enérgico e indiferente a los sentimientos de los demás. Había un lado más suave en el hombre. Mary lo encontró «cariñoso, compasivo, tierno y sumamente sensible».[5]

El Tibetano tenía otros puntos de vista, sugiriendo que, en algunos aspectos, Foster a veces no era el más adecuado para el papel de liderazgo que se le había asignado. Estaba en el primer grupo de nueve como ASC-P: Alegría, Sabiduría, Conocimiento del Plan. Si bien era eminentemente capaz en el nivel del trabajo, luchó por adaptarse a quienes lo rodeaban. La camaradería no era su fuerte. [6] Tenía una tendencia, el resultado de un cierto enfoque directo de «destrozar y herir».[7] En una carta del Tibetano de 1946, se advierte a Foster que «cada vez que la energía del primer rayo se vierte a través de ti, conduce a una crisis insignificante o verdadera en sus relaciones con los demás».[8] Se le dijo que desarrollara una simpatía genuina por sus semejantes. [9] «Eres propenso a desconfiar de los motivos de la gente. Dales el debido crédito por su sinceridad y por tener algo que aprender todavía».[10]

El consejo resultó portentoso, quizás en cierto sentido porque Foster había encontrado una poderosa aliada en la muy eficiente Mary Turner, una mujer dispuesta a apoyarlo hasta el final. Unieron fuerzas en un lado del Atlántico, con la sede de Nueva York dirigiendo la Escuela Arcana en el otro. Un segundo cisma se estaba fomentando en los meses inmediatamente posteriores a la ruptura de Marian Walter, y nuevamente el tema que impulsó la división fue la Escuela Arcana.

El cisma comenzó en 1954, cuando la sede de Nueva York hizo que todos los estudiantes de cuarto grado de todo el mundo entendieran que habían estado a cargo del trabajo de cuarto grado en exclusiva. Foster estaba indignado. En marzo de 1954, en una carta dirigida a los grupos de la sede en Nueva York, Tunbridge Wells y Ginebra, emitió una respuesta cortante, afirmando que no era el papel de una o dos personas en la oficina de Nueva York: Frank Hilton era el director ejecutivo de la Escuela Arcana de Nueva York, y la otra persona a la que se refiere Foster es Keller, para «ejercer una decisión final» con respecto a qué hacer con los estudiantes que habían terminado la formación de cuarto grado. [11] Más tarde, ese mismo mes, la sede de Nueva York emitió una larga declaración que describía cómo todos los puntos de vista presentados por aquellos preocupados por el futuro de las enseñanzas avanzadas de la Escuela Arcana eran complementarios. Se evidencia un tono defensivo y apaciguador.

Foster respondió y Keller abordó su respuesta a fines de abril. Claramente molesta por su reacción, ella afirma que la razón de su retraso es que «los puntos que planteaste crearon una crisis que afectó la vida misma de la Escuela Arcana». [12] Ella le dice a Foster que hizo una serie de suposiciones con respecto a cómo se dirigía la escuela y qué había detrás del pensamiento de los responsables. «Espero que veas cuán completamente infundadas son todas las desconfianzas, sospechas, temores y los consiguientes malentendidos que han estado proyectando sobre nosotros, conmigo como un objetivo especial».[13]

Foster, que nunca tuvo un papel importante que desempeñar en el lado esotérico del trabajo, sintió que el control de la Escuela Arcana se le escapaba de las manos, particularmente cuando se enfrentó al siguiente comentario de Keller:

> A juzgar por sus cartas, fue un grave y serio error de mi
> parte dar por sentado cierta familiaridad de su parte
> con la parte docente de la Escuela; y otro error fue dar
> por sentado que usted tiene una confianza tan completa
> en mi integridad y la pureza de mi motivo como su
> compañera servidora en la Obra Única, como yo la
> tengo en la suya. [14]

En esta carta se esfuerza por explicar las diversas decisiones que se habían tomado con respecto a la capacitación y sus justificaciones. [15]

Ella pudo haber sido reconciliadora pero no estaba dispuesta a consentir. En una segunda carta fechada varios días después, acusa a Foster de atacar la escuela. Una vez más, explica la razón de ser de la formación para aquellos pocos que habían pasado por el cuarto grado. [16]

En respuesta, Foster arrojó el guante y envió una carta a los miembros de la Escuela Arcana expresando sus puntos de vista sobre el manejo de los estudiantes de cuarto grado. Consternada por su intransigencia, Keller respondió a Foster en junio, declarando en términos muy claros que los responsables de esa capacitación no están de acuerdo con él, ni en el método ni en el principio. [17]

Alice Bailey se habría sentido consternada al ver que su escuela sucumbía a las mismas luchas de poder organizativas que acosaban a la Sociedad Teosófica, luchas de poder que crearon desunión y degeneración. Y no iba a haber curación ni trascendencia de la grieta. Por esa época, en un movimiento que solo podía inflamar una situación ya tensa, Foster y Mary visitaron la sede de Nueva York y se llevaron consigo el trabajo de los estudiantes británicos de tercer y cuarto grado. [18]

Para enero de 1955, Mary Turner había entrado en la lucha. Ella le escribió una carta a Frank subrayando el hecho aparente de que a Foster se le había dado la responsabilidad total de la Escuela Arcana, un asunto que Keller refutó en un memorando a Frank en respuesta, proporcionando numerosos extractos en las galeradas de Discipulado en la Nueva Era Vol II como prueba. [19] El alcance de su disgusto es evidente en la cantidad de páginas y el volumen de material que proporcionó para probar su punto.

Keller había estado entre los miembros más activos de las charlas de los viernes de Alice Bailey. Es esta proximidad cercana a Alice, evidenciada en las charlas del viernes como una mente en sintonía y en el punto, una mente en armonía, participando plenamente y con confianza, lo que explica y justifica en gran medida el descontento de Keller por la participación de Mary Bailey. Mary Bailey, quien a los ojos de Keller habría parecido una extraña de rango, una advenediza, la nueva chica de la cuadra.

Las cartas de ida y vuelta eran detalladas, largas y persuasivas, llenas de explicaciones y justificaciones. Muchas cartas durante muchos meses, pero no se pudo encontrar ninguna solución.

Foster, por su parte, era obstinado. Keller, a quien le gustaba mucho el papel de promover el trabajo esotérico, hizo todos los esfuerzos para persuadirlo en vano.

Para 1956, la acritud se había convertido en una disputa financiera entre la sede de Nueva York, que tenía el control del presupuesto estadounidense, y Foster Bailey. Ya sea justificado o no, sus problemas se referían a la escasez de fondos administrativos y la falta de envío de remesas adecuadas a Europa. Frank Hilton y Florence Garrigue eran entonces fideicomisarios. En febrero, en una carta a los fideicomisarios, Foster describió sus preocupaciones punto por punto, y culpó firmemente a Nueva York. [20] Hilton y Garrigue se habrían sentido ofendidos.

Lucis Trust se estaba resquebrajando, con el trabajo esotérico en Nueva York en desacuerdo con el trabajo exterior en Tunbridge Wells. Así lo vio Foster, y decidió que no se podía permitir que continuara la discordia. Su solución fue tomar el control absoluto, demostrando, en un giro irónico, cualidades similares a las mostradas por Louis Rogers en Krotona. Así como Rogers lo había señalado, Foster señaló a Hilton como el principal instigador. Una expulsión era inevitable. En una carta privada a Assagioli en marzo, Foster indicó su plan para degradar a Frank Hilton a través de una reestructuración organizacional para evitar que se tomaran medidas unilaterales en Nueva York. [21] En una carta a los fideicomisarios dos días después, Foster expresó su pesar por haber renunciado al control total de la Escuela Arcana y dejarlo en manos de la sede de Nueva York, y les echó la culpa por negarse a doblegarse a su opinión de que no debe ofrecerse más formación más allá del cuarto grado. Luego pasó a dar a entender que aquellos que impartían la formación más avanzada corrían el peligro de ser superiores, controladores y autoritarios, y la sede de Nueva

York de volverse «centrada en la personalidad».[22] Comentarios hirientes, destinados a picar.

En otro giro irónico, dado que Frank había sido fundamental en la expulsión de Marian Walter unos cuatro años antes, Foster anunció el despido de Frank Hilton en una carta de abril dirigida simplemente a sus amigos. Él escribe: «Foster Bailey ha reanudado sus funciones como director ejecutivo de Lucis Trust y el liderazgo de la sede de Nueva York. Frank Hilton ya no es el líder de la sede ni de ninguna de las actividades en Estados Unidos».[23]

Ya sea por remordimiento, astucia o buena voluntad genuina, o quizás una combinación de los tres, dos meses después, Foster Bailey le tendió una rama de olivo a Keller y le pidió que trabajara con él. En la misma carta, señaló a Garrigue, que había utilizado la conferencia de Ginebra para presentar la defensa de Hilton. Foster la acusa de ser una mala influencia para Hilton. En total, una carta divisiva diseñada para separar a Keller de sus aliados.

De todos los involucrados en la disputa, Foster sabía que Keller era la más importante y no quería perderla. Ella era una discípula avanzada y había sido una colaboradora dedicada durante décadas. Keller estaba en el primer grupo DINA de nueve como RFC, Restricción, Fuerza, Comprensión. Discipulado en la Nueva Era, Vol. 1, está dedicado a ella, «una condiscípula que durante más de veinte años ha caminado conmigo en el camino».

Las palabras de Foster no surtieron el efecto deseado. En julio de 1956, Hilton y Keller, junto con Garrigue y Marguerite Schaefer, anunciaron su retiro de la Escuela Arcana para seguir el entrenamiento más avanzado que Foster y Mary Bailey se negaron a permitir. Para entonces, los Bailey habían regresado a

Nueva York y se estaban preparando para hacerse cargo de la sede. Mary Bailey se convirtió en directora de la Escuela Arcana.

Durante seis años, quienes ocupaban puestos clave en las oficinas centrales de Nueva York y Tunbridge Wells habían luchado por el alma de la Escuela Arcana. Fue una lucha que se desarrolló a través de varias personalidades, partes interesadas, todos los que sintieron que sabían lo que Alice Bailey había querido y el trabajo que el Tibetano había esbozado para ellos. Las charlas de los viernes expresan en esencia la persistente ansiedad de Alice, sus profundas preocupaciones y su indecisión sobre cómo debería funcionar la escuela después de su muerte. La preservación del propósito previsto y las instrucciones establecidas para la escuela fueron de suma importancia para todos los involucrados. Debido a las tensiones que se desarrollaron entre quienes se vieron obstaculizados por la pérdida y el dolor, la fatiga, el estrés y el exceso de trabajo, y la sombra de graves dificultades financieras, junto con la distancia entre las dos sedes que dificultaba el diálogo cara a cara, la fragmentación era quizás inevitable. La prueba que se había predicho resultó en dos divisiones, lo que no estaba destinado a suceder. Como resultado, se produjo una cierta cristalización, la totalidad orgánica y fluida de la comunidad mundial de Bailey quedó separada en el centro por dos muros, muros de rectitud e indignación, decepción y dolor, junto con un compromiso compartido y dedicación a la visión. Todo comprensible dada la tumultuosa realidad emocional del contexto posterior a Alice y cuánto significó la Escuela Arcana para los jugadores clave.

A su favor, Foster Bailey expresó algo de remordimiento en una carta que envió a Keller en 1962, reconociendo los «años de crisis» y que había «cometido errores». Citando a Franklin

Roosevelt, «Si puedo batear el 75 por ciento, tendré suerte», Foster dice: «Ninguno de nosotros puede evaluar con precisión ni el nuestro ni el porcentaje de los demás. Los discípulos no se echan la culpa unos a otros».[24] También hizo una alusión al deterioro de su salud.

En 1956, impulsados por perseguir su visión, Hilton y Keller no perdieron el tiempo fundando la Escuela de Estudios Esotéricos con Garrigue, Helen Hillebrecht y Margaret Schaefer, alquilando oficinas no muy lejos de la sede de Lucis Trust. Allí, juntaron los materiales para nuevas lecciones.

Se eligió el nombre de «Escuela de Estudios Esotéricos» porque se consideró que el nombre reflejaba la profundidad e integridad de las enseñanzas perseguidas. Hilton se convirtió en el primer presidente de la EEE. Ayudó a desarrollar el Enfoque de iniciación grupal de la escuela, «sirviendo como base para el desarrollo de cursos avanzados adicionales».[25]

Keller trabajó según sus puntos fuertes, brindando tutoría a estudiantes de último año, manejando la correspondencia y estableciendo relaciones de colaboración con individuos y otros grupos.[26]

En 1957, Assagioli, con quien Foster Bailey había estado manteniendo correspondencia sobre el tema de la división, se unió a la EEE y se convirtió en miembro activo y asesor. Colaboró con Hilton en la formulación de un curso EEE que aún forma parte del Arco de Formación más avanzado de la Escuela.[27]

Los cofundadores no se limitaron a la escuela. Como siempre ocurre con los compañeros de trabajo activos en el trabajo de servicio, se formaron nuevas colaboraciones y proyectos, y se hicieron nuevas alianzas. Hilton pasó a codirigir la Fundación de Investigación de Psicosíntesis, que cofundó con Assagioli. Keller, quien trabajó en el campo del trabajo social en orfanatos, ayudó a lanzar el Monte de Meditación, que fue cofundado por Assagioli y Garrigue en Ojai, California. El Monte de Meditación es un centro para grupos de meditación enfocados en el mejoramiento del mundo, que se completó en 1971. [28] En un momento, el centro atendió a alrededor de 5000 corresponsales y organizó programas de meditación basados en temas extraídos de las enseñanzas del Tibetano. [29]

Regina Keller falleció en 1966 a la edad de ochenta y tres años. Hilton y Foster Bailey lograron sanar el desacuerdo que había llevado a la separación. En el último año de vida de Bailey, mantuvo correspondencia con Hilton, expresando su agradecimiento por todo el trabajo que estaba haciendo e invitándolo a visitarlo.[30] Apenas tres semanas antes de fallecer, Bailey elogió el discurso de Hilton en un evento de Wesak diciendo: «Estoy de acuerdo al 100 por ciento de principio a fin».[31]

En 1996, la sede de la oficina de la Escuela de Estudios Esotéricos se trasladó a Asheville, Carolina del Norte, en el corazón de las Montañas Blue Ridge.

El reconocimiento académico era algo que Alice Bailey deseaba que se estableciera de alguna manera en su propia vida. Darse cuenta de la producción académica y el rigor sería de gran beneficio para la comunidad de Bailey, en 2004 la Escuela de Estudios Esotéricos patrocinó la creación de *The Esoteric Quarterly*, una revista revisada por pares de calibre académico. El ex director de la escuela, John Nash, fue el editor fundador de la revista. [32] La revista ha ayudado a aumentar la estima y la credibilidad de las enseñanzas con la esperanza de despertar un interés más amplio y hacer avanzar las ideas.

En 2012, la Escuela amplió su alcance para incluir materiales en el sitio web en francés, griego y portugués y capacitación de discipulado en inglés, italiano y español:

> La Escuela continúa llevando las enseñanzas de la Sabiduría Eterna a un público más amplio a través de su sitio web y asesorando a los estudiantes en el camino espiritual en todo el mundo. La investigación esotérica en curso está en el corazón de la misión de la Escuela, incluida la actualización, traducción y desarrollo de materiales de curso nuevos y originales, basados en la Sabiduría Eterna y las contribuciones de los campos de la psicología, la ciencia y las humanidades. [33]

Actualmente, la escuela busca expandir la capacitación en el aspecto de servicio del trabajo. Con la inclusión en su corazón, la escuela busca activamente colaboraciones intergrupales además de brindar capacitación de discipulado desde niveles introductorios hasta niveles avanzados. La escuela ha copatrocinado programas de radio con otros grupos y ha dado charlas en reuniones de otros grupos. El establecimiento de relaciones más estrechas con Lucis Trust ha sido lento, pero se han logrado avances, particularmente desde 2014.[34]

23

ROBERTO ASSAGIOLI

Mientras la tormenta se gestaba en las oficinas centrales de Nueva York, instaladas en el entorno tranquilo de Broadwater Down, Tunbridge Wells, cinco figuras importantes estaban preparadas para embarcarse en nuevas e innovadoras iniciativas que promovían y desarrollaban la Sabiduría Eterna a través del campo de la Psicología Transpersonal: Roberto Assagioli, Nancy Magor y Michal J Eastcott; e Ian Gordon-Brown y Barbara Somers.

Alice Bailey tenía a Assagioli en la más alta consideración. En una de sus charlas semanales dice: «Nunca he visto en Roberto el más mínimo rastro de separación con ningún ser humano. Nunca supe de nadie que fuera su enemigo».[1] Comentando la comprensión amorosa, ella afirma: «Roberto aún no sabe cómo manejarlo, y está tan atento a las personas idiotas que no le devuelven su esfuerzo como a una persona que merece su atención».[2]

Nacido en Italia de padres judíos, el estimado psicólogo Roberto Assagioli (1888-1974) obtuvo un título médico en neurología y psiquiatría de la Universidad de Florencia antes de dedicarse a la psicología. Su interés no radicaba en la psicología de los problemas y enfermedades mentales, sino en la psicología de la totalidad. Es el fundador de la Psicosíntesis, que incorpora aspectos transpersonales de la experiencia humana en la práctica psicoterapéutica a través de la meditación y el diálogo interior. En 1926, Assagioli fundó el Instituto de Psicosíntesis y supervisó el desarrollo de sus ideas en una rama de la psicología que se convertiría en el trabajo de su vida. En 1965, cofundó el Trust de Psicosíntesis en Londres, el instituto de psicosíntesis más grande de Europa fuera de Italia. [3]

Nacido en una familia teosófica, Assagioli se encontró con Alice Bailey y gravitó hacia las enseñanzas en algún momento de la década de 1920, que se convirtió para él en una fuente clave de sabiduría esotérica. Se unió a la Escuela Arcana y se abrió camino hasta el grado de secretario antes de dar una conferencia en la Escuela Espiritual de Verano inaugural en Ascona en 1930, donde conoció a Alice por primera vez. Se hicieron amigos firmes. Continuó escribiendo el prólogo de la edición italiana de La luz del alma, el comentario de Alice Bailey a los Yoga Sutras de Patanjali. [4]

Assagioli mantuvo en gran medida en privado sus puntos de vista teosóficos y su asociación con Alice Bailey y su escuela, y decidió mantenerlos separados de su vida académica. [5] Una decisión prudente, a la luz de la actitud negativa e irrisoria hacia el esoterismo en los círculos académicos de la época. Assagioli sabía que si hubiera sido abierto, sus propias ideas innovadoras habrían sido objeto de un ataque despiadado. La evidencia de la burla a la que habría sucumbido es evidente en la baja estima por Alice Bailey que tenían los académicos y compañeros europeos con quienes Assagioli buscaba ganar la aceptación de sus ideas.

Es dudoso que el aspecto del conocimiento de las enseñanzas de Bailey haya tenido una influencia en el desarrollo del pensamiento académico de Assagioli y quizás sea de menor importancia que el entrenamiento esotérico de la Escuela Arcana misma, con su fomento de la conexión del alma y la forma esotérica general de conocimiento, que Assagioli llevaba dentro. No era un aficionado. Estuvo en el primero de los grupos de nueve de la DINA, los comunicadores telepáticos, y participó en el Nuevo Grupo Semilla en la década de 1940. Fue LCD: Libertad de ataduras, *Chelaship*, Desapego. Los grupos y organizaciones que Assagioli llegó a establecer en el lado espiritual se basaron hasta cierto punto en las instrucciones que recibió en cartas de DK que se pueden encontrar en los libros de la DINA. [6] Las cartas también revelan la soledad y el aislamiento que sufrió Assagioli en la década de 1930 y algo de sus luchas personales.

En agosto de 1940, mientras Mussolini unía fuerzas con Hitler, Assagioli estaba bajo una enorme presión. Reconociendo esto, el Tibetano escribe: «Los últimos meses han sido extremadamente difíciles para ti, ¿no es así?», y continúa señalando la «extrema fatiga y tensión» de Assagioli.[7] Sobre todo, las cartas hablan de la tarea o tareas que se le asignan, que «serán trabajos de la más profunda dificultad. Te encontrarás con el rechazo de aquellos a quienes buscas ayudar y... encontrarás muy poca comprensión; se encontrarán con el aliento y la asistencia de los iluminados del Nuevo Grupo de Servidores del Mundo, y esto hará posible su trabajo, pero también los perjudicará en gran medida...»[8]

Un hombre profundamente espiritual deseoso de realizar proyectos en línea con estas tareas, a raíz de la muerte de Alice Bailey, Assagioli se vio obligado a esperar su momento. Sabía lo que estaba sucediendo a través de la correspondencia que recibió como miembro de la Escuela Arcana y como colaborador cercano de Foster Bailey. Las dificultades de los Aspirantes en el Portal quizás habrían sido menos preocupantes que la discusión entre Bailey y Keller, quienes eran dos de sus aliados más cercanos en la escuela. Pasaron los años, años de acritud, años en los que no podía hacer nada más que observar en silencio a los «iluminados» en la lucha del NGSM a través de la crisis.

En 1957, habiendo observado el desarrollo del drama de la división y esperado el tiempo suficiente para que las emociones se calmaran, Assagioli se unió a la Escuela de Estudios Esotéricos y se convirtió en miembro activo y asesor. Mantuvo una estrecha asociación con la escuela, contribuyendo a sus esfuerzos. Su colaboración con Frank Hilton dio como resultado la creación del Curso Will, que forma parte del arco de formación avanzada de la escuela, y comprende dieciocho lecciones sobre cómo contactar y utilizar la energía de Shamballa en el servicio.

Assagioli también disfrutó de una larga asociación con el Monte de Meditación en Ojai. Su visión ayudó a establecer las «bases para la educación esotérica global», basándose en sus contactos con la red global de estudiantes de Bailey. Fue uno de sus grupos el que se instaló en Ojai y formó el Monte de Meditación, que fue creado en sentido administrativo por Florence Garrigue.[9]

Se sabe que Assagioli mantuvo todos sus diversos proyectos separados unos de otros, algo que logró a través de una estricta disciplina. [10] Por eso también pudo aprovechar su alianza con Foster Bailey. Después del fallecimiento de Alice, trabajó en estrecha colaboración con Foster en la formación de un nuevo proyecto, un grupo dedicado a la meditación. Assagioli necesitaba algunos colaboradores y pensó en buscarlos en la Escuela Arcana. Inicialmente, Foster preguntó a compañeros de trabajo seleccionados, pero ninguno se interesó excepto Nancy Magor y Michal Eastcott, quienes habían sido compañeras de trabajo en la sede de Tunbridge Wells desde finales de la década de 1940. [11]

Juntos, Assagioli, Eastcott y Magor, junto con un equipo en crecimiento, cofundaron el Grupo de Meditación Creativa con sede en Sundial House en Nevil Court, Tunbridge Wells, muy cerca de Broadwater Down.

Tanto la heredera Nancy Magor como la autora Michal Eastcott eran mujeres adineradas. Financiaron el proyecto y luego pagaron un secretario y traductor para Assagioli, quien viajaba con él de un lado a otro de Italia. El trío trabajó de cerca en el desarrollo del proyecto. Michal desempeñó un papel de secretaria, grabando en cinta las discusiones y tomando notas de las conversaciones sobre las meditaciones. Michal asumió el papel de escribiente y Nancy el de editora.

En julio de 1956, Assagioli le escribió a Foster pidiéndole que distribuyera a los miembros de la Escuela Arcana un documento introductorio sobre su proyecto de meditación creativa y despertara interés. A partir de ahí, el proyecto creció y floreció. Hoy, el Grupo de Meditación Creativa distribuye los folletos de estudio de Assagioli a más de 7500 trabajadores en 85 países. [12] El Grupo de Meditación Creativa mundial ofrece capacitación en estudio y meditación por correspondencia, y organiza retiros en todo el mundo, además de proporcionar meditación diaria. [13]

A través de su desapego y compromiso con el servicio mundial, Assagioli trascendió los conflictos sobre la enseñanza de los estudiantes avanzados en la Escuela Arcana. Al elegir mantener buenas relaciones tanto con la Escuela de Estudios Esotéricos como con Lucis Trust, instigó proyectos alineados con cada «lado» tanto geográficamente como a través de afiliaciones compartidas de los miembros, y se convirtió en una fuerza curativa, indirecta y simbólicamente sin duda, y también como un ejemplo perfecto para que otros lo sigan. Quizás el trabajo de salvamento del mundo previsto para Assagioli se vio frustrado, sin embargo, por la continua falta de relaciones unificadas.

Assagioli llevó a cabo muchos proyectos y tuvo muchos aliados. Entre ellos estaba el psicólogo industrial Ian Gordon-Brown (1925-1996), quien trabajó para Lucis Trust durante catorce años, convirtiéndose en director y director ejecutivo de World Goodwill (1959-69).[14] Gordon-Brown era un colaborador habitual de *The Beacon* y había trabajado junto con Assagioli en los Estados Unidos. En 1971, conoció a la editora literaria y consejera psicológica de orientación junguiana Barbara Somers. Compartían un profundo interés por los métodos de expansión de la conciencia. [15] En 1973, habían fundado el Centro de Psicología Transpersonal en Londres y ofrecían talleres semanales y programas de formación. Más de quinientas personas se graduaron de la formación.[16] Assagioli se habría sentido complacido. Falleció un año después.

En 1994, Gordon-Brown estableció el Centro de Perspectivas Transpersonales, y juntos, Somers y Gordon-Brown ofrecieron conferencias y talleres de gran éxito para consejeros y psicoterapeutas sobre formas de viajar para encontrar el yo espiritual interior o el alma interior. Produjeron una pequeña cantidad de libros sobre el tema, incluido *The Raincloud of*

Knowable Things: A Practical Guide to Transpersonal Psychology (La nube de lluvia de cosas conocibles: una guía práctica para la psicología transpersonal). Su libro en coautoría, *Journey in Depth: A Transpersonal Perspective* (Viaje en profundidad: una perspectiva transpersonal), se describe como un clásico en su campo.

Es a través de Gordon-Brown y Somers y muchos otros además, que se ha fomentado la importante contribución de Assagioli a los avances en psicología. Su legado, a través de su forma de conocimiento esotérica fuertemente mantenida, su entrenamiento en la Escuela Arcana, sus amigos y aliados dentro del entorno de Bailey, entre ellos la propia Alice Bailey, está inequívocamente teñido e inspirado por la Sabiduría Eterna.

EL LEGADO

24

LAS NACIONES UNIDAS

Bajo el firme liderazgo de Foster Bailey y Mary Turner, Lucis Trust capeó las convulsiones de esos primeros años. En 1955, se abrió una tercera sede en Ginebra, Suiza, para atender seis idiomas europeos. En 1960, la sede británica se trasladó a Whitehall Court, Londres, donde existe hoy. En 1965, las oficinas de Nueva York se trasladaron a un lugar cercano a las Naciones Unidas, considerado el entorno adecuado para el servicio mundial. Gran parte del material de Alice Bailey que aún no se había publicado, se editó y se imprimió. [1]

La pareja trabajó en estrecha colaboración y finalmente se casaron en 1962. Para entonces, Foster tenía setenta y cuatro años y su salud se estaba deteriorando. Mary Bailey comenzó a trabajar sola, viajando por el mundo en charlas públicas y conociendo estudiantes. Durante los últimos diez o doce años de su vida, Foster fue un semiinválido, confinado en su apartamento de Manhattan. Murió el 3 de junio de 1977 a la edad de ochenta y nueve años.

Mary Bailey asumió el papel de directora de la Escuela Arcana y continuó en ese cargo durante unas dos décadas.

De suma importancia para los Bailey y sus sucesores fue (y es) la pureza de la organización y su visión, que se ha mantenido firmemente desde entonces. Hoy Lucis Trust es algo así como una fortaleza, una ferozmente protectora de las enseñanzas y con una estrecha afinidad con las Naciones Unidas.

Hacia el final de su vida, la ONU le había dado a Alice Bailey un punto de enfoque, y si su seguimiento de grandes triunfadores que trabajan bajo sus auspicios es algo por lo que pasar, su Escuela Arcana arrojó algunos resultados impresionantes. Una cohorte de sus compañeros de trabajo le tomó la palabra y forjó vínculos con la organización, no solo a través de World Goodwill, sino también a través de una serie de otras iniciativas que incluyen la organización de seminarios, conferencias, días de meditación, revistas fundacionales y otras organizaciones. Una compañera de trabajo y ex directora de World Goodwill, la consejera espiritual holística y oradora destacada Ida Urso, fundó The Aquarian Age Community (La Comunidad de la Era de Acuario), una organización que tiene como uno de sus objetivos la promoción de las Naciones Unidas. [2]

Un ejemplo temprano de esta orientación se puede encontrar en Robert Muller (1923-2010), un estudiante de Bailey que contribuyó con cinco artículos a la revista *The Beacon* y habló en conferencias de la Escuela Arcana. En 1948, cuando tenía veinticinco años, ganó una pasantía en las Naciones Unidas por su ensayo sobre cómo gobernar el mundo. A partir de ese momento, dedicó su vida a desarrollar la visión de la organización. Desempeñó un papel fundamental en la concepción y creación de numerosos programas de la ONU, entre ellos: el Programa de las Naciones Unidas para el Desarrollo, el Programa Mundial de Alimentos, el Fondo de Población de las Naciones Unidas y la Asamblea Mundial de la Juventud. [3]

Un libro importante en la obra de Alice Bailey es *Education in the New Age* (Educación en la Nueva Era), un pequeño volumen de 153 páginas. Al igual que Steiner y Krishnamurti, ambos fundadores de los sistemas de escolarización, Alice Bailey vio la importancia de la educación. A diferencia de sus contemporáneos, que hacían hincapié en la educación de los niños, el Tibetano se centra en la educación de toda la humanidad. Escrita en un momento de reevaluación de la teoría y la práctica educativas, la obra contiene un prefacio de ocho páginas compuesto en 1953 por el eminente profesor de filosofía Oliver L Reiser (1895-1974), amigo personal de Albert Einstein. Reiser fue alumno de Alice Bailey, quien contribuyó con dos piezas a *The Beacon.* En su prefacio, establece paralelismos entre su pensamiento y el de John Dewey, cuya filosofía educativa es seminal.

Al momento de escribir este artículo, en la década de 1940, preocupaba la necesidad de educar a las masas para realinear los valores de lo material a lo espiritual; encontrar métodos educativos para sintetizar áreas discretas del pensamiento académico para compensar la polarización; y encontrar una unidad de principios. En otras palabras, universalizar la educación. Los estudios interdisciplinarios y transversales son prueba de ello. Frente a los valores nacionalistas y egoístas, y al odio racial que los condujo a los campos de exterminio de la Segunda Guerra Mundial, Alice Bailey, como muchos otros en ese momento, vio una gran necesidad de abordar la naturaleza de la humanidad. Reiser está de acuerdo con que «hay un remedio para "la enfermedad del hombre moderno" y muchos de sus componentes se encuentran en este libro».[4]

Educación en la Nueva Era cubre la teoría, los métodos y los objetivos, una discusión sobre el desarrollo mental de la humanidad y la necesidad de controlar la personalidad. La premisa del libro es simple. La humanidad cae con demasiada facilidad en el egoísmo y la codicia, y todo el plan de estudios educativo en todo el mundo debe cambiar. «El propósito de los próximos sistemas educativos será preservar la integridad individual, promover el sentido de la responsabilidad individual, fomentar una conciencia de grupo en desarrollo de las relaciones básicas individuales, nacionales y mundiales, mientras tanto, extrovertir y organizar la capacidad, el interés y la habilidad».[5]

Basado en las ideas encontradas en este libro, Robert Muller creó el World Core Curriculum, por lo que ha sido descrito como el padre de la educación global, recibiendo el Premio de Educación para la Paz de la UNESCO en 1989.[6] En 1979, fundó la primera Escuela Robert Muller en Arlington, Texas, que ahora sirve como modelo para las escuelas establecidas en todo el mundo y para aquellos que deseen implementar el plan de estudios.[7]

Muller es una figura importante en la comunidad de Bailey. Trabajó como Secretario General Adjunto en la ONU, sirviendo bajo tres Secretarios Generales. En 1982, publicó su libro *New Genesis: Shaping a Global Spirituality* (Nuevo Génesis: Dando forma a una espiritualidad global), una obra que analiza las dificultades y las aspiraciones espirituales de las Naciones Unidas.[8]

Otro compañero de trabajo de Bailey es Donald Keys, autor, fundador y presidente de Planetary Citizens, y redactor de discursos del tercer secretario general de la ONU, U Thant. Keys dedicó su libro *Earth At Omega: Passage to Planetization* (Tierra en Omega: Pasaje a la planetización) a Alice Bailey, para el cual el periodista político Norman Cousins (1915-1990) escribió la introducción. El trabajo sirve como una versión accesible del pensamiento de DK y Alice Bailey, y cubre el movimiento Nueva Era, desde la psicología transpersonal hasta Findhorn y el papel de las Naciones Unidas. «La lucha en la ONU es, en última instancia, una lucha entre el separatismo y la unidad humana; entre el egoísmo y el bien comunitario; y los Estados, al igual que las personas, se encuentran en diversas etapas de desarrollo en la expresión de cualidades superiores».[9] Los primeros patrocinadores, el consejo asesor y la junta directiva de Planetary Citizens de Donald Keys, fundado en la década de 1970, constituyen una lectura impresionante. [10]

En un discurso que compuso en la década de 1970 y publicado en el sitio web de la Comunidad de la Era de Acuario, Keys escribe: «En uno de los libros de Alice A. Bailey, escrito en la década de 1930, hay una declaración de que un destacado discípulo sueco pronto estaría trabajando en el mundo. Una vez le preguntaron a un alto iniciado sueco, amigo mío, si el predicho era él. Su respuesta fue "no, es Dag Hammarskjöld"».[11] El segundo Secretario General de la ONU, Hammarskjöld (1905-1961) fue fundamental en la creación de la nueva sala de meditación de las Naciones Unidas, planificando y supervisando cada detalle. [12] Su mandato se vio truncado dos años cuando perdió la vida en un avión que fue derribado sobre Rhodesia del Norte (Zambia).

Entre 1966 y 1972, la revista *The Beacon* de Alice Bailey publicó siete artículos compuestos por U Thant, quien siguió de Hammarskjöld como Secretario General de la ONU, sirviendo entre 1961 y 1971: «La creación y construcción de la paz», «¿Qué podríamos construir si trabajáramos juntos?», «Las Naciones Unidas y los derechos humanos», «Comercio, ayuda y personas», «Mensaje para la juventud», «Las Naciones Unidas: crisis de autoridad» y «Las Naciones Unidas y el medio ambiente humano».[13] Esto no sugiere que U Thant fuera un seguidor, sin embargo, debe haber existido cierta simpatía o relación para que se le concediera el permiso para publicar, y dado que Robert Muller era su asistente, estos artículos revelan cuán cerca estaban y están las organizaciones y los trabajadores de Alice Bailey de los más poderosos miembros de la ONU, y el alcance de la influencia de su visión.

En un capítulo de su libro *Spiritual Politics: Changing the World From Inside Out* (Política espiritual: cambiando el mundo de adentro hacia afuera), un trabajo que lleva adelante la Sabiduría eterna, los autores y colaboradores Corinne McLaughlin y Gordon Davidson creen que «El alma de las Naciones Unidas es el alma de una humanidad naciente».[14] Para estos escritores, la ONU es una «forma de pensamiento viviente» y una «entidad en evolución», que da a luz una nueva ética y una nueva síntesis. «La ONU es una organización multifacética con muchas funciones, incluida la síntesis de información sobre la humanidad y el planeta en su conjunto».[15]

Se podría argumentar que a través de la influencia de sus estudiantes durante muchas décadas de arduo trabajo dedicado, Alice Bailey ha moldeado singularmente la ética espiritual de las Naciones Unidas. Una cohorte de seguidores que buscan llevar adelante esa visión se puede encontrar en el consejo del Caucus Espiritual de las Naciones Unidas, que se originó en 2000 y se reúne dos veces al mes para meditar y «explorar formas de usar este enfoque de grupo interno para servir al más alto potencial de la ONU».[16] Dada la cantidad de miembros en este grupo de once que siguen la Sabiduría Eterna, el Caucus Espiritual casi podría considerarse una encarnación de uno de los grupos de nueve. Las reuniones están abiertas a todos los que buscan un objetivo similar.

Los miembros incluyen a la compañera de trabajo Nancy Roof, fundadora de *Kosmos*, una revista galardonada para ciudadanos del mundo y civilización planetaria. Nancy Roof también es cabildera de la ONU y miembro fundador de la Iniciativa Global Commons, el Consejo Mundial de Sabiduría, la Iniciativa para la Creación de una Nueva Civilización, la Campaña de Liderazgo Climático 2020 y World Shift 2012. [17] En su autobiografía espiritual publicada en la página Wiki de la Fundación P2P, Nancy Roof afirma que se encontró con el esoterismo en la década de 1960. Era el esoterismo de Alice Bailey.

El esposo de Nancy Roof, autor y graduado de la Escuela Arcana Simons Lucas Roof (1920-2008), cofundó con ella la Escuela de Montaña para Estudios Esotéricos. La primera esposa de Simons Roof fue la astróloga Marcia S. Roof (1928-1979), apellido de soltera Moore, hija del fundador de la cadena de hoteles Sheraton, Robert Lowell Moore, y de la artista e ilustradora de libros Eleanor Turner Moore. Los tres siguieron a Alice Bailey, Robert y Eleanor Moore ayudando a establecer el Monte de Meditación en Ojai, California. [18] Tanto Simons Roof como Marcia Moore publicaron artículos en *The Beacon*. [19]

Otro miembro del caucus espiritual, el neozelandés Steve Nation, junto con su entonces esposa Janet Nation, cofundaron el Triangles Center de la Escuela Arcana en 1976, en Wellington, Nueva Zelanda. Steve Nation pasó a formar parte de la sede de Lucis Trust en Londres en 1978.[20] Desde entonces, ha trabajado en estrecha colaboración con la organización y actualmente es director de World Goodwill. En 1999 cofundó Intuition-in Service, una organización que incluye entre sus objetivos la promoción de los Días de las Naciones Unidas. Steve Nation también es escritor y orador sobre temas globales y meditación.[21]

Otro miembro del caucus es la socia de Steve Nation, Barbara L Valocore, quien trabajó para Lucis Trust durante muchos años. Es cofundadora y presidenta de Lifebridge Foundation (1992), organización con estatus asociativo con el Departamento de Información Pública de las Naciones Unidas.[22]

La cofundadora del Centro Hill para la Psicosíntesis, Tara Stuart, otro miembro del caucus, también forma parte de la junta directiva de la revista *Kosmos* antes mencionada. Stuart también ha participado en las conferencias de verano de Sundial House desde la década de 1960.[23]

Michal Johnson, miembro del caucus, es la representante de Pathways to Peace ante las Naciones Unidas. Pathways to Peace contiene un número considerable de colaboradores, incluida Avon Mattison, fundadora del Día Internacional de la Paz de las Naciones Unidas y colega cercana de Robert Muller.[24] También participan Steve Nation, Barbara Marx Hubbard, David Spangler, Gordon Davidson y Corrine McLaughlin.

Otros miembros del caucus que parecen tener una asociación indirecta con Alice Bailey a través de la Fundación Findhorn son Frances Edwards y John Clausen. Otra, Diane Williams, es fundadora y presidenta de la Fundación Source of Synergy, una organización en sintonía con el espíritu y la cosmovisión de Bailey.[25]

Con tantos compañeros de trabajo dominando la escena espiritual en las Naciones Unidas, es sorprendente que Alice Bailey no sea un nombre familiar más allá del entorno de la teoría de la conspiración, ya sea que la gente esté de acuerdo con su visión del mundo o no. Por otro lado, la Escuela Arcana y las enseñanzas de DK fomentaron la creación de discípulos mundiales dedicados a trabajar tras bambalinas, no en secreto, sino silenciosamente tratando de influir en el curso de la humanidad.

25

EL MOVIMIENTO DE LA NUEVA ERA

Fuera de su propio entorno esotérico, la mayoría de los que conocen y respetan a Alice Bailey se pueden encontrar en el movimiento Nueva Era, pero pocos pueden darse cuenta de cuán influyente ha sido su trabajo en la fundación del movimiento.

Estrechamente circunscrito, la Nueva Era se refiere a un momento astrológico cuando nuestro sol se mueve hacia el signo zodiacal de Acuario. Se conoce como la precesión de los equinoccios, en la que todo nuestro sistema solar pasa alrededor de dos mil quinientos años en cada signo. Estamos dejando atrás la Era de Piscis, con su glifo de dos peces nadando en direcciones opuestas, una era de religión mundial co-gobernada por Júpiter y Neptuno, planetas de expansión y optimismo, e ilusión, engaño y misticismo. El sello distintivo de la era vieja es el surgimiento de religiones globales, junto con el fervor religioso y la rectitud dogmática, una era que se desarrolló tanto a través de la guerra y la persecución (las Cruzadas, la Inquisición), como de la devoción religiosa y la peregrinación.

¿Será mejor la nueva era? Acuario está gobernado por Saturno y Urano, y en la mitología griega ambos eran gobernantes tiránicos. Sin embargo, es el signo del aguador, del humanitarismo, la fraternidad y la innovación. No hay una fecha fija de ingreso y los astrólogos afirman que la entrada y salida de cada nueva era es lenta. Lo que será el sello distintivo de la Nueva Era aún está por manifestarse, aunque ya están emergiendo las formas de tiranía asociadas con esos antiguos dioses griegos, junto con una miríada de avances tecnológicos que están transformando rápida y radicalmente el mundo humano, junto con la conciencia humanitaria.

Dejando a un lado el telón de fondo astrológico, numerosos estudiosos han ofrecido descripciones del movimiento Nueva Era que surgió en Estados Unidos a principios de la década de 1960 y se extendió por el mundo occidental.[1] Aquí, la «Nueva Era» se refiere a una cohorte de buscadores espirituales que buscan formas de ponerse en contacto con un ser espiritual interior. Marca un alejamiento de la religión organizada y representa el florecimiento de una variedad de creencias y prácticas, muchas derivadas del misticismo oriental, las culturas tradicionales, incluidos los nativos americanos, y el esoterismo occidental. [2]

Las raíces de la Nueva Era

La Nueva Era comenzó como una contracultura utópica, que rechazó las creencias y valores dominantes y buscó alternativas. Escribiendo en 1980 desde una perspectiva infundida con las ideas y el lenguaje de Alice Bailey, la defensora de la Nueva Era, Marilyn Ferguson, ve la Nueva Era como una conspiración benigna de amor y luz, una unión íntima y una respiración conjunta. «Es una conspiración sin doctrina política. Sin manifiesto. Con conspiradores que buscan el poder solo para dispersarlo».[3] Incluso llamó a su libro *The Aquarian Conspiracy* (La conspiración de Acuario). Fue una elección desafortunada. Cualquiera que sea la intención lúdica o intencionada que Ferguson tenía en mente, hizo el juego a los enemigos de Bailey que se aferraron a esa palabra «conspiración» como lapas en un barco que pasa.

La Nueva Era representa para Marilyn Ferguson un cambio de paradigma, uno de «continua transformación y trascendencia», una nueva perspectiva que «respeta la ecología de todo». Uno marcado por profundos cambios internos de conciencia. [4]

Las raíces de la Nueva Era se remontan al menos al siglo XIX, cuando floreció el interés por la espiritualidad como alternativa a la religión dominante y al intelectualismo aburrido, que culminó, en los círculos esotéricos, con la fundación de la Sociedad Teosófica en 1885. Alice Bailey, junto con Rudolph Steiner y Jiddhu Krishnamurti, trajeron enseñanzas teosóficas a sus propias audiencias, ayudando a perpetuar el interés continuo en la Sabiduría Eterna.

Otra influencia surgió incluso antes, en la década de 1830, cuando los trascendentalistas, incluidos Ralph Waldo Emerson, Henry Thoreau, Bronson Alcott y Margaret Fuller, recurrieron a la «experiencia, la intuición, las ideas cuáqueras de la Luz Interior, el *Bhagavad Gita*» y especialmente al filósofo espiritualista Emanuel Swedenborg (1688-1772) en busca de inspiración. Los trascendentalistas, junto con el médico alemán y fundador de la hipnosis Franz Mesmer (1734-1815) y la fundadora de la Ciencia Cristiana Mary Baker Eddy (1821-1910), influyeron en el Nuevo Pensamiento, un movimiento de sanación de la Nueva Inglaterra de finales del siglo XIX dirigido por Emma Curtis. Hopkins, Horatio Dresser y Charles

Brodie Patterson. Nuevo Pensamiento cree en una continua evolución del pensamiento; que la verdad se puede encontrar a través de una variedad de doctrinas; y la curación puede ocurrir a través de la realineación del estilo de pensamiento, mente sobre materia. A principios de la década de 1900, el movimiento del Nuevo Pensamiento siguió floreciendo y generó numerosos institutos y escuelas. [5]

Otra influencia notable en la Nueva Era fue el filósofo idealista francés y sacerdote jesuita Pierre Teilhard de Chardin (1881-1955), cuyo trabajo publicado póstumamente *The Phenomenon of Man* (El fenómeno del hombre) estableció una nueva visión radical de la evolución y la interconexión de toda la creación, incluyendo un Cristo místico visto como el principio organizador del universo. Concibió la idea de un Punto Omega hacia el cual se dirigía toda la evolución, una noción que Donald Keys retomó más tarde.

Alice Bailey se diferencia de sus contemporáneos en el estilo de presentación. Las instrucciones de DK se dan en un lenguaje sencillo en un estilo directo. La estructura de las enseñanzas emulaba la arquitectura modernista de la época, todas las líneas ordenadas y limpias, dispuestas en bloques limpios, sin nada elegante que distrajera la vista. El ambiente es de negocios y evoca ideas de liderazgo tranquilo y gestión ejecutiva. Fuera del grupo general de buscadores, Alice Bailey continúa atrayendo hacia las enseñanzas y la Escuela Arcana a aquellos que son tan serios, enfocados y comprometidos como ella.

Hay que hacer una distinción entre el surgimiento de un nuevo movimiento espiritual que surge de las búsquedas existentes en una especie de evolución natural de las ideas y la conciencia, y la consolidación del concepto de la Nueva Era. Alice Bailey desempeñó un papel importante en la formación de la Nueva

Era, influyendo en muchos de los primeros y posteriores influyentes que desarrollaron su propia línea o marca particular. Sobre todo el título es suyo conceptualmente. [6]

Los conceptos no solo tienen poder explicativo, ellos enfocan la voluntad, dirigen la energía, moldean nuestra visión del mundo y nuestros valores. El concepto del Tibetano de la Nueva Era estaba claramente definido. Todo el cuerpo de trabajo puede describirse como una forma de pensamiento de la Nueva Era. Alice Bailey y DK buscaron establecer un paradigma, no un movimiento de buscadores espirituales. Todo el entrenamiento de crecimiento personal contenido en el movimiento de la Nueva Era estaba en la cosmovisión de Alice Bailey, destinado a ser una preparación para el servicio mundial, no un engrandecimiento personal. La curación de varias heridas emocionales y mentales es un tema secundario, algo que puede ocurrir únicamente para despojar a la personalidad de sus propios obstáculos.

La obra de Bailey no solo contenía tres títulos que llevaban el término «Nueva Era»: Discipulado en la Nueva Era Vol. I y II, y Educación en la Nueva Era; en su índice maestro, hay más de 250 referencias directas a la Nueva Era, incluyendo características y métodos, junto con muchas más referencias a la Era de Acuario. La mayoría de las referencias aparecen en sus obras posteriores, compuestas en las décadas de 1930 y 1940, incluidos los textos antes mencionados junto con Psicología Esotérica Vol. I y II, La externalización de la jerarquía y Tratado sobre Magia Blanca.

Una de sus primeras referencias a la Nueva Era se puede encontrar en *From Intellect to Intuition* (Del intelecto a la intuición), un trabajo escrito con su propia pluma y dedicado a «la naturaleza y el verdadero significado de la meditación». Ella escribe: «Ellos [ese cuerpo puente de hombres] actuarán como los pioneros de la Nueva Era, cuando los hombres serán prácticos hombres de negocios con los pies firmemente plantados en la tierra y, sin embargo, al mismo tiempo, serán místicos y videntes, viviendo también en el mundo del espíritu y llevando consigo inspiración e iluminación a la vida cotidiana».[7]

Dos años más tarde, se publicó Tratado sobre Magia Blanca: o El camino del discípulo, una obra apreciada como manual de formación para el discipulado espiritual, que contiene quince «reglas» del camino, en esencia una guía sobre cómo evitar el camino oscuro de magia negra y equiparse para el servicio mundial. La primera referencia a la Nueva Era dice: «Otro objeto es la preparación de un instrumento de servicio en la inauguración de la Nueva Era durante los próximos doscientos años... Según la respuesta de los discípulos, de los místicos y conocedores de todas partes, así será la rápida llegada de la Nueva Era».[8] Estos «instrumentos de servicio» son discípulos que están encargados de desarrollar la intuición y un correcto sentido de los valores, y volver «el oído interno a esas voces en el plano más sutil» para inaugurar la Nueva Era, porque es responsabilidad de los discípulos y sólo de ellos. Si los discípulos fallan en sus responsabilidades, entonces los Maestros se retirarán, cambiarán sus planes y encontrarán otra manera de proceder. Todo el canon de Bailey gira en torno a este único cargo. Existe una oportunidad para una nueva orientación, para que la humanidad pase a través del portal de la iniciación hacia el reino del alma. Esta es la Nueva Era, si la queremos.

Para Alice Bailey, la Nueva Era es el amanecer de la conciencia global, la manifestación del Discípulo del Mundo, uno con una conciencia ampliada de los asuntos que afectan a la humanidad y al planeta. El sello distintivo de tal conciencia global es el servicio mundial, que se manifiesta en aquellos que han renunciado a los deseos egoístas de la personalidad y actúan de buena voluntad para fomentar las relaciones correctas por el bien de todos. A través de la Escuela Arcana, Alice Bailey no solo ayudó a conceptualizar la Nueva Era, sino que energizó la forma de pensamiento con su poderoso impulso. Su misión, la misión de DK, era fomentar el nacimiento del alma a escala mundial.

Durante décadas, el término «Nueva Era» ha tenido connotaciones despectivas y muchos buscadores y practicantes evitan la denominación. Los miembros de la Nueva Era se han convertido en objeto de burlas y controversias, con escándalos por reclamos fraudulentos y especulación. Conocido por su eclecticismo y su estilo de búsqueda pick-and-mix, el movimiento Nueva Era ha sido criticado por su filosofía relativista y subjetivista y sus tendencias hedonistas y consumistas.[9] El buscador construye su propia realidad espiritual a partir de un conglomerado de creencias y prácticas. Las enseñanzas antiguas se reducen y, a menudo, se distorsionan. Hay una tendencia hacia el materialismo espiritual y la inflación del ego, en parte a través del glamour o encanto de la mística y la pertenencia a otro mundo. Navegar por esta realidad con todos sus accesorios puede conducir a un despertar espiritual, pero como solía enfatizar Alice Bailey, es un proceso largo con muchos golpes duros en el camino. En el lenguaje de DK, el «habitante del umbral», ese espejismo de la personalidad que impide la plena conciencia del alma, puede adquirir magníficas proporciones si no se maneja correctamente. Muchos quedan atrapados dentro del hechizo y se obsesionan consigo mismos. El enfoque de Alice Bailey fue la descentralización de la personalidad. Muchos buscadores de la Nueva Era se llenan temporalmente de sí mismos.

De las opiniones expresadas en su autobiografía, está claro que Alice Bailey se habría resistido al movimiento llevado a cabo en su nombre. Ella desdeñó gran parte de las enseñanzas y actitudes contemporáneas de entonces:

> Siempre me ha molestado la basura que dice la gente sobre «recuperar sus encarnaciones pasadas». Soy una profunda escéptica en lo que se refiere a esta recuperación. Creo que los varios libros que han sido publicados dando en detalle las vidas pasadas de destacados ocultistas son evidencias de una vívida imaginación y que son falsos y engañan al público. Me ha alentado en esta creencia el hecho de que en mi obra decenas de Marías Magdalenas y Julios Césares, y otras personas importantes, me han confesado portentosamente quiénes eran; sin embargo, en esta vida son personas muy comunes y poco interesantes. [10]

Ella es igualmente desdeñosa de las actitudes que muchos buscadores tienen de los maestros, quienes «nunca le dicen a un discípulo qué hacer o adónde ir, o cómo manejar una situación, a pesar de todas las tonterías que dicen los buenos y bien intencionados devotos». [11]

Alice Bailey no tenía tiempo para obsesionarse con problemas personales. Cuando habla de su propia dificultad con el miedo, describe cómo practicó una forma de atención plena, reconociendo el miedo y avanzando. «Creo que la gente tiene que aprender a aceptar con mucha más paciencia lo que es, y no pasar tanto tiempo lidiando consigo mismos con sus problemas individuales... La concentración en el servicio puede conducir, y de hecho lo hace, al olvido de sí mismo».[12]

Inicialmente, el movimiento contracultural de la década de 1960 tenía un fuerte espíritu de cambio social y político, que se manifestó en el movimiento por los derechos civiles y las protestas contra la guerra en Vietnam. Sin embargo, el espíritu progresista y humanitario pronto se disipó cuando la atención se centró en el crecimiento personal y la iluminación espiritual.

Vera Stanley Alder y la sanación esotérica

La filtración del misticismo oriental en la conciencia occidental fue en gran parte el resultado de los teósofos Blavatsky y Olcott, quienes fueron a la India en 1879 en busca de antiguas enseñanzas hindúes. Este interés fue tan inesperado que la pareja fue bien recibida por hindúes y budistas por igual. [13] Blavatsky abrió la puerta por la que podían fluir sus enseñanzas. Los teósofos posteriores, incluidos Besant, Steiner y Woodroffe (Arthur Avalon), desarrollaron una comprensión de estas enseñanzas orientales y las incorporaron a sus propias interpretaciones teosóficas.

Aunque según el autor y teósofo Kurt Leland, fueron Charles Leadbeater y Alice Bailey quienes, entre ellos, fomentaron el Sistema de Chakra Occidental.[14] En su libro *Rainbow Body: A History of the Western Chakra System from Blavatsky to Brennan* (Rainbow Body: una historia del sistema de chakras occidental desde Blavatsky hasta Brennan), Leland se esfuerza por atribuir las ideas utilizadas por cromoterapeutas y curanderos esotéricos posteriores a sus fuentes legítimas. Cita como original la vinculación de los chakras con las glándulas endocrinas de Alice Bailey, su uso de los colores del arco iris al describir los siete rayos, su acuñación del término «chakra sacro» y su método para vincular las iniciaciones, planos, cuerpos y chakras en una «hoja de ruta de maestría» unificada. [15]

El camino de estas ideas se puede rastrear a través de las obras de la colaboradora Vera Dorothea Stanley Alder (1898-1984), una exitosa retratista y mística británico-danesa que popularizó las enseñanzas de Alice Bailey, en particular Iniciación: humana y solar, y se convirtió en una maestra espiritual por derecho propio. Alder se educó en la Roedean School de Sussex y luego asistió a la Slade School of Art de Londres. Después de una exitosa carrera como artista, Alder descubrió la Sabiduría Eterna y experimentó una profunda conversión. Alder compuso siete libros, incluida su autobiografía espiritual *From the Mundane to the Magnificent* (Del mundano a lo magnífico). También fundó World Union Fellowship, que se convirtió en World Guardians Fellowship, que publicó el Journal of World Guardians. [16] Entre sus propios seguidores estaba Elvis Presley. [17]

Vera Stanley Alder fue miembro del grupo DINA de nueve centrados en la educación como LDO: Luz, Desapego, Organización. En una carta a ella fechada en noviembre de 1937, el Tibetano le dice: «Estás en condiciones de asistir y ayudar a muchas personas. Procura, hermana mía, que ayudes con sabiduría, discernimiento y discreción y que pongas tu esfuerzo donde se puedan lograr los mejores resultados». [18]

El potencial de Alder para el servicio mundial a lo largo de las líneas de escritura se señaló en la siguiente carta de febrero de 1938. Todas las cartas dirigidas a ella apuntan hacia su trabajo creativo y su contribución e intentan facilitar ese proceso.

En 1938, se publicó el primer libro de Vera Stanley Alder, *The Finding of the Third Eye* (El hallazgo del tercer ojo). Aquí,

Alder describe técnicas de trabajo con colores, sonidos, números, respiración, dieta y ejercicio. Ella continúa explorando la astrología y la meditación y su propósito. Antes de las obras de Alder, los curanderos esotéricos, incluidos los terapeutas del color, se inspiraron directamente en las Cartas sobre la meditación oculta de Alice Bailey. [19]

Con o sin la contribución de Vera Stanley Alder, el reconocimiento de la contribución de Alice Bailey a la curación esotérica es difícil de encontrar. En su libro informativo, Leland presenta la lista de chakras de Alice Bailey tal como se encuentra en *The Soul and its Mechanism* (El alma y su mecanismo), una lista que ha aparecido en muchos textos occidentales posteriores sobre los chakras, que influyen en la terapia de polaridad, el Reiki y la sanación pránica. [20] Para Leland, Alice Bailey fue tan innovadora como Helena Blavatsky, y debido a que hizo todo lo posible para explicarlo todo, «produjo una rica veta de material sobre los chakras para escritores posteriores».[21] Lamentablemente, muchos escritores occidentales sobre los chakras, incluido el controvertido gurú Osho o Bhagwan Shree Rajneesh; autores sobre los chakras Jack Schwarz, Christopher Hills, Norah Hills, Alex Jones, David Tansley y Zachary Landsdowne; y la popular en la Nueva Era Shirley MacLaine, han optado por eludir los créditos de Alice Bailey, a pesar de basarse en sus ideas. [22] Esta falta de reconocimiento está tan extendida que Leland la etiqueta como «amnesia de la fuente».[23] Una excepción es la entrenadora de salud holística Barbara Ann Brennan quien, Leland desea señalar, enumera a Alice Bailey como una de sus fuentes en *Hands of Light* (Manos de luz). [24]

David Spangler y Findhorn

La comunidad alternativa de Findhorn en el noreste de Escocia tuvo su génesis en 1962 cuando los cofundadores, buscadores espirituales y místicos Peter Caddy, quien contó con Alice Bailey entre sus influencias, su esposa Eileen y Dorothy Maclean se mudaron a un parque de casas rodantes en la península al este de Inverness. En las meditaciones, las dos mujeres recibieron mensajes de fuentes superiores y recibieron instrucciones de crear un jardín bajo la guía espiritual. Lo hicieron, y mientras el jardín florecía, otros se reunieron alrededor del trío y se formó una comunidad.

En 1967, Eileen Caddy tuvo una visión en la que le decían que un hombre de veinticinco años llegaría para vivir y trabajar en Findhorn. Luego, en 1970, sí llegó un joven de veinticinco años: David Spangler.

Nacido en Columbus, Ohio, en 1945, el filósofo espiritual estadounidense, místico práctico y prolífico autor David Spangler fue un clarividente y místico natural que renunció a su título en bioquímica en 1965, a la edad de veinte años, para dar conferencias a grupos espirituales y metafísicos alrededor de los Estados Unidos. Estuvo profundamente influenciado por las enseñanzas de Bailey, ya que las conoció a la edad de catorce años, y se convirtió en una figura fundadora clave del movimiento de la Nueva Era. [25] Sus libros, *Festivals in the New Age* (Festivales en la Nueva Era) y *Revelation: The birth of a new age* (Apocalipsis: El nacimiento de una nueva era) ayudaron a destacar la noción de de la Nueva Era en el espíritu de la época.

El prólogo de *Revelation* (Revelación) fue escrito por otra figura prominente en la historia de la Nueva Era, Sir George

Trevelyan, que era principalmente un estudiante de Rudolph Steiner, además de favorecer a Alice Bailey y, en ese momento, estaba involucrado en el establecimiento de Findhorn.

David Spangler había llegado a Findhorn en un momento de rápida expansión de la comunidad. Cuando Peter Caddy se retiró de sus roles de liderazgo, Spangler rápidamente asumió la codirección de la comunidad y se convirtió en codirector de Educación. Permaneció en la comunidad durante tres años antes de partir con Dorothy Maclean y varios otros miembros para fundar la Asociación Lorian en Seattle. [26]

En 1974, Spangler ayudó a fundar la Asociación Lindisfarne, un grupo de intelectuales que incluía al eminente antropólogo y ecologista Gregory Bateson, al renombrado economista EF Schumacher y al científico y ecologista James Lovelock, autor de *The Gaia Hypothesis* (La hipótesis de Gaia). Este grupo se inspiró mucho en las obras de Teilhard de Chardin y del matemático y filósofo inglés Alfred North Whitehead, pensadores que, como Alice Bailey, promovieron la interconexión de toda la creación. El cofundador de la Asociación Lindisfarne, el filósofo social William Irwin Thompson (1938-), compartió un interés en el conjunto general del pensamiento místico oriental, el cristianismo esotérico y la evolución de la conciencia.

Las enseñanzas de Bailey no parecen haber jugado ningún papel en la Asociación Lindisfarne. Más bien, fue a través de la influencia de la visión, los valores y el ethos incrustados en la mente de Spangler, todos inspirados por Alice Bailey, que desempeñó un sutil papel de fondo al proporcionar las condiciones y estimular el surgimiento del pensamiento holístico y ecológico.

De vuelta en Findhorn, la organización floreció y siguió inspirando a numerosas comunidades y proyectos intencionales. En la actualidad, más de treinta organizaciones forman parte de la asociación comunitaria general de la Fundación Findhorn.[27] Findhorn alberga una variedad de talleres, cursos residenciales y conferencias durante todo el año. [28] Allí sigue viva la influencia de Alice Bailey. Se espera que todos los que ocupan altos cargos tengan un sólido conocimiento práctico de los libros de Bailey. Para rendir homenaje después de los ataques al World Trade Center el 11 de septiembre de 2001, se utilizó la Gran Invocación en las oraciones de Findhorn. [29]

Una figura prominente de Findhorn es el autor y educador holístico William Bloom (1948-), un seguidor de las enseñanzas de Bailey, que pasó dos décadas en la facultad de la Fundación Findhorn. Bloom es una ventanilla única para una serie de talleres, artículos y libros de mente-cuerpo-espíritu, incluidos *The Power of Modern Spirituality* (El poder de la espiritualidad moderna) y *The Endorphin Effect* (El efecto de la endorfina). A diferencia de otros miembros de la Nueva Era que prefieren mantener ocultas sus raíces Bailey, Bloom no tiene reparos en referirse a Alice Bailey en sus escritos. [30]

Utopía

Desde Findhorn, muchos seguidores de Alice Bailey han optado por dedicar sus vidas a crear y nutrir modelos de vida alternativos. Estos seguidores asumen la esencia de su mensaje y se comprometen con él, sobre todo porque su visión del mundo compleja, intrincada y que lo abarca todo resuena fuertemente con el tipo de pensamiento ecológico que surge, entre otros lugares, del grupo de Lindisfarne.

Una nota clave del movimiento utópico se basa en la noción esotérica de que la energía sigue al pensamiento. Los pensamientos negativos se acumulan para formar una nube oscura. Mantener los pensamientos positivos facilita su manifestación, movilizando lo bueno y no dando energía a lo malo. En el modelo de Alice Bailey, el bien puede manifestarse a través del trabajo interior, la meditación, la visualización, la oración, el ritual, la ceremonia y el envío de Luz.

Los compañeros de trabajo de Bailey, McLaughlin y Davidson, argumentan completamente desde una perspectiva DK en su libro *Spiritual Politics: Changing the World From Inside Out* (Política espiritual: cambiando el mundo de adentro hacia afuera), y brindan la esencia de las utopías inspiradas en Bailey, afirmando una «visión interconectada de sistemas completos basada en la causalidad mutua».[31] Los autores se conocieron en Findhorn y fundaron la Comunidad Ecológica Sirius en Massachussetts. También fundaron el Centro para el Liderazgo Visionario en Washington DC. Además, McLaughlin trabajó en el Consejo de Desarrollo Sostenible del presidente Clinton.

En su libro, McLaughlin y Davidson citan la necesidad de cambiar el pensamiento de separativo a orientado a la comunidad, de lineal a holístico, de polarizado a unitivo y de cristalizado a expansivo. Estas ideas prevalecen en todos los proyectos utópicos inspirados por Alice Bailey.

Para McLaughlin y Davidson, cambiar a un nuevo paradigma requiere un movimiento hacia una política transformadora, una que valore las formas no antagónicas de saber y actuar, y cree nuevas plantillas basadas en nociones de interconexión, inclusión, síntesis, empoderamiento y sistemas completos. Los autores discuten cómo podría verse el nuevo paradigma en las esferas de la política y el gobierno, el bienestar, la ley y el orden, y la economía basada en la justicia, el compartir y la comunidad. Continúan citando numerosas organizaciones fundadas sobre estos principios, entre ellas: Pathways to Peace, fundada por los compañeros de trabajo Avon Mattison y Sheldon Hughes; Diplomacia multipista, con énfasis en la mediación; y el Rocky Mountain Institute, junto con una serie de grupos y comunidades de base de todo el mundo a nivel local y global, cuyos objetivos son encontrar mejores caminos hacia mejores soluciones.

Otro ejemplo que adopta el pensamiento de Alice Bailey es The Global Ecovillage Network, GEN, que fue fundada en Dinamarca en 1991 por Ross y Hildur Jackson. Las aldeas GEN están diseñadas para dejar una pequeña huella ecológica mientras fomentan estilos de vida más sostenibles y orientados a la comunidad. Es una «respuesta deliberada y estratégica a las consecuencias destructivas de la cosmovisión dominante».[32] Findhorn es visto como un pueblo GEN ejemplar. Demostrando la interconexión de la red informada en gran parte por la visión de Alice Bailey, la representante de GEN en las Naciones Unidas y su colaboradora Vita de Waal, se dirigieron a un seminario de World Goodwill en 2016.

Vita de Waal desempeña un papel destacado en el Instituto de Síntesis Planetaria, que fue fundado por Rudy Schneider en Ginebra en 1981 y disfruta del estatus consultivo de ONG ante el Consejo Económico y Social de las Naciones Unidas (ECOSOC, por sus siglas en inglés). El Instituto «tiene como objetivo despertar la conciencia de los valores espirituales en la vida diaria y promover la conciencia planetaria, lo que lleva a la ciudadanía planetaria basada en los valores espirituales: amor a la verdad, responsabilidad personal, sentido de la justicia, cooperación constructiva y servicio desinteresado del mayor entero».[33] El Instituto sigue los pasos de los grupos DINA originales de nueve, que operan en diez campos de servicio: educación, política, religión, ciencia, psicología, economía (incluidas las finanzas), comunicación (incluida la telepatía), observación ilustrada, sanación y creatividad. El grupo celebra una Asamblea General trianual y espera crear una Universidad para la Síntesis Planetaria basada en los grupos semilla de DK, con sucursales en todo el mundo.

Otro ejemplo notable de la continuación de las enseñanzas de Bailey es el Centro Hechal para la Espiritualidad Universal en Jerusalén, fundado por la estudiante y maestra de la Sabiduría Eterna Uta Gabbay en 1997. Establecido originalmente como una escuela de meditación, el Centro está dirigido por un grupo de compañeros de trabajo y sirve como un «puesto de avanzada subjetivo, que realiza meditaciones en línea semanales y mensuales regulares como un servicio a Jerusalén, el pueblo judío y el planeta».[34] El grupo Hechal busca «tejer líneas de relación entre Israel/Palestina y el resto del mundo», y fomentar la autorreflexión y las relaciones correctas. Aprovechan y avanzan el trabajo pionero de Assagioli sobre la psicosíntesis de una nación, que aplicó al pueblo judío. El Centro Hechal sirve para resaltar las acusaciones fuera de lugar de antisemitismo lanzadas contra Alice Bailey.

Una figura clave en este entorno estrechamente interconectado es el innovador y visionario economista Ernst Friedrich Schumacher (1911-1977). Se desconoce si conocía personalmente a Alice Bailey. Schumacher nació en Alemania de un profesor de economía política y se convirtió en un erudito Rhodes y protegido del economista John Maynard Keynes. Las influencias en su vida y pensamiento fueron muchas y variadas, entre ellas una temporada en Birmania en la década de 1950, en la que comenzó a proclamar la economía budista. Centró su modelo económico en el principio de tener «suficiente»,

suficiente para los requisitos en lugar de excedente. En 1966 fundó Intermediate Technology, que desarrolló tecnologías básicas, como bombas manuales, para permitir que los agricultores pobres del Tercer Mundo pudieran ayudarse a sí mismos.

Dos años más tarde, el número de marzo/abril de 1968 de *The Beacon* publicó su artículo «La filosofía de la ayuda». Su obra seminal *Small is Beautiful* (Pequeño es hermoso) se publicó en 1973 y *The Beacon* presentó su pieza con el mismo título en mayo/junio de 1974. Estas piezas plantean algunas preguntas interesantes. ¿Cómo supo Schumacher de *The Beacon*? No se parece en nada a *Resurgence* (Resurgimiento), para la que Schumacher escribía regularmente. ¿El editor de *The Beacon*, o incluso la propia Mary Bailey, buscaron a Schumacher como el pensador más adecuado para el contenido de la revista? Lo que sí puede decirse es que se alegró de que sus escritos aparecieran en *The Beacon* en dos ocasiones, con una diferencia de seis años entre ellas. Un colaborador cercano de Spangler, Schumacher se dirigió a la comunidad de Findhorn en 1976, con una charla sobre las crisis espiritual y económica que enfrenta la humanidad. No hay duda de que formó parte del entorno intelectual y socialmente prominente inspirado por Bailey. Schumacher también estuvo en el Consejo Asesor de Planetary Citizens de Donald Key, figura destacada de Alice Bailey en 1975. [35]

Una idea lleva a otra, y de la visión de Schumacher, no solo ha surgido el Instituto Schumacher y el Colegio Schumacher, sino también el espacio para el surgimiento de The Venus Project. Este movimiento contemporáneo tiene como objetivo lograr una nueva civilización mundial sostenible, posible gracias al rediseño de nuestra cultura de acuerdo con una economía basada en recursos, una cultura imaginada por el inventor futurista Jacque Fresco (1916-). Una economía basada en recursos se basa en la creencia en una economía global holística que utiliza los recursos humanos y planetarios de manera inteligente. El proyecto, con sede en Venus, Florida, nació en la década de 1990 y se propuso encontrar mejores formas de utilizar la ingeniería y la tecnología.

Peter Joseph, fundador del movimiento Zeitgeist, inicialmente respaldó la visión de Fresco, pero los dos hombres se separaron por un desacuerdo. El movimiento Zeitgeist se fundó en 2008, como una organización de defensa de la sostenibilidad que comprende capítulos con sede en países de todo el mundo orientados hacia el activismo comunitario. El principio central de Zeitgeist es que todos los males del mundo tienen sus raíces en una estructura social obsoleta. El movimiento aboga por una economía basada en recursos inspirada en Schumacher.

Detrás de escena, World Goodwill de Alice Bailey reúne estas iniciativas de todo el mundo y proporciona un lugar de interés a través de sus seminarios y conferencias. World Goodwill, bajo los auspicios de Lucis Trust, hace esto porque estas son las iniciativas que mejor reflejan la Nueva Era de Alice Bailey.

26

UN ADVERSARIO Y UN ENTUSIASTA

El movimiento Nueva Era es diverso. Hay tal vez tantas personalidades perdidas, charlatanes y gurús autoproclamados como buscadores y practicantes genuinos. Para Alice Bailey y la Teosofía, la popularización de la Jerarquía Espiritual ha resultado muy problemática.

Emergiendo del entorno de la Nueva Era, en la tradición de su precursor, el movimiento YO SOY, está la autora y popular líder casi espiritual Elizabeth Clare Prophet (1939-2009). Prophet creció como una científica cristiana. Conoció a su segundo esposo Mark Prophet en 1961 en una charla que estaba dando sobre los «Maestros Ascendidos» bajo los auspicios de su organización espiritual The Summit Lighthouse, que él fundó en 1958. Mark se inspiró en el movimiento YO SOY a través de su rama El Puente a la Libertad. Durante su charla, Elizabeth recibió una visión. La pareja hizo clic y Elizabeth pronto comenzó a entrenarse para convertirse en mensajera o canalizadora. En poco tiempo, se convirtió, según creía, en una mensajera del Maestro Morya. La pareja publicó numerosos volúmenes basados en estas comunicaciones canalizadas y difundió su mensaje por todas partes, con grupos de estudio y centros de enseñanza repartidos por todo el mundo.

Una figura carismática, Elizabeth Prophet, conocida como «Madre» por sus seguidores, enseñó que a través de la meditación, la oración y la visualización, se puede lograr la conciencia de Cristo. Trabajó durante un tiempo como secretaria de la iglesia de la Ciencia Cristiana y adquirió habilidades organizativas que le permitieron convertirse en la líder de The Summit Lighthouse tras la muerte de Mark Prophet en 1975. Summit Lighthouse luego pasó a formar parte de su Iglesia Universal y Triunfante. El movimiento combinó una potente combinación de patriotismo, evangelismo y teosofía, inspirada en gran medida en *The Masters of the Path* (Los maestros del camino) de Leadbeater. [1] La nota clave de la Iglesia y el Faro es el crecimiento espiritual personal siguiendo la guía de los maestros a través de los mensajes que le dieron a Prophet, la «Mensajera». Un grupo carismático, el lugar de influencia se fijó en Prophet en el centro, una «líder espiritual defectuosa» con un «espíritu indomable» que tenía un «dominio manipulador» sobre su rebaño. [2]

Al igual que con el movimiento YO SOY, la noción de ascensión, o de haber alcanzado el cielo sin haber muerto, el resultado de un punto de logro espiritual en el que el yo se purifica por completo, es la piedra angular del sistema de creencias de la Nueva Era de los Profetas.[3] Son los Guardianes de la Llama. La glorificación y la representación errónea de los Maestros de esta manera se ha filtrado en la percepción general del buscador no solo de los Maestros, sino también de la Teosofía en general y de Alice Bailey en particular. Existe una desafortunada percepción popular y académica de que el movimiento YO SOY y los Profetas pueden agruparse con Alice Bailey y sus contemporáneos y predecesores teosóficos para formar un solo grupo cohesivo que proponga ideas esotéricas iguales o similares. [4] Cualquier estudiante de Alice Bailey que se respete estaría horrorizado por esto. Desde la perspectiva de Bailey, Elizabeth Prophet y los de su calaña sirven para desacreditar todo el ámbito de la canalización o la relación telepática.

Prophet afirmó haber canalizado a los Maestros Koot Hoomi (a quienes llamó Kuthumi), y Morya. Al afirmar esta autoridad espiritual, sucumbió a una medida de orgullo y se dedicó a desacreditar a sus predecesores. En una exposición de falsas enseñanzas publicada en *Pearls of Wisdom* (Perlas de Sabiduría), «Kuthumi» de Prophet descarta tanto a Alice Bailey como a Krishnamurti por no ser vehículos adecuados para hacer el trabajo de los Maestros. Si hay que creer en Prophet, «Bailey sufrió orgullo intelectual y fragilidad del cuerpo mental inferior... y [era] totalmente incapaz como instrumento del maestro Tibetano».[5]

Tales ataques personales no son útiles para aquellos que desean comprender a Alice Bailey y su trabajo. El daño de Prophet a la reputación de Alice Bailey de esta manera es quizás limitado, ya que parece una afirmación de superioridad que refleja más quizás al personaje que lanza las calumnias, pero desafortunadamente estos comentarios desacreditan todo el terreno a los ojos de los forasteros, y particularmente eruditos.

Desde la perspectiva del pensamiento esotérico puro contenido en los libros de Bailey, los ataques de Prophet parecen agudos y entrometidos, y su producción en competencia directa, robando el terreno de los Maestros Espirituales lejos de la autenticidad aparente en las efusiones teosóficas tradicionales. Los estudiantes de Bailey argumentarían que Prophet era de hecho una falsa profeta y que sus enseñanzas tenían un estándar insuficiente acorde con las enseñanzas de los Maestros. Si Alice Bailey hubiera estado viva, sin duda habría dictado un comentario mordaz de The Summit Lighthouse, similar al emitido contra el movimiento YO SOY de la década de 1930.

El legado de Prophet sigue vivo. Como se señaló en el sitio web claramente violeta del Centro del Corazón, incluso después de su muerte en 2009, a través de «David Christopher Lewis, director espiritual del Centro del Corazón y amanuense de la Hermandad Universal, Elizabeth, ahora Maestra Ascendida Clare de Lis, continúa enseñando a sus alumnos».[6]

Los libros de Bailey ayudan a dar crédito, dentro de los círculos de la Nueva Era, al trabajo ligero o al trabajo con entidades espirituales con el propósito de curar. En lenguaje DK, para el discípulo de segundo rayo, la luz del alma cae sobre la personalidad. «En esa luz, el hombre ve la Luz, y así eventualmente se convierte en un portador de luz».[7] Para alcanzar este estado de conciencia, el discípulo debe meditar para alcanzar la razón inclusiva. «La imaginación creativa se ocupará de aquellas medidas que "arrojen la luz" en los lugares oscuros y sin relieve en el proceso creativo (todavía) incompleto. El hombre entonces trabaja conscientemente en la luz, como un portador de Luz».[8]

La trabajadora de la luz más conocida es la psicóloga clínica e investigadora Helen Schucman (1909-1981), quien compuso *A Course in Miracles* (Un curso de milagros) con cierta renuencia. Una obra enormemente popular, escrita entre 1965 y 1972 y traducida a veintidós idiomas, y que contiene las comunicaciones verbales de Jesús canalizadas en plena conciencia de vigilia. Schucman era clariaudiente. Quizás sea discutible si la voz que escuchó era la de Jesús. El curso contiene una lección para cada día del año y está destinado a reacondicionar la mente del estudiante, del miedo al amor. [9]

Sin desear desacreditar el trabajo de Schucman, no se puede comparar Un curso de milagros con ninguno de los libros de Alice Bailey. Aunque el estudioso del esoterismo occidental Olav Hammer se las arregla para hacer precisamente eso al agrupar a las dos mujeres en su tomo, *Claiming Knowledge: Strategies of Epistemology from Theosophy to the New Age* (Reivindicación del conocimiento: estrategias de la epistemología desde la teosofía hasta la nueva era), cuando escribe: «Es una especie de rareza que destacadas innovadoras religiosas como Alice Bailey o Helen Schucman y sus respectivas doctrinas han sido menospreciadas por los historiadores de la religión».[10] Un estudiante serio de la Sabiduría Eterna se sentiría ofendido por la observación, ya que a través de ella, el autor, sin saberlo, muestra una decepcionante falta de conciencia del calibre de las enseñanzas de Bailey.

Otro trabajador de la luz que no ha ayudado a la reputación de Alice Bailey es el autor escocés, consumado artista, escritor y esoterista Benjamin Crème (1922-2016). Crème fue estudiante del trabajo de Blavatsky antes de descubrir a Alice Bailey. Se convirtió en estudiante y se inspiró especialmente en la cristología de Alice Bailey, creyendo de todo corazón en la segunda venida de Cristo. Él también creyó haber sido contactado por un Maestro de Sabiduría, esta vez el Maitreya o Instructor del Mundo, el Jefe de la Jerarquía Espiritual, y basado en los mensajes que recibió, dio conferencias alrededor del mundo a millones de oyentes.

La sinceridad de Crème no está en duda y, a diferencia de Prophet, no criticó a Alice Bailey. Sin embargo, su celo adquirió proporciones gigantescas. Afirmó haber recibido su primer mensaje telepáticamente en 1959 y se mostró reacio a tomar nota de lo que se dijo. En 1974, formó un grupo de meditación y entre los miembros recibieron numerosas comunicaciones, particularmente en los años 1976 y 1977. Luego, se instó a Crème, telepáticamente, a hacer público lo que se les había dicho. Se convirtió en el profeta autoproclamado de la reaparición de Maitreya, que había sido predicha por la propia Helena Blavatsky. Cuando canalizó a Maitreya, se convirtió en Maitreya, o eso supuso, y por lo tanto en esos momentos se *sintió* el Cristo. En 1975, fundó Share International, o Tara Centre, una organización que organiza reuniones y eventos, y mantiene impreso el trabajo de Crème. También coeditó *Share International*, una revista global que se lee en más de setenta países y se preocupa por el cambio político, económico, social y espiritual. [11]

Crème ganó atención mundial en 1982, cuando colocó anuncios de página completa en los principales periódicos del mundo, afirmando que Cristo había regresado a la tierra para resolver los problemas del mundo y marcar el comienzo de la Nueva Era de paz:

> Creme explicó su anuncio en una conferencia de prensa abarrotada en Los Ángeles el 14 de mayo de 1982. Dijo que Maitreya había dejado su morada en el Himalaya y volado desde Pakistán en un avión Jumbo a Londres, donde había estado viviendo entre la comunidad asiática desde el 19 Julio de 1977. Creme explicó además que Maitreya es un maestro mundial iluminado que ha venido a ayudar a la humanidad a resolver sus problemas políticos, económicos y sociales. «Él no es un líder religioso», según el anuncio, «sino un

educador en el sentido más amplio de la palabra, que señala el camino para salir de nuestra crisis actual».[12]

A través de sus acciones, Crème dañó no solo su propia reputación ante los ojos de sus detractores, sino que se arriesgó a derribar toda la casa con él, lo que provocó que muchos despreciaran tanto a Helena Blavatsky como a Alice Bailey también. No puede haber duda de que a través de figuras como Crème y Prophet, el movimiento YO SOY y otros, se ha hecho mucho daño a las percepciones de la Teosofía en el medio académico y la comunidad esotérica más amplia. No menos importante, porque todos estos movimientos se agrupan bajo el mismo paraguas teosófico. La ignorancia de la existencia misma de los Maestros podría haber sido mejor que una percepción distorsionada de ellos. Como teósofa de tercera generación con muchas otras controversias a su alrededor, Alice Bailey probablemente sale peor parada.

27

CEDERCRANS Y LAURENCY

Dentro del segmento teosófico de la comunidad esotérica, existe un debate considerable sobre quién tuvo la última palabra cuando se trata de la sabiduría que brota de la Jerarquía, algunos argumentan que fue Blavatsky y otros Alice Bailey. Luego están aquellos que argumentan que la sabiduría oculta siempre seguirá brotando, y depende de cada individuo evaluar los méritos de cada efusión y comparar y contrastar y abordar las contradicciones a través de una combinación de hermenéutica y exégesis, tal como los teólogos abordan textos religiosos. Y, por supuesto, en el nivel del buscador individual, cada uno de nosotros gravita hacia y favorece lo que resuena, lo que puede conducir al rechazo de otras corrientes de sabiduría. Dicho debate no incluye aquellos escritos que se descartan fácilmente como marcadamente inferiores o peores, farsas, sino que se centran en obras de mérito escritas por aquellos que sinceramente desean aferrarse a la Sabiduría Eterna. La búsqueda teológica de la verdad y la precisión de varias enseñanzas ocultas apela al intelecto ávido de conocimiento confiable. Para algunos, la búsqueda puede constituir una distracción, por intrigante y valiosa que sea en sí misma, de la práctica de aplicar una forma esotérica de conocimiento en la experiencia vivida tanto interna como externamente. Los eruditos enmarcarán esta distinción entre conocimiento y saber haciendo referencia a los niveles de indagación etic y emic. Existen numerosas formas de abordar y comprometerse con la Sabiduría Eterna en ambos niveles, y es principalmente en el nivel ético donde evaluamos varios cuerpos esotéricos de trabajo. A la luz de esto, una biografía de Alice Bailey no estaría completa sin una breve introducción a Lucille Cedercrans.

La mística esotérica Lois Lucille Stickle Johnson Cedercrans Schaible (1921-84) nació en Bowmanville, Ontario, Canadá. Su familia se mudó a los EE. UU. poco después de su nacimiento, donde soportó una infancia infeliz criada por padres enemistados. Dejó la escuela sin calificaciones, se casó y tuvo siete hijos. Con su vida de ama de casa monótona, ella no conocería su propia disposición mística esotérica. Luego, en 1948, cuando tenía veintisiete años, experimentó la inundación de su mente con ideas extrañas. Finalmente, escuchó una voz que le comunicaba que estaba a punto de entrar en una nueva fase de su vida y convertirse en maestra de sabiduría. Una idea asombrosa, para una mujer humilde sin una buena educación.

Lucille Cedercrans pasó a escribir para el Maestro R (Rakoczi) entre otros, incluido DK. Su vida fue transformada. Ante la necesidad de hacer algo con la sabiduría que recibió, se familiarizó con las enseñanzas teosóficas y se dedicó a organizar grupos en los Estados Unidos, en los que enseñó meditación y su «Nueva presentación de forma de pensamiento de la sabiduría». Escribió numerosos títulos, incluidos *The Soul and Its Instrument* (El alma y su instrumento) y *Ashramic Projections* (Proyecciones Ashrámicas). Después de disfrutar de dos décadas de éxito, enfermó de artritis reumatoide en 1972 y quedó discapacitada permanentemente hasta su muerte en 1985. [1]

En su biografía, *Luminous Sitting, Tortuous Walking* (Sentado luminoso, caminar tortuoso), Cedercrans expresa su consternación por las acusaciones de que había plagiado los escritos de Alice Bailey, aparentemente expresadas por personas cercanas a Alice Bailey a fines de la década de 1950, y un asunto que Zachary F. Lansdowne aborda en su artículo «Escritos de Cedercrans comparados con la Técnica de Integración de Bailey para el Séptimo Rayo». [2] Lucille afirma que escribió todo su trabajo seminal *Nature of the Soul* (Naturaleza del alma) sin haber encontrado nunca los libros de Bailey y más tarde, una vez que lo hizo, afirma que nunca leyó por completo ninguno de esos textos. [3]

Lansdowne sugiere que Cedercrans cumple una de las predicciones de DK, a saber, que ciertos discípulos elegidos de cinco Ashrams habían sido o serían capacitados para contactar al público. La predicción se hizo en noviembre de 1948. [4] En lugar de abordar las denuncias de plagio, despliega el análisis del discurso a la Técnica de Integración para el Séptimo Rayo de DK que se encuentra en los libros de Bailey, a la luz de las declaraciones de Cedrecrans. Concluye que «Cedercrans parece basarse en el material anterior de Bailey, en el sentido de aclarar algunas de las insinuaciones y frases oscuras de Bailey». [5] Lansdowne continúa comentando: «Además, la Técnica de Integración para el Séptimo Rayo de Bailey parece haber anticipado la publicación subsiguiente del material de Cedercrans, porque cada segmento de esta técnica abstrusa parece ser aclarado por los pasajes correspondientes de Cedercrans». [6] Esto se ve reforzado por la afirmación de Cedercrans de que el Tibetano estuvo involucrado en la creación de su material.

Muchos dentro del entorno de la Sabiduría Eterna aceptan la calidad de la producción de Cedercrans, considerándola como una versión reducida y extrapolada que, como afirma Lansdowne, puede servir para aclarar partes oscuras de los libros de Bailey, pero eso no puede reemplazar la forma pura original. Sin embargo, hay algunas dudas con respecto a la fuente, algunos argumentan que Cedercrans no disfrutó del contacto Ashramic de un Maestro como ella afirma, sino del de un iniciado.

Otra pregunta en la mente del lector podría ser si el trabajo de Cedercrans realmente provino de un Ashram, ¿qué pasa con los otros cuatro mencionados en la predicción de DK mencionada anteriormente?

Henry T. Laurency

Otra figura importante en la tradición de la Sabiduría Eterna es Henrik Teofron Laurentius von Zeipel (1882-1971), más conocido por su seudónimo de Henry T. Laurency. El filósofo esotérico nació en el sureste de Suecia y estudió filosofía en la Universidad de Uppsala. Dedicó la mayor parte de su vida al estudio de los textos de Blavatsky, Leadbeater, Besant y Bailey. De importancia para Laurency se convirtió en la posición de estas enseñanzas dentro de la comunidad intelectual y académica. Para abordar esto, se dedicó a presentar la Teosofía como una cosmovisión creíble para académicos y filósofos, en obras que incluyen *The Philosopher's Stone* (La piedra filosofal) y *The Knowledge of Reality* (El conocimiento de la realidad), y una serie titulada *Knowledge of Life* (Conocimiento de la vida), todos los cuales fueron publicados en inglés desde 1979 y se escribieron originalmente en sueco entre 1930 y 1971. Esas ediciones se publicaron en Suecia entre 1950 y 1998. [7]

Como parte de su campaña para impresionar a sus colegas académicos, Laurency pensó en hacer que el contenido místico oriental de la Teosofía fuera más aceptable para la mente occidental utilizando fraseología matemática o, como él la llamó, hilozoísmo pitagórico. Problemático, quizás, desde el punto de vista del escéptico, Laurency luego afirmó que su escrito le había sido dictado por Hilarion, un adepto en la Jerarquía. El contacto de Laurency se alinea con el siguiente comentario en Tratado de Magia Blanca, escrito con respecto al trabajo del Maestro R. y el Maestro de la raza inglesa: «Ellos son ayudados por un discípulo de rara capacidad en Suecia, y por un iniciado en la parte sur de Rusia, que trabaja mucho en los niveles mentales».[8]

Una mirada superficial al trabajo de Laurency revela una escritura algo concisa pero lúcida, exigente y ciertamente carente de atractivo para el buscador promedio. Este es un intelecto agudo en el trabajo. Claramente, un erudito con una mente aguda para la precisión, Laurency podría carecer de atractivo en otros aspectos como el erudito sueco, Håkan Blomqvist señala:

> Los estudiantes que ingresan a un estudio de Laurency
> notarán de inmediato algunas idiosincrasias en su
> filosofía. A menudo tiene comentarios muy críticos
> sobre la democracia sin presentar una alternativa
> política. Esto podría tomarse como una excusa para una
> visión fascista, pero no es una interpretación correcta.
> Laurency es claramente un oponente definido de todas
> las formas de totalitarismo. Muy peculiar es su total
> incomprensión de la socialdemocracia, a la que
> equipara con la dictadura comunista. Sus puntos de

vista sobre el socialismo definitivamente no están en
línea con sus esoteristas favoritos Blavatsky y Bailey. [9]

Es poco probable que esta sea una opinión compartida por el
autor y esoterista sueco Lars Adelskogh, quien tradujo los
volúmenes de Laurency al inglés y actualmente posee los
derechos de autor. Ex editor en jefe de la edición sueca de
Nexus, una revista australiana que publica artículos sobre
teorías de conspiración y medicina alternativa, se entiende que
Adelskogh es un revisionista del Holocausto. [10]

El aborrecimiento de Laurency por el totalitarismo es
ciertamente una actitud compartida por Alice Bailey. Sin
embargo, ahí podría ser donde termina la relación, ya que
Laurency critica a Alice Bailey. En su libro *Knowledge of Life
Three* (Conocimiento de la vida tres), la critica, aunque de
manera comprensiva, por la calidad de su escritura. Con toda
justicia, reconoce las difíciles circunstancias de su vida
personal, la falta de formación académica y las limitaciones del
idioma inglés, al tiempo que señala la infiltración de
descriptores cristianos en el idioma, que él cree que no
provienen de DK sino de ella. Laurency argumenta que Alice
Bailey fue enviada para «ganarse a los emocionalistas para
quienes el sentimiento es el factor más importante».[11] Dado
que muchos de esos emocionalistas tuvieron educación
cristiana:

> Siendo una vieja cristologa, A.A.B. encontró más fácil
> (que presumiblemente también era la intención) usar su
> antigua perspectiva cristiana al elegir términos para
> ideas esotéricas. Sus escritos están erizados de palabras
> y frases del «Nuevo Testamento», para que los

cristianos se identifiquen con él y no sientan
repugnancia ante una terminología extraña. [12]

Cuando Laurency critica la escritura de Bailey en su ensayo sobre La reaparición de Cristo, que aparece en su libro Conocimiento de la vida cinco, es donde existen discrepancias con respecto a su elección de lenguaje. Él culpa a sus habilidades y le da mucha importancia al obstáculo que representaron para DK, a quien tiene en alta estima. No es excesivamente cruel con Alice Bailey, sino que de algún modo se desespera por sus capacidades, como si reiterara el comentario de Elise Sandes en Irlanda cuando, dado que no había nadie adecuado disponible para asumir el trabajo de la India, Alice simplemente tendría que hacerlo. Viniendo de la observación de la señorita Sandes de una inocente joven de veintidós años a la que estaba a punto de enviar a administrar las casas de los soldados, tal comentario es completamente apropiado. De Laurency, no puede evitar parecer condescendiente, aunque, en sus comentarios, de ninguna manera pasa por alto sus logros al escribir veinticuatro volúmenes, a menudo densos y gruesos, o al dirigir su Escuela Arcana y establecer Lucis Trust con sus programas subsidiarios, *The Beacon*, Triangles y World Goodwill. Su preocupación fue siempre la pureza de la escritura esotérica, la necesidad de claridad y precisión para asegurar que las ideas y la realidad fueran retratadas de la manera más adecuada posible. Se arroja más luz sobre las opiniones de Laurency sobre Alice Bailey al considerar su mordaz condena de Helena Roerich como una «impostora» con su «llamado agni-yoga», precisamente porque ella a su vez era mordaz con Alice Bailey. También interpretó los escritos de Roerich como «misticismo emocional». [13]

28

PAPELES ACUMULADOS

Cuando Marian Walter dejó la sede de Lucis Trust en Nueva York para perseguir a los Solicitantes en el Portal II de forma independiente, se llevó consigo a Louise Benesch, quien era la secretaria personal de Alice Bailey y una amiga cercana de Walter. La evidencia de la formación de una alianza entre las dos mujeres se puede encontrar en una carta fechada en agosto de 1946, en la que DK aconseja al esposo de Louise, Bernard Morrow (hermano de William Morrow y ACT: Amor, comprensión, transmutación en el grupo Glamour DINA de nueve y el Nuevo Grupo Semilla) que, «RSW [Marian Walter] no te ayuda, por mucho que lo haya intentado. Ella no te acepta ni te reconoce por lo que eres: un hombre cuya naturaleza inferior domina la mayor parte del tiempo, pero cuya intención básica es la identificación con la naturaleza superior; ella te ve de manera diferente y su garantía en este sentido no te ayuda».[1] La carta fue escrita después de que Alice Bailey terminara sus charlas del viernes, casi renunciando a encontrar una solución para el funcionamiento de la Escuela Arcana.

Cuando Walter dejó el trust, Benesch también se fue. No se fueron con las manos vacías. Walter tomó material para usar en sus conjuntos de estudio de Solicitantes en el Portal, incluidas copias de los documentos ashramic del Tibetano y material de la Escuela Arcana producido por Alice Bailey. También había copias de trabajos y ensayos escritos por estudiantes de la Escuela Arcana. En un sorprendente acto de despecho, Walter también tomó el incienso que el Tibetano le regaló a Alice Bailey a través de Henry Carpenter, un incienso de enorme valor simbólico, un tesoro y la única prueba concreta que une a Alice Bailey y DK. La toma del incienso sugiere que Walter había adquirido su alijo subrepticiamente, con o sin la ayuda de un cómplice. Benesch ya tenía o tomó en esa coyuntura todos los documentos pertenecientes a los Antiguos Misterios Universales.[2]

Se ha acumulado una mística sobre todo el alijo, que gira en torno a una afirmación de Benesch de que Alice Bailey le dijo que atesorara el material de los AMU hasta más adelante en el siglo, cuando llegaría alguien, alguien que debía tener los documentos, alguien quien pudiera adelantar la obra.

No hay evidencia de que esto se haya dicho alguna vez, y mucho menos cómo se dijo y, por lo tanto, si se malinterpretó. Como es evidente en el capítulo anterior de Marian Walter, los comentarios hechos en cartas del Tibetano eran propensos a ser malinterpretados. La afirmación de que ella iba a acumular los papeles sigue siendo una creencia sin fundamento en la mente de Benesch. Lo que sí se sabe es que ella creía de todo corazón en la afirmación.

En 1977, su hijo le presentó a Benesch a un joven maestro de masones y logias con quien quedó impresionada después de leer sus artículos sobre masonería. Su nombre es Keith Bailey. El apellido es coincidencia.

Baterista de oficio, Bailey (ab. 1949-) era muy conocido en la escena del jazz británico y una vez tuvo la oportunidad de tocar con Jimi Hendrix. [3] Bailey había trabajado en Lucis Trust en Londres en 1974-5 antes de desarrollar un interés repentino en la masonería. Con este fin, consultó a Lily Cornford (1906-2003) otra compañera de trabajo y antigua presidenta de la Asociación Radiónica. Como destacada terapeuta del color, Cornford fundó la Maitreya School of Healing en 1974. [4] También inspiró a la renombrada cantautora y amiga íntima Kate Bush a escribir una canción sobre ella. [5] Cornford hizo arreglos para que Bailey se uniera a una logia de co-masonería en Londres. Él aprendió rápido y en poco tiempo, se mudó a Nueva York y se unió y se involucró mucho en una logia allí.

Bailey visitó a Benesch a pedido de ella en su casa en Washington. Allí, ella lo interrogó sobre lo que sabía sobre los Antiguos Misterios Universales. Una vez satisfecha de haber encontrado a la persona que Alice Bailey había indicado que vendría, le dijo a Keith Bailey que él era a quien había estado esperando y rápidamente le pasó todos los papeles de los AMU.

Según Bailey, el Tibetano había comenzado a dar instrucciones de los AMU semestralmente desde Wesak en 1935, y en algún momento entre principios y mediados de la década de 1940, Alice Bailey cerró el proyecto debido a compromisos de tiempo y preocupaciones sobre la dirección que estaba tomando el proyecto. Bailey afirma que Alice Bailey le había dicho a Benesch que guardara el material en baúles. [6] La mención de «baúles» se convirtió en una mística sobre la cantidad de material que cayó en las manos de Keith Bailey. Un baúl puede ser otra palabra para un tipo de maleta y vienen en varios tamaños, grandes y pequeños. Además, las instrucciones semestrales dadas durante un máximo de diez años ascenderían a unas 40 000 palabras. Presumiblemente, el grupo fundador AMU habría continuado produciendo material asociado. La cantidad podría haber sido sustancial, pero es poco probable que haya llenado más de un baúl pequeño. Podría suponerse razonablemente que si Alice Bailey hubiera utilizado la palabra «baúl», no se refería al volumen sino a la capacidad del buque para ocultarse y mantenerse a salvo.

A través de Benesch, Bailey conoció a Walter y las dos mujeres comenzaron a explicar los entresijos de los AMU y cómo Alice Bailey había dejado muy claro que no quería que el proyecto se asociara con la Escuela Arcana. Keith Bailey lo tomó como un imperativo y se esforzó por rodear AMU y mantenerlo separado y distinto.

Honró su mandato y pasó a establecer y desarrollar los Antiguos Misterios Universales, con un sitio web y once logias establecidas en todo el mundo. Estas logias celebran ceremonias abiertas y los simposios masónicos AMU. Un maestro masón prominente es el autor y orador público Kevin Townley, quien ha hecho contribuciones significativas a la comprensión contemporánea del Tarot y el pensamiento cabalístico. [7]

A través de sus conferencias impartidas a grupos de co-masones de todo el mundo, Bailey esperaba expandir aún más su influencia y ganar aceptación dentro de la comunidad más amplia de co-masonería, un movimiento con una larga asociación con la Sociedad Teosófica. Desafortunadamente, parece que sus esfuerzos no fueron bien recibidos, su campaña aparentemente se frustró en enero de 2000, cuando según una circular publicada en el Foro Masónico de la Luz, el Consejo Supremo de los Co-Masones emitió una circular que decía:

> Después de examinar la Constitución de la Gran Logia de los Antiguos Misterios Universales (AMU), el Consejo Supremo instruye a los Representantes del Consejo Supremo a las Federaciones, Delegados del Consejo Supremo a las Jurisdicciones y RR.WW.MM de las Logias Pioneras a suspender todas las relaciones con la Gran Logia Antiguos Misterios Universales.
>
> En consecuencia, no se puede autorizar la doble afiliación.
>
> El Consejo Supremo solicita la estricta observancia de esta circular.[8]

No está claro en la circular el alcance de esta directiva, pero la discusión que rodea al foro indica que muchos co-masones se vieron obligados a elegir. De ser cierto, este aparente contratiempo habría sido una decepción considerable para Bailey, quien se había esforzado al máximo en la expansión del proyecto AMU.

A fines de la década de 1970 o principios de la de 1980, Walter le presentó a Bailey al renombrado maestro de la Sabiduría Eterna y psicólogo Michael Robbins. Walter tomó a los dos hombres bajo su protección y los guió durante cuatro años. En ese tiempo, los hombres obtuvieron un relato de lo que sucedió después de la muerte de Alice Bailey en 1949, desde la perspectiva de Walter.

Walter falleció en 1988 y los dos hombres afirman que su testamento contiene un codicilo que les transfiere la propiedad de todos sus documentos, incluidos todos los documentos que fueron sustraídos de la sede de Lucis Trust a principios de la década de 1950. [9] Ambos hombres han optado por conservar el derecho exclusivo al material, una decisión que ha causado una ruptura perjudicial en la comunidad de Alice Bailey.

Tras la muerte de Walter y de conformidad con el codicilo, los documentos fueron entregados en la dirección de la casa de Mary Ann Casalingo en Nueva Jersey, que servía como sede del incipiente Seven Rays Institute, fundado por Mary Ann, Dot Maver y Michael Robbins. El alijo de ocho cajas, cada una del tamaño aproximado de una caja de vino de doce botellas, fue visto por Geoffrey Logie, que había viajado recientemente desde Nueva Zelanda, antes de aparentemente dividirse entre Bailey y Robbins, Bailey, por una razón desconocida, tomando la porción más grande. En ese momento, el material que Walter tenía en su poder habría incluido todos los conjuntos de Aspirantes en el Portal II, materiales asociados y ensayos de los estudiantes, junto con documentos relacionados con su proyecto del Grupo de los Nueve que dirigió en la década de 1980, junto con cualquier otra cosa que ella haya iniciado en las décadas intermedias. Logie vio el ensayo y los documentos de estudio pertenecientes a varios discípulos, algunos documentos originales pertenecientes a Alice Bailey y el incienso. [10]

Pasaron unos quince años antes de que las cosas llegaran a un punto crítico. En 2005, el astrólogo esotérico Stephen Pugh se unió a The Polaris Project, un grupo de Yahoo convocado para evaluar la comunidad global de Bailey, articular la historia del grupo y el estudio de los aspectos fundamentales de las enseñanzas. [11] El problema para el grupo eran los papeles que faltaban. Pugh y otros argumentaron que se debería crear un archivo de todo el material de Bailey, digitalizar los documentos y ponerlos a disposición de todos a través de una biblioteca universitaria o similar. Defendiendo la causa, estaba ansioso por acceder al material acumulado y se esforzó por persuadir a Bailey y Robbins para que publicaran lo que tenían. Los hombres se negaron (y todavía se niegan). También se negaron a divulgar el contenido del alijo, que bien podría ser poco más que los papeles de AMU y los papeles asociados de los proyectos de Walter y poco más, además del incienso del Tibetano que seguramente pertenece a otra parte. O bien, el alijo puede contener al menos uno o dos documentos de importancia.

Pugh adquirió todos los conjuntos de estudio de los Solicitantes en Portal II en 1985, de un socio que los había descubierto en un ático en Florida, y es muy probable que ya tenga gran parte del material vital en la parte del alijo de Robbin. [12] Pero sigue convencido de que Robbins está sentado en más y persistió durante algún tiempo tratando de persuadir a Robbins para que se abriera.

No es una búsqueda irrazonable. Copias de las Meditaciones Zodiacales fueron descubiertas escondidas o enterradas en los archivos de la Escuela de Estudios Esotéricos allá por 2005, en mala calidad y con áreas en blanco y otros parches apenas descifrables. Sólo hubo tres meditaciones. Nadie sabe si los otros nueve existen, y es natural preguntarse si podrían formar parte de los papeles atesorados. La fuente de las MZ no está clara, pero como señaló el entonces director de la EEE, John Cobb, los documentos llevan la frase «Grado de discípulos», al estilo de los otros pocos documentos originales de la Escuela Arcana, junto con la firma de Frank Hilton. [13]

Desafortunadamente, el intercambio asombrosamente amargo que tuvo lugar en el foro de Polaris, en correos electrónicos privados y luego en Facebook se convirtió en una disputa sobre la integridad de Marian Walter. La comunidad de Bailey comenzó a sangrar estudiantes.[14] Sumándose a una situación ya tensa, un devastador incendio forestal estalló en 2007 en Rancho Santa Fe, hogar de Keith Bailey. No se sabe si hubo algún daño en su parte del alijo y los documentos de AMU, aunque algunos sospechan que ese podría ser el caso.

Después de un examen minucioso de la evidencia que se me ha puesto a mi disposición, mi opinión es que existe poco material más allá de los documentos de AMU, los documentos del propio Walter y copias de documentos en poder de la Escuela de Estudios Esotéricos y la sede de Lucis Trust. [15] Sin embargo, la desafortunada situación continuará hasta que Bailey y Robbins se sinceren. Mientras tanto, nadie sabe o está preparado para revelar qué sucedió con todas las cartas y documentos personales de Alice Bailey, o de los muchos cientos de miles de cartas que escribió a estudiantes, académicos, políticos y muchos otros en posiciones destacadas.

El asunto de los papeles perdidos alimenta un problema mayor, uno de responsabilidad y fuentes. Se dice que Robbins hizo uso del material en el alijo de Walter sin dar acceso a la comunidad esotérica a los documentos en cuestión, un asunto planteado en The Polaris Project. Parte de ese material se refiere a copias de cartas del Tibetano a miembros de sus grupos DINA. Porciones de estas cartas fueron redactadas por varias razones editoriales por Regina Keller antes de su publicación. Un tema de preocupación es una predicción aparente de que la Era de Acuario comienza en 2117, que DK supuestamente declaró en una carta a Roberto Assagioli en 1940: «Sugeriría que deben pasar otros 177 años antes de que entremos en lo que usted ha llamado la último decanato de Acuario pero que, desde cierto punto de vista, podría ser el primer decanato».[16] Tal predicción significa mucho para los estudiantes de la Sabiduría Eterna, muchos de los cuales desearían ver la carta original antes de confiar en la afirmación. [17]

Al grupo también le preocupaba que una lista de estrellas fijas que aparecían en *The Tapestry of the Gods* (El tapiz de los dioses) de Robbins fuera idéntica a la que aparecía en Solicitantes en el Portal II de Walter, una lista que Walter luego extrapola por correspondencia de la siguiente manera. [18]

```
Estrella I - - - - Benetnasch - Centro de la cabeza (Loto de 1000 pétalos) - Rayo 1
Estrella II - - - -Mizar - - - - - -Centro ajna - - - - - - - - - - - - - - - - - - - - - - - Rayo 2
Estrella III - - - Alioth - - - - - -Alta centro mayor y centro laríngeo - - - - - - - Rayo 3
Estrella IV - - - Megrez - - - - Centro del corazón - - - - - - - - - - - - - - - - - - Rayo 4
Estrella V - - - -Dubhe - - - - -Centro del plexo solar - - - - - - - - - - - - - - - - Rayo 5
Estrella VI - - - Merak - - - - - Centro sacro - - - - - - - - - - - - - - - - - - - - - -Rayo 6
Estrella VII - - -Phegda - - - - Centro de la base de la columna - - - - - - - - - -Rayo 7
```
Marian Walter, Solicitantes en el Portal Study Set VII

A su favor, Robbins reconoce que, «El Tibetano no va tan lejos como para asignar un rayo en particular a una estrella en particular, pero hay una fuerte razón para pensar que los siete rayos deben asociarse con las estrellas en el orden dado anteriormente». [19] Desafortunadamente, no hay ninguna referencia a Marian Walter.

Otro tema que ha sido preocupante para algunos se refiere a la publicación de Robbins de material redactado en cartas del Tibetano a Roberto Assagioli sobre los judíos y el sionismo, que Robbins luego analiza en una publicación en el sitio web del astrólogo Phillip Lindsay.[20] Sin acceso a la fuente primaria, los lectores deben dar por sentada la exactitud del texto citado. Estos asuntos plantean preocupaciones para aquellos con una disposición académica con respecto a la autenticidad y la cita precisa del material de origen que podría decirse que debería ser de dominio público de alguna manera.[21]

29

AVANZANDO EN LAS ENSEÑANZAS

Sɪ ʙɪᴇɴ ʟᴀ ᴍᴀʏᴏʀíᴀ ᴅᴇ ʟᴏs ᴇsᴛᴜᴅɪᴀɴᴛᴇs ᴅᴇ Bᴀɪʟᴇʏ ʜᴀɴ aplicado las enseñanzas como practicantes en varias modalidades de curación y grupos de meditación, o han vivido tranquilamente sus vidas de acuerdo con la Sabiduría Eterna, a veces mezclándose con otras fuentes de sabiduría, un pequeño número de seguidores han buscado avanzar en el esoterismo o la psicología del alma mediante la extrapolación y el desarrollo de las enseñanzas, en particular las contenidas en Tratado sobre los siete rayos.

Entre ellos se encuentra Kurt Abraham, un ex alumno de la Escuela Arcana que estudió los textos de Bailey durante más de cuarenta años. Abraham fundó la Escuela para el Estudio de los Siete Rayos en la década de 1990. Todavía activa en la actualidad, la escuela ofrece un curso gratuito de estudio en el hogar impartido por Abraham basado en sus obras completas, que son publicadas por Lampus Press, su propio sello. Para obtener ingresos, la organización depende de la venta de libros y las donaciones de los estudiantes. Es imposible determinar su alcance, pero su sitio web afirma haber entregado su matrícula de tres años a estudiantes de numerosos países de todo el mundo.[1] Lucis Trust, que rara vez respalda los trabajos de quienes están fuera de su organización unida, enumera los libros de Abraham en su sitio web, lo que sirve como respaldo de la calidad de su producción.

En sus textos, Abraham reformula las enseñanzas de DK para hacerlas más accesibles a quienes no son estudiantes de las obras. Brinda un buen ejemplo del estilo de pensamiento y escritura que ha surgido del pensamiento esotérico más abstruso de Bailey, incluido su trabajo reflexivo, *Threefold Method for Understanding the Seven Rays* (Método triple para comprender los siete rayos), que proporciona estudios de casos detallados y accesibles de los rayos. [2]

Destacado en el campo no académico de la psicología esotérica es el mencionado Michael Robbins, un maestro de los siete rayos y la astrología esotérica, que imparte cursos a estudiantes a nivel internacional. Robbins ha escrito una serie de comentarios sobre las enseñanzas de Alice Bailey y ha compuesto quince dramas rituales ceremoniales musicales diseñados para invocar y expresar las energías de los signos zodiacales. Junto con su esposa Tujia Robbins, también dirige la Northern Light Mystery School en Finlandia. [3]

En 1985, Michael Robbins cofundó el Seven Ray Institute, y dos años más tarde su organización hermana, la University of the Seven Rays, que está registrada como organización educativa sin fines de lucro en los Estados Unidos y ofrece talleres, seminarios y programas educativos. Entre 1985 y 1999, la universidad publicó el *Journal of Esoteric Psychology*, una colección semestral de artículos no revisados por pares sobre una variedad de temas que incluyen los siete rayos y la astrología esotérica. A través de la conferencia anual del Instituto de los Siete Rayos celebrada en Phoenix, Arizona, durante un período de catorce días, muchos otros han adquirido conocimientos en el campo. La conferencia internacional se encuentra ahora en su 34° año.

Otra organización asociada con Robbins y dedicada a impartir enseñanzas es la Federación Morya. [4] Establecida en 2008, la federación ofrece seminarios web y transmisiones, y promueve varias organizaciones similares que trabajan en cooperación y forman parte de la red de Robbins.

A fines de 2019, la Federación se hizo cargo de los programas que antes ofrecía la University of the Seven Rays y ahora los ofrece en línea, a través de seminarios web, cursos, mentores y asesores. Los cursos son gratuitos, se recomiendan las donaciones. La Federación Morya ofrece tres áreas principales de estudio: Búsqueda de meditación; la gran búsqueda; y búsqueda universal, todos relacionados con meditaciones, estudios e informes escritos, que abordan una variedad de temas que incluyen Tratado sobre el fuego cósmico, los rayos, el glamour y la astrología esotérica. Todos los materiales destilan la Sabiduría Eterna.

Un cuarto sitio web bajo el lema de Robbins es el portal en línea Makara, que brinda acceso a todos los escritos de Robbins, un gran almacén de seminarios web y comentarios sobre los libros de Bailey, junto con acceso abierto a seis volúmenes de su serie *The Tapestry of the Gods* (El tapiz de los dioses). También ha desarrollado una herramienta de autoevaluación en línea que proporciona perfiles de identidad personal para las diversas combinaciones de rayos. [5]

A través de los encomiables esfuerzos de Robbins y miembros de la facultad impartiendo cursos en los diversos programas educativos ofrecidos, la USR ha sido influyente en la promulgación de la psicología esotérica, o rayología como a veces se le llama, proporcionando una alternativa a la Escuela Arcana y la Escuela de Estudios Esotéricos. Los estudiantes han establecido sitios web, organizaciones o han incorporado su comprensión de los rayos en su propia práctica.

Michael Robbins y sus organizaciones lo abarcan todo en lo que respecta a la enseñanza, el aprendizaje y la experiencia, y se han convertido en una especie de ventanilla única.

Los títulos simbólicos obtenidos en la University of the Seven Rays carecen de acreditación académica formal, las propias enseñanzas de Robbins no se han publicado ampliamente fuera de su propio entorno, y parece haber poco o ningún progreso en llamar la atención de sus pares académicos sobre esta nueva especialidad, se ha hecho a través de Robbins, quien afirma tener un doctorado en Psicología junto con un doctorado en Filosofía Esotérica de su propia organización, sin embargo, al fundar sus organizaciones, Robbins ha hecho una contribución sustancial en el avance de las enseñanzas, atrayendo a la Sabiduría Eterna a aquellos buscadores de la Nueva Era que de otro modo no se habrían interesado profundamente, y vigorizando las enseñanzas con nueva energía y perspicacia. El mencionado Tapiz de los Dioses, que «aclara la Ciencia de los Siete Rayos y la nueva y en desarrollo Ciencia de la Psicología Esotérica» y «proporciona una visión profunda de la manifestación de los Rayos en el sistema energético humano al explicar cómo se combinan, fusionan y mezclan de diversas formas», y «un análisis meticuloso de las aplicaciones evolutivas y psicoespirituales de las energías de Rayo al sistema energético humano en evolución», es sin duda su mayor contribución al campo naciente. [6] En el momento de escribir este artículo, solo uno de los diez volúmenes de Tapiz de los Dioses está disponible para su compra en las librerías en línea.

Como ocurre con todas las instituciones centradas en torno a una figura carismática, surgen los peligros de la devoción, la obediencia y el fomento de una mentalidad de multitud, algo a lo que el movimiento Nueva Era ha sido especialmente propenso. Esta tendencia socava la esencia misma de la tradición de la Sabiduría Eterna, que no está orientada hacia ninguna forma de idolatría, sino hacia el servicio mundial, un asunto de suma importancia para la Jerarquía y que constituye la piedra angular de los libros de Bailey. Ningún grupo espiritual, por enrarecido que sea, es inmune. Tal vez por eso, a pesar de su evidente popularidad, Robbins ha elegido un estilo de presentación más distante e impersonal a través de sus seminarios web y su federación.

Una rama de la USR se fundó en Nueva Zelanda cuando el maestro de sabiduría esotérica y autor Bruce Lyon, la arquitecta Lynda Vulgar y Vicktorya Stone establecieron Highden School en la exquisita Highden Manor en North Island en el año 2000. Finn Anderson del Hummelgarten Healing Centre, Dinamarca, fue el principal financista inicial de la propiedad. La escuela ofreció talleres y cursos residenciales y festivales de arte, y funcionó durante tres años, tiempo durante el cual el centro atrajo a numerosas luminarias de la comunidad de Bailey, incluidos Michael Robbins, Phillip Lindsay y Stephen Pugh, que disfrutaron de una historia breve pero colorida. Luego, Highden Manor se vendió debido a presiones financieras en Dinamarca, y Bruce Lyon lo volvió a comprar en el 2000, rebautizándolo como Highden Temple, que sirvió como base para su escuela Shamballa. [7] Lyons combina la

Sabiduría Eterna con las tradiciones chamánicas y de la escuela de misterios:

> Un aspecto de esta ciudadanía se encuentra en que es una expresión de la tercera fase de las enseñanzas transhimalayas... rastreando su linaje a través del trabajo pionero de personas como Bruce Lyon, Alice A. Bailey, Helena Roerich, Lucille Cedercrans, Rudolf Steiner, Francia Le Due y Helena Blavatsky. En este aspecto, es parte de una transmisión del Propósito planetario que se desarrolla continuamente desde Shamballa a través de la Jerarquía, la comunidad de bodhisattvas y maestros liberados en los planos internos que encarnan colectivamente el chakra del corazón planetario, a la Humanidad.
>
> El segundo lado está anclado en la espiritualidad universal emergente y en el reconocimiento de que en realidad solo hay una tradición que es nuestro despertar cósmico, una tribu de toda la humanidad y un fuego eterno que es la Vida. [8]

Bajo los auspicios de su escuela, Lyon organiza eventos en todo el mundo, cuya duración varía desde unos pocos días hasta seis semanas. Su enfoque ejemplifica la fusión de varias tradiciones, basándose en elementos cuidadosamente seleccionados de cada uno, que se encuentran en el movimiento Nueva Era. Algunos podrían acusar a Lyon de diluir las enseñanzas de DK. Otros podrían señalar que trae la tradición de la Sabiduría Eterna a una nueva audiencia.

Abundan los diversos enfoques de la Sabiduría Eterna. Cabe destacar al artista Duane Carpenter, que produce símbolos esotéricos dinámicos para transmitir los significados más profundos de las enseñanzas de Bailey y evocar respuestas en el espectador. Profesor de la University of the Seven Rays, su objetivo principal es ayudar a preparar a la humanidad para la reaparición de Cristo a través del Cónclave de la Jerarquía Espiritual de 2025. Carpenter disfruta de un alto perfil en numerosos grupos de Facebook orientados a DK. [9]

Más allá del entorno de la USR, otro contribuyente notable a la promulgación de la psicología esotérica es el astrólogo y médico británico Douglas M. Baker (1922-2011). Fue un autor prolífico de unos cien libros, incluidos volúmenes sobre astrología esotérica, sanación y psicología. Baker organizó miles de conferencias, ayudó a desarrollar la tendencia de la medicina alternativa e hizo una contribución significativa a la astrología esotérica. Su *Esoteric Psychology: The Seven Rays* (Psicología Esotérica: Los Siete Rayos) y *The Seven Rays: Keys to the Mysteries* (Los Siete Rayos: Claves para los Misterios) vuelve a explicar la Sabiduría Eterna, haciéndola algo más accesible para el lector interesado.[10] Independientemente de lo que se piense sobre la calidad de su escritura o las diversas direcciones que tomó (hacia el final de su vida, se interesó especialmente en la energía oscura y la materia oscura), Douglas Baker merece ser elogiado por su dedicación.

Los no esoteristas que buscan sabiduría y perspicacia deben conformarse con enfoques indirectos para el avance de la psicología de los siete rayos, como se encuentra en el trabajo del estudiante, autor, psicoterapeuta y filósofo de Assagioli, Pierro Ferruci, cuyo libro *Inevitable Grace* (Gracia inevitable) contiene siete capítulos sobre siete caminos, correspondiendo cada uno de manera velada a uno de los siete rayos. El libro constituye una valiosa contribución al campo. Será a través de obras como las proporcionadas por Ferruci que el avance de la psicología esotérica se filtrará en la corriente principal. [11]

Lo que falta con respecto a la psicología esotérica, o de hecho con respecto a todo el cuerpo de trabajo de Bailey, es el avance de las enseñanzas en la esfera académica. En parte, esto se puede atribuir a la falta de respeto por Alice Bailey por parte de académicos clave en el campo del esoterismo occidental. Sin embargo, como señala el erudito David C. Borsos, «el corpus de Bailey constituye un modelo específico, moderno, completo y coherente que puede hacer poderosas contribuciones a muchas áreas del pensamiento académico».[12] Borsos es uno de una pequeña cohorte de estudiantes de Bailey que reconocen una oportunidad perdida. «Para que las enseñanzas del Tibetano lleguen al público en general, la intelectualidad y los académicos, es importante que los estudiantes de Bailey aborden, critiquen e incorporen ideas que circulan hoy en la esfera pública en lugar de centrarse exclusivamente en escritos esotéricos fechados».[13] Lo que se requiere y lo que se esperaba de las enseñanzas es un esfuerzo sostenido y concentrado por parte de mentes superiores iluminadas para promulgar las enseñanzas a fin de que ejerzan influencia en varios campos. En cambio, como señala Borsos, la comunidad de Bailey se derrumba cuando se trata de llegar a la comunidad más amplia, prefiriendo volverse hacia adentro, subjetivamente, fijos en rituales de meditación y poco más.

El Lucis Trust

Lucis Trust es la más influyente de todas las organizaciones inspiradas en Bailey, se erige como la autoridad editorial de los libros de Bailey, administra World Goodwill, la Escuela

Arcana, The Beacon and Triangles y presenta a Alice Bailey al mundo. El trust es descrito por el erudito Steven Sutcliffe, quien visitó la sede de Londres en 1996, operando «más como un departamento gubernamental o una firma de corredores de bolsa» que como una organización religiosa. «El ambiente era tranquilo, sobrio y algo burocrático: la impresión general era la de una pequeña empresa o empresa familiar».[14] Sutcliffe encontró el Trust austero. Quizás esta austeridad se pueda atribuir al compromiso del Trust de mantener la integridad de la estructura y el mandato de la organización original.

El Trust está dirigido por una pequeña junta de personal remunerado y cuenta con voluntarios para ayudar con el trabajo de oficina. La junta está compuesta por discípulos capacitados comprometidos a fomentar la unidad de propósito del Trust y servir en consecuencia. Nadie fuera de la junta directiva tiene influencia alguna en las decisiones y operaciones del Trust. Las posiciones en la junta de siete fideicomisarios están muy restringidas, no hay votos de los miembros, y el Trust se financia con donaciones grandes y pequeñas. Mary Turner (Bailey) fue elegida presidenta en 1957 y ocupó ese cargo hasta 1984, un período de casi treinta años. Luego, la presidencia fue compartida entre Perry Coles en Nueva York y Winifred H. (Jane) Brewin, quien ocupaba la silla de Londres. Un año después, Jan Nation reemplazó a Brewin. Coles se retiró en 1989 y fue reemplazado por Sarah McKechnie, y juntos, McKechnie y Nation mantuvieron sus roles como codirectores durante aproximadamente una década hasta 1997 cuando Nation renunció. Desde entonces, McKechnie actuó como presidenta de todas las sucursales del trust en Nueva York, Londres y Ginebra. Cuando McKechnie renunció en 2012 después de ocupar su cargo durante veintitrés años, Christine Morgan asumió el cargo, que ocupa hasta la fecha. [15]

El Trust se financia con donaciones, legados y obsequios especiales. En 2018, los gastos superaron los ingresos en casi $500 000 debido a la reducción de obsequios y la compra de un condominio con vista a las Naciones Unidas para la sede de Nueva York. El sitio web del Trust funciona en siete idiomas y hace que todos los libros de Bailey estén disponibles en línea de forma gratuita. La Escuela Arcana tiene su propio sitio web interactivo para facilitar la administración. El Trust produce videos promocionales pulidos y profesionales para algunos de sus eventos.

Las ventas de libros de Lucis Publishing Company en 2018 «mostraron mejoras significativas con respecto al año anterior (entre paréntesis): 3676 (2675) publicaciones; 69 (55) CD-ROM; 384 (421) audiolibros; y 1849 (1303) libros electrónicos. Los tres libros más vendidos, en todas las plataformas, fueron Un tratado sobre magia blanca, Sanación esotérica y Psicología esotérica, Vol. I».[16] Las ventas mundiales de libros en pasta blanda de los veinticuatro libros de Bailey y otros volúmenes en varios idiomas, que ascienden a alrededor de cien ventas por libro si se dividen en partes iguales, parecen bajas. Las ventas de libros electrónicos de solo cincuenta copias por libro son aún peores. Es difícil imaginar que los estudiantes usen las versiones gratuitas en línea como textos de estudio, y los libros no son algo para tomar prestados, pasarlos o compartirlos. La única conclusión que se puede sacar es que el nuevo interés en Alice Bailey y sus enseñanzas ha disminuido a pesar de la gran mejora en las ventas en comparación con el año anterior. Sin embargo, cualquier número decreciente de ventas de libros no se refleja en el interés y el apoyo continuos de los compañeros de trabajo y simpatizantes.

The Beacon continúa manteniendo un alto nivel, con las ediciones de octubre-diciembre de 2019 y enero-marzo de

2020 que contienen una serie de piezas relevantes, perspicaces e inspiradas en Bailey que reflejan los problemas globales contemporáneos, incluidos «África y la imagen planetaria», de Bette Stockbauer, «La paradójica utopía de Piet Mondrian» de Anne Woodward, y «Plutón y la economía global» de Christine Aagaard. [17]

Un logro destacado del Trust son las meditaciones mensuales globales de Luna Llena y los festivales concomitantes que atraen a un gran número de participantes a través de las Unidades de Servicio repartidas por todo el mundo, incluida Sydney Goodwill. Las campañas especiales incluyen los festivales de Pascua y Wesak, el Día Mundial de la Invocación, el Seminario de World Goodwill y la Conferencia de la Escuela Arcana.

El Seminario de World Goodwill «En Resonancia con la Tierra Viviente» celebrado en Londres en 2018 contó con charlas del matemático y físico Jeremy Dunning-Davies, el director ejecutivo de Psycholysis Trust Jen Morgan y el consultor de gestión de alto perfil Giles Hutchins. [18] La conferencia anual de la Escuela Arcana se lleva a cabo durante un fin de semana de junio y cuenta con oradores de calibre similar. La psicoterapeuta Dina Glouberman, el director ejecutivo de la compañía de energía verde de Tanzania, John Tate, y el profesor asociado de informática Norun Sanderson hablaron en la conferencia en 2019. [19] Todos estos oradores exploran las enseñanzas de Bailey de alguna manera y todos se dirigen a una audiencia de simpatizantes de Bailey. La trayectoria del pensamiento es hacia adentro en lugar de hacia afuera del mundo en general y no hace nada para abordar el problema del giro hacia adentro planteado por Borsos anteriormente. Las enseñanzas de Bailey merecen ser conocidas mucho más ampliamente.

El Festival del Nuevo Grupo de Servidores del Mundo, que se celebra cada siete años en diciembre, el último en 2019, nuevamente brinda una gran cantidad de oradores. Este festival se lleva a cabo para ayudar a energizar a todos los que participan en la elevación de la humanidad. «Los escritos de Alice Bailey afirman que cada siete años las energías de Capricornio se ven aumentadas por las fuerzas de una constelación mucho mayor que es, para nuestro zodíaco, lo que el zodíaco es para la tierra. Esto da un tremendo ímpetu al trabajo del Nuevo Grupo de Servidores del Mundo».[20]

No cabe duda de que Lucis Trust trabaja arduamente para mantener la integridad de las enseñanzas de Bailey y se esfuerza por encarnar y llevar adelante las ideas y valores fundamentales sobre los que Alice Bailey formó su organización. La junta directiva debe ser elogiada por sus esfuerzos. Sin embargo, no están exentos de críticas.

Al tener el control total de las enseñanzas de Bailey, a los ojos de algunos, Lucis Trust se ha convertido en una especie de fortaleza, aunque con muchos puestos de avanzada de Unidades de Servicio, dejando a la comunidad de Bailey en general fuera de decisiones clave como la exclusión mencionada anteriormente de letras en Cartas sobre Meditación Oculta, o en la decisión de cambiar el lenguaje de aspectos de las enseñanzas para, al parecer, apaciguar puntos de vista políticamente correctos contemporáneos. Un ejemplo es el Mantram de Unificación.

ORIGINAL

Los hijos de los hombres son uno y yo soy uno con ellos.
Busco amar, no odiar;

Busco servir y no exigir el debido servicio;
Busco sanar, no herir.
Que el dolor traiga la debida recompensa de luz
*   y amor.*
Que el alma controle la forma exterior, la vida y
*   todos los acontecimientos.*
Y sacar a la luz el amor que subyace en los
*   acontecimientos de la época.*
Que venga la visión y la perspicacia.
Deja que el futuro se manifieste.
Que se manifieste la unión interna y
*   desaparezcan las divisiones externas.*
Que prevalezca el amor.
Que todos los hombres amen. [21]

En la versión adaptada de Lucis Trust que presentan junto con la original, la primera y la última línea se han cambiado a: Las almas de todos son una y yo soy uno con ellos; y Que todas las personas amen. [22]

Estos cambios son problemáticos. «Hijos de los hombres» tiene un significado judeocristiano específico. «Hijo» es el aspecto amor-sabiduría de Dios, el alma, y «hombre» se encuentra en una yuxtaposición implícita con «Dios», en reconocimiento de las flaquezas y debilidades del hombre. Jesús humildemente se llamó a sí mismo un «hijo del hombre» para enfatizar su propia humanidad. «Los hijos de los hombres son uno» es un reconocimiento de que las almas de toda la humanidad son una unidad y los lectores del mantra se posicionan humildemente como parte de esa unidad. «Las almas de todos son una» tiene el mismo significado básico, pero carece del fundamento judeocristiano con su humildad implícita y el poder concomitante inherente a la frase. La última línea «Que todos amen» se ha cambiado para que sea coherente con la primera, de acuerdo con las sensibilidades contemporáneas del sesgo de género en el lenguaje. El tema de las revisiones para apaciguar la corrección política cuando se trata de lenguaje antiguo es un terreno difícil y un análisis exhaustivo está más allá del alcance de esta biografía. El asunto ha sido presentado para demostrar la sensibilidad del Trust y su deseo de cambiar las enseñanzas para hacerlas coherentes con las tendencias contemporáneas, inclinándose hasta cierto punto hacia el presentismo con la esperanza de evitar quejas y ataques. Lo que se ha sacrificado aquí, sin embargo, es una verdad más profunda inherente a las palabras de poder, un asunto de mucha importancia para aquellos que valoran la pureza del original. ¿Deberían las enseñanzas de Bailey ser despojadas de su énfasis cristiano en un esfuerzo por hacerlas universales y contemporáneas? ¿Y debería consultarse en tales asuntos a la comunidad de Bailey, a quien representa el Trust?

La decisión del Trust en este asunto es indicativa de la presión bajo la que se encuentran para equilibrar los deseos de la comunidad de Bailey que busca conservar el idioma original, y las presiones externas que emanan de las críticas entre la izquierda políticamente correcta, los ataques viciosos de varios grupos de intereses ofendidos, la cruzada implacable de los teóricos de la conspiración y los cristianos fundamentalistas, y la burla y la condena de los adherentes en otros grupos esotéricos, incluidos algunos en la propia Sociedad Teosófica. El Trust debe equilibrar todo eso mientras busca ser relevante, contemporáneo y atractivo para los nuevos buscadores.

Desafortunadamente, esta decisión de modificar el lenguaje del Mantram legitima más cambios de otros. La siguiente versión se compartió recientemente en el grupo de Facebook Reappearance of the Christ: la comunidad de Alice Bailey es muy activa en Facebook. No se sabe quién escribió esta versión. La primera línea del Mantram ahora se ha convertido en «La humanidad es una, y nosotros somos uno con todos», una frase que se parece poco a la original. [23]

30

ASTROLOGÍA ESOTÉRICA

Es DIFÍCIL CONCEBIR A LA ASTROLOGÍA COMO PARTE DEL movimiento de la Nueva Era. El sistema esotérico de pensamiento y adivinación existe desde hace milenios. Alice Bailey incorporó el pensamiento astrológico a su canon a través de dos obras, Los trabajos de Hércules, en el que el mito griego se alinea con los doce signos del zodíaco, y el tercer volumen del tratado de DK sobre los siete rayos, Astrología esotérica. En este último trabajo, se propone un nuevo modelo astrológico revolucionario, uno que se asienta sobre entendimientos preexistentes. Es la astrología del alma y su relación tanto con la personalidad como con el yo espiritual.

En los círculos astrológicos orientados a la astrología del alma, Alice Bailey es muy apreciada. La contribución de DK al vasto depósito de conocimiento astrológico acumulado durante miles de años radica en el desarrollo de la astrología humanista y centrada en el alma. En Astrología esotérica, un extenso texto de casi setecientas páginas, la astrología está patas arriba. Los regentes planetarios están asignados a diferentes signos del zodíaco, sus regencias esotéricas y jerárquicas. La estrella fija de Sirio adquiere una nueva e importante estatura. Las energías cósmicas de las doce constelaciones ingresan al sistema solar a través de los siete centros o chakras de los cuerpos planetarios. Las tres modalidades de cardenal, fijo y mutable, se convierten en las tres cruces, la del Cristo escondido, la del Cristo Crucificado y la del Resucitado. Una gran parte del trabajo se dedica a la ciencia de los triángulos.[1]

Un precursor de la Astrología Esotérica que ayuda a situar el trabajo dentro de la tradición de la Sabiduría Eterna se puede encontrar en los escritos del teósofo y astrólogo británico Alan Leo (William Frederick Allen, 1860-1917), quien escribió y publicó su propio volumen titulado Astrología Esotérica en 1913.

Leo fue introducido a la Teosofía por el astrólogo Sepharial o Walter Richard Old, a quien conoció en 1889, y rápidamente se convirtió en devoto.[2] Se hace referencia a ambos astrólogos en varias ocasiones en Astrología Esotérica de Bailey, lo que sirve como reconocimiento, particularmente para un lector teosófico erudito muy versado en la producción de sus predecesores.

Hay muchos puntos de similitud entre el volumen de Alan Leo y la presentación mucho más completa de astrología esotérica de Alice Bailey, y también puntos significativos de diferencia. En un artículo sobre el papel que desempeñó Leo en el desarrollo del campo, el astrólogo M. Temple Richmond señala: «Este contexto histórico surge de la naturaleza secuencial con la que la Sabiduría Eterna está en proceso de ser revelada».[3] Y no sugiere un «préstamo desvergonzado por parte de Alice Bailey, sino más bien una inspiración común a ambos».[4]

Casi dos décadas antes de que se compusiera Astrología Esotérica, el eminente astrólogo y teósofo, músico y compositor Dane Rudhyar (1895-1985) (también conocido como Daniel Chenneviere), conoció a Alice Bailey en Krotona en 1919 y se inspiró en sus primeras enseñanzas. Fue en esa época cuando se interesó por la astrología. Él le dedicó su La astrología de la personalidad, un trabajo que ella se ofreció a publicar, y en una copia firmada para ella escribió: «este libro se envía en profunda amistad, y con la esperanza de que cumplirá el Propósito que lo llamó a la existencia», el 3 de diciembre de 1936, Nueva York. [5]

Rudhyar nunca fue miembro de la Escuela Arcana, y no se puede decir que fuera un devoto exclusivo, pues era ecléctico en sus intereses, inspirándose en Blavatsky, Jung y especialmente en el astrólogo Marc Edmund Jones (1888-1980). Pero Rudhyar hace referencia a las enseñanzas de Bailey. Tenía en alta estima a Alice Bailey, y su respeto por ella sancionaba su canon en los círculos astrológicos.

Astrología Esotérica de DK y los libros de Bailey en general se filtraron en el pensamiento de una miríada de astrólogos. Dos de sus seguidores, Frances Sakoian y Louis Acker, compusieron una popular trilogía de libros de referencia astrológica en la década de 1970, *The Astrologer's Handbook* (El manual del astrólogo), *Predictive Astrology* (Astrología predictiva) y *Ladder of the Planets* (Escalera de los planetas). Los trabajos de Sakoian y Acker ofrecen a los practicantes los aspectos prácticos del terreno y están imbuidos de las ideas de DK, enfatizando el viaje evolutivo de la conciencia. Su objetivo era espiritualizar la astrología exotérica. Sus libros fueron escritos cuando la psicología humanista de la Nueva Era se filtraba y continuaba transformando la astrología. A través de sus esfuerzos, la ciencia oculta, que anteriormente se ocupaba de eventos y predicciones, se convirtió en una poderosa herramienta para la comprensión y el crecimiento personal.

Después de las influencias de Rudhyar, Sakoian y Acker, la próxima generación de astrólogos adoptó un modelo evolutivo de conciencia. La astrología adquirió una sensación psicológica distinta y se infundió con la noción de comprender y trascender las limitaciones, recurriendo a las diversas energías en juego dentro de la personalidad para alcanzar el potencial y convertirse en un individuo completamente actualizado.

La astrología esotérica pura ha sido mucho más lenta en ponerse al día. Muy poco de los siete rayos y de los otros elementos del tratado de DK se ha filtrado en la comprensión y la práctica, dejando a aquellos que han alcanzado la autorrealización y están viviendo la vida como una personalidad completa sin la guía adicional para el desarrollo espiritual a lo largo de las líneas de la Sabiduría Eterna. *The Moon Veils Vulcan and the Sun Veils Neptune* (La Luna cubre a Vulcano y el Sol cubre a Neptuno) de Kurt Abraham, un libro breve aprobado por Lucis Trust y publicado en 1989, sirve para desarrollar un aspecto crucial de la astrología esotérica, la noción del velo esotérico, pero el autor no ofrece ninguna guía para la aplicación.

En 1990, el astrólogo Alan Oken publicó Astrología centrada en el alma, que adapta las enseñanzas de DK y coloca la astrología firmemente en el reino del alma. En su prefacio, reconoce la asistencia y el apoyo de una gran cantidad de compañeros de trabajo, incluidos los de Monte Meditación en Okai, California, Sir John Rollo Sinclair y Michael Robbins. El trabajo reduce de manera integral el texto abstruso de DK y lo hace accesible para el practicante promedio. En consecuencia, un puñado de sitios web de astrología centrados en el alma han surgido basándose en el trabajo de Oken. [6]

Más allá de los confines de la astrología esotérica dada por DK, el veterano de Vietnam y destacado astrólogo Jeff Green, o Jeffrey Wolf Green, explora en profundidad la astrología centrada en el alma centrándose en Urano y Plutón, que a pesar de haber sido degradado a la categoría de planeta enano en 2006, conserva su estatus en los círculos astrológicos. Pluto: *The Evolutionary Journey of the Soul* (Plutón: el viaje evolutivo del alma) fue lanzado en 1992. Alan Oken compuso el prólogo que contiene en 1985, cuando estaba componiendo su propio trabajo. El libro de Green es seminal y ha inspirado a innumerables astrólogos fuera del medio de la Sabiduría Eterna. [7] Green ha dirigido el curso de la astrología del alma en una dirección diferente, y muchos astrólogos se han dado cuenta del significado de las ubicaciones del horóscopo de estos dos planetas exteriores, y especialmente de Plutón desde entonces. Para los estudiantes puristas de DK, el trabajo de Green podría considerarse una desviación y una distracción de las enseñanzas centrales de la Astrología Esotérica.

El renombrado astrólogo e historiador esotérico Phillip Lindsay, quien ha hecho una contribución significativa en la promoción de la conciencia y la comprensión del terreno entre la comunidad de Bailey y más allá, en gran parte mediante la captura de la rica historia de la tradición de la Sabiduría Eterna y la composición de numerosos volúmenes que incluyen *The Shamballa Impacts: Their Esoteric Astrology in World History* (Los impactos de Shamballa: su astrología esotérica en el mundo) y su serie *Soul Cycles of the Seven Rays* (Ciclos del Alma de los Siete Rayos). Lindsay produce seminarios web y un boletín periódico, y continuamente da conferencias en todo el mundo. También ha producido innumerables biografías astrológicas perspicaces, incluida una de Krishnamurti. Su popular sitio web ofrece un festín de conocimiento para su considerable número de seguidores.[8] Demostrando un interés generalizado en la historia esotérica, su documental en profundidad «La historia oculta de la humanidad», un compañero de *Unveiling Genesis*, ha recibido más de siete millones de visitas en YouTube. [9] En un boletín para honrar la Semana del Festival 2019 del Nuevo Grupo de Servidores del Mundo, creando conciencia sobre la urgencia que muchos sienten a medida que se acerca el Cónclave de la Jerarquía Espiritual de 2025, y dando voz a las preocupaciones por la humanidad y nuestro planeta que siente fuertemente la comunidad de Bailey, él escribe:

> Será una gran oportunidad para que el Nuevo Grupo
> de Servidores del Mundo dé todo, para transformar la
> atmósfera mental y psíquica de nuestro planeta en
> lucha, para que la Humanidad pueda ser influenciada,
> empoderada y alentada positivamente para efectuar
> todos los cambios urgentes que se necesitan; hacer
> retroceder a las fuerzas materialistas oportunistas y
> despiadadas que actúan a través de la cultura global;
> resistir y llevar nuestras cargas y aferrarnos. [10]

También procedente de la tradición de la Sabiduría Eterna se encuentra la destacada astróloga M. Temple Richmond, una autoridad reconocida internacionalmente en astrología esotérica. Escritora prolífica sobre estudios esotéricos, recientemente fundó StarLight Ashram, un grupo de discusión en línea dedicado al estudio de la astrología esotérica, y publica un boletín semanal. Ella es la autora del libro histórico *Sirius*, que analiza de manera integral a Dog Star, un libro que sirve como complemento de Tratado sobre el fuego cósmico. M.

Temple Richmond contribuye con frecuencia a la revista revisada *The Esoteric Quarterly*, ayudando a avanzar en el campo. Su «Luz sobre la astrología esotérica», un trabajo inédito de treinta y dos capítulos, ofrece una interpretación del campo en términos leales y cercanos a las enseñanzas originales, y forma un trabajo puente, cuyas secciones han encontrado su camino para la publicación en *The Esoteric Quarterly*.

Fuera del vasto grupo de astrólogos que practican hoy en día, se encuentra la astróloga establecida y bien considerada Lynn Koiner, cuyo otro interés astrológico es la astrología médica. Lynn Koiner dedica mucho espacio en su sitio web a la astrología esotérica de Alice Bailey. Adoptando una visión simplificada indicativa de la manera ligera en la que muchos astrólogos actualmente abordan las enseñanzas de DK, Koiner se enfoca en el triángulo formado por el signo Ascendente, su regente planetario y el regente del signo donde se encuentra el regente del signo Ascendente. [11] Esta contribución proporciona un sabor que hace poco más que abrir el apetito, sin embargo, es a través de los esfuerzos de astrólogos practicantes como Koiner que la astrología esotérica al menos llama la atención del público en general. Un punto de entrada a través del cual los curiosos pueden encontrar su camino.

Un destacado astrólogo técnico que avanza en el campo es Stephen Pugh. Criado en la tradición Bailey desde la adolescencia, Pugh [sin relación con Mildred] es un pionero en el campo de la astrología esotérica y el pensamiento astro-rayológico. Durante muchos años, ha centrado su atención en el desarrollo de un paradigma integral y coherente para la exposición teórica y la aplicación práctica de la astrología esotérica. Durante décadas, ha enseñado y utilizado el proceso esotérico de la superposición del horóscopo de la Mónada, el

Alma y la Personalidad, junto con las cartas de cruces, todo basado en las instrucciones del Tibetano. Una de las principales contribuciones de Pugh al campo es su Carta del Sol Triple, un método de signos completos que podría describirse mejor imaginando una carta natal y parándose en tres lugares diferentes, luego girando las casas hacia donde estás parado: el signo solar representando la personalidad; el signo ascendente que representa el Alma; y el signo opuesto del Sol representando la Mónada o aspecto espiritual. Luego, Pugh usa la Carta del Sol Triple como una herramienta a través de la cual desplegar su expansión y desarrollo de las Meditaciones Zodiacales del Tibetano. [12] Es anfitrión de un grupo de astrología esotérica en Facebook en el que comparte sus ideas.

Pugh es uno de un pequeño grupo de astrólogos que afirman que el Ascendente de Alice Bailey es Piscis en lugar del Leo tradicionalmente sostenido. En su autobiografía, Alice Bailey expresa claramente su creencia de que tenía a Piscis en ascenso. [13] Piscis es el signo del médium o mediador y el énfasis de Piscis a menudo se encuentra entre los líderes de grandes organizaciones. Una primera casa de Piscis gobierna las influencias de la primera infancia de Alice Bailey y tanto su padre como su abuelo eran ingenieros hidráulicos, instalando sistemas completos en ciudades de todo el mundo, otra actividad de tipo Piscis.

Piscis es también el signo del salvador del mundo. Pugh entiende que Alice Bailey es una discípula principal en el ashram del Tibetano, como su maestro K.H, quien también tenía un signo solar en Géminis con ascendente en Piscis. En sus documentos de Meditación Zodiacal, de los cuales solo se dieron tres, DK compartió la combinación de Piscis ascendente con un signo solar de Géminis.

De interés para cualquier astrólogo que desee considerar esta propuesta, el ascenso de Piscis coloca al Sol de Alice Bailey en la Casa 4, correspondiente a Cáncer, el principio de la Madre, y Alice Bailey, quien resonó fuertemente con Cáncer, es la madre de la Nueva Era. Como afirma correctamente Pugh, «[Alice Bailey] se abrió triunfalmente para recibir el impacto de muchos tipos de fuerzas destructivas durante la agitación mundial y cuán asombrosamente las transmutó, salvaguardando así el camino para los discípulos más jóvenes y los aspirantes en apuros que llegaron a ella a través de los años y para las generaciones venideras».[14]

31

MAGIA BLANCA

LAS ENSEÑANZAS DEL TIBETANO SIEMPRE HAN TENIDO UNA forma especializada de trabajo en grupo en su núcleo. «Los grupos de meditación cambiarán de su estado actual, que es el de bandas de aspirantes serios que buscan la iluminación, a bandas de trabajadores que trabajan juntos constructivamente e inteligentemente para ciertos fines».[1] Durante dieciocho de los treinta años, DK dio instrucciones con Alice Bailey, él se ocupaba principalmente de un aspecto general de las enseñanzas: manifestarse en el Nuevo Grupo de Servidores del Mundo. Inicialmente, para sus nuevos grupos simientes, eligió el número nueve, que comprende en esencia tres triángulos, y luego procedió con un grupo más grande de veinticuatro, en un experimento de iniciación grupal. El número de participantes es significativo. Considerando la progresión esotérica del grupo central de tres, el triángulo, es posible que DK tuviera en mente con su grupo de veinticuatro, dos grupos de doce.

Los estudiantes de la tradición Bailey siguen el camino de la práctica grupal esotérica establecido por DK. El más conocido es Triangles, una forma de magia blanca que utiliza la Gran Invocación, que tiene como objetivo verter la energía de la Buena Voluntad en el cuerpo etérico del planeta. Junto con el Grupo de Meditación Creativa de Assagioli discutido en un capítulo anterior, hay otros grupos que practican formas de meditación grupal, grupos que se inspiran en el trabajo de Triangles y los principios dados por DK en los grupos DINA de nueve enseñanzas, grupos desconocidos grandes y pequeños que trabajan en silencio detrás de escena, prefiriendo permanecer oculto. Sin embargo, un grupo conocido de este tipo es The Planetary System, con sede en Italia, que se describe a sí mismo como «una idea y un proyecto de cooperación coordinada entre todos los que se preocupan por el desarrollo planetario», se dedica a la meditación avanzada en grupos de siete. [2]

En su libro *The Other Universe* (El otro universo), publicado en 1973, su colaborador Sir John Rollo Sinclair argumenta a favor de los grupos de nueve, a los que denomina organons. Esta formación de nueve actúa como un canal de energía. Sinclair proporciona una plantilla para que la utilicen otros, afirmando: «Cualquiera que desee experimentar con el trabajo en grupo puede adaptar la estructura operativa que ofrecen estos grupos de nueve».[3] Menciona el Human Development Trust a este respecto. No se sabe nada más sobre el Trust, pero presumiblemente se probó su estructura de organon.

En 1984, Marian Walter estableció un grupo de meditación llamado Grupo de los Nueve, tres conjuntos de Triangles, dedicado a la «Sanación de las Naciones (a través de la Asamblea General de las Naciones Unidas)».[4] Junto con John Sinclair, los miembros incluyeron a Marion Crusselle, Hilda Dean Going y Vera Stanley Alder.[5] No se sabe cómo surgió el grupo. Según Walter, el grupo había sido aceptado en el ashram de DK y recibiría capacitación en la continuidad de la conciencia, una habilidad que ella afirmaba tener, para recibir más capacitación del ashram mientras dormía. [6]

Este Grupo de Nueve fue formado por Walter en reconocimiento de que el Avatar de Síntesis que eclipsa al Cristo «solo puede trabajar con grupos muy grandes»:

> Necesita el Servicio como nuestro «Pequeño Grupo».
> Lo hacemos mediante la realización de Su servicio en la medida de lo posible, a través de nuestra «mente de grupo», nuestro deseo de servir a la Humanidad y la Iluminación de nuestra Alma de nuestros Cerebros. [7]

Poco se sabe de este grupo, aparte de que practicaba una meditación grupal diaria usando la Gran Invocación y el Mantram de Unificación impreso en la última página de La Reaparición de Cristo. [8]

Siempre hay una continuidad de propósito a lo largo de las líneas Ashramic esotéricas y mientras el Grupo de los Nueve continuó, surgió de manera bastante independiente aunque muy vagamente conectado, un grupo de doce conocido como Twelves. [9]

El modelo Twelves de meditación grupal avanzada a lo largo de las líneas de la magia blanca existe en gran parte debido a los esfuerzos de su fundador Steven Chernikeeff, cuyas valiosas memorias *Esoteric Apprentice* (Aprendiz esotérico) detalla el propósito y los métodos de un experimento realizado durante casi veinte años hasta el año 2000, brindando el único recurso conocido de este tipo siguiendo esta tradición. [10] Como resultado, Twelves constituye un interesante caso de estudio.

Steven Chernikeeff era un adolescente cuando leyó por primera vez las enseñanzas de Bailey, después de haber pasado a la Sabiduría eterna a través del espiritismo cristiano, una fe que adoptó durante una fase con la esperanza de una explicación de por qué seguía escuchando una campana sonando de manera intermitente y constante, una campana que nadie más podía oír.[11] Es conocida en los círculos espiritistas como la campana astral. Fue esta campana la que lo impulsó en una búsqueda de comprensión. Después de encontrar los libros de Bailey, Chernikeeff se puso en contacto con Jan Nation en Lucis Trust, quien ofreció orientación y respuestas a sus innumerables preguntas.

Chernikeeff luego se hizo amigo de otro joven buscador, Robert Adams, quien era un buen amigo de Sir John Sinclair. Sin que los dos jóvenes lo supieran, Sinclair estaba en ese momento en el Grupo de los Nueve de Marian Walter.

El par pasó muchas horas en la sala de meditación de Adam creada en el cobertizo de su jardín. Meditaban juntos todos los sábados. Fue allí, en 1981, cuando Chernikeeff tenía veintitrés años, que los dos amigos recibieron el primer contacto con un Iniciado del ashram de la Hermandad de la Estrella. [12] En el transcurso de los siguientes cuatro años, Chernikeeff recibió instrucciones que formarían la base de Twelves.

Chernikeeff disfruta de la facultad de la telepatía superior en la que, en profunda meditación, recibe e intuye impresiones. Cuando un discípulo está así alineado, puede convertirse en un sirviente en los planos externos y también esotéricamente en los planos internos, ayudando al ashram a hacer su trabajo. Tal contacto es siempre una combinación de propósito sentido, estimulación o carga energética, un derramamiento de energía y la impresión de ideas que se intuyen y luego se revisten lentamente, todo ligado con un sentido del deber, la obligación y el servicio. Habiendo sucumbido y disipado su propio glamour en torno a esto, Chernikeeff observa el aspecto ordinario. Cuando tal contacto y energización ocurre y procede, simplemente es, y es vital que se deje como está y no se vista con ropajes astrales, inflando la personalidad, el sentido del yo. Como afirma y demuestra Chernikeeff a lo largo de su libro, se requiere una humildad despiadada para aquellos capaces de entablar tal contacto.

¿Cómo sabe alguien si algo de lo que dicen Chernikeeff y otros como él es cierto? No se trata de la verdad, sino de la realidad en la conciencia, en los planos internos, y eventualmente, y sin saber cómo ni por qué, el discípulo llega a llegar a ese saber interno, que es una aceptación de que en cierto punto, desde cierto ángulo, esta es la realidad interna de la conciencia.

En su libro, Chernikeeff hace todo lo posible para explicar el significado y la potencia de la formación de un grupo que involucra a doce participantes. Esta cita del Maestro Morya en la corriente de Agni Yoga resume por qué se eligió el número:

> La gente no quiere entender el trabajo en grupo, que multiplica las fuerzas. El dodecaedro es una de las estructuras más perfectas, con un poder dinámico que puede resistir muchos ataques. Un grupo de doce, sistemáticamente unidos, verdaderamente puede dominar incluso los eventos cósmicos. Debe entenderse que la ampliación de tal grupo puede debilitarlo, socavando la fuerza dinámica de su estructura. [13]

En esencia, el doce es un número poderoso, completo, fuerte y, considerando el trabajo que implica, necesario. Como número seguro, los Twelves pueden resistir las «Fuerzas de la

Oscuridad que siempre buscan perturbar a quienes trabajan con la Luz».[14]

Twelves es una extensión del trabajo de Triangles. El propósito de Twelves es ayudar a «disipar el glamour y las formas de pensamiento» para asistir en la «curación y transformación planetaria» y las «Fuerzas del Cambio Espiritual». El método, en esencia, es un trabajo de energía infundido por el alma realizado en grupos. Los participantes trabajan en el plano de iluminación para ayudar a despejar el plano astral. Una idea para Twelves es trabajar a lo largo de las líneas de rayos en la «destrucción de formas de pensamiento, la limpieza de líneas de energía, la construcción de formas de pensamiento iluminadas, la curación y, por último, la creación de un espacio energético para que se lleven a cabo otros trabajos». Twelves es esencialmente «un trabajo enfocado, similar a un láser, que perfora las formas de pensamiento antiguas y redundantes de antaño y abre canales de luz».[15]

Chernikeeff y Adams tenían ante sí una tarea importante. Al poco tiempo, el Dr. Peter Maslin se unió al par y se mudó desde Escocia para estar físicamente cerca del trabajo y permitir que el grupo creciera.

El Grupo Twelves se expandió a alrededor de doscientos miembros y en 1994, después de doce años de preparación, se llevó a cabo la primera formación de Twelves en Wesak en una sala en Glastonbury, Inglaterra. La meditación se desarrolló bajo la guía de Chernikeeff, quien desempeñó el papel de focalizador fuera del grupo. Después de preparar el espacio y un poco de trabajo de protección, el grupo pasó un tiempo en triángulos, practicando el OM y preparándose. Luego, cada triángulo tomó sus posiciones en la formación de los Twelves. Se produjo una fusión energética, y el grupo experimentó un vórtice de energía que surgía en el círculo interior formado por el grupo.

La experiencia de la meditación de los Twelves fue inmersiva, intensa, profunda y duradera. «Algunos vieron la luz, algunos escucharon campanas y algunos se sintieron abrumados por una fragancia de tal belleza que apenas podían hablar de ella».[16]

El grupo inicial de Twelves realizó meditaciones físicas de Twelves hasta 1999. Durante ese tiempo, hubo algunas tensiones, tanto dentro del grupo como varias personalidades se enfrentaron a tener que adaptarse entre sí, dentro de las vidas de los participantes desafiados a encajar Twelves en vidas ocupadas, y sin, ya que los socios y los no involucrados discreparon con el compromiso. En parte debido a la muerte de Peter Maslin y Robert Adams, el grupo se disolvió. Chernikeeff reconoce que los Twelves iniciales fueron experimentales y preparatorios. «Ciertamente no es una cuestión de "¿Tuvimos éxito o no?" sino más bien, "¿Qué hicimos, cómo lo hicimos y qué se debe aprender?"»[17]

Una nueva fase del trabajo de Twelves comenzó en 2018, considerada como la fase de implementación en la que un nuevo grupo de participantes de Twelves se conecta de forma remota y se fomenta la cohesión del grupo a través de las redes sociales. Algunos de los Twelves originales también han vuelto a participar. Una preocupación para Chernikeeff y los participantes es la anticipación del Cónclave de la Jerarquía Espiritual de 2025, una fecha clave en el calendario de Bailey, una en la que se entiende que se decide la supervivencia de la humanidad. Esta conciencia da un sentido de urgencia y una necesidad sentida de expandir Twelves.

Los obstáculos para la expansión de Twelves, entonces como ahora, radican tanto en los problemas habituales con el tiempo y el compromiso, como en las tensas relaciones entre los tradicionalistas de la Sociedad Teosófica y la comunidad de Bailey, y los seguidores de Agni Yoga que adoptan la visión de Helena Roerich sobre Bailey. Este es un problema que se extiende por toda la comunidad de Sabiduría Eterna, frustrando la expansión del trabajo esotérico que podría practicarse a lo largo de líneas de magia blanca. Los adeptos, dondequiera que se encuentren, tienden a aferrarse a la pureza esencial de las enseñanzas, y este apego a la pureza tiende a fomentar la cristalización y el rechazo de otras enseñanzas. El trabajo grupal esotérico, como Triangles y Twelves, actualiza el propósito central de la Sabiduría Eterna que llegó a través de Alice Bailey. Los libros no fueron dados solo para estudiar, como demuestra Chernikeeff, fueron dados para alentar la acción.

OBSERVACIONES FINALES

Alice Bailey le regaló a la humanidad un canon de pensamiento esotérico; nació en una familia de ingenieros hidráulicos y buscó proporcionar los textos que marcarían el comienzo de la nueva Era de Acuario, el portador de agua. Literalmente, ella era una ingeniera de pensamiento.

Nacida con una disposición mística, rápidamente adoptó una visión cristiana ortodoxa imbuida de pasión evangélica. Sus justas convicciones la sostuvieron durante muchos años, hasta que se las quitaron a golpes mediante una serie de humillaciones privadas y públicas y a través de los puños de su esposo, aunque esa nunca fue la intención de él. Estaba madura para el cambio cuando encontró la Teosofía, y la abrazó con pasión, dedicándole toda su vida. El resultado es un cuerpo de trabajo que continúa inspirando.

Durante su vida, Alice Bailey fue un tour de force, una pionera que siguió y avanzó en la tradición teosófica y creó estructuras organizativas para fomentar formas nuevas e innovadoras de práctica esotérica. Ella combinó el trabajo interno con el externo, formando la red Triangles, World Goodwill, la revista *The Beacon*, Lucis Trust y, sobre todo, su Escuela Arcana, todas ellas organizaciones globales que trabajan hasta el día de hoy para fomentar la buena voluntad y las relaciones correctas. Nunca se puede saber cuántos se graduaron de su escuela y continuaron calladamente y aplicaron lo que aprendieron en su esfera de influencia. La mayoría de los estudiantes esotéricos permanecen en privado, sobre todo porque el mundo exotérico no comprende, e incluso hoy, los esoteristas serán ridiculizados y rechazados.

El proyecto central en el que se embarcó el Tibetano a principios de la década de 1930 fue marcar el comienzo del discipulado en la Nueva Era. Mientras que el Nuevo Grupo de Servidores del Mundo siguió adelante con su programa de extensión sembrando Unidades de Servicio en todo el mundo, fueron los Grupos Semilla del Tibetano los que formaron el corazón de su experimento. Las cartas a estos grupos son una lectura fascinante y brindan una visión real de los desafíos del crecimiento espiritual.

Alice Bailey quería que el conocimiento y la formación esotérica estuvieran al alcance de todos y no de una élite exclusiva. No puede haber ninguna duda de que la ocultista merece reconocimiento por hacer una contribución fundacional sustancial al movimiento de la Nueva Era, que merece el título de «madre». Ella puso sus escritos y sus organizaciones en el mundo de la misma manera determinada con la que anteriormente hizo sus puntos de vista cristianos ortodoxos. Durante treinta años, estuvo rodeada de una cohorte de colaboradores dedicados que dieron su vida para promulgar sus ideas y continuar con sus organizaciones después de su muerte.

Los primeros influyentes ayudaron a dar forma y promover el surgimiento de la Nueva Era, iniciando numerosas fundaciones, redes, organizaciones educativas, retiros de meditación, todo diseñado para desarrollar la conexión del alma y promover la buena voluntad y las relaciones correctas. Entre sus colaboradores se pueden encontrar expertos negociadores, mediadores, eruditos, escritores, artistas, pensadores y teóricos sofisticados, curanderos, trabajadores de la luz, psicólogos y astrólogos. El pensamiento se basa en el pensamiento, y la forma de pensamiento original de DK se ha ampliado y rediseñado en gran medida para adaptarse al momento. De esta manera, la contribución de Alice Bailey es enorme. Ella fue un catalizador, una mariposa que provocó un gran cambio sísmico, uno que de ninguna manera se realizó por completo, pero lo suficientemente significativo como para representar una voz seria de cambio hacia el mejoramiento humano y planetario.

Los ataques desde dentro y desde fuera obstinaron a Alice Bailey desde el principio. Los teósofos puristas y Helena Roerich la condenaron. Su propia alumna, Olga Fröbe, se volvió contra ella con consecuencias duraderas. Después de su muerte, muchos más lanzaron ataques o arrojaron a Alice Bailey en una mala posición. Con respecto a la historia, las representaciones injustas importan, alimentando las actitudes hacia el corpus de Bailey defendidas por sectores de la academia. Importa porque tales controversias y prejuicios le hacen una injusticia a Alice Bailey e impiden que la humanidad tenga algún tipo de visión equilibrada y general de una mujer que hizo una contribución significativa a la humanidad, ayudando a dar forma a las cosmovisiones actuales e inspirando una gran cantidad de pensamiento alternativo. Sin el debido reconocimiento, un cuerpo de trabajo diseñado para representar el mayor logro por el que la humanidad puede luchar es relegado al basurero.

También ha habido dificultades internas, centradas en la Escuela Arcana y su liderazgo. La primera división cuando Marian Walter se separó resultó en un alijo de documentos acumulados y discordia asociada. La idea de continuidad central de las enseñanzas requiere cohesión entre el grupo central dentro de la comunidad de Bailey, aquellos en el corazón, y es aquí donde aún existen tensiones que obstaculizan la oportunidad siempre presente. Sin embargo, como ha demostrado esta biografía, tal continuidad existe en otros lugares, demostrada esotéricamente a través de Triangles a Nueves a Doce, y aunque las divisiones siempre son molestas, tal vez eran necesarias. Está claro que de cada uno de los tres hilos, Lucis Trust, la Escuela de Estudios Esotéricos y la University of the Seven Rays, se ha logrado y desarrollado mucho.

Es responsabilidad de la comunidad mundial de Bailey promover las enseñanzas, mediante el estudio, la aplicación, la enseñanza, la oratoria, la lectura, la escritura y, sobre todo, la publicación en una variedad de campos que incluyen la psicología, la astrología y dentro del campo académico del esoterismo occidental que las enseñanzas de Alice Bailey y el Tibetano llegarán a aquellos receptivos en varios círculos e incluso al público en general.

A pesar del lenguaje eduardiano y de algunas opiniones obsoletas, los libros de Bailey continúan atrayendo a estudiantes hoy en día, algunos tan jóvenes como de quince años, otros de veinte y treinta años, aquellos con una disposición esotérica en busca de sabiduría. Que las enseñanzas resuenen y atraigan las mentes del siglo XXI demuestra la eternidad de lo que se enseña.

El esoterismo occidental siempre ha sido controvertido, mezclado con acusaciones de fraude y engaño, su mismo secreto, elitismo y conocimiento abstruso despertando las sospechas de los forasteros. Tales sospechas están justificadas. Tal vez sea mejor entender el esoterismo occidental como una superposición energética, que apunta hacia un mayor misterio inefable de la existencia y dejarlo así.

Parte de esta superposición es la convicción de Alice Bailey y otros teósofos de su época, incluidos Annie Besant y Rudolph Steiner, de que Cristo reaparecería y la Jerarquía se exteriorizaría para dar paso a una nueva era de iluminación espiritual. Desde un punto de vista energético, esta creencia concentra la voluntad, proporcionando un punto de enfoque y un sentido de propósito, un dispositivo de motivación, proporcionando modelos a seguir, ejemplos para que la humanidad se esfuerce por alcanzar. La Sabiduría Eterna llega en un momento decisivo de su historia a medida que nos acercamos al año crítico de 2025, cuando tendrá lugar un Cónclave centenario de la Jerarquía Espiritual:

> Por lo tanto, se está produciendo un gran y nuevo
> movimiento y se está produciendo una interacción
> tremendamente incrementada. Esto continuará hasta el
> año 2025 d. C. Durante los años que median entre
> ahora y entonces se verán acaecer cambios muy
> grandes, y en la Asamblea General de la Jerarquía
> (realizada como es habitual cada siglo) en el 2025 se
> fijará con toda probabilidad la fecha para la primera
> etapa de la exteriorización de la Jerarquía. [1]

Independientemente de la creencia que tenga el lector, la idea de la asistencia espiritual en un momento en que el mundo está desgarrado por las crisis y el planeta se está muriendo, no podría ser más acertada. A la luz de esto, los estudiantes de la Sabiduría Eterna podrían preguntarse qué les gustaría avanzar: conocimiento esotérico, una forma esotérica de conocimiento o activismo esotérico.

UNA LISTA INCOMPLETA DE GRUPOS INSPIRADOS EN LA SABIDURÍA ETERNA

Canadá

Alliance Group, Ottawa, Canadá
Center for Esoteric Studies, Ontario, Canadá
Healing from the Soul Group, Montreal, Canadá
Northern School of Esoteric Wisdom, Canadá
IDEAL: Institute for the Development of Education, Arts &
Leisure, B.C., Canadá
Institute for Personal Development, Quebec, Canadá

Sudamérica

Fundación Lucis, Argentina
Grupo Logos, Buenos Aires, Argentina
House of the Pax Culture, Santa Fe, Argentina
Litoral Group, Santa Fe, Argentina
Bolivian Unit of Service, Cochabamba, Bolivia
Casa Assagioli, Brasil
Centro Caraívas, Pirenópolis, Goiás, Brasil
Crystal Nucleus, Brasilia, Brasil
Cultura Espiritual, Brasil
CUMES Urusvati Center for Meditation, Study and Service,
Brasilia, Brasil
Encontro Espiritual, Brasil

Federação Morya, Brasil
Fundacão Cultural Avatar, Brasil
Kwan Yin Group, Sao Paulo, Brasil
Psychosynthesis Center, Sao Paulo, Brasil
Saint Paul Group, Sao Paulo, Brasil
Spiritual Culture Foundation -University of Light, Belo
Horizonte, Brasil
Unidade de Serviço para Educação Integral, Brasil
Urusvati House, Sao Paulo, Brasil
Synthesis in Aquarius, Tijuana, México
Escuela de Ciencias Esotéricas, Venezuela
Federación Morya Hispanoamericana, Venezuela
Fundaser, Venezuela
New Thought Foundation, Caracas, Venezuela

Europa

Center for Esoteric Astrology, Aarhus, Dinamarca
Center for the Inner Dimensions of Life, Copenhagen,
Dinamarca
Golden Circle, Dinamarca
GRO Group, Lejre, Dinamarca
Kentaur Training and Publishing, Copenhague, Dinamarca
One Earth, Copenhague, Dinamarca
Sophia's Rose, Copenhague, Dinamarca
Soul Therapy, Copenhague, Dinamarca
The Golden Circle, Dinamarca
Transformation Now, Copenhague, Dinamarca
Living Ethics Germany, Múnich, Alenania
Banner of Peace Association, Roma, Italia
Centro Studi Urania, Roma, Italia
Community of Living Ethics, Citta'della Pieve, Italia

Cultural Association of Triangles and World Goodwill, Roma, Italia
Namaskar, Catania, Italia
Parvati Studies Center, Turín, Italia
Space INEH Italy, Turín, Italia
Uriel Study and Research Center for the Will to Good, Collesano, Italia
Urusvati Research Institute, Turín, Italia
The Academy of Wisdom Teaching Europe, Leeuwarden-Países Bajos
GEM- Grupo de Estudos Maitreya, Lisboa, Portugal
Merry Human Life Society, Barcelona, España
Sun Group, Fuengirola, España
Sunhealing Group, Fuengirola, España
Bjare Culture and Meditation Center, Bastad, Suecia
Mandala Group, Malmo, Suecia
School of the Esoteric Way, Estocolmo, Suecia
Sun in the Earth Group, Vaxjo, Suecia
Institute for Planetary Synthesis, Geneva, Suiza
Ankh Spiritual Development Foundation, Kiev, Ucrania
Centre Eurasia, Odessa, Ucrania
Esoteric Enlightenment Center, Lviv, Ucrania
Khortitske Society of Humanitarian Development, Zaporiyia, Ucrania
School of Ageless Wisdom, Zhytomir, Ucrania

Reino Unido

Centre of Light, Reading, Reino Unido
International Network of Esoteric Healing, Emsworth, Reino Unido
Sundial House Group, East Sussex, Reino Unido

Wisdom Study Group, Reading, Reino Unido

India

Darjeeling Goodwill Center, Darjeeling, India
Himalayan Community of Living Ethics, Kalimpoong, India
The Pranic Healers, India

Medio Oriente

Hechal Center for Universal Spirituality, Jerusalén, Israel

Asia-Pacífico

Path Centre, Australia
The Triangle Centre, Nueva Zelanda
Southern Lights Centre, Akaroa, Nueva Zelanda
Prana World, Filipinas
World Pranic Healing Foundation, Filipinas

Estados Unidos de América

White Mountain Education Association, Prescott, Arizona
Arcana Workshops, Los Ángeles, California
Dove Healing Alliance, Aptos, California
Esoteric & Astrological Studies, Art, Science & Research
Institute, California
International Foundation for Integral Psychology, Los Ángeles,
California
Meditation Mount, Ojai, California
Nature of the Soul, Los Ángeles, California

Pathways to Peace, San Francisco, California
The Center for Visionary Leadership, San Rafael, California
Wisdom Impression Publishers, Whittier, California
Synthesis Foundation, Denver, Colorado
JJ Esoteric Foundation, Naples, Florida
Soul Group of SW Florida
International Network of Esoteric Healing N. America,
Indianápolis, Indiana
Sirius Community, Shutesbury, Massachusetts
Spirit Fire, Leyden, Massachusetts
Esoteric Healing Twin Cities, Minnesota
Intuition in Service, Olivebridge, Nueva York
Path of Light, Ashland, Oregon
Wisdom Research, Dayton, Oregon
Institute for the Advancement of Service, Alexandria, VA
Ageless Wisdom Study Group, Washington, DC
New Fusion Group, Washington, DC
Truthseekers Network, Washington, DC
NW School for Religious and Philosophical Studies, Spokane,
Washington

Internacional

World Service Intergroup
Seed Groups International
Twelves Advanced Meditation Group

Para obtener una lista de los grupos de buena voluntad en todo
el mundo, visite la página «Worldwide Network» de Lucis
Trust en su sitio web.

Querido lector,

Esperamos que hayas disfrutado leyendo *Alice A. Bailey: Vida y Legado*. Tómese un momento para dejar una reseña, incluso si es breve. Tu opinión es importante para nosotros.

Atentamente,

Isobel Blackthorn y el equipo de Next Chapter

ACERCA DEL AUTOR

Isobel Blackthorn, de origen londinense, ha escrito acerca de más de setenta locaciones hasta la fecha, en diversos lugares de Inglaterra, Australia, España y las Islas Canarias. Algunos elementos de su extraordinaria vida suelen aparecer en su obra de ficción, lo que le proporciona una gran fuente de inspiración.

NOTAS

Introducción

1. Introducción
   Alice A. Bailey, *The Unfinished Autobiography* (Albany, NY: Lucis Trust, 1951), p.1.
2. Olav Hammer, *Claiming Knowledge: Strategies of Epistemology from Theosophy to the New Age* (Leiden: Brill, 2000), p. xiii.
3. Véase Wouter J. Hanegraaff, *New Age Religion and Western Culture: Esotericism in the Mirror of Secular Thought* (Albany, NY: State University of New York Press, 1998).
4. La Escuela Arcana de Bailey (establecida en 1923), es una escuela internacional no sectaria de entrenamiento esotérico por correspondencia. Men of Goodwill, establecida en 1932, es una organización no gubernamental reconocida por las Naciones Unidas. Lucis Trust se incorporó en 1922, como una corporación educativa religiosa exenta de impuestos. Lucis Publishing Company, una organización sin fines de lucro propiedad de Lucis Trust, sigue publicando los textos de Bailey. Finalmente, Triangles es una red bajo los auspicios de Lucis Trust, y descrita por su propia literatura como "una actividad de servicio para hombres y mujeres de buena voluntad que creen en el poder del pensamiento". Trabajando en grupos de tres, establecen correctas relaciones humanas creando una red mundial de luz y buena voluntad" (Folleto de Triángulos). La intención de Bailey de sustentar estas organizaciones no era simplemente promover sus propios puntos de vista, sino ayudar a mejorar la condición humana. Véase <https://www.lucistrust.org/> Accedido el 3 de septiembre, 2017.
5. Alice A. Bailey, *Tratado sobre Magia Blanca: o The Way of the Disciple*, (New York: Lucis Trust, 1991), p. 603.
6. Wouter J. Hanegraaff, «A Dynamic Typological Approach to the Problem of "Post-Gnostic" Gnosticism», en *ARIES*, 16: 5-43.
7. Lee Irwin, «Western Esotericism, Eastern Spirituality, and the Global Future», *Esoterica*, Vol III, 2001: 1-47.
8. Antoine Faivre, *Theosophy, Imagination, Tradition: Studies in Western Esotericism*, (Albany: State University of New York Press, 2000).
9. Peter Washington. *Madame Blavatsky's Baboon: Theosophy and the Emergence of the Western Guru*, (Londres: Secker and Warburg, 1993), p. 19. Véase también Bruce F. Campbell. *Ancient Wisdom Revived: A History of the Theosophical Movement*, (Los Ángeles: University of

California Press, 1980; Jill Roe. *Beyond Belief: Theosophy in Australia 1879-1939*, (Sídney: New South Wales University Press, 1986); and Jocelyn Godwin. *The Theosophical Enlightenment*, (Albany: SUNY, 1994).

10. Campbell, *Ancient Wisdom*, p. 88-90, y Washington, *Blavatsky's Baboon*, p. 79-82.

11. Véase Charles J. Ryan. *H.P. Blavatsky and the Theosophical Movement: A Brief Historical Sketch*, (San Diego: Point Loma); Campbell, op. cit.; y Kevin Tingay. «Madame Blavatsky's Children: Theosophy and its Heirs» en S. Sutcliffe y M. Bowman (eds), *Beyond New Age: Exploring Alternative Spirituality*, (Edinburgh: Edinburgh University Press, 2000).

12. Es difícil examinar los textos teosóficos con alguna simpatía sin alguna aceptación provisional de la posibilidad de que pueda existir una jerarquía de maestros. De hecho, siguiendo la afirmación de Olav Hammer de que «la existencia de los Maestros es... un requisito previo indispensable para que las enseñanzas tengan alguna validez», mientras que otros aspectos del trabajo de Bailey pueden considerarse periféricos, la noción de los maestros forma un eje fundamental a través de su trabajo. Cita de Olav Hammer, *Claiming Knowledge: Strategies of Epistemology From Theosophy to the New Age*, (Leiden: Brill, 2001).

    1 Una evangelista emergente

13. Bailey, *The Unfinished Autobiography*, p. 256.

1. Una evangelista emergente

1. Ibid., p.16.

2. Certificado de nacimiento, Alice Harriet Hollinshead, Volumen 09a, p. 319, Huddersfield Union, Oficina del Registro General.

3. Certificado de nacimiento, Alice Harriet Hollinshead, Volumen 09a, p. 319, Huddersfield Union, Oficina del Registro General; «Censo de Inglaterra y Gales, 1861», base de datos con imágenes, FamilySearch (https://familysearch.org/ark:/61903/1:1:M7C4-1W8 : 24 de octubre, 2019), William Hollinshead, Huddersfield, Yorkshire, Inglaterra, Reino Unido; de «1861 Censo de Inglaterra, Escocia y Gales », base de datos e imágenes, findmypast (http://www.findmypast.com : n.d.); citando PRO RG 9, The National Archives, Kew, Surrey

4. Certificado de matrimonio, Joseph Hollinshead y Elizabeth Swetmore, No. 605, Oficina del Registro General; 1861 Censo, Ibid.

5. *The London Gazette*, 20 de marzo, 1863, p. 1609. y 24 de marzo, 1863, p. 1713.

6. *The London Gazette*, 27 de junio, 1865, p. 1865. y 2 de octubre, 1868, p. 5223.

7. Louise parece haber sido una gemela, pero su hermana Blanche estaba ausente cuando se realizó el censo de 1871 el 2 de abril. «Censo de Inglaterra y Gales, 1871», base de datos con imágenes, FamilySearch

(https://familysearch.org/ark:/61903/1:1:VRN9-H1B : 29 de septiembre, 2019), William Hollinshead, 1871.

8. «Censo de Inglaterra y Gales, 1871», base de datos con imágenes, FamilySearch (https://familysearch.org/ark:/61903/1:1:KZGD-CH2 : 24 de abril, 2019), Alice H Hollinshead en la entrada de Ann Hollinshead, 1871.

9. Certificado de defunción, William Hollinshead, No. 398, Distrito de St. Neots, Oficina del Registro General.

10. Certificado de matrimonio, Alice Harriet Hollinshead y Frederic Foster Bateman, No. 397, Oficina del Registro General; Prohibiciones de matrimonio, Alice Harriet Hollinshead y Frederic Foster Bateman, Diócesis de Londres, 17 de enero, 1879, citado en Ancestry.com, julio, 2019.

11. Véase «George Bower». *Grace's Guide to British Industrial History*, 2019, Web. 23 de octubre, 2019. <https://www.gracesguide.co.uk/George_Bower>

12. Jill Eastwood, "La Trobe, Charles Joseph (1801-1875)." *Australian Dictionary of Biography*, 2019, Web. 15 de Agosto, 2019. <http://adb.anu.edu.au/biography/la-trobe-charles-joseph-2334>

13. Véase «Árbol genealógico La Trobe». *The C J La Trobe Society*, 2013, Web. 10 de enero, 2017. <https://www.latrobesociety.org.au/family-tree.html>

14. Peter Russell, «John Frederic La Trobe-Bateman (1810–1889) Water Engineer», en *Transactions of the Newcomen Society*, Volumen 52, 1980, 1: 119-138. Publicado en línea: 31 de enero, 2014.

15. Sir William Fairbairn, *The Life of Sir William Fairbairn*, editado y completado por William Pole (Londres: Longmans, Green, 1877).

16. William Fairbairn La Trobe-Bateman, *Memories Grave and Gay of William Fairbairn La Trobe-Bateman* con un prefacio de el Perfecto Reverendo. Bishop Gore, editado por Mildred La Trobe-Bateman. (Londres: Longmans, Green and Co., Ltd., 1927), p. xviii.

17. Certificado de nacimiento, Alice Ann Bateman, Uppermill, Saddleworth, Vol. 9a, p253, Oficina del Registro General.

18. Véase «Censo de Inglaterra y Gales, 1881», base de datos con imágenes, FamilySearch (https://familysearch.org/ark:/61903/1:1:Q27R-NLMC : 11 December 2017), Alice A Bateman en la casa del Capitán Bateman, Saddleworth, Yorkshire, West Riding, Inglaterra; de «1881 Censo de Inglaterra, Escocia y Gales», base de datos e imágenes, findmypast (http://www.findmypast.com : n.d.); citando p. 39, Piece/Folio 4364/23, The National Archives, Kew, Surrey; FHL microfilm 101,775,223., y «Censo de Inglaterra y Gales, 1881», base de datos con imágenes, FamilySearch (https://familysearch.org/ark:/61903/1:1:Q273-6K5B : 10 de diciembre, 2017), John F Bateman, St Margaret y St John The Evangelist Westminster, Londres, Middlesex, Inglaterra; de «1881 Censo de Inglaterra, Escocia y Gales», base de datos e imágenes, findmypast

(http://www.findmypast.com : n.d.); citing p. 29, Piece/Folio 117/54, The National Archives, Kew, Surrey; FHL microfilm 101,774,339.

19. William Fairbairn La Trobe-Bateman, *Memories Grave and Gay*, op. cit.

20. Frederic Foster Bateman, «Esquema de fabricación y puente de St. Lawrence: informe del ingeniero 18 de enero de 1882», *HathiTrust Digital Library*, 2008, Web. 2 de julio, 2019. <https://babel.hathitrust.org/cgi/pt?id=aeu.ark:/13960/to3x8n71j&view=1up&seq=8>

21. Al momento de redactar este libro, no se había localizado ningún certificado de nacimiento de Lydia.

22. *The Unfinished Autobiography*, p. 20.

23. *The Unfinished Autobiography*, p. 21.

24. Certificado de defunción: Alice Harriet Hollinshead, 3 de octubre, 1886, Newton Abbot, Torquay, Volumen 5b, p. 99, Oficina del Registro General.

25. *The Unfinished Autobiography*, p. 19.

26. En su autobiografía, Alice Bailey hace el siguiente comentario: «Los Fairbairn no pertenecían a la llamada aristocracia de nacimiento que es tan apreciada. Quizás esta fue la salvación del linaje Bateman – Hollinshead – La Trobe». P. 19.

27. H.E. Malden (ed.), «Parishes Frensham» en, *A History of the County of Surrey*, 1906, 2: 591-92; y Bill Price, *Charles Darwin: Origins and Arguments*, (Londres: Oldcastle Books, 2009).

28. *The Unfinished Autobiography*, p. 27.

29. *The Unfinished Autobiography*, p. 25.

30. Ibid.

31. John Barnes, *La Trobe: Traveller, Writer, Governor*, (Sídney: Halstead Press, 2017).

32. Véase John Barnes, ibid., y Daniel Thomas, «Bateman, Edward La Trobe (1815-1897)». *Australian Dictionary of Biography*, Volumen 3 (MUP) 1969, Web. 3 de febrero, 2017. <http://adb.anu.edu.au/biography/bateman-edward-la-trobe-2951>

33. *The Unfinished Autobiography*, p. 27.

34. Ibid., p. 16.

35. Ibid., p. 14. Para una mayor investigación sobre la melancolía y el misticismo, véase: William James, *Varieties of Religious Experience*, (Londres: Longman, Green, and Co, 1902), Lecturas VI y VII; y Evelyn Underhill, *Mysticism: A study in the nature and development of man's spiritual consciousness*, (Nueva York: E.P. Dutton, 1930), un trabajo de gran influencia en la exploración del estado místico de la conciencia.

36. *The Unfinished Autobiography*, p. 23; y «John Frederic La Trobe Bateman». *Grace's Guide to British Industrial History*, 2018, Web. 10 de junio, 2019.<https://www.gracesguide.co.uk/1889_Institution_of_Civil_Engineers:_Obituaries>

37. *The Unfinished Autobiography*, p. 25.

38. Ibid., p. 28.

39. «Person Page 1513». *The Peerage*, 2019, Web. 12 de julio, 2019. <http://thepeerage.com/p1513.htm#i15128>

40. *The Unfinished Autobiography*, p. 29.

41. Ibid.

42. Ibid., p. 31.

43. Ibid., p. 31.

44. Ibid., p. 14.

45. Ibid., p. 21.

46. Ibid., p. 36.

47. Es completamente posible ganar mucho valor en los libros de Bailey mientras se suspende el juicio sobre la existencia de la Jerarquía Espiritual, como descubrí al realizar mi doctorado, un proceso en el que se me exigió tomar tales medidas para mantener el desapego académico..

48. *The Unfinished Autobiography*, p. 39. Curiosamente, la sala de meditación de las Naciones Unidas tiene cierta similitud con esta visión, un tema explorado en el libro de Isobel Blackthorn, *The Unlikely Occultist: a biographical novel of Alice A. Bailey*, (Japón: Next Chapter, 2018).

49. Ibid., pp. 39-40.

50. Ibid., p. 40.

51. Ibid., p. 41.

52. Alice Bailey, «Friday Talk», 30 de abril, 1943, p. 3. *School of Esoteric Studies*, 2019, Web. 24 de septiembre, 2019. <http://www.esotericstudies.net/aabtalks/aab04-23-43.pdf>

53. *The Unfinished Autobiography*, p. 41.

54. Ibid., p. 43.

55. Lydia Dorothy La Trobe-Bateman Parsons, *A Vision of Immortality*, (Sídney: Wentworth Press, 2016).

    Véase también «A Vision of Immortality [Poema]». *Internet Archive*, 2014, Web. 3 de febrero 2017. <https://archive.org/details/visionof immortalooparsiala/page/n7>

56. Véase a Lydia Dorothy La Trobe-Bateman en *The Peerage*. <http://www.t-hepeerage.com/p1516.htm>

57. Este era un asunto que más tarde tendría que defender, al menos ante sí misma. Le prohibieron dar charlas en las universidades porque no tenía título. (véase *The Unfinished Autobiography*, p. 218.) En la década de 1930 se esforzó por ganar credibilidad para sus obras en el medio académico. No tuvo éxito.

2. Casa de los soldados de Elise Sandes

1. 2 Casa de los soldados de Elise Sandes
   The Unfinished Autobiography, p. 48.

2. Ibid., p. 50.

3. Desde el punto de vista protestante, las buenas obras salvaron las almas de los demás y prepararon el camino para la salvación personal. En consecuencia, el cristianismo tuvo una larga asociación con el trabajo social. Véase Robert Morris, *Rethinking Social Welfare: Why care for a*

Stranger? (Nueva York: Longman Inc., 1986); y Frank .K. Prochaska, *Women and Philanthropy in Nineteenth-Century England* (Londres: Clarendon Press, 1980).

4. Véase Maggie Andrews y Janis Lomas, *Hidden Heroines: The Forgotten Suffragettes,* (Marlborough: Crowood Press, 2019).

5. *The Unfinished Autobiography*, p. 77.

6. Ibid., p. 53.

7. Ella Potter y Winifred Matheson, *Elise Sandes and Theodora Schofield: Twenty-one years of Unrecorded Service for the British Army, 1913-1934,* (Edimburgo: Marshall, Morgan and Scott, 1935), p. 12.

8. *The Unfinished Autobiography*, p. 54.

9. Ibid.

10. Ibid., p. 54.

11. Ibid., pp. 55-6.

12. Ibid., p. 59.

13. Elise Sandes tenía conexiones familiares en la India y se había dado cuenta de las dificultades que enfrentaban los soldados estacionados allí. Los militares habían solicitado viviendas para alejar a los hombres de burdeles, cantinas húmedas y fumaderos de opio. Véase Potter y Matheson, *Elise Sandes and Theodora Schofield*, pp. 129-136.

14. *The Unfinished Autobiography*, pp. 63-4.

15. Neil Charlesworth, «British Rule and the Indian Economy, 1800-1914», en *Studies in Economic and Social History,* (Londres: Palgrave, 1981).

    Ian Stone, «Canal Irrigation in British India: Perspectives on Technological Change in a Peasant Economy», citado en <http://catdir.-loc.gov/catdir/samples/cam034/84003200.pdf>

    Para las reformas de Kitchener véase E. S. Grew, *Field-Marshall Lord Kitchener: his life and work for the empire,* (Londres: Gresham Publishing Company, 1916), pp. 29-30.

16. El ejército británico estaba situado allí para defender el paso de Bolan, que, junto con el paso de Khyber más al norte, era una puerta de entrada estratégica a través de las montañas y, por lo tanto, una ruta de invasión desde el norte.

17. *The Unfinished Autobiography*, p. 70.

18. Ibid., pp. 148-9.

19. Ibid., p. 75.

20. Ibid., p. 76.

21. Ibid., p. 76.

22. Alice Bailey, «Friday Talk», 30 de abril, 1943, p. 2. PDF en *School for Esoteric Studies,* 2019, Web. 24 de septiembre, 2019. <http://www.esote-ricstudies.net/aabtalks/aab04-30-43.pdf>

23. *The Unfinished Autobiography*, p. 79.

24. Ibid., p. 82.

25. Ibid.

26. Ibid., p. 83.

27. Ibid., p. 84.

28. Ibid., p. 85.
29. Ibid., p. 85.
30. Ibid., p. 87.
31. Ibid., pp. 88-9.
32. Ibid., p. 89.
33. Ibid.
34. Ibid., p. 95.
35. Ibid., p. 96.
36. Ibid.
37. «Índice de registro de nacimientos de Inglaterra y Gales, 1837-2008», base de datos, FamilySearch (https://familysearch.org/ark:/61903/1:1:2XJ3-GZG : 1 de octubre, 2014), Walter Henry Evans, 1880; de «Nacimientos en Inglaterra y Gales, 1837-2006», base de datos, findmypast (http://www.findmypast.com : 2012); citando el registro de nacimiento, Guisborough, Yorkshire, Inglaterra, citando la Oficina de Registro General, Southport, Inglaterra.
    3 Tiempos oscuros como la Sra. Evans

3. Tiempos oscuros como la Sra. Evans

1. *The Unfinished Autobiography*, p. 54.
    Véase también «Endynamited by Christ' Sandes Soldiers' homes», *History Ireland*, 2019, Web. 4 de octubre, 2019.
    <https://www.historyireland.com/20th-century-contemporary-history/endynamited-by-christ-sandes-soldiers-homes/>
    Las familias Arbuthnot-Holmes y Rowan-Hamilton tienen fuertes raíces en Irlanda. Al mencionar estos nombres en su autobiografía, Alice Bailey le hace saber al lector que los miembros de la nobleza terrateniente estaban reunidos a su alrededor en ese momento.
2. *The Unfinished Autobiography*, p. 66.
3. Ibid., p. 101.
4. Ibid., p. 103.
5. Véase «Seminario Teológico Lane». *Ohio History Central*, Web. 12 de enero, 2017. <http://www.ohiohistorycentral.org/w/Cincinnati,_Ohio>
6. A pesar de mis mejores esfuerzos, no he podido establecer contacto con la persona que conoce la dirección real. A principios de 2019 me informó que tiene en su poder pruebas documentales.
7. «Seminario Teológico Lane ». *Ohio History Central*, Web. 12 de enero, 2017. <http://www.ohiohistorycentral.org/w/Cincinnati,_Ohio>
8. *The Unfinished Autobiography*, p. 107.
9. véase Trevor Ravenscroft, *The Spear of Destiny: The Occult Power Behind the Spear which pierced the side of Christ* (Cape Neddick, ME: Samuel Weiser, 1982), y Nicholas Goodrick-Clarke, *The Occult Roots of Nazism: Secret Aryan Cults and their Influence on Nazi Ideology* (Nueva York: New York University Press, 1993).

10. *The Unfinished Autobiography*, p. 139.

11. Alice A. Bailey, *The Rays and The Initiations* (Nueva York: Lucis Trust, 1972), p. 593.

12. véase Gary w. Trompf, «Macrohistory in Blavatsky, Steiner and Guénon», en *Western Esotericism and the Science of Religion*, eds. Antoine Faivre y Wouter Hanegraaff (Lovaina, Bélgica: Peeters, 1998), pp. 269-296.

13. Arthur E. Powell, *The Solar System*, (Borodino Books, 2018).
    Joscelyn Godwin, *Atlantis and the Cycles of Time: Prophecies, Traditions, and Occult Revelations*. (Inner Traditions/Little Bear, 2010).

14. Ibid.

15. Alice A. Bailey, *Problems of Humanity* (Nueva York: Lucis Trust, 1983), pp. 105-6.

16. Ibid., p. 107.

17. *The Unfinished Autobiography*, p. 104.

18. Ibid., p. 105.

19. Lista de pasajeros: Dorothy Bailey, Westernland 1931, 5043 Nueva York, Listas de tripulantes y pasajeros de Nueva York, 1909, 1925-1957, vol 10899-10901, familysearch.org

20. *The Unfinished Autobiography*, p. 108.

21. véase Richard Johnson, «Changing Attitudes About Domestic Violence», *Law and Order* 50 (2002): 60-65.

22. Certificado de matrimonio: Lydia Dorothy La Trobe-Bateman, 22 de julio, 1911, Windsor, Vol 2c, Página, Oficina General de Registro.

23. *The Unfinished Autobiography*, p. 109.

24. Ibid.

25. Ibid., p. 28.

26. Ibid., p. 111.

27. Vea varias fotos de Reedley en «Reedley: An historical sketch». *The City of Reedley: The world's first fruit basket*, 2019, Web. 4 de octubre, 2019. <http://www.reedley.com/history/pdfs/Historical-Photos.pdf> y una imagen de Reedley en 1910 en «General View of Reedley, California». 2009, Web. 4 de octubre, 2019. <https://oac.cdlib.org/ark:/13030/kt9t1ndo7p/?brand=oac4>

28. *The Unfinished Autobiography*, p. 110.

29. Ibid., p. 111.

30. Ibid., p. 112.

31. Ibid., p. 112.

32. Ibid., p. 112.

33. «Índice de nacimientos de California, 1905-1995», base de datos, FamilySearch (https://familysearch.org/ark:/61903/1:1:VG2N-7R5 : 27 de noviembre, 2014), Mildred K Evans, 03 de agosto, 1912; citando Fresno, California, Estados Unidos, Departamento de Servicios de Salud, Departamento de Estadísticas Vitales, Sacramento.

34. *The Unfinished Autobiography*, p. 112.

35. Ibid., p. 113.

36. Ibid., p. 114.

37. «Índice de nacimientos de California, 1905-1995», base de datos, FamilySearch (https://familysearch.org/ark:/61903/1:1:VL1H-3MX : 27 de noviembre, 2014), Ellison A Evans, 24 de agosto, 1914; citando Fresno, California, Estados Unidos, Departmento de Servicios de Salud, Departamento de Estadísticas Vitales, Sacramento.

38. *The Unfinished Autobiography*, p. 115.

39. Ibid., p. 117.

40. Ibid.

41. Ibid., p. 119.

42. Ibid.

43. Alice A. Bailey, *The Externalisation of the Hierarchy* (Nueva York: Lucis Trust, 1989), p. 87.

44. Bailey, *Problems of Humanity*, p. 102.

45. *The Unfinished Autobiography*, p. 145.

46. «Acerca de los escritos de sabiduría eterna sobre el pueblo judío». *Lucis Trust*, 2019, Web. 7 de octubre 2019. <https://www.lucistrust.org/arcane_school/talks_and_articles/concerning_the_ageless_wisdom_writings_on-on_the_jewish_people>

Del mismo artículo: «Algunas personas se preguntan por qué, cuando la historia humana está repleta de ejemplos de «la inhumanidad del hombre hacia el hombre», el tibetano parece señalar a los judíos para una crítica especial. Todo lo que escribió el tibetano debe estudiarse en el contexto de todo el cuerpo de enseñanzas que promueven la buena voluntad, la tolerancia y el respeto mutuo. Los comentarios sobre el pueblo judío deben leerse en su totalidad, lo que incluye la mención de la espléndida contribución del pueblo judío en muchos aspectos de la vida humana. Las críticas a las tendencias separatistas en el sionismo deben leerse en el contexto de comentarios mordaces sobre el subterfugio del Vaticano, el materialismo en las iglesias cristianas y el «iglesianismo» en general. También fue franco en su oposición al aislacionismo estadounidense, el totalitarismo soviético, el fascismo, el nazismo y el gran mal encarnado por Hitler y sus asociados más cercanos, y al pacifismo durante la Guerra Mundial, todo lo cual comprometió la unidad esencial de la humanidad y el espíritu de la libertad responsable.

Es ese espíritu de amor y de identificación inclusiva que busca evocar la comprensión y la cooperación del grupo esotérico en la curación del problema humano fundamental del separatismo. Muchas personas de buena voluntad están trabajando diligentemente para encontrar una solución. Sin embargo, el aspecto único de la enseñanza esotérica es que desafía al estudiante a penetrar hasta el nivel causal de todos los problemas humanos, donde se pueden identificar los orígenes espirituales de los problemas y se pueden precipitar soluciones duraderas en la conciencia humana. Quizás por eso el tibetano no escatimó en su crítica al sionismo, que buscaba resolver el problema de la estigmatización del pueblo judío dándoles su propia patria en lugar de trabajar por su integración en las naciones existentes».

47. Ibid., p. 122.
48. Ibid.
49. Ibid., p. 123.
50. Ibid., p. 125.
51. Ibid., p. 125.
52. Ibid., p. 15.
53. Ibid., p. 126.
54. Ibid., p. 127.
55. Ibid., p. 123.
56. Véase «The Canneries». *Cannery Row*, 2015, Web. 9 de octubre, 2019. <http://canneryrow.com/our-story/the-canneries/>
57. *The Unfinished Autobiography*, p. 128.
58. Ibid.
59. Ibid., p. 130.
60. Ibid., p. 132.
61. Ibid.
    4 Una conversion esotérica

4. Una conversión esotérica

1. *The Unfinished Autobiography*, p. 134.
2. Ibid.
3. Ibid., pp. 134-5.
4. Ibid., p. 135.
5. Ibid., p. 136.
6. Ibid., p. 137.
7. Ibid.
8. Ibid., p. 138.
9. Adopté este método cuando investigaba los libros de Bailey para mi tesis doctoral. Véase Isobel Wightman, *The Texts of Alice A Bailey: An Inquiry into the role of Esotericism in Transforming Consciousness*, Tesis doctoral, (Universidad del Oeste de Sydney, 2006).<https://researchdirect.westernsydney.edu.au/ islandora/object/uws%3A3753>
10. *The Unfinished Autobiography*, p. 139.
11. Annie Besant, *Initiation: The Perfecting of Man* (Chicago: Theosophical Press, 1912).
12. *The Unfinished Autobiography*, p. 140.
13. véase Steven J. Sutcliffe, *Children of the New Age: A History of Spiritual Practices* (Londres: Routledge, 2003), p. 35.
14. Rudolph Steiner, *The Way of Initiation or How to Attain Knowledge of the Higher Worlds* (Londres: Theosophical Publishing, 1908).
15. Afirmar que el alma es conciencia parece simplista y erróneo. En opinión de Bailey, asentada en la mente, la conciencia es una especie de visión interior. La mente y su contraparte física, el cerebro, es un vasto depósito de datos acumulados a través de la experiencia sensorial y sistematizados

como conocimiento. La conciencia es la parte de nosotros que es consciente, que sabe y experimenta. Para usar el lenguaje de la fenomenología, es el observador intencional. Podemos percibir a través de nuestros sentidos, y a través de un ojo interno subjetivo, uno que se vuelve hacia adentro en la reflexión. Desde una perspectiva teosófica, el alma hace uso de la conciencia para cumplir los propósitos de la encarnación particular.

16. William James, *Varieties of Religious Experience: A Study in Human Nature* (Nueva York: Penguin, 1985), p. 197.

17. El gurú de la Nueva Era y autor de la Teoría Integral, Ken Wilber, describe la conciencia como un espectro, como las bandas de colores de un arco iris. Al alterar nuestro estado de conciencia, a través de la meditación e incluso las drogas, podemos explorar todo el espectro y no limitarnos a la conciencia normal de vigilia. Sin embargo, profundizar en diferentes tipos de conciencia no es lo mismo que expandir la conciencia. En todo caso, tal introspección puede conducir a una contracción, una succión hacia adentro, hacia uno mismo.

18. Alice A. Bailey, *Esoteric Psychology: Volume II* (Nueva York: Lucis Trust, 1988), p. 12.

19. Alice A. Bailey, *From Bethlehem to Calvary: The initiations of Jesus,* (Nueva York: Lucis Trust, 1989), p. 105.

In Bailey's scheme there are nine initiations in all, and the first two are preparatory or threshold initiations. The third (also known as the first) occurs when the soul gains control of all three vehicles of the personality. From there, at each initiatory stage, a more fully realised spiritual consciousness grows. Of importance to humanity are the first four initiations.

20. Bailey afirma que «no hay iniciación posible sin una revelación anterior y, sin embargo, cada iniciación conduce a una revelación posterior». La primera es generada por los propios esfuerzos contemplativos del discípulo, la segunda se confiere de alguna manera. Alice A. Bailey, *Discipleship in the New Age: Volume II* (Nueva York: Lucis Trust, 1986), p. 417.

21. Robert A. Segal, «Jung's Psychologising of Religion» en *Beyond New Age: Exploring Alternative Spirituality,* eds. Steven Sutcliffe y Marion Bowman (Edimburgo: Edinburgh University Press, 2000), p. 73.

22. Annie Besant, *Esoteric Christianity* (Nueva York: John Lane, 1902).

23. Bailey, *From Bethlehem to Calvary,* p. 3.

24. Bailey, *Esoteric Psychology Vol II,* pp. 14-15.

Dado que la primera iniciación se refiere al cuerpo, en la cosmovisión de Bailey no sorprende que la nueva espiritualidad de la Nueva Era contenga un fuerte enfoque en las técnicas físicas de alineación, incluidas varias formas de yoga, técnicas de alineación corporal, equilibrio de chakras y reflexología.

25. Alice Bailey, *The Rays and The Initiations,* p. 577.

26. Alice A. Bailey, *The Destiny of the Nations* (Nueva York: Lucis Trust, 1990), p. 138.

27. Alice A. Bailey, *Esoteric Psychology: Volume I* (Nueva York: Lucis Trust, 1971), pp. 328-9.

28. Este estallido de luz se conoce en el misticismo oriental como kundalini. Alice Bailey se esfuerza por enfatizar que en la tercera iniciación, la energía atraviesa el chakra de la coronilla y desciende al chakra de la raíz. Muchos pueden confundir una experiencia similar pero menor, cuando la fuerza kundalini fluye a través del corazón..

29. Bailey, *From Bethlehem to Calvary*, p. 128.

   Como con todos los modelos de escenario, hay una fuerte tendencia inherente en nosotros a mapearnos con el modelo y el modelo con nosotros mismos. El potencial de inflación siempre está ahí. ¿Quién no querría considerarse a sí mismo un camino justo en el camino? Bailey está lejos de ser la única que describe un modelo de conciencia humana en expansión o en evolución. Jung se basó en la metáfora del sol, Clare Graves, que inspiró la dinámica espiral, postuló los niveles de la existencia humana, Fowler ideó las etapas de la fe, Wilber con su espectro de conciencia. Todos los modelos de etapas son teleológicos y progresivos, de menor a mayor, todos son sistemas de clasificación. Y todos los modelos escénicos son seductores, en cuanto nos colocamos dentro de él, ubicamos nuestra posición o estatus, hemos aceptado tácitamente la validez del modelo..

   5 Krotona

5. Mudándose a Krotona

1. Hadley Meares, «The Creation of Beachwood Canyon's Theosophist "Dreamland"», *Curbed: Los Ángeles*, 2014, Web. 15 de febrero, 2017. <http://la.curbed.com/2014/5/22/10099768/the-creation-of-beachwood-canyons-theosophist-dreamland-1>

2. Véase «Warrington, Albert Powell», *The Theosophical Encyclopedia*, 2013, Web. 20 de octubre, 2019. <http://theosophy.ph/encyclo/index.php?title=Warrington,_Albert_Powell>

3. Annie Wood Besant, *Avataras* (Whitefish, MT: Kessinger Publishing, 2007).

4. «El Instituto de Teosofía de Krotona». *The Theosophical Encyclopedia*, 2013, Web. 20 de octubre, 2019. <http://theosophy.ph/encyclo/index.php?title=Krotona_Institute_of_Theosophy,_The>

5. Kevin Star, The Dream Endures: California Enters the 1940s (Americans and the California Dream), Oxford University Press, 2002, p 198.

6. Hadley Meares, "The Creation of Beachwood Canyon's Theosophist "Dreamland", *Curbed: Los Ángeles*, op. cit.

7. Ibid.

8. En 1918, Dorothy, y presumiblemente también Mildred, asistieron a la Escuela de la Puerta Abierta, una escuela teosófica cerca de Krotona establecida por Mary Gray. <https://theosophy.wiki/en/School_of_the_Open_Gate>

Dorothy es citada en Mary Gray, "School of the Open Gate". The Messenger, mayo, 1919, p. 364. PDF. *The International Association for the Preservation of Spiritualist and Occult Periodicals*, Web. 22 de noviembre, 2019. <http://www.iapsop.com/archive/materials/theosophic_messenger_all/messenger_v6_n12_may_1919.pdf>

«Un día estaba sola en las colinas. Podía escuchar el canto de los pájaros. Parecía saber exactamente lo que decían. Esto es lo que estaban llamando: "¿Quién eres tú? ¿Quién eres tú?" Y canté: "Yo soy, yo soy. ¿Quién eres tú?" Los pájaros respondieron: "Yo soy el Espíritu". Dorothy Evans, 8 años»

9. *The Unfinished Autobiography*, p. 154.
10. Ibid., p., 155.
11. véase Chögyam Trungpa, *Cutting Through Spiritual Materialism* (Boulder, Colorado: Shambhala, 2002).
    6 Llega Foster

6. Llega Foster Bailey

1. *The Unfinished Autobiography*, p. 156.
2. Véase «Bailey, Ebenezer Foster 1820». *World Cat. Identities*, 2019, Web. 17 de octubre, 2019.
   <http://worldcat.org/identities/lccn-n88257578/>
   Ebenezer Bailey, «A historical sketch of the C.C. Sunday school» en George A. Hitchcock, *A history of the Calvinistic Congregational Church and Society Fitchburg, Massachusetts*, (Fitchburg: Autorizado por el voto de la sociedad, 1902). Citado en *HathiTrust Digital Library*, Web. 12 de marzo, 2017.
   <https://catalog.hathitrust.org/Record/100437576>
   La información sobre el tío Harrison Bailey se puede encontrar en la publicación de Charles Warren, *History Of The Harvard Law School And Of Early Legal Conditions In America*, Volumen 1, Palala Press, 2015, p 139.
   Véase también a Dorothy S. Kimball, «Massachusetts Home Missionary Society». *Annual report of the Massachusetts Home Missionary Society*. (Boston: Press of T.R. Marvin, 1844).
   Leonard A. Morrison y Stephen Paschall Sharples, *History of the Kimball Family in America from 1634 to 1897 and of Its Ancestors the Kemballs or Kemboldes of England With an Account of the Kembles of Boston*, (Massachusetts, Nabu Press, 2010).
   «Cora Isabel Wheeler Bailey». *Find a Grave*, 2013, Web. 12 de febrero,   2017.
   <https://www.findagrave.com/memorial/119327687/wheeler>
   Irene Weinmann, «Descendants of Thomas Kimball». *Genealogy*, 2019, Web. 1 de octubre, 2019.

<http://www.genealogy.com/ftm/w/e/i/Irene-Weinmann/BOOK-0001/0088-0024.html>

3. La Sociedad Teosófica se involucró mucho en el apoyo a los militares de la Primera Guerra Mundial. Foster Bailey puede haberse unido a la sociedad a través de sus diversas campañas. Véase a Janet Kerschner, «Theosophy in Times of War», *The Theosophical Society in America*, Web. 6 de octubre, 2019. (publicado originalmente en *Quest*, verano 2009).

    <https://www.theosophical.org/publications/quest-magazine/42-publications/quest-magazine/1678-theosophy-in-times-of-war>

    Libro de registro de socios Rollo 1. [Registro de microfilme] Archivos de la Sociedad Teosófica en América. Citado en «Foster Bailey», *Theosophical Wiki*, 2018, Web. 7 de octubre, 2019. <https://theosophy.wiki/en/Foster_Bailey>

4. «Tarjetas de registro de reclutamiento de la Primera Guerra Mundial de los Estados Unidos, 1917-1918», base de datos con imágenes, FamilySearch (https://familysearch.org/ark:/61903/1:1:KZJS-JX2 : 24 de agosto, 2019), Foster Bailey, 1917-1918.

    En la Primera Guerra Mundial, la Fuerza Aérea de los Estados Unidos no era una rama separada de las fuerzas armadas, sino que formaba parte del Ejército de los Estados Unidos.

5. «Foster Bailey (1888)», Archivo de defunciones BIRLS, Departamento de Asuntos de Veteranos de EE. UU., 1850-2010. «Archivo de defunciones del subsistema localizador de registros de identificación de beneficiarios (BIRLS, por sus siglas en inglés). Washington, D.C.: Departamento de Asuntos de Veteranos de EE. UU». *Fold* 3, 2019, Web. 15 de octubre, 2019. <https://www.fold3.com/record/622325168-foster-bailey-1888>

6. *The Unfinished Autobiography*, p. 156. Es probable que Alice Bailey haya confundido a la Fuerza Aérea y al Ejército de los Estados Unidos en este párrafo.

7. Gordon Pugh, entrevista realizada por Rose Bates. «Rose Bates: Recuerdos y fotos del nieto de Alice Bailey». Video de la charla en *Seven Ray Institute* Conferencia 2019, <https://youtu.be/YYDf1cTb6WY>

8. Durante este período, las ediciones mensuales de la revista seccional *The Messenger* contenían un informe titulado «War Work», resumiendo los esfuerzos de la sociedad.

    Laura Slavens Wood, «War Work», The Messenger, pp. 279-280. PDF. *The International Association for the Preservation of Spiritualist and Occult Periodicals*, Web. 22 de noviembre, 2019.

    <http://www.iapsop.com/archive/materials/theosophic_messenger_all/messenger_v6_n9_february_1919.pdf>

9. *The Unfinished Autobiography*, p. 156.

10. La ortografía de los nombres y las fechas dadas a veces no son confiables en *The Unfinished Autobiography*. En un capítulo posterior, da las fechas de un proyecto de Escuela de Verano Espiritual un año después de cuando se llevaron a cabo.

11. Foster Bailey, *Reflections* (Nueva York: Lucis Trust, 1979), p. 91.

12. Ibid., p. 92.
13. *The Unfinished Autobiography*, p. 14.
14. Libro de registro de socios Rollo 1. [Registro de microfilme] Archivos de la Sociedad Teosófica en América, citado en «Foster Bailey», *Theosophical Wiki*, 2018, Web. 7 de octubre 2019. <https://theosophy.wiki/en/Foster_Bailey>
15. *The Unfinished Autobiography*, pp. 160-1.
16. Ibid., p. 163.
     7 El Tibetano

7. El Tibetano

1. *The Unfinished Autobiography*, p. 163.
2. Alice A. Bailey, *Letters on Occult Meditation*, (Nueva York: Lucis Trust, 1993), p. 133. Por razones que no están claras, Lucis Trust ha eliminado las letras que llevan fechas de 1919 de su edición de 2002 de este volumen.
3. Ibid., p. 133 y p. 134.
4. Alice A. Bailey, *Letters on Occult Meditation*, (Nueva York: Lucis Trust, 1922), p.139.
5. No tengo el permiso del titular de estas cartas para publicar correspondencia de correo electrónico en mi posesión que verifique su existencia. Por razones desconocidas, el poseedor de estas cartas, una conocida escuela esotérica, prefiere mantenerlas fuera de la vista del público. No he visto las cartas en cuestión de ninguna forma a pesar de las numerosas solicitudes para hacerlo.
6. *Externalisation of the Hierarchy*, p. 631.
7. Es decepcionante que Lucis Trust haya optado hasta ahora por ocultar la verdad de la fecha real eliminando la evidencia contraria en *Letters on Occult Meditation* (Cartas sobre la meditación oculta), presumiblemente para no cuestionar la autenticidad del panfleto de abril de 1948, en lugar de revelar la fecha precisa de la primera carta por el bien del registro histórico. Actualmente, los astrólogos se ven obligados a confiar en la fecha del 19 de noviembre de 1919. Lo mejor que se puede decir sobre esa fecha es que marca una especie de comienzo simbólico, uno que carece por completo de cualquier fundamento conocido.
8. BP Wadia estaba de gira por las logias teosóficas y tenía previsto llegar a Krotona para Navidad. Véase Albert Warrington, «From the National President», *The Messenger*, p. 204. PDF. *The International Association for the Preservation of Spiritualist and Occult Periodicals*, Web. 22 de noviembre, 2019. <http://www.iapsop.com/archive/materials/theosophic_messenger_all/messenger_v7_n7_december_1919.pdf>
   Los detalles de la entrega de Alice Bailey a BP Wadia se tratan en el próximo capítulo junto con las diversas referencias.

9. Maureen Temple Richmond, «Great Esotericists: Alice A. Bailey (1880–1949), Twentieth-Century Sirian Channel», *The Esoteric Quarterly*, invierno 2018, pp. 100-1. <http://www.esotericquarterly.com/>

10. *The Unfinished Autobiography*, p. 165.

11. Alice A. Bailey, *Initiation, Human and Solar,* (Nueva York: Lucis Trust, 1992), p. 57., y *The Externalisation of the Hierarchy*, p. 522. En este último trabajo, en una carta fechada en enero de 1946, el tibetano afirma haber pasado por la quinta iniciación «hace noventa años», ubicando el hecho alrededor de 1856. Sin embargo, parece que Alice Bailey se volvió poco confiable al anotar las fechas dadas por el tibetano en sus últimos años. La fecha de 1875 dada en el trabajo anterior debe considerarse más confiable.

12. Gordon Pugh, entrevista realizada por Rose Bates. «Rose Bates: Recuerdos y fotos del nieto de Alice Bailey». Video de la charla en *Seven Ray Institute* conferencia 2019, <https://youtu.be/YYDf1cTb6WY>

13. *The Unfinished Autobiography*, p. 164.

14. Ibid., p. 167.

15. Véase Hugh Major, *The Lantern in the Skull,* (Nueva Zelanda: Attar Books, 2019).

16. *The Unfinished Autobiography*, p. 166.

17. Estos capítulos y la sección de *A Treatise on Cosmic Fire* aparecen en las ediciones de 1921 de *The Theosophist*. Vea el siguiente capítulo para ver las citas completas.

18. Bailey, *Initiation, Human and Solar*, p. 71.

19. Ibid., pp. 53-59.

20. Alice Bailey, «Friday Talk», 17 de marzo, 1944, p. 7. PDF en *School for Esoteric Studies*, 2019, Web. 24 de septiembre, 2019. <http://www.esotericstudies.net/aabtalks/aab03-17-44.pdf>

21. *The Unfinished Autobiography*, p. 164.
8 Tempestad de teteras

8. Tempestad de teteras

1. J Gordon Melton «The Theosophical Communities and their Ideal of Universal Brotherhood» en *America's Communal Utopias* ed. Donald E. Pitzer (Berkeley: University of North Carolina Press, 1997), p. 410.

2. «Board of Trustees: Minutes of meeting». *The Messenger*, octubre, 1919, p. 155. PDF, *The International Association for the Preservation of Spiritualist and Occult Periodicals*, Web. 22 de noviembre, 2019. <http://www.iapsop.com/archive/materials/theosophic_messenger_all/messenger_v7_-n5_october_1919.pdf>

3. Ibid., p. 155.

4. Ibid., y,
«Board of Trustees: Minutes of meeting». *The Messenger*, octubre 1918, p. 153. PDF, *The International Association for the Preservation of Spiritualist and Occult Periodicals*, Web. 22 de noviembre 2019.

<http://www.iapsop.com/archive/materials/theosophic_-
messenger_all/ messenger_v6_n5_october_1918.pdf>

5. «National Publicity Department», *The Messenger*, abril 1919, pp. 344-345. PDF, *The International Association for the Preservation of Spiritualist and Occult Periodicals*, Web. 22 de noviembre 2019.

<http://www.iapsop.com/archive/materials/theosophic_-
messenger_all/ messenger_v6_n11_april_1919.pdf>

6. «Mr. Warrington Re-elected». *The Messenger*, abril 1919, p. 346. PDF, *The International Association for the Preservation of Spiritualist and Occult Periodicals*, Web. 22 de noviembre 2019. <http://www.iapsop.com/archive/materials/theosophic_messenger_all/messenger_v6_-n11_april_1919.pdf>

7. «Board of Trustees: Minutes of Meeting held May 24th, 1919». *The Messenger*, agosto 1919, p. 85. PDF, *The International Association for the Preservation of Spiritualist and Occult Periodicals*, Web. 22 de noviembre 2019.

<http://www.iapsop.com/archive/materials/theosophic_-
messenger_all/ messenger_v7_n3_august_1919.pdf>

8. *The Unfinished Autobiography*, p. 160.

9. «Board of Trustees: Minutes of meeting». *The Messenger*, octubre 1919, p. 154. PDF, *The International Association for the Preservation of Spiritualist and Occult Periodicals*, Web. 22 de noviembre 2019. <http://www.iapsop.com/archive/materials/theosophic_messenger_all/messenger_v7_-n5_october_1919.pdf>

10. Bailey, *Letters on Occult Meditation*, (1993), pp. 123-138.

11. Ibid., p. 134.

12. Ibid.

13. *The Unfinished Autobiography*, p. 159.

14. Sarah Grand, «Femininities», en Ann Hellman ed., *New Woman Strategies*, (Manchester: Manchester University Press, 2004).

15. véase Olav Hammer, «Schism and Consolidation: the case of the theosophical movement», *Sacred Schisms: How Religions Divide* eds. James R. Lewis y Sarah M. Lewis (Cambridge: Cambridge University Press, 2009), p. 202.

16. Kevin Tingay, «Madame Blavatsky's Children: Theosophy and Its Heirs», *en* Steven Sutcliffe y Marion Bowman, (eds), *Beyond New Age: Exploring Alternative Spirituality*, (Edimburgo: Edinburgh University Press, 2000), pp. 37-50.

17. *The Unfinished Autobiography*, pp. 159-160.

18. *The Unfinished Autobiography*, p. 159.

19. Véase Dallas Tenbroeck, «B. P. Wadia - A Life of Service to Mankind», *Eclectic Theosophical History*, Web. 7 de octubre, 2019. <http://www.ka-tinkahesselink.net/his/dtb_2.htm>

20. *The Unfinished Autobiography*, p. 169.

21. Ibid., p. 167.

22. Alice Evans, «Initiation and the Solar System». *The Theosophist: A magazine of Brotherhood, Oriental Philosophy, Art, Literature and Occultism, Vol XLII, Part I: October 1920 to March 1921*, febrero 1921, pp. 457-472; y marzo 1921, pp. 575-582. PDF, *The International Association for the Preservation of Spiritualist and Occult Periodicals*, Web. 22 de noviembre 2019.

Alice A. Evans-Bailey, "Cosmic and Systemic Law". *The Theosophist: A magazine of Brotherhood, Oriental Philosophy, Art, Literature and Occultism, Vol XLII, Part II: April 1921 - September 1921*, September 1921, pp. 576-593. PDF, *The International Association for the Preservation of Spiritualist and Occult Periodicals*, Web. 22 November 2019. <http://www.iapsop.com/archive/materials/theosophist/theosophist_v42_n1-n12_oct_1920-sep_1921.pdf>

Alice A. Evans-Bailey "Cosmic and Systemic Law" (Part 2). *The Theosophist: A magazine of Brotherhood, Oriental Philosophy, Art, Literature and Occultism, Vol XLIII, April 1921 – September 1921.* pp. 164-177. PDF. *The International Association for the Preservation of Spiritualist and Occult Periodicals*, Web. 22 November 2019. <http://www.iapsop.com/archive/materials/theosophist/theosophist_v43_n1-n12_oct_1921-sep_1922.pdf>

23. Alice. A. Bailey, *A Treatise on Cosmic Fire*, (Nueva York: Lucis Trust, 1989), pp. 567-586.

24. *The Unfinished Autobiography*, p. 167.

25. Poco se menciona de la Orden de la Estrella de Oriente, incluso en los sitios web dedicados a Krishnamurti. Según el Tibetano, el experimento fue puesto fin por la Jerarquía durante el Cónclave de 1925. «Uno de los primeros experimentos que Él [el Cristo] hizo mientras se preparaba para esta forma de actividad fue en relación con Krishnamurti. Solo tuvo un éxito parcial. El poder usado por Él fue distorsionado y mal aplicado por el tipo de devoto del que se compone en gran parte la Sociedad Teosófica, y el experimento llegó a su fin; servía, sin embargo, a un propósito muy útil». *Discipleship in the New Age, Vol II*, p. 171.

26. Véase Phil Hine, «A thousand kisses darling: Sex, scandal and spirituality in the life of Charles Webster Leadbeater – IV" 9 de abril 2013. *Enfolding.org*, 2019, Web. 29 de noviembre 2019. <http://enfolding.org/a-thousand-kisses-darling-sex-scandal-and-spirituality-in-the-life-of-charles-webster-leadbeater-iv/>

John Cooper, *The Theosophical Crisis In Australia: The Story of the Breakup of the Theosophical Society in Sydney from 1913 to 1923*, Tesis de maestría. (Sídney: The University of Sydney, 1986).

The Martyn letter, Cooper, ibid, p. 187.

Gregory John Tillet, *Charles Webster Leadbeater 1854-1934: A Biographical Study*, (Sídney: University of Sydney, Departamento de Estudios Religiosos, 1986), p. 653.

27. *The Unfinished Autobiography*, p. 171.

28. Gregory John Tillett, op. cit., p. 653.

29. véase Olav Hammer, *Claiming Knowledge*, op cit.; Sir John R. Sinclair, *The Alice Bailey Inheritance* (Wellingborough: Turnstone, 1984).

30. véase Kurt Leland, *Rainbow Body: A History of the Western Chakra System from Blavatsky to Brennan* (Lake Worth, Fl: Ibis Press, 2016).

31. Bailey, *Initiation, Human and Solar*, p. 2.

32. Alice Evans, «A Vision of Krotona's Future» *The Messenger*, febrero 1920, pp. 257-262, PDF. *The International Association for the Preservation of Spiritualist and Occult Periodicals*, Web. 22 de noviembre 2019. <http://www.iapsop.com/archive/materials/theosophic_messenger_all/messenger_v7_n9_february_1920.pdf>

33. Steven Parfitt, «Working Men Pass Through all the Stages of Union: The Role of District Assembly 82 of the Knights of Labor in the Formation of the American Railway Union», *Australasian Journal of American Studies*, Vol. 29, No. 2 (diciembre, 2010), pp. 24-44.

34. Robert Bonnell and Leatrice Kreeger-Bonnell, «Memories of L.W. Rogers», *Quest*, 92:6 (nov.-dic. 2004), pp. 224-226. <https://www.theosophical.org/publications/quest-magazine/1509>

35. Robert Kelsey Walton, «The Mock in the League for Democracy», *The Messenger*, mayo 1920, pp 404-406. PDF. *The International Association for the Preservation of Spiritualist and Occult Periodicals*, Web. 22 de noviembre 2019. <http://www.iapsop.com/archive/materials/theosophic_messenger_all/messenger_v7_n12_may_1920.pdf>

36. Louis Rogers, «By the National President», *The Messenger*, junio 1920 pp. 429-434. *The International Association for the Preservation of Spiritualist and Occult Periodicals*, Web. 22 de noviembre 2019. <http://www.iapsop.com/archive/materials/theosophic_messenger_all/messenger_v8_n1_june_1920.pdf >

37. Louis Rogers, «By the National President», *The Messenger*, julio 1920, pp. 458 *The International Association for the Preservation of Spiritualist and Occult Periodicals*, Web. 22 de noviembre 2019. <http://www.iapsop.com/archive/materials/theosophic_messenger_all/   messenger_v8_n2_july_1920.pdf>

38. Ibid., pp. 458-9.

39. Louis Rogers, «By the National President», *The Messenger*, septiembre 1920, p. 532. *The International Association for the Preservation of Spiritualist and Occult Periodicals*, Web. 22 de noviembre 2019. <http://www.iapsop.com/archive/materials/theosophic_messenger_all/messenger_v8_n4_september_1920.pdf>

40. Carta: Louis Rogers a Foster Bailey, 3 de agosto 1920. Louis Rogers, «By the National President», *The Messenger*, septiembre 1920, p. 530; Louis Rogers, ibid., p. 533. PDF. *The International Association for the Preservation of Spiritualist and Occult Periodicals*, Web. 22 de noviembre 2019.
<http://www.iapsop.com/archive/materials/theosophic_messenger_all/messenger_v8_n4_september_1920.pdf>

41. Bailey, *Letters on Occult Meditation*, p. 44.

42. *The Unfinished Autobiography*, p. 178.
43. Ibid.

9 Ruptura

9. Ruptura

1. *The Unfinished Autobiography*, p. 180.
2. Ibid., p. 13.
3. Véase Olav Hammer y Mikael Rothstein, *Handbook of the Theosophical Current*, (Leiden: Brill, 2013), p. 29.
4. véase Jocelyn Godwin, *The Handbook of the Theosophical Current* (Leiden: Brill, 2013), p. 29; y «Harold W. Percival». *The Word Foundation: Publishers of thinking and destiny*, Web. 28 de noviembre 2019.
   <https://thewordfoundation.org/about-the-author/>
5. «Nacimientos y bautizos de Massachusetts, 1639-1915», base de datos, FamilySearch (https://familysearch.org/ark:/61903/1:1:FHHJ-TVC : 11 de marzo 2018), Ernest Salisbury Suffern, 10 de enero 1880; citando a Boston, Suffolk, Massachusetts, 10775; FHL microfilm 594,916. Y «Matrimonios de Nueva York, 1686-1980», base de datos, FamilySearch (https://familysearch.org/ark:/61903/1:1:F63Z-G3X : 10 de febrero 2018), Ernest Salisbury Suffern y Georgia Louise Greene, 06 de abril 1904; citando referencia ; FHL microfilm 1,556,703.
6. Véase Bradley's of South Derry, «Suffern: Suffern». *Geneanet*, Web. 28 de noviembre 2019. <https://gw.geneanet.org/belfast8?lang=en&v=SUFFERN&m=N>
7. *The Unfinished Autobiography*, pp. 179-81.
8. Carta: Ernest Suffern a Annie Besant, 25 de abril 1922, *Dawn: A magazine devoted to the Promotion of Universal Brotherhood*, pp. 22-23. *Katinka Hesselink*, Web. 28 de noviembre 2019. < http://theosophy.katinkahesselink.net/dawn/Vol-1-5-DAWN.htm>

   La campaña del Comité de los 1400 ocurrió durante un escándalo relacionado con denuncias de abuso sexual infantil lanzado en Charles Leadbeater en Sídney, Australia, y expuesto por el Sr. Martyn. El prefacio de esta carta dice: «Sr. Suffern, al igual que el Sr. Martyn, estaba al tanto de ciertos escándalos graves y desde hace mucho tiempo ha tratado de interesar a la Sra. Besant en el buen nombre de la Sociedad, como se desprende de su carta. Dawn obtuvo permiso para publicar esto, ya que muestra que los miembros australianos no están solos en su esfuerzo por limpiar y mantener limpia la Sociedad a la que pertenecen».

9. véase «Election Explanation», *The Messenger*, marzo 1921, p. 631. PDF. *The International Association for the Preservation of Spiritualist and Occult Periodicals*, Web. 22 de noviembre 2019. <http://www.iapsop.com/archive/materials/theosophic_messenger_all/messenger_v8_n10_march_1921.pdf>

Ernest S. Suffern, *An appeal to the members of the American section of the Theosophical Society for administrative reform*, 1921, Dr John Cooper Theosophy Collection, Biblioteca Nacional de Australia.
<http://catalogue.nla.gov.au/Record/3097882>
Louis Rogers, «To the Members», The Messenger, abril 1921, p. 653. PDF. *The International Association for the Preservation of Spiritualist and Occult Periodicals*, Web. 22 de noviembre 2019.
<http://www.iapsop.com/archive/materials/theosophic_-messenger_all/ messenger_v8_n11_april_1921.pdf>

10. William McGuire, «The Arcane Summer School» en *Spring: An Annunal of Archetypal Psychology and Jungian Thought*, 1980: 149.

11. Leah Rae Lake: Memorias inéditas, «Adventures in Heaven and Hell», Capítulo 14.

12. *The Unfinished Autobiography*, p. 188.

13. Ibid., p. 189.

14. Dallas Tenbroeck «B. P. Wadia - A Life of Service to Mankind 1881 – 1903», *Katinka Hesselink*, Web. 28 de noviembre 2019. <http://www.katinkahesselink.net/his/dtb_2.htm>

15. Alice Bailey, «Friday Talk», 24 de noviembre 1944, p. 7. PDF en *School for Esoteric Studies*, 2019, Web. 24 de septiembre 2019. <http://www.esotericstudies.net/aabtalks/aab11-24-44.pdf>

16. Alice A. Evans-Bailey, «H.P.B. and her Work», *The Theosophist: A magazine of Brotherhood, Oriental Philosophy, Art, Literature and Occultism, Vol XLIII, October 1921 - March 1922*, marzo 1922, pp 570-582. PDF, *The International Association for the Preservation of Spiritualist and Occult Periodicals*, Web. 22 de noviembre 2019 <http://www.iapsop.-com/archive/materials/theosophist/theosophist_v43_n1-n12_oct_1921-sep_1922.pdf>

17. «International Election». *The Messenger*, abril 1921, p. 650. PDF. *The International Association for the Preservation of Spiritualist and Occult Periodicals*, Web. 22 de noviembre 2019. <http://www.iapsop.com/archive/materials/theosophic_messenger_all/ messenger_v8_n11_april_1921.pdf>

18. «L. W. Rogers» *Theosophy Wiki*, 2019, Web. 29 de noviembre 2019. <http://theosophy.ph/encyclo/index.php?title=America,_Theosophy_in>

10. Tratado sobre fuego cósmico

1.   10 Tratado sobre fuego cósmico
The Unfinished Autobiography, p. 236.

2.   Antoine Faivre, Access to Western Esotericism, (Nueva York: SUNY Press, 1994), pp. 10-11.
Pierre A. Riffard, Dictionnaire de l'ésotérisme, Paris: Payot, 1983, p. 34.

3. Alice A. Bailey, *A Treatise on Cosmic Fire* (Nueva York: Lucis Trust, 1989), p. 572.

4. En el misticismo oriental, estos se conocen como atma, buddhi y manas o Shiva/Vishnu/Brahma.

5. Robert Ellwood describe la involución en un lenguaje sencillo como el proceso mediante el cual el espíritu/la conciencia adquiere formas cada vez más densas «para explorar más a fondo lo que la pareja puede hacer juntos». La involución es un viaje hacia el exterior desde la Fuente. La evolución es el regreso a la Fuente. Robert Ellwood, *Theosophy: A modern expression of the wisdom of the ages.* (Wheaton: Quest, 1986), pp 58-961.

6. Bailey, *Cosmic Fire*, p. 7.

7. Bajo el tercer Logos solar, la creación existía bajo la ley de la economía. El primer Logos solar exhalará bajo la ley de síntesis.

8. *Cosmic Fire*, p. 152.

9. Ibid., p. 437.

   En el esquema de Bailey, como nuestro Logos solar está operando a través del segundo Rayo de amor-sabiduría, todos los Rayos de nuestro sistema solar son sub-Rayos de este rayo, animados por su correspondiente Rayo cósmico. Los Rayos absorben y transmiten a través de los centros o chakras del Logos planetario y a través de la humanidad, dominada ella misma por el cuarto Rayo.

10. Robert Ellwood, *Theosophy: A Modern Expression of the Wisdom of the Ages* (Wheaton: Theosophical Publishing House, 1986).

    11 Una clase de Doctrina Secreta

11. Una clase de Doctrina Secreta

1. *The Unfinished Autobiography*, pp. 190-1.

2. Ibid.

3. *The Unfinished Autobiography*, p. 190.

4. *The Unfinished Autobiography*, p. 191.

5. «History». *Lucis Trust,* 2019, Web. 29 de noviembre 2019. <https://www.lucistrust.org/about_us/history>

6. Constance Cumbey, *The Hidden Dangers of the Rainbow: The New Age movement and our coming age of barbarism* (Shreveport: Huntington House, 1983), p. 49.

7. *Hidden Dangers*, 20.

8. El sitio web <www.alicebaileyconspiracy.com> proporciona un festín de material sobre la teoría de la conspiración del Nuevo Orden Mundial, su historia y cómo los conspiradores ven a Alice Bailey.

9. *The Unfinished Autobiography*, p. 199.

10. «The Beacon magazine». *Lucis Trust,* 2019, Web. 29 de noviembre 2109. <https://www.lucistrust.org/books/ the_beacon_magazine>

11. «Our Contemporaries». *The London Forum*, febrero 1934, p. 131. PDF. *The International Association for the Preservation of Spiritualist and*

Occult Periodicals, Web. 22 de noviembre 2019. <http://www.iapsop.com/archive/materials/occult_review/london_forum_v59_n2_feb_1934.pdf>

«Our Contemporaries». *The London Forum,* junio 1934, p. 420. PDF. *The International Association for the Preservation of Spiritualist and Occult Periodicals,* Web. 22 de noviembre 2019.

<http://www.iapsop.com/archive/materials/occult_review/london_forum_v59_n6_jun_1934.pdf >

12. véase «The Beacon 1922 – continuing, New York, Lucis Trust, Foster Bailey». «Union Index of Theosophical Periodicals». *Theosophical Society of Australia,* 2018, Web. 29 de noviembre 2019. <http://www.austheos.org.au/indices/BEACON.HTM>

13. «Dane Rudhyar - An illustrated biographic sketch, Part 3, The Early Hollywood Years: 1920-1924». *Rudhyar Archival Project,* 2004, Web. 29 de noviembre 2019. <https://khaldea.com/rudhyar/bio3.shtml>

14. véase «The Beacon 1922 – continuing, New York, Lucis Trust, Foster Bailey". "Union Index of Theosophical Periodicals». *Theosophical Society of Australia,* 2018, Web. 29 de noviembre 2019. <http://www.austheos.org.au/indices/BEACON.HTM>

15. Jacob Bonggren, «Key to Occult Chromotherapy». *The Beacon,* octubre 1923, p. 97: y

Carta: Jacob Bonggren, citada en «Dr Bonggren's Authority». *Canadian Theosophist,* Vol XXIII, febrero 1943, p. 390. *Katinka Hesselink,* Web. 28 de noviembre 2019. <http://theosophy.katinkahesselink.net/canadian/Vol-23-12-C-Theosophist.htm>

16. Jacob Bonggren, «Testing the Faithful», *The Theosophist* diciembre 1923, p. 395, PDF. *The International Association for the Preservation of Spiritualist and Occult Periodicals,* Web. 22 de noviembre 2019. <http://www.iapsop.com/archive/materials/theosophist/theosophist_v45_n1-n12_oct_1923-sep_1924.pdf>; también citado en una discusión sobre Alice Bailey en *The High Country Theosophist,* mayo 1997, p. 20. <http://www.hctheosophist.com/archives/pdf/hc199705.pdf>

17. Reseña de libro: «Letters on Occult Meditation». The Occult Review, diciembre 1922, p. 396. PDF. *The International Association for the Preservation of Spiritualist and Occult Periodicals,* Web. 22 de noviembre 2019.

<http://www.iapsop.com/archive/materials/occult_review/occult_review_v36_n6_dec_1922.pdf>

12. La Escuela Arcana

1. 12 La Escuela Arcana
The Unfinished Autobiography, p. 175.

2. El surgimiento del aprender de y el aprendizaje experiencial como herramientas pedagógicas en la formación educativa en las universidades se dio en la década de 1990, fruto de la influencia de la psicología humanista en la educación que se dio en la década de 1970. Curiosamente, Alice Bailey inició su propia versión para adultos en la década de 1920. No se propuso crear un nuevo método de enseñanza y aprendizaje dentro de la andragogía o la pedagogía. Más bien, en sus métodos existe un esfuerzo implícito hacia objetivos similares.

   Véase el Profesor de Educación de Colegios Comunitarios y de Adultos Malcom S. Knowles, quien escribe extensamente sobre este tema.

3. Ibid., p. 190.

4. Ibid., p. 263.

5. Ibid., p. 281.

6. Ibid., pp. 249-50.

7. Ibid., pp. 194-5.

8. Ibid., p. 281.

9. Ibid., p. 282.

10. Alice Bailey, «Friday Talk», 12 de mayo 1944, p. 3. PDF en *School for Esoteric Studies*, 2019, Web. 24 de septiembre 2019. <http://www.esotericstudies.net/aabtalks/aab05-12-44.pdf>

11. Foster Bailey, *Reflections*, (Nueva York: Lucis Trust, 1979), p. 95.

12. *The Occult Review*, abril 1923, p. 193. PDF. *The International Association for the Preservation of Spiritualist and Occult Periodicals*, Web. 22 de noviembre 2019.

    < http://www.iapsop.com/archive/materials/occult_review/ occult_review_v37_n4_apr_1923.pdf>

13. Foster Bailey, *Reflections*, 93-4.

14. *The Unfinished Autobiography*, 193.

15. *The Unfinished Autobiography*, 194.

16. *The Unfinished Autobiography*, 198.

17. Anthony, D., and Ecker, B., 1987, The Anthony Typology: A Framework for Assessing Spiritual and Consciousness Groups, pp 35-91, *en*, Wilber, K., Anthony, D., and Ecker, B., (eds), *Spiritual Choices*, Paragon House, Nueva York, p84.

18. *The Unfinished Autobiography*, 195.

19. No está claro cuándo renunció Foster Bailey como secretario de la Sociedad Teosófica de Nueva York y en su autobiografía no se menciona más su relación con Ernest Suffern a este respecto.

20. 140 Cedar Street está situado cerca de la Zona Cero, parte del área devastada por el colapso de los edificios del World Trade Center el 9 de septiembre de 2011, ahora es la ubicación del Santuario Nacional de San Nicolás del 11 de septiembre en el World Trade Center. Ver anuncio en *The Occult Review*, abril 1923, p. 193. PDF. *The International Association for the Preservation of Spiritualist and Occult Periodicals*, Web. 22 de noviembre 2019.

< http://www.iapsop.com/archive/materials/occult_review/
occult_review_v37_n4_apr_1923.pdf>

13. Algunos amigos influyentes

1. Reseña de libro: «Raja Yoga: Or, conquering the internal nature by Swami Vivekananda». *Occult Review*, noviembre 1922, p. 318. PDF. *The International Association for the Preservation of Spiritualist and Occult Periodicals*, Web. 22 de noviembre 2019.
   <http://www.iapsop.com/archive/materials/occult_review/occult_review_v36_n5_nov_1922.pdf>

2. 13 Algunos amigos influyentes
   «Listas de pasajeros de Hawái y Honolulu, 1900-1953», base de datos con imágenes, FamilySearch (https://familysearch.org/ark:/61903/1:1:QVR9-P9KH : 16 de marzo, 2018), Dorothy Bailey, 1928; citando Ship, publicación en microfilm de NARA A3422 (Washington D.C.: Administración Nacional de Archivos y Registros, n.d.).

3. véase *New York State's prominent and progressive men: an encyclopaedia of contemporaneous biography, Volume 3* (Nueva York: New York Tribune, 1902)

4. Alan Robert Ginsberg, *The Salome Ensemble: Rose Pastor Stokes, Anzia Yezierska, Sonya Levien, and Jetta Goudal* (Syracuse, NY: Syracuse University Press, 2016), pp. 35-7.
   Images and a description of the house can be found at: "Stamford island home holds rich history". *Stamford Advocate*, 3 August 2016, Web. 29 November 2019.
   <http://www.stamfordadvocate.com/local/article/Stamford-island-home-holds-rich-history-9107954.php#photo-10704021>

5. En 2016, la isla fue el hogar de John A. Morgan, bisnieto de JP Morgan de fama bancaria.
   Ginsberg, *The Salome Ensemble*, p. 36.

6. La Escuela Arcana y Lucis Trust tomaron oficinas en el último piso de Salmon Tower en 1928. Antes de este momento, sus oficinas estaban ubicadas en 140 Cedar Street, Nueva York, que habría sido donde se reunía el grupo Spinoza.

7. «History of the Biosophical Institute». *The Biosophical Institute: a foundation for peace*, 2019, Web. 29 de noviembre, 2019. <https://biosophical.org/history-of-the-biosophical-institute/>

8. Al momento de escribir, la propiedad estaba a la venta en nueve millones de dólares. «Stamford island home holds rich history». Op. cit.

9. *The Unfinished Autobiography*, p. 205.

10. William McGuire, «The Arcane Summer School» en *Spring: An Annunal of Archetypal Psychology and Jungian Thought*, 1980: 153.

11. *The Unfinished Autobiography*, p. 206.

12. Ibid., p. 207.

13. Ibid.

14. *The Unfinished Autobiography*, p. 20.

15. Victor Fox es RVB en *Discipleship in the New Age Vols I* y *II* cartas: Rapid Reaction, Vision, The Breath.

16. Bally Knockarocker, «Serious minded Yanks meet Titles and are entertained». Revista *Variety*. Mayo 1928, Web. 29 de noviembre 2019. <https://archive.org/stream/variety91-1928-05/variety91-1928-05_djvu.txt>

17. *The Unfinished Autobiography*, p. 211.

18. Gran Duque Alejandro de Rusia «The Nature of the Soul» en *The Beacon* febrero 1930, pp. 242-249.

19. Charles Lazenby, *The Work of the Masters*, (Nueva York: The Path Publishing Co., 1917).

20. Alice A. Bailey, *From Bethlehem to Calvary*, (Nueva York: Lucis Trust, 1989), p. 181. Ella cita a Edward Carpenter, *Pagan and Christian Deeds: Their Origin and Meaning*, (Nueva York: Harcourt, Brace and Company, 1921), pp. 217-218.

21. Liz Stanley, «Epistemological Issues in Researching Lesbian History» en Hilary Hinds, Ann Phoenix, Jackie Stacey (eds.), *Working Out: New Directions for Women's Studies*, Psychology Press, p. 167.

22. *The Canadian Theosophist*, Vol. 69 No. 5 Toronto, nov.-dic., 1988, p. 102. *Katinka Hesselink*, Web. 28 de noviembre 2019. <http://theosophy.katinkahesselink.net/canadian/Vol-69-5-Theosophist.htm>

23. Ibid. p. 105.

24. «Path, (the Pub)». *Theosophy World: resource centre*, Web. 29 de noviembre, 2019. <https://www.theosophy.world/encyclopedia/path-pub>

25. «The Path 1925-1949 (incompleto) Sydney, The Independent TS». *The Theosophical Society of Australia*, 2011, Web. 29 de noviembre 2019. <http://www.austheos.org.au/indices/PATHAU.HTM>

26. Edición rara, de propiedad privada. Una nueva edición ha sido lanzada por Forgotten Books, 2018.

14 Una escuela de verano espiritual

14. Una escuela de verano espiritual

1. véase Deirdre Bair, *Jung: A Biography* (Nueva York: Little, Brown and Company, 2003), p. 412, y Hans Thomas Hakl, *Eranos: an alternative intellectual history of the twentieth century*, trans. Christopher McIntosh, (Montreal: McGill-Queen's University Press, 2013), pp. 12-16.

2. Bair, *Jung*, p. 412.

3. Hakl, *Eranos*, p. 33.

4. Bair, *Jung*, p. 412.

5. Bair, *Jung*, p. 413.

6. William McGuire, *Bollingen: And Adventure in collecting the Past*, (Princeton: Princeton University Press, 1989), p. 22.

7. Bair, *Jung*, p. 413.

8. Hakl, *Eranos*, p. 16.

9. William McGuire, «The Arcane Summer School» en *Spring: An Annual of Archetypal Psychology and Jungian Thought*, 1980: 155.

10. Olga Fröbe Kapteyn, «Know Thy Self», *The Beacon*, mayo 1929, p. 31.

11. *The Unfinished Autobiography*, p. 217.

12. Alice A. Bailey, *The Soul and Its Mechanism* (Nueva York: Lucis Trust, 1987), p. 10.

13. Alice A. Bailey, *From Intellect to Intuition*, (Nueva York: Lucis Trust, 1987).

14. *The Unfinished Autobiography*, p. 220.

15. Ibid.

16. Ibid., p. 222.

17. Ibid., p. 222.

18. Ibid., p. 223.

19. Goodrick-Clarke, *The Occult Roots of Nazism*, op. cit., pp. 24-25.

20. Ibid., p. p. 223.

21. Ibid., p. 224.

22. McGuire, «Summer School», p. 150.

23. Ibid., p. 151.

24. *The Unfinished Autobiography*, p. 225.

25. Ibid.

26. McGuire, «Summer School», pp. 152-3.

27. *The Unfinished Autobiography*, p. 242.

28. *The Unfinished Autobiography*, p. 225.

29. Bair, *Jung*, op. cit., p. 413.

30. Hakl, *Eranos*, op. cit., p. 49.

31. McGuire, «Summer School», p. 153.

32. Ibid., p. p. 154.

33. Ibid., p. 155.

34. La historia completa de la Escuela Espiritual de Verano está dramáticamente retratada en mi novela, *The Unlikely Occultist: A biographical novel of Alice A Bailey* (La ocultista improbable: una novela biográfica de Alice A Bailey).

35. «Índice de registro de matrimonio de Inglaterra y Gales, 1837-2005», base de datos, FamilySearch (https://familysearch.org/ark:/61903/1:1:QV8C-4FKZ : 8 de octubre 2014), Dorothy M M E Bailey y nulo, 1934; de «Matrimonios en Inglaterra y Gales, 1837-2005», base de datos, findmypast (http://www.findmypast.com : 2012); ciando 1934, cuarto 3, vol. 2A, p. 3597, Faversham, Kent, Inglaterra, Oficina General de Registro, Southport, Inglaterra.

36. «Índice de registro de matrimonio de Inglaterra y Gales, 1837-2005», base de datos, FamilySearch (https://familysearch.org/ark:/61903/1:1:QV8D-M9JV : 8 de octubre 2014), Ellison A Bailey y nulo, 1936; de

«Matrimonios en Inglaterra y Gales, 1837-2005», base de datos, findmypast (http://www.findmypast.com : 2012); citando 1936, cuarto 2, vol. 2A, p. 2738, Tonbridge, Kent, Inglaterra, Oficina General de Registro, Southport, Inglaterra.

37. «Índice de registro de nacimientos de Inglaterra y Gales, 1837-2008», base de datos, FamilySearch (https://familysearch.org/ark:/61903/1:1:QVQF-1J12 : 1 de octubre 2014), Elizabeth A Leahy, 1938; de «Nacimientos en Inglaterra y Gales, 1837-2006», base de datos, findmypast (http://www.findmypast.com : 2012); citando Registro de nacimiento, Tonbridge, Kent, Inglaterra, citando Oficina General de Registro, Southport, Inglaterra.

38. «Índice de registro de defunciones de Inglaterra y Gales 1837-2007», base de datos, FamilySearch (https://familysearch.org/ark:/61903/1:1:QVZ8-Q7BB : 4 de septiembre 2014), Arthur Ronald W Leahy, abr 1994; de «Muertes en Inglaterra y Gales, 1837-2006», base de datos, findmypast (http://www.findmypast.com : 2012); citando Registro de defunción, Chichester, Sussex, Inglaterra, Oficina General de Registro, Southport, Inglaterra.

39. Carta: Alice Bailey a Mildred (Billy) 20 de abril 1949. Mantenida por Rose Bates.

40. «Índice de registro de nacimientos de Inglaterra y Gales, 1837-2008», base de datos, FamilySearch (https://familysearch.org/ark:/61903/1:1:QVQD-143H : 1 de octubre 2014), Gordon M Pugh, 1936; de « Nacimientos en Inglaterra y Gales, 1837-2006», base de datos, findmypast (http://www.findmypast.com : 2012); citando Registro de nacimiento, Tonbridge, Kent, Inglaterra, citando Oficina General de Registro, Southport, Inglaterra.

(Gordon se casó y tuvo cuatro hijos, un hijo e hijas trillizas. — Entrevista de Rose Bates, op. cit.)

41. Bair, *Jung*, p. 414.

42. Hakl, *Eranos*, p. 31.

43. Ibid.

44. Bair, *Jung*, p. 470.

45. Hakl, *Eranos*, p. 302.

46. Alice Bailey, «Friday Talk», 1 de diciembre, 1944, p. 3. PDF en *School for Esoteric Studies*, 2019, Web. 24 de septiembre 2019. <http://www.esotericstudies.net/aabtalks/aab12-01-44.pdf>

47. Hakl, *Eranos*, p. 12.

48. Hakl, *Eranos*, p. 27.

49. Hakl, *Eranos*, p. 278.

50. Olav Hammer, *Claiming Knowledge: Strategies of Epistemology from Theosophy to the New Age* (Leiden: Brill, 2003), pp. 65-66.

Sean O'Callaghan, «The Theosophical Christology of Alice Bailey». Olav Hammer y Mikael Rothstein eds., *Handbook of the Theosophical Current*, (Leiden: Brill, 2013), pp. 93-112.

51. Mark Christensen, «From the publisher». Lee Penn, *False Dawn: The United Religions Initiative, Globalism and the Quest for a One-World Religion*, (EUA, Sophia Perennis, 2017), *Amazon*, 2019, Web. 14 de

diciembre 2016, <https://www.amazon.com/False-Dawn-Religions-Initiative-Globalism/dp/159731000X>

52. Penn, *False Dawn*, p. 5.

53. Charles Upton, «Editor's Forward», en *False Dawn*, Lee Penn, pp. 3-4.

54. Una discusión del libro de Lee Penn, junto con material detallado sobre las teorías de conspiración que rodean a Alice Bailey se puede encontrar en <https://alicebaileyconspiracy.com/>

15 El Nuevo Grupo de Servidores del Mundo

15. El Nuevo Grupo de Servidores del Mundo

1. *The Unfinished Autobiography*, p. 234.

2. Ibid., pp. 230-1.

3. Alice A. Bailey, *Discipleship in the New Age: Volume I*, (Nueva York: Lucis Trust, 1989), pp. 35-40.

4. McGuire, «Summer School», p. 153.

5. «Disciples Who Participated in DK's group work experiments». PDF. *Internet Arcano*, 2019, Web. 29 de noviembre 2019. <http://www.interne-tarcano.org/wp-content/uploads/downloads/2010/02/DINAgroups.pdf>
Véase también *Discipleship in the New Age, Vol I and II*.

6. «Disciples Who Participated in DK's group work experiments», op. cit.

7. *Discipleship in the New Age: Volume I*, p. 157.

8. Véase Cartas a Ernest Suffern, LTSK, en *Discipleship in the New Age Vol I*, pp. 595-620, y Vol II, pp. 724-733.

9. *The Unfinished Autobiography*, p. 234.

10. *The Unfinished Autobiography*, p. 235.

11. Alice A. Bailey, *Esoteric Psychology: Volume II*, (Nueva York: Lucis Trust, 1988), p.120.

12. Bailey, *Externalization*, p. 463.

13. Ejemplos conocidos son el Instituto de Síntesis Planetaria. *Institute of Planetary Synthesis*, Web. 10 de noviembre 2019. <https://www.ipsgene-va.com/en/>; The Planetary System. *The Planetary System*, 2019, Web. 10 de noviembre 2019. <http://blog-en.theplanetarysystem.org/>; y Twelves, *Twelves*, 2019, Web. 10 de noviembre 2019. <http://www.twelvestar.org/>

14. Un ejemplo del movimiento World Goodwill es Sydney Goodwill. Sydney Goodwill, 2019, Web. 10 de noviembre 2019. <https://sydneygoodwill.org.au/>
16 Molestias con Helena Roerich

16. Molestias con Helena Roerich

1. Sina Fosdick, *My Teachers: Meetings with the Roerichs, Diary Leaves 1922-1934*, (Prescott, AZ: White Mountain Education Association, 2015, edición Kindle). Capítulo «America 1922-1923», entrada de marzo 23, 1923.

2. Ibid., «India 1928», entrada 21 de septiembre, 1928.

3. Svetoslav Roerich: Panfleto, «Museo de Religión y Filosofía», p. 4. PDF, realizado por la Sociedad Agni Yoga.

4. Sina Fosdick, *My Teachers: Meetings with the Roerichs*, op. cit., Capítulo "America 1929-1930", entrada 25 de noviembre, 1929.

5. Helena Roerich: Carta al grupo Agni Yoga de Nueva York, 9 de febrero, 1931, Documento No156, p. 92, «E.I. Roerich Epistolary Archive». Roerich Museum, 2019, Web. 31 de octubre, 2019. <http://roerichsmuseum.ru/index.php/museum/arkhiv/256-pisma-eir>

6. Ibid.

7. Véase *The Temple of the People*, 2019, Web. 1 de noviembre 2019. <https://www.templeofthepeople.org/>

8. Alice A. Bailey, *A Treatise on White Magic*, p. 429.

9. Helena Roerich: carta a los colaboradores de la Sociedad Roerich de Letonia el 23 de agosto de 1934, citado en Lars Adelskogh, «Helena Roerich – A False Messenger of the Planetary Hierarchy», pp. 6-7. PDF, 2019, Web. 2 de noviembre 2019.
    <http://livskunskap.dyndns.org/hylozoik/english/Helena%20Roerich%20a%20false%20messenger%20of%20the%20planetary%20hierarchy.pdf>

10. John F. Nash, reseña de *Nicholas & Helena Roerich: The Spiritual Journey of Two Great Artists and Peacemakers*, por Ruth A. Drayer, (Wheaton, IL: Quest Books, 2003/2005), en *The Esoteric Quarterly*, 2015, Web. 4 de noviembre 2019. <http://www.esotericquarterly.com/issues/EQ10/EQ1004/EQ100415-End.pdf>

11. Nicholas Roerich: Carta a Alice Bailey, 13 de julio 1938, p. 2, mantenida por la Sociedad Agni Yoga.

12. Ibid.

13. Helena Roerich: Carta fechada el 16 de septiembre de 1951, Moscú, Centro Internacional Roerich, volumen 9, citada en Lars Adelskogh, «Helena Roerich – A False Messenger of the Planetary Hierarchy», p7. Op. cit.

14. Ibid.

15. Alice Bailey, «Friday Talk», 28 de mayo, 1943, p. 2. PDF en *School for Esoteric Studies*, 2019, Web. 24 de septiembre 2019. <http://www.esotericstudies.net/aabtalks/aab05-28-43.pdf>

16. Alice Bailey, «Friday Talk», 19 de mayo 1944, p. 1. PDF en *School for Esoteric Studies*, 2019, Web. 24 de septiembre 2019. <http://www.esotericstudies.net/aabtalks/aab05-19-44.pdf>

17. Daniel Entin: Carta para Olga y Andrei, 19 de julio 2012, «Message board», *Agni Yoga Forum*, 2019, Web. 30 de noviembre 2019. <http://agni-yoga-forum.de/>
17 Sede en Tunbridge Wells

17. Sede en Tunbridge Wells

1. Véase «Ospringe Place», Edificios catalogados británicos, 2019, Web. 1 de diciembre 2019.
http://www.britishlistedbuildings.co.uk/en-175928-ospringe-place-faversham-kent/comments#.WKy7QRJ951c

2. Alice Bailey: carta a los estudiantes de la Escuela Arcana, julio de 1949, inédita y de propiedad privada.

3. Ian Gordon-Brown ed., «World Goodwill Bulletin», 1958, listado en *The New Scientist*, 5 de febrero 1959, p. 300.

4. Se puede acceder a una búsqueda de 38 Broadwater Down en el registro de antes de la guerra aquí: <https://www.findmypast.co.uk/>

5. Soloppgangen, «When the Army Came to Stay in WW2» publicado en «WW2 People's War: An archive of World War Two memories – written by the public, gathered by the BBC». *BBC*, 2003, Web. 2 de diciembre 2019. <https://www.bbc.co.uk/history/ww2peopleswar/stories/50/a2077850.shtml>

6. La nieta de Alice, Elizabeth A. Leahy, se casó con el teniente coronel Jeremy Richard Parbury Cumberlege en 1960 en Midhurst, Sussex. Tuvieron un hijo, Marc Arthur Richard Cumberlege, quien se casó con Mary Helen Bury y tienen dos hijos, Edward y Nicholas. Véase «Índice de registro de matrimonio de Inglaterra y Gales, 1837-2005», base de datos, FamilySearch (https://familysearch.org/ark:/61903/1:1:QVDY-BTTD : 8 de octubre 2014), Elizabeth A Leahy y nulo, 1960; de «Matrimonios en Inglaterra y Gales, 1837-2005», base de datos, findmypast (http://www.findmypast.com : 2012); citando 1960, cuarto 2, vol. 5H, p. 959, Midhurst, Sussex, Inglaterra, Oficina General de Registro, Southport, Inglaterra; y «Person Page 49732». *The Peerage: A genealogical survey of the peerage of Britain as well as the royal families of Europe*, 2019, We. 2 de diciembre, 2019. <http://www.thepeerage.com/p49733.htm#i497321>

7. «History Command and Staff College, Quetta». *Command and Staff College, Quetta, Pakistan*, 2015, Web. 2 de diciembre, 2019. <https://csc-quetta.gov.pk/Hist_college.php>

8. Bailey, Esoteric Psychology Vol I, pp. 150-1.

9. Svetoslav Roerich: «Pamphlet, Museum of Religion and Philosophy», p. 10, realizada por la Sociedad Agni Yoga.

10. «Co-Freemasonry». *Theosophy World: Resource Centre*, 2019, Web. 7 de diciembre 2019. <https://theosophy.world/fr/node/1623>

11. «Disciples Who Participated in DK's group work experiments», op. cit.

12. Svetoslav Roerich: «Pamphlet, Museum of Religion and Philosophy», p. 10, sostenido por la Sociedad Agni Yoga.
13. Brian Taves, *Talbot Mundy, Philosopher of Adventure: A Critical Biography*, (Jefferson, NC: McFarland & Company, 2006), p. 158.
14. Keith Bailey, transcripción no publicada de una entrevista sin fecha con Kathy Newburn para Seven Rays Institute, c2005. Privada.
    18 Alguna competencia

18. Alguna competencia

1. Sutcliffe, *Children of the New Age*, op. cit., pp. 34-51.
2. Nicholas Goodrick-Clarke, *The Western Esoteric Traditions: A Historical Introduction*, (Oxford: Oxford University Press, 2008).
    Gareth Knight, *Dion Fortune and the Inner Light*, (Loughborough: Thoth Publications, 2000).
    Alan Richardson, *Priestess: The Life and Magic of Dion Fortune*, edición nueva y revisada (Loughborough: Thoth Publications, 2007).
3. «Movimiento YO SOY». *Encyclopedia Britannica*, 2019, Web. 10 de octubre, 2019. <https://www.britannica.com/topic/I-AM-movement#ref66356>
4. «The First Ascended Master Organisation». *Light of Christ Truth*, 2018, Web. 10 de octubre, 2019. <http://lightofchristtruth.com/Asc_masters/IAM_Mvt.html>
5. Véase a Gerald B. Bryan, *Psychic Dictatorship in America*, (Lulu, 2017); y a Charles Samuel Braden, *These also Believe: A study of modern American cults & minority religions*, (Londres: Macmillan, 1949).
6. Bailey, *The Rays and The Initiations*, p. 16.
    19 La reaparición de Cristo

19. La reaparición de Cristo

1. En 2000, Lucis Trust cambió «Cristo» por «el que viene» para adaptarse a las creencias de múltiples religiones.
2. Bailey, *Discipleship in the New Age, Vol II*, p. 149.
3. Para las versiones anteriores, véase *Discipleship in the New Age, Vol I*, p. 62 y p. 536. Para un análisis extenso sobre el significado y la naturaleza de la oración, véase a Starling David Hunter, *The Compass of Light Vol I y II*, (Lulu, 2006). Hay al menos seis volúmenes conocidos en esta serie.
4. Morag Zwartz, *The New Age Gospel: Christ or Counterfeit*, (Melbourne: Parenesis, 1987), p. 8.
5. Zwartz, *The New Age Gospel*, pp. 65-6.
6. Bailey, *The Externalization of the Hierarchy*, p. 263.
7. Bailey, *Cosmic Fire*, pp. 564-6.
8. Alice A. Bailey, *Discipleship in the New Age: Vol II*, p. 313.

9. Ibid., pp. 279-280.
10. Alice A. Bailey, *The Reappearance of the Christ* (Nueva York: Lucis Trust, 1996), p. 40.
11. Ibid., p. 149.
12. Ibid., pp. 144-147.
13. Ibid., p. 155.
14. Ibid., p. 158.
15. También es posible tener dos o más ideales contradictorios a la vez sin darse cuenta, lo que se conoce como disonancia cognitiva.
16. Bailey, *Glamour: A World Problem*, (Nueva York: Lucis Trust, 1988), pp. 130-1.
17. En 2007, un equipo de Zurich llevó a cabo el uso de modelos de la teoría de la complejidad para desentrañar quién era el dueño de las principales corporaciones del mundo y descubrió que solo 147 corporaciones globales gobiernan el mundo. Descrito por los autores como una "superentidad", incluso esta red de bancos en su mayoría, se compone de un nudo de propiedad mutua, inversión y representación en las juntas directivas. Véase «Revealed: The capitalist network that runs the world». *New Scientist*, 22 de octubre, 2011, Web. 13 de octubre, 2019.
    <https://www.newscientist.com/article/mg21228354-500-revealed-the-capitalist-network-that-runs-the-world/>
18. Bailey, *Glamour*, p. 72.
19. Bailey, *Externalization*, p. 219.
20. Bailey, *Externalization*, p. 233.
    20 Salud en declive

20. Salud en declive

1. Gordon Pugh, entrevista por Rose Bates. «Rose Bates: Recuerdos y fotos del nieto de Alice Bailey». Video en *Seven Ray Institute* Conferencia 2019, <https://youtu.be/YYDf1cTb6WY>
2. Ibid.
3. Bailey, *Externalisation*, pp. 623-31.
4. Alice Bailey, "Friday Talk", 17 September 1943, p. 1. PDF at *School for Esoteric Studies*, 2019, Web. 24 September 2019. <http://www.esotericstudies.net/aabtalks/aab09-17-43.pdf>
5. Sinclair, *The Alice Bailey Inheritance*, op. cit., p. 74.
6. Obituario: «Mildred Pugh», *Nevada State Journal*, Reno, Nevada, 27 de diciembre, 1969.
7. Gordon Pugh, entrevista por Rose Bates. «Rose Bates: Alice Bailey's Grandson's Memories & Photos». Video en *Seven Ray Institute* Conferencia 2019, https://youtu.be/YYDf1cTb6WY
8. Alice Bailey, «Friday Talk», 5 de marzo, 1943, p. 2. PDF en *School for Esoteric Studies*, 2019, Web. 24 de septiembre, 2019. <http://www.esotericstudies.net/aabtalks/aab03-05-43.pdf>

9. Ibid.

10. Alice Bailey, «Friday Talk», 5 de marzo, 1943, p. 1. Op. cit.

11. Alice Bailey, «Friday Talk», 10 de noviembre 1944, p. 3. PDF en *School for Esoteric Studies*, 2019, Web. 24 de septiembre 2019. <http://www.esotericstudies.net/aabtalks/aab11-10-44.pdf>

12. Ibid.

13. Alice Bailey, «Friday Talk», 1 de diciembre 1943, p. 7. PDF en *School for Esoteric Studies*, 2019, Web. 24 de septiembre 2019. <http://www.esotericstudies.net/aabtalks/aab12-01-44.pdf>

14. Alice Bailey, «Friday Talk», 14 de enero 1944, p. 8. PDF en *School for Esoteric Studies*, 2019, Web. 24 de septiembre 2019. <http://www.esotericstudies.net/aabtalks/aab01-14-44.pdf>

15. Alice Bailey, «Friday Talk», 2 de abril 1943, p. 5. PDF en *School for Esoteric Studies*, 2019, Web. 24 de septiembre 2019. <http://www.esotericstudies.net/aabtalks/aab04-02-43.pdf>

16. Alice Bailey, «Friday Talk», 7 de enero 1944, p. 1. PDF en *School for Esoteric Studies*, 2019, Web. 24 de septiembre 2019. <http://www.esotericstudies.net/aabtalks/aab01-07-44.pdf>

17. Alice Bailey, «Friday Talk», 31 de marzo 1944. PDF en *School for Esoteric Studies*, 2019, Web. 24 de septiembre 2019. <http://www.esotericstudies.net/aabtalks/aab03-31-44.pdf>

18. Mary Bailey, *A Learning Experience*, (Nueva York: Lucis Trust, 1990), p. 15.

19. Alice Bailey, «Friday Talk», 5 de noviembre 1943, p. 1. PDF en *School for Esoteric Studies*, 2019, Web. 24 de septiembre 2019. <http://www.esotericstudies.net/aabtalks/aab11-05-43.pdf>

20. Alice Bailey, «Friday Talk», 18 de mayo 1945, p. 1. PDF en *School for Esoteric Studies*, 2019, Web. 24 de septiembre 2019. <http://www.esotericstudies.net/aabtalks/aab05-18-45.pdf>

21. Alice Bailey, «Friday Talk», 20 de abril 1945, p. 15. PDF en *School for Esoteric Studies*, 2019, Web. 24 de septiembre 2019. <http://www.esotericstudies.net/aabtalks/aab04-20-45.pdf>

22. Bailey, *Discipleship in the New Age, Vol II*, p. 148.

23. Bailey, *The Rays and The Initiations*, p. 237.

24. Bailey, *Externalization*, p. 190.

25. Bailey, *Externalization*, p. 191.

26. Bailey, *The Rays and The Initiations*, p. 747.

27. Alice A. Bailey, *Telepathy and the Etheric Vehicle* (Nueva York: Lucis Trust, 2001), pp. 4-5.

28. Bailey, *Externalization*, p. 448.

29. Transcripción de entrevista con Gordon Pugh, realizada por Rose Bates, en la que afirma que Alice Bailey y Eleanor Roosevelt se enviaban cartas con cierta regularidad. Véase también «Rose Bates: Alice Bailey's Grandson's Memories & Photos». Video en *Seven Ray Institute* Conferencia 2019, <https://youtu.be/YYDf1cTb6WY>

30. Bailey, *Glamour*, p. 163.

31. Bailey, *Problems of Humanity*, pp. 176-178.

32. Alice A. Bailey, *The Destiny of the Nations*, p. 174.

33. Ibid., p. 179.

34. Bailey, *Externalization*, p. 342.

35. Cabe señalar que existe cierta especulación dentro de la comunidad de Alice Bailey con respecto a cuánto del material tomado en estos últimos años provino puramente del Tibetano y cuánto fue su propio pensamiento. Sus detractores se apresuran a demoler todo el corpus basándose en algunas opiniones quizás mal concebidas sobre el uso de la bomba atómica, el sionismo y el pueblo judío, y sobre la raza que fueron expresadas por una mujer angustiada, enferma y ansiosa para completar el trabajo antes de su muerte, una ocultista con todas las diversas opiniones asumidas de su época y clase. Estos comentarios polémicos circulan ampliamente en Internet y la autora ha optado por omitirlos del trabajo actual. Tales opiniones no son de ninguna manera representativas de su obra.

36. Bailey, *The Rays and The Initiations*, pp. 679-680.

37. Ibid., p. 681.

38. Bailey, *Externalization*, p. 640.

39. Bailey, *Externalization*, p. 626.

40. Bailey, *The Unfinished Autobiography*, p. ix.

41. Currículum: Frank Hilton F.C.I.I. PDF inédito, Escuela de Estudios Esotéricos, de propiedad privada. Citado el 13 de septiembre de 2019.

42. Alice Bailey: carta a los estudiantes de la Escuela Arcana, julio de 1949, inédita y de propiedad privada.

43. Ibid.

44. *The Unfinished Autobiography*, p. x.
    21 Aplicantes en el portal

21. Aplicantes en el portal

1. Bailey, *Discipleship in the New Age, Vol II*, p. 84.

2. Ibid.

3. Mary Bailey, *A Learning Experience*, p. 85.

4. Mildred Pugh: Conjuntos de estudio Goodwill I-IV, colección Rose Bates. <https://drive.google.com/open?id=1gH_eM7N7qo8BVU-bpSRzIy8xQkdwL4m8>

5. Foster Bailey: Carta a Mildred 25 de abril de 1949. Colección Rose Bates. Ibid.

6. Mildred Bailey: Cartas de propiedad privada. Estos detalles del papel de Mildred en esos años me fueron revelados en una conversación telefónica y un intercambio de mensajes de Facebook en octubre de 2019. El acceso a estas cartas está restringido.

7. Ibid.

8. Bailey, *Externalisation of the Hierarchy*, p. 641.

9. Mary Bailey, *A Learning Experience*, p. 86.

10. Bailey, *The Unfinished Autobiography*, p. 302.

11. Bailey, *Discipleship in the New Age, Vol II*, p. 86.

12. Foster Bailey: carta, febrero de 1971, en Mary Bailey, *A Learning Experience*, p. 15.

13. Alice Bailey, «Friday Talk», 4 de enero, 1946, p. 4. PDF en *School for Esoteric Studies*, 2019, Web. 24 de septiembre 2019. <http://www.esotericstudies.net/aabtalks/aab01-04-46.pdf>

14. «Censo de Estados Unidos, 1900», base de datos con imágenes, *FamilySearch* (https://familysearch.org/ark:/61903/1:1:MMBR-RDM : consultado el 24 de septiembre de 2019), Marian Bath en el hogar de Edwin H Bath, Center Township Muncie city Ward 4, Delaware, Indiana, Estados Unidos; citando el distrito de enumeración (ED) 36, hoja 11B, familia 267, publicación en microfilm de NARA T623 (Washington, D.C.: Administración Nacional de Archivos y Registros, 1972.); FHL microfilm 1,240,367.

15. «Listas de tripulantes y pasajeros de Nueva York, Nueva York, 1909, 1925-1957», base de datos con imágenes, *FamilySearch* (https://family-search.org/ark:/61903/1:1:24L4-FNK : 12 de marzo, 2018), Marian Bath Walter, 1939; citando Inmigración, Nueva York, Nueva York, Estados Unidos, publicación en microfilme NARA T715 (Washington, D.C.: Administración Nacional de Archivos y Registros, n.d.).

Y «Censo de Estados Unidos, 1940», base de datos con imágenes, *FamilySearch* (https://familysearch.org/ark:/61903/1:1:KQSV-1JQ : 27 de julio, 2019), Marian Walter en el hogar de Leo Rohn Walter, Asamblea Distrito 12, Manhattan, Ciudad de Nueva York, Nueva York, Nueva York, Estados Unidos; citando el distrito de enumeración (ED) 31-1000, hoja 18A, línea 3, familia 520, Decimosexto Censo de los Estados Unidos, 1940, NARA publicación digital T627. Registros de la Oficina del Censo, 1790 - 2007, RG 29. Washington, D.C.: Administración Nacional de Archivos y Registros, 2012, rolo 2648.

16. Bailey, *Discipleship in the New Age, Vol I*, p. 638.

17. Ibid., pp. 643-4.

18. Bailey, *Discipleship in the New Age, Vol II*, p. 737.

19. Ibid., p. 738.

20. Ibid., p. 739.

21. Ibid.

22. Ibid., p. 740.

23. Ibid, p. 741.

24. Ibid, p. 745.

25. Ibid, p. 743.

26. Ibid., p. 746.

27. Ibid., p.749.

28. Carta de Regina Keller a Priscilla H., 11 de noviembre, 1952 [no publicada]. Mantenida por la Escuela de Estudios Esotéricos.

29. Extracto de *The Rays and The Initiations*, p. 179, citado en una carta de Frank Hilton a Marian Walter, 2 de noviembre, 1950 [no publicada].

Mantenida por la Escuela de Estudios Esotéricos.

30. Carta de Foster Bailey a Marian Walter, 26 de junio, 1953 [no publicada]. Mantenida por la Escuela de Estudios Esotéricos.

31. Ibid.

32. Marian Walter: «Applicants at the Portal», Study Set II, p. 31. (Marzo 1952). PDF, *International Wisdom Synthesis Center*, 2019, Web. 20 de octubre, 2019. <www.monadmonadmonad.wordpress.com>

33. Regina Keller: carta a Priscilla, 11 de noveimbre, 1952 [no publicada]. Mantenida por la Escuela de Estudios Esotéricos.

34. Se hace referencia a este asunto en una carta del 6 de octubre de 1952, y firmada por Frank Hilton, Regina Keller, Joseph Lovejoy y Florence Garrigue [no publicada]. Mantenida por la Escuela de Estudios Esotéricos.

35. Regina Keller: Carta a Priscilla, de noviembre, 1952 [no publicada]. Mantenida por la Escuela de Estudios Esotéricos.

36. Regina Keller: carta a Priscilla, 11 de noviembre 1952 [no publicada]. Held by School for Esoteric Studies.

37. Carta de Bailey a Marian Walter, fechada 26 de junio, 1953 [no publicada]. Mantenida por la Escuela de Estudios Esotéricos.

38. Carta de Regina Keller a Priscilla H, 28 de junio 1953 [no publicada]. Mantenida por la Escuela de Estudios Esotéricos.

39. Bailey, *Discipleship in the New Age Vol I*, p. 571.

40. También están listados Ayrel Bell, Michael Kaprilian, Hazel Rasmussen, Hilda Dean Going, Louise Crouse, E.O. Smith, Violet Cavell, Clarence Bush, Dorothy Blalock, Marie Marstbaum, Wei Tat, Dorothy Grayson, y Zeltie Todd. Basado en una fotografía entregada a Maureen Temple Richmond por Marion Crusselle del Center for World Servers.

41. Marian Walter: Carta, octubre, 1953, «Applicants at the Portal», Set III, p. 114. PDF, *International Wisdom Synthesis Center*, 2019, Web. 20 de octubre, 2019. <www.monadmonadmonad.wordpress.com>

42. Ibid., p. 115.

43. Ibid., p. 116.

44. Ibid., p. 123.

45. Por ejemplo, una carta en Solicitantes en el Portal Study Set VIII está tomada de la Serie 33 del Ashram del Tibetano, con fecha de abril-agosto de 1944.

46. Marian Walter: Carta a los Solicitantes en el Portal, marzo de 1952, en «Applicants at the Portal», Study Set II, p. 30. PDF, *International Wisdom Synthesis Center*, 2019, Web. 20 de octubre, 2019. <www.monadmonad-monad.wordpress.com>

47. Bailey, *The Rays and The Initiations*, pp. 511-3 corresponde a Applicants at the Portal Study Set II D, p. 48.

48. Marian Walter: Carta a Applicants at the Portal, Study Set III, octubre, 1953, p. 115. PDF, *International Wisdom Synthesis Center*, 2019, Web. 20 de octubre, 2019. <www.monadmonadmonad.wordpress.com>

49. Marian Walter: Carta a Applicants at the Portal, febrero 1955, Study Set V, p. 246. Op. cit.

50. Ibid., p. 254.

51. Marian Walter: Carta a Applicants at the Portal, julio 1955, Study Set VII, p. 373. Op. cit.

52. «Cuando el hombre ha recibido la tercera iniciación y ha subido conscientemente a la cruz cardinal, se libera de la regla de Saturno y queda bajo la influencia de Venus, regente de la Jerarquía de los Cocodrilos». (Applicants at the Portal Study Set VII, p. 417.) Debería leerse:

«Cuando ha tomado la tercera iniciación y puede subir conscientemente a la Cruz Cardinal, entonces se libera del regente de Saturno y pasa a estar bajo la influencia de Venus, quien es gobernador o regente de la Jerarquía que es la de los Cocodrilos». (Alice A. Bailey, *Esoteric Astrology*, (Nueva York: Lucis Trust, 1974), p. 163.)

Hay una diferencia entre 'ha subido conscientemente' y 'puede subir conscientemente' y entre 'jerarquía de cocodrilos' y 'la jerarquía que es la de los cocodrilos', una referencia al mito hindú de la legendaria criatura marina Makara, animal mitad terrestre, mitad acuático, y el glifo de Capricornio.

53. Marian Walter: Carta a Applicants at the Portal, julio 1955, Study Set VII, p. 380.

54. Marian Walter: Carta a Applicants at the Portal, julio 1955, Study Set VII, p. 371.

55. Ibid.

56. Mary Bailey, *A Learning Experience*, p. 80-1.
   22 La Escuela de Estudios Esotéricos

22. La Escuela de Estudios Esotéricos

1. Bailey, *The Rays and The Initiations*, p .759-60.

2. Véase «Día Mundial de Invocación». *Lucis Trust*, 2019, Web. 16 de octubre, 2019. <https://www.lucistrust.org/the_great_invocation/wid>

3. Mary Bailey, *A Learning Experience*, p. 74.

4. Mary Bailey, *Learning*, p. 86.

5. Ibid.

6. Bailey, *Discipleship in the New Age Vol I*, p. 169.

7. Ibid., p. 170.

8. Bailey, *Discipleship in the New Age Vol II*, p. 594.

9. Ibid.

10. Bailey, *Discipleship in the New Age Vol II*, p. 595.

11. Extracto de Carta de Foster Bailey, 8 de marzo 1954 [no publicada]. Mantenida por la Escuela de Estudios Esotéricos.

12. Regina Keller: Carta a Foster Bailey, 27 de abril 1954, p.1 [no publicada]. Mantenida por la Escuela de Estudios Esotéricos.

13. Regina Keller: Carta a Foster Bailey, 27 de abril 1954, p. 2 [no publicada]. Mantenida por la Escuela de Estudios Esotéricos.

14. Ibid.

15. Regina Keller: Carta a Foster Bailey, 27 de abril, 1954, pp. 2-8, [no publicada]. Mantenida por la Escuela de Estudios Esotéricos.

16. Regina Keller: Carta a Foster Bailey, 30 April 1954 [no publicada]. Mantenida por la Escuela de Estudios Esotéricos.

17. Foster Bailey: Carta a la membresía, 18 de junio, 1954 [no publicada]. Mantenida por la Escuela de Estudios Esotéricos.

18. Foster Bailey: Carta a los fideicomisarios, 7 de marzo, 1956 [no publicada]. Mantenida por la Escuela de Estudios Esotéricos.

19. Regina Keller: Memorandum to Frank Hilton, 7 January 1954 [no publicada]. Mantenida por la Escuela de Estudios Esotéricos.

20. Foster Bailey: Carta a los fideicomisarios, 17 de febrero, 1956 [no publicada]. Mantenida por la Escuela de Estudios Esotéricos.

21. Foster Bailey: carta a Roberto Assagioli, 5 de marzo, 1956 [no publicada]. Mantenida por la Escuela de Estudios Esotéricos.

22. Foster Bailey: carta a los fideicomisarios, 7 de marzo, 1956 [no publicada]. Mantenida por la Escuela de Estudios Esotéricos.

23. Carta de Foster Bailey a sus «amigos», 24 de abril, 1956 [no publicada]. Mantenida por la Escuela de Estudios Esotéricos.

24. Foster Bailey: Carta a Regina Keller, 27 de febrero, 1962, [no publicada]. Mantenida por la Escuela de Estudios Esotéricos.

25. «Mission and History of the School». *School for Esoteric Studies*, 2019, We. 12 de noviembre, 2019. <http://www.esotericstudies.net/mission.html>

26. Regina Keller también había grabado y transcrito las charlas de los viernes de Alice Bailey (celebradas entre 1943 y 1946), que están disponibles en el sitio web de la Escuela de Estudios Esotéricos.

27. «Mission and History of the School». *School for Esoteric Studies*, 2019, We. 12 de noviembre, 2019. <http://www.esotericstudies.net/mission.html>

28. «History of Meditation Mount». *Meditation Mount*, 2019, Web. 23 de noviembre, 2019. <https://meditationmount.org/history/>

29. Maureen Temple Richmond, *Studies in the Esoteric Astrology of Alice Bailey: Ray Analysis and Astrological Life Guidance Direct from the Master to an Advancing Disciple*, 2018, p. 19. PDF.

30. Foster Bailey: Carta a Frank Hilton, 30 de junio, 1976, [no publicada]. Mantenida por la Escuela de Estudios Esotéricos.

31. Foster Bailey: Carta a Frank Hilton, 11 de mayo, 1977, [no publicada]. Mantenida por la Escuela de Estudios Esotéricos.

32. *The Esoteric Quarterly*, 2019, Web. 1 de diciembre, 2019. <http://esoteric-quarterly.com/about/index.htm>

33. «Mission and History of the School». *School for Esoteric Studies*, 2019, We. 12 de noviembre, 2019. <http://www.esotericstudies.net/mission.html>

34. Gail Jolley (director ejecutivo de la Escuela de Estudios Esotéricos): Correo electrónico a Isobel Blackthorn, 23 de octubre, 2019.
    23 Roberto Assagioli

23. Roberto Assagioli

1. Alice Bailey, «Friday Talk», 14 de abril, 1944, p. 5. PDF en *School for Esoteric Studies*, 2019, Web. 24 de septiembre, 2019. <http://www.esotericstudies.net/aabtalks/aab04-14-44.pdf>

2. Ibid.

3. «About Us». *Psychosynthesis Trust*, 2019, Web. 20 de octubre, 2019. <https://psychosynthesistrust.org.uk/about-psychosynthesis-trust/>

4. Kenneth Sørensen y Hanne Birkholm, «Roberto Assagioli – His Life and Work, a biography». *Kenneth Sørensen*, 02/06/2017, Web. 17 de octubre, 2019.
    <https://kennethsorensen.dk/en/roberto-assagioli-his-life-and-work/>

5. Ibid.

6. Al Mankoff, «Roberto Assagioli, Psychosynthesis, and the Esoteric Roots of Transpersonal Psychology». *Kenneth Sørensen*, 01/02/2019, Web. 17 de octubre, 2019. <https://kennethsorensen.dk/en/roberto-assagioli-psychosynthesis-and-the-esoteric-roots-of-transpersonal-psychology/>

7. Bailey, *Discipleship in the New Age Vol II*, p. 459.

8. Bailey, *Discipleship in the New Age Vol II*, p. 465.

9. Maureen Temple Richmond, *Studies in the Esoteric Astrology of Alice Bailey: Ray Analysis and Astrological Life Guidance Direct from the Master to an Advancing Disciple*, 2018, p. 19. PDF

10. «The Group for Creative Meditation: Another Roberto Assagioli Legacy», p. 5. PDF. *Meditation Mount*, 2019, Web. 18 de octubre, 2019. <https://meditationmount.org/wp-content/uploads/2017/01/History-of-Creative-Meditation.pdf>

11. Ibid., p. 3.

12. Al Mankoff, «Roberto Assagioli, Psychosynthesis, and the Esoteric Roots of Transpersonal Psychology». *Kenneth Sørensen*, 01/02/2019, Web. 17 de octubre, 2019. <https://kennethsorensen.dk/en/roberto-assagioli-psychosynthesis-and-the-esoteric-roots-of-transpersonal-psychology/>

13. «A Training Course in Creative Meditation». *Creative Group Meditation*, 2019, Web. 20 de octubre, 2109. https://www.creativegroupmeditation.org/training-events

14. Una biografía más completa de Ian Gordon-Brown puede encontrarse en: «Ian Gordon-Brown: in memory of a person on influence». *Laetus in praesens*, 12 de diciembre, 2016, Web. 21 de octubre, 2019.
    <https://www.laetusinpraesens.org/guests/ iangb/igb.php>

15. Barbara Somers, «Centre Profile: The Centre for Transpersonal Psychology». *Self & Society: An International Journal for Humanistic Psychology* Vol 26, 1998, número 5, 5 de noviembre, 1998. <https://www.tandfonline.com/doi/abs/10.1080/03060497.1998.11085887?journalCode=rsel20>
    «History of CTP». *Centre for Transpersonal Psychology*, 2014, Web. 21 de octubre, 2019.

<http://www.transpersonalcentre.co.uk/index.php/history-of-ctp>
y «Ian Gordon-Brown 1925-1996». *Transpersonal Perspectives: the power of the transpersonal*, 2019, Web. 21 de octubre, 2019. <http://transpersonalperspectives org/ian-gordon-brown-1925-1996/>

16. Nigel Wellings, Elizabeth Wilde McCormick, *Transpersonal Psychotherapy*, (Nueva York: Sage, 2012), p. 2.
    24 Lucis Trust y las Naciones Unidas

24. Las Naciones Unidas

1. Mary Bailey, *A Learning Experience*, pp. 81-2.
2. Véase «About the Aquarian Age Community». *The Aquarian Age Community*, 2019, Web. 1 de diciembre, 2019. <http://www.aquaac.org/about/about.html>
3. «Secretary-General's remarks at Memorial Service for Robert Muller». 11 de marzo, 2011. Naciones Unidas, Web. 15 de diciembre, 2019. <https://www.un.org/sg/en/content/sg/statement/2011-03-11/secretary-generals-remarks-memorial-service-robert-muller-delivered>
4. Alice Bailey, *Education in the New Age*, (Nueva York: Lucis Trust, 1987), p. x.
5. Ibid., p. 107.
6. Un esquema básico del World Core Curriculum puede encontrarse en: «The World Core Curriculum». *UNESCO*, 2019, Web. 1 de diciembre, 2019.
    <http://www.unesco.org/education/tlsf/mods/theme_c/popups/mod18to1so3.html>; y
    "World Core Curriculum". *Robert Muller*, Web. 1 de diciembre, 2019.
    <http://robertmuller.org/rm/R1/World_Core_Curriculum.html>
7. «Robert Muller Schools International». *The School of Ageless Wisdom*, Web. 1 de diciembre, 2019. <http://www.theschoolofagelesswisdom.org/rms/>
8. Robert Muller, *New Genesis: Shaping a global spirituality* (Nueva York: Doubleday, 1982); y «Biography». *Robert Muller*, Web. 1 de diciembre, 2019. <http://robertmuller.org/rm/R1/Biography.html>
9. Donald Keys, *Earth At Omega: Passage to Planetization*, (Wellesley, MA: editorial Branden, 1983), p. 81.
10. «Planetary Citizens». *Source Watch: The Center for Media and Democracy*, 2014, Web. 1 de diciembre, 2019.
    <https://www.sourcewatch.org/index.php/Planetary_Citizens#cite_note-4>
11. Véase «Spirituality and the United Nations». *The Aquarian Age Community*, 2019, Web. 1 de diciembre, 2019. <http://www.aquaac.org/un/sprtatun.html>
12. Para algunas especulaciones interesantes sobre la creación de la Sala de Meditación y la posible influencia de Alice Bailey, vea mi libro: *The*

Unlikely Occultist: A biographical novel of Alice A. Bailey.

13. U Thant, «The Making and Building of Peace». *The Beacon*, Vol 41 número 7, enero/febrero 1966, p. 222.

    U Thant, «What Could We Build If We Worked Together». *The Beacon*, Volumen 42 número 5, septiembre/octubre 1967, p. 158.

    U Thant, «The United Nations and Human Rights». *The Beacon*, Volumen 42 número 11, septiembre/octubre 1968, p. 349.

    U Thant, «Trade, Aid and People». *The Beacon*, Volumen 42 número 12, noviembre/diciembre 1968, p. 370.

    U Thant, «Message for Youth». *The Beacon*, Volumen 43 número 12, noviembre/diciembre 1970, p 383.

    U Thant, «The United Nations: Crisis of Authority». *The Beacon*, Volumen 44 número 2, marzo/abril 1971, p. 56.

    U Thant, «The United Nations and the Human Environment». *The Beacon*, Volumen 44 número 10, julio/agosto 1972, p. 314.

    Las referencias anteriores se obtuvieron de:

    «The Beacon 1922 – continuing, New York, Lucis Trust, Foster Bailey». «Union Index of Theosophical Periodicals». *Theosophical Society of Australia*, 2018, Web. 29 de noviembre, 2019. <http://www.aust-heos.org.au/indices/BEACON.HTM>

    No hay indicios de que Lucis Trust planee digitalizar copias anteriores de *The Beacon* y ponerlas a disposición de los investigadores en línea.

14. McLaughlin y Davidson, *Spiritual Politics: Changing the World From Inside Out*, (Nueva York: Ballantine Books, 1994), p. 315.

15. McLaughlin y Davidson, *Spiritual Politics*, p. 317.

16. véase *Spiritual Caucus at the United Nations*, 2019, Web. 1 de diciembre, 2019. <http://www.spiritualcaucusun.org>

17. «Nancy B. Roof». *Kosmos: Journal for global transformation*, 2019, Web. 1 de diciembre, 2019. <http://www.kosmosjournal.org/contributor/nancy-b-roof/>

18. véase «Marcia S. Moore Collection, 1948-1999». *Concord Library*, 2016, Web. 1 de diciembre, 2019. <https://concordlibrary.org/special-collections/fin_aids/moore>; y «Robert and Eleanor Moore Collection, 1943-1963». *Concord Library*, 2016, Web. 1 de diciembre, 2019. <https://concordlibrary.org/special-collections/fin_aids/moore_r_e>

19. La autora, profesora de yoga y astróloga Marcia Moore experimentó con varios psicoestimulantes. Experimentó con ketamina con su cuarto marido Howard Alltounian, y ella murió en circunstancias misteriosas en 1979 a los 50 años. Su cuerpo fue descubierto dos años después en un bosque cerca de su casa en Washington. Se sospechó de suicidio o sobredosis, pero la causa de la muerte sigue sin resolverse. También fue la esposa del conocido astrólogo Louis S. Acker.

20. Robert S. Ellwood, *Islands of the Dawn: The Story of Alternative Spirituality in New Zealand* (Kolowalu: University of Hawaii Press, 1993).

21. Véase «United Nations Days & Years Meditation Initiative: Steve Nation». *Intuition in Service*, 2014, Web. 1 de diciembre, 2019.

<http://www.intuition-in-service.org/stevenation.cfm>
22. Véase Lifebridge Foundation, Web. 1 de diciembre, 2019. <http://www.li-febridge.org/>; y
23. «Barbara Valocore». *Kosmos: Journal for global transformation*, 2019, Web. 1 de diciembre, 2019.
<https://www.kosmosjournal.org/contributor/barbara-valocore/>
véase «Upcoming Event – August». *Creative Group Meditation*, 2019, Web. 1 de diciembre, 2019. <https://www.creativegroupmedita-tion.org/training-events/upcoming-event-31-8-2019>; y «Tara Stuart». *Kosmos: Journal for global transformation*, 2019, Web. 1 de diciembre, 2019. <https://www.kosmosjournal.org/contributor/tara-stuart/>
24. «Avon Mattison». *Kosmos: Journal for global transformation*, 2019, Web. 1 de diciembre, 2019.
<https://www.kosmosjournal.org/contributor/avon-mattison/>
25. véase *The Source of Synergy Foundation*, 2009, Web. 1 de diciembre, 2019. <http://sourceofsynergyfoundation.org/>
25 El movimiento de la Nueva Era

25. El movimiento de la Nueva Era

1. Alexander, K., «Roots of the New Age». Lewis, J.R., y Melton, G., (eds), *Perspectives on the New Age*, (State University of New York Press, Albany, 1992), pp. 30-47.
Bednarowski, M.F., «Literature of the New Age: A Review of Representative Sources». *Religious Studies Review*, Vol 17/3, 1991, pp. 209-216.
2. Véase a Steven Sutcliffe, «Wandering Stars': Seekers and Gurus in the Modern World», *en*, Sutcliffe, S., y Bowman, M., (eds), *Beyond New Age: Exploring Alternative Spirituality*, (Edimburgo: Edinburgh University Press, 2000) pp. 17-36.
Steven Sutcliffe, «Category Formation and the History of the 'New Age'». *Culture and Religion*, Volumen 4 número 1, 2003, pp. 5-29.
Dick Anthony y Bruce Ecker, «The Anthony Typology: A Framework for Assessing Spiritual and Consciousness Groups». Ken Wilber, Dick Anthony y Bruce Ecker, (eds), *Spiritual Choices*, (Nueva York: Paragon House, 1987), pp. 35-91.
Harold Bloom, *Omens of Millennium: The Gnosis of Angels, Dreams, and Resurrection*, (Londres: Fourth Estate, 1996).
Kevin Tingay, «Madame Blavatsky's Children: Theosophy and Its Heirs», *en* Steven Sutcliffe y Marion Bowman, (eds), *Beyond New Age: Exploring Alternative Spirituality*, (Edimburgo: Edinburgh University Press, 2000), pp. 37-50.
3. Marilyn Ferguson, *The Aquarian Conspiracy: Personal and Social Transformation in the 1980s* (Londres: Paladin, 1982), p. 23.

4. Marilyn Ferguson, *The Aquarian Conspiracy: Personal and Social Transformation in the 1980s*, (Londres: Paladin Grafton Books, 1980), p. 30.

5. véase Kay Alexander, «Roots of the New Age». James Lewis y Gordon Melton (eds.), *Perspectives on the New Age*, (Albany: State University of New York Press, 1992), pp. 30-47.

6. Steven Sutcliffe, *Children of the New: A History of Spiritual Practices* (Londres: Routledge, 2003) p. 14.

7. Bailey, *From Intellect to Intuition*, p. 45.

8. Bailey, *A Treatise on White Magic*, p. 135.

9. Steven Sutcliffe y Marion Bowman (eds.), *Beyond the New Age: Exploring Alternative Spirituality*, op. cit.

10. Bailey, *Autobiography*, pp. 90-1.

11. Ibid., p. 89.

12. Ibid., p. 151.

13. Kurt Leland, *Rainbow Body: A History of the Western Chakra System from Blavatsky to Brennan* (Lake Worth, FL: Ibis Press, 2016), p. 94.

14. Leland, *Rainbow Body*, p. 131.

15. Ibid., pp. 215-9 and p. 385.

16. «Vera Stanley Alder». *Academic Dictionaries and Encyclopedias*, 2019, Web. 2 de diciembre, 2019. <https://enacademic.com/dic.nsf/enwiki/9475828>

17. Ibid.

18. Bailey, *Discipleship in the New Age Vol I*, p. 131.

19. Leland, *Rainbow Body*, p. 224.

20. Ibid., p. 221.

21. Ibid., p. 225.

22. Ibid., pp. 357-385.

23. Ibid., p. 385.

24. Ibid., p. 390.

25. Nicholas Campion, *The New Age in the Modern West: Counterculture, Utopia and Prophecy from the Late Eighteenth Century to the Present Day*, (Londres: Bloomsbury, 2015), p. 126.

26. Véase *The Lorian Association*, 2019, Web. 1 de diciembre, 2019. <https://lorian.org/>

27. Véase «About the Findhorn Association». *Findhorn Foundation*, 2019, Web. 1 de diciembre, 2019. <https://www.findhorn.org/aboutus/community/>

28. para una cuenta completa de una semana en Findhorn véase Sutcliffe, *Children of the New Age*, op. cit., pp. 154-170.

29. Ibid., p. 139.

30. William Bloom (ed.), *Soulution: The Holistic Manifesto*, (California: Hay House, 2004); y William Bloom, *The New Age: An Anthology of Essential Writings* (Londres: Rider, 1991).

31. McLaughlin and Davidson, *Spiritual Politics,* p. 20.

32. Global Ecovillage Network, 2009, Web. 1 de diciembre, 2019. <https://ecovillage.org/about/about-gen/>

33. *The Institute for Planetary Synthesis*, 2018, Web. 1 de diciembre, 2019. <https://www.ipsgeneva.com/en/>

34. Véase *Hechal*, 2019, Web. 1 de diciembre, 2019. <http://hechal.org/>

35. *Planetary Citizens. One Earth, One Humanity, One Destiny*, 2019, Web. 1 de diciembre, 2019. http://planetarycitizens.net/about-planetary-citizens/
26 Un adversario y un entusiasta

26. Un adversario y un entusiasta

1. Un ejemplo es Darshan con la mensajera Elizabeth Clare Prophet, *The Work of the Adepts and the Teachings of the Seven Rays,* que se basa en *The Masters and the Path* de Charles W. Leadbeater.

2. Phillip Charles Lucas, Prólogo. Erin Prophet, *Prophet's Daughter: My Life with Elizabeth Clare Prophet Inside the Church Universal and Triumphant,* (Lanham, Maryland: Rowman and Littlefield, 2008), p. x.

3. «Teachings of the Ascended Masters», *Summit Lighthouse*, 2019, Web. 1 de diciembre, 2019. <https://www.summitlighthouse.org/teachings-of-the-ascended-masters/>

4. Wikipedia proporciona una tabulación comparativa de los siete rayos y sus diversas correspondencias de Alice Bailey y The Summit Lighthouse en su página de Summit Lighthouse. Las dos tablas hacen una lectura interesante. Evidente en la versión de Prophet es su evangelismo, cada rayo es «de Dios». Cada rayo tiene una ubicación, una piedra preciosa y un día de la semana. Situar las dos corrientes muy diferentes y sus respectivas tablas juntas en una sola discusión de los rayos bajo el título de Enseñanzas de la Nueva Era, con Leadbeater disfrutando del terreno más alto del párrafo anterior como un impulsor teosófico principal, degrada a Alice Bailey y sugiere una equivalencia de profundidad e integridad con Prophet. <https://en.wikipedia.org/wiki/Seven_rays#The_Summit_Lighthouse[51>

5. Elizabeth Clare Prophet, *Pearls of Wisdom*, Vol. 19, no. 5.
(Corwin Springs, MT: Summit University Press, 1976) citado en <http://www.alpheus.org/html/source_materials/krishnamurti/kh_on_k.html>

6. «Lady Master Clare de Lis». *The Hearts Center Community*, 2019, Web. 1 de diciembre, 2019.
<https://www.heartscenter.org/TeachingsBlogs/AscendedMasters/ElizabethClareProphet-GuruMa/tabid/1159/Default.aspx#.XeM7HZMzZz8>

7. Bailey, *Esoteric Psychology, Volume II*, p. 347.

8. Ibid., p. 396.

9. Foundation for Inner Peace, 2019, Web. 1 de diciembre, 2019. <http://www.acim.org/Scribing/about_scribes.html>

10. Olav Hammer, *Claiming Knowledge: Strategies of Epistemology from Theosophy to the New Age*, (Leiden: Brill, 2004), p. xiii.
11. «Benjamin Crème: a messenger of hope». *Share International*, 2019, Web. 1 de diciembre, 2019.
    <http://www.share-international.org/background/bcreme/bc_main.htm>
12. Pastor Hal Mayer, «New Age Prophet Benjamin Creme Dies At Age 93», *Keep the Faith*, November 2016, Web. 1 de diciembre, 2019. <https://ktf-news.com/new-age-prophet-benjamin-creme-dies-age-93/>
    27 Cedercrans y Laurency

27. Cedercrans y Laurency

1. Véase «About Lucille». *Dakini Wisdom*, 2019, Web. 1 de diciembre, 2019. <http://www.dakini-wisdom.com/AboutLucille.htm>
    Victor Dutro, "An Esoteric Profile" (Great Quest 02 DHY paper, 2014). PDF. *Morya Federation*, 2019, Web. 1 December 2019. <http://www.moryafederation.com/wp-content/uploads/2015/01/Lucille-Cedercrans1.pdf>
2. Zachary F. Lansdowne, «Cedercrans' Writings Compared to Bailey's Technique of Integration for the Seventh Ray». PDF. *The Esoteric Quarterly*, Primavera 2015, pp. 39-63.
3. Véase a Dutro, «An Esoteric Profile». op. cit.
4. Bailey, *Discipleship in the New Age Vol II*, p. 597.
5. Landsdowne, op. cit., p. 60.
6. Ibid.
7. «Introduction to the Works of Henry T. Laurency». *Laurency*, 2019, Web. 1 de diciembre. <https://www.laurency.com/introduc.htm>
8. Bailey, *A Treatise on White Magic*, p. 79.
9. Håkan Blomqvist, «The Henry T. Laurency esoteric legacy». *Håkan Blomqvist's Blog*, 6 de enero, 2014, Web. 1 de diciembre, 2019. <https://ufoarchives.blogspot.com/2014/01/the-henry-t-laurency-legacy.html>
10. Ibid.
11. Henry T. Laurency, *Knowledge of Life Three*, traducido del sueco por Kent Hammarstrand y Lars Adelskogh, Suecia: Henry T. Laurency Publishing Foundation 2006), p. 3.
12. Ibid.
13. Lars Adelskogh, «Helena Roerich – A False Messenger of the Planetary Hierarchy». PDF. <http://livskunskap.dyndns.org/hylozoik/english/Helena%20Roerich%20a%20false%20messenger%20of%20the%20planetary%20hierarchy.pdf>
    28 Papeles acumulados

28. Papeles acumulados

1. Bailey, *Discipleship in the New Age: Volume II*, p. 701.
2. Geoffrey Logie: entrevista con Isobel Blackthorn, octubre 2019.
3. Chris Adams, *The Grail Guitar: The Search for Jimi Hendrix's Purple Haze Telecaster*, (Lanham, Maryland: Rowman & Littlefield Publishers, 2016), pp. 191-194.
4. *Maitreya School and Healing Centre*, Web. 1 de diciembre, 2019. <http://www.maitreyaschoolandhealingcentre.org.uk/>
5. «Cornford, Lily». *Kate Bush Encyclopedia*, 2019, Web. 1 de diciembre, 2019. <https://www.katebushencyclopedia.com/cornford-lily>
6. Keith Bailey: transcripción de la entrevista con Kathy Newburn. Op. cit.
7. *RWB Kevin Townley*, 2019, Web. 1 de diciembre, 2019. <http://townley.mwglco.org/>
8. Circular publicada en *Masonic Forum of Light*, 2005, Web. 1 de diciembre, 2019. <http://staffs.proboards.com/thread/1372/dk-alice-bailey-russell>
9. No se sabe si Marian Walter tenía derecho a legar material e incienso que había adquirido por medios subrepticios y que no le pertenecían, asunto que tendría que ser probado en un tribunal de justicia.
10. Geoffrey Logie: Intercambio de mensajes con Isobel Blackthorn, 21 de septiembre, 2019.
11. He optado por ocultar las identidades de los miembros de The Polaris Project, un foro de Yahoo que funcionó entre 2005 y 2010, para evitar daños mayores.
12. Stephen Pugh: conversación privada con Isobel Blackthorn.
13. John Cobb: Mensaje publicado en The Polaris Project, c2005.
14. Recopilado de una variedad de conversaciones privadas realizadas entre Isobel Blackthorn y varios participantes y observadores.
15. Se hicieron dos intentos de contactar a Michael Robbins por correo electrónico.
16. Alice Bailey: Carta a Roberto Assagioli, febrero 1940, sin citar y de una fuente no verificada que se supone que es la parte del alijo de Marian Walter actualmente en posesión de Michael Robbins.
17. Este asunto fue visto en The Polaris Project.
18. Marian Walter, «Applicants at the Portal Study Set VII», p. 392. PDF, *International Wisdom Synthesis Center*, 2019, Web. 20 de octubre, 2019.
19. Michael Robbins, *Tapestry of the Gods Vol I*, (Arizona: University of the Seven Rays Publishing House, 1996), p. 20.
20. Michael Robbins, «The Jewish Group: DK's letters to Roberto Assagioli». *Esoteric Astrologer*, 2019, Web. 1 de diciembre, 2019. https://esotericastrologer.org/articles/the-jewish-group-service-unpublished-letters-of-dk-to-roberto-assagioli-fcd/>
21. Un análisis más profundo está más allá del alcance del presente trabajo.

29 Avanzando en las enseñanzas

29. Avanzando en las enseñanzas

1. Véase *School for the Study of the Seven Rays*, 2019, Web. 1 de diciembre, 2019. <http://seven-rays.org/>

2. Kurt Abraham, *Threefold Method for Understanding the Seven Rays* (Cape May, NJ: Lampus Press, 1984).

3. «Michael Robbins, PhD». *Seven Ray Institute and University of the Seven Rays*, Web. 1 de diciembre, 2019. <http://www.sevenray.org/robbins.html>

4. *Morya Federation: Esoteric Schools of Meditation, Study and Service*, 2019, Web. 1 de diciembre, 2019. <http://www.moryafederation.com/>

5. *PIP II*, 2019, Web. 1 de diciembre, 2019. <http://www.pipiionline.com/index_pip3c.asp>

6. Michael D. Robbins, *The Tapestry of the Gods: Volume I: The Seven Rays: An Esoteric Key to Understanding Human Nature*, (Phoenix: University of the Seven Rays, 1996), asunto de la contraportada.

7. *Shamballa School*, 2019, Web. 1 de diciembre, 2019. <https://www.shamballaschool.org/>

8. «About Shamballa School». *Shamballa School*, 2019, Web. 1 de diciembre, 2019. <https://www.shamballaschool.org/>; and *Highden Temple*, 2019, Web. 1 de diciembre, 2019. <https://www.highdentemple.org/about-us>

9. Véase *Light-Weaver*, 2016. Web. 3 de febrero, 2020. <http://www.light-weaver.com/>

10. Douglas Baker, *Esoteric Psychology: The Seven Rays* and *The Seven Rays: Keys to the Mysteries*, (Londres: Aquarian Press, 1977).
    Véase también *Douglas Baker: Home of Ancient Wisdom*, 2007, Web. 1 de diciembre, 2019. <http://www.douglasbaker.com/>

11. Piero Ferrucci, *Inevitable Grace: Breakthroughs in Self-realization* (Los Ángeles: Jeremy P. Tarcher, 1990).

12. David C. Borsos, «Cosmic Fire Studies and Academia – A Manifesto Part II: The Work». *Esoteric Quarterly*, 2017, Vol 13, p. 37.

13. Ibid., p. 55.

14. Steven Sutcliffe, *Children of the New Age*, (Abingdon, Routledge, 2003), p. 138.

15. Christine Morgan, presidenta de Lucis Trust, ha proporcionado amablemente los nombres y las fechas de los distintos presidentes.

16. Correo electrónico de Christine Morgan a Isobel Blackthorn, enero 2020: Carta adjunta: «2018 Financial Report» marzo 2019, Lucis Trust Headquarters Group.

17. Bette Stockbauer, «Africa and the Planetary Picture», *The Beacon*, 2019, Vol. 4, pp. 29-31; Anne Woodward, «The Paradoxical Utopia of Piet Mondrian», *The Beacon*, 2019, Vol. 4, pp. 17-20; Christine Aagaard, «Pluto and Global Economics». *The Beacon*, 2020, Vol 1, pp. 13-16.

18. Boletín: «In Resonance with the Living Earth: A World Goodwill Seminar», Sábado 10 de noviembre, 2018, Amba Hotel, Charing Cross,

Londres, Lucis Trust.

19. Boletín: «An Invitation to Attend the Arcane School Conference London 15-16 June 2019», Lucis Trust.

20. Carta a compañeros de trabajo: «The Rise of the Group Hero». 2019 Festival Week of the New Group of World Servers, Lucis Trust. <https://www.lucistrust.org/about_us/lucis_trust/bi_annual_letter/2019_festival_week_letter?dm_t=0,0,0,0,0>

21. Bailey, *Discipleship in the New Age Vol II*, pp. 146-7.

22. «The Mantram of Unification». *Lucis Trust,* 17 de enero, 2020. Web. <https://www.lucistrust.org/mantrams/ the_mantram_unification>

23. «La Humanidad es Una, y Nosotros somos Uno con Todos.

Buscamos Amar, no odiar.

Buscamos Servir, y no exigir el debido servicio.

Buscamos Sanar, no lastimar.

Que el dolor traiga la debida recompensa de Luz y Amor.

Deja que el Alma controle la forma exterior,

Y la vida y todos los acontecimientos,

Y sacar a la luz el Amor que subyace en los acontecimientos de la época.

Que venga la Visión y la Perspicacia.

Deja que el futuro se revele.

Deja que la UNIÓN INTERNA se demuestre y desaparezcan las divisiones externas.

Que prevalezca el AMOR.

Deja que todas las personas AMEN». – Publicación de Facebook, 23 de diciembre, 2019. <https://www.facebook.com/olivia.hansen.906/posts/10218815727335865>

30 Astrología Esotérica

30. Astrología Esotérica

1. Alice A. Bailey, *Esoteric Astrology* (Nueva York: Lucis Trust, 1951).

2. Temple Richmond, «The Role of Alan Leo and Sepharial in the Development of Esoteric Astrology (Part I)», *Esoteric Astrology*, verano 2005, p. 15.

3. Ibid., p. 13.

4. Ibid., p. 22.

5. Véase «Dane Rudhyar: Renaissance Man of the 20th Century». *Melanie Reinhart,* 2013, Web. 1 de diciembre, 2019. <http://www.melanie-reinhart.com/ RUDHYARarticle.htm>

6. *Esoteric Astrology with Mermaid,* 2013, Web. 1 de diciembre, 2019. <http://www.mermaid-uk.net/ Esotericcontents.htm>

7. Jeffrey Wolf Green puede encontrarse en su sitio web, *School of Evolutionary Astrology,* 2019, Web. 1 de diciembre, 2109. <http://schoolofevolutionaryastrology.com/>

8. Véase *Esoteric Astrologer*, 2019, Web. 1 de diciembre, 2019. <https://esotericastrologer.org/>

9. Phillip Lindsay, «The Hidden History of Humanity», 18 de Agosto, 2017, Video, Web. 20 de octubre, 2019. <https://youtu.be/GbWMw249xY8>

10. Phillip Lindsay, «Capricorn Servers Week, 2025 and the Externalisation of the Hierarchy», octubre, 2019, *Esoteric Astrologer*, 2019, Web. 1 de diciembre, 2019. <https://esotericastrologer.org/newsletters/special-edition-newsletter-capricorn-servers-week-2025-the-externalisation-of-the-hierarchy/>

11. «Introduction to Esoteric Astrology». *Lynn Koiner: Astrological Research*, 2019, Web. 1 de diciembre, 2019. <http://www.lynnkoiner.com/astrology-articles/introduction-to-esoteric-astrology>

12. Stephen D. Pugh, «Triple Sign Zodiacal Meditations», *The Esoteric Quarterly*, otoño 2012, pp. 53-65. Su libro, *The 72 Faces of Man: The Complete Sun Sign Guide to the Path of Initiation*, está disponible en Scribd.

13. Bailey, *The Unfinished Autobiography*, p. 183.

14. Stephen Pugh, Análisis de la carta del Ascendente de Piscis, Grupo de Astrología Esotérica, <https://www.facebook.com/groups/486648064843029/search/?query=Pisces%20Rising&epa=SEARCH_BOX> accedido con su permiso 11 de octubre, 2019.

Para los astrólogos interesados, otra indicación de un Ascendente en Piscis es la ubicación de la Luna de Alice Bailey en Virgo. Virgo rige el sistema digestivo y la anemia perniciosa es causalmente un trastorno digestivo. El regente de la Casa 6 en la carta del Ascendente de Piscis es el Sol en Géminis, y Mercurio como regente tanto de Virgo como de Géminis, está en Cáncer/Casa 4, que rige el estómago. El ascenso de Piscis también puede colocar a Marte en la sexta casa de la salud, en Leo, el signo asociado con el corazón. Marte está dispuesto por su Sol, que a su vez está dispuesto por Mercurio, que se encuentra en recepción mutua con su Luna, uniendo el estómago y el sistema digestivo. Con una Luna en Virgo, esta recepción mutua entre la Luna y Mercurio domina la carta, al igual que la mala salud de Alice Bailey dominó su vida.

31 Magia Blanca

31. Magia Blanca

1. Alice Bailey, *Letters on Occult Meditation*, p. 193.

2. *The Planetary System: Ideas, Formulas and Forms for a new Culture/Civilisation*, 2019, Web. 2 de diciembre, 2019. <http://blog-en.theplanetarysystem.org/tps/>

3. John Rollo Sinclair, *The Other Universe*, (Londres: Rider, 1973), p. 115.

4. Dean Going: Carta a los compañeros de trabajo y compañeros cercanos en el Grupo de los Nueve, 1984. Conservada por *School for Esoteric Studies*,

2019, Web. 29 de noviembre, 2019. <http://www.esotericstudies.net/>

5. Sir John R. Sinclair, *The Alice Bailey Inheritance*, 1984.

6. Ibid.

7. Marian Walter: Notas sobre la meditación del amor del alma, 1984, p. 3. Conservada por *School for Esoteric Studies*, 2019, Web. 29 de noviembre, 2019. <http://www.esotericstudies.net/>

8. Ibid.

9. Hay una progresión aritmética de 3s (triángulos) a 9s (tres triángulos) a 12s (cuatro triángulos). No se conoce ningún grupo de 6 (dos triángulos). Véase <http://twelvestar.org>

10. Steven Chernikeeff, *Esoteric Apprentice*, (BBR Publications, 2019).

11. Ibid., pp. 4-5.

12. Ibid., p. 9.

13. Helena Roerich, *Agni Yoga* 1929, p. 137.

14. Chernikeeff, *Esoteric Apprentice*, p. 94.

15. Ibid., p. 95

16. Ibid., p. 99.

17. Ibid., pp. 65-6.
Observaciones finales

Observaciones finales

1. Bailey, *The Externalisation of the Hierarchy*, p. 562.

Alice A. Bailey
ISBN: 978-4-82414-333-4

Publicado por
Next Chapter
2-5-6 SANNO
SANNO BRIDGE
143-0023 Ota-Ku, Tokyo
+818035793528

3 mayo 2022